《史记》选本丛书　主编　曹强　凌朝栋

史汉初学辨体

（清）徐与乔　评辑
（清）潘椿　重订
韩艳秋　整理

图书在版编目（CIP）数据

史汉初学辨体 /（清）徐与乔评辑；（清）潘椿重订；韩艳秋整理．—北京：商务印书馆，2020
（《史记》选本丛书）
ISBN 978-7-100-18204-1

Ⅰ.①史… Ⅱ.①徐… ②潘… ③韩… Ⅲ.①中国历史－古代史－纪传体②《史记》－研究③《汉书》－研究④《后汉书》－研究 Ⅳ.①K204.2

中国版本图书馆 CIP 数据核字（2020）第 042217 号

权利保留，侵权必究。

《史记》选本丛书

史汉初学辨体

（清）徐与乔　评辑
（清）潘椿　重订
韩艳秋　整理

商　务　印　书　馆　出　版
（北京王府井大街36号　邮政编码 100710）
商　务　印　书　馆　发　行
三河市尚艺印装有限公司印刷
ISBN 978-7-100-18204-1

| 2020年10月第1版 | 开本 640×960　1/16 |
| 2020年10月第1次印刷 | 印张 25　3/4 |

定价：98.00 元

陕西省重点扶持学科渭南师范学院中国语言文学学科建设项目
陕西省哲学社会科学研究基地——中国司马迁与史记研究院项目
渭南师范学院特色优势学科建设项目

《史记》选本丛书

顾　问：张大可　张新科
主　编：曹　强　凌朝栋
编委会：（按姓氏笔画排序）

马雅琴　王　昱　王双喜　王麦巧
王炳社　王晓红　韦爱萍　李淑芳
张瑞芳　赵前明　党大恩　党艺峰
党旺旺　凌朝栋　高军强　曹　强
梁建邦　韩艳秋　蔡静波

写在"《史记》选本丛书"(第二辑)出版前

2013—2014年出版了8种《史记》选本后,我们再次组织渭南师范学院中国司马迁与史记研究院的同志做进一步搜集整理。前8种为第一辑,再后整理的为第二辑。第二辑将于2016—2017年出版。

随着对一个个选本的了解、研究和整理,我们越来越强烈地感受到,古今中外对《史记》多有注疏、解读和编选,尤其是一些著名学者、历史学家、文学家的《史记》选文,透视出具有较强的文学审美功能和思想文化意义,彰显了《史记》作为重要文化典籍的社会影响力。

正是这种广泛而深远的社会影响力的感召,司马迁故里的渭南师范学院的专家学者,长期以来一直致力于《史记》研究。研究团队以过去的司马迁与史记研究所、现在的中国司马迁与史记研究院为平台,出版学术论文、专著,促进了学术研究,为区域经济、社会发展建言献策,备受好评。关于《史记》选本的搜集整理,形成了"《史记》选本丛书"系列。如前所述,第一辑8册丛书已于2013—2014年由商务印书馆陆续出版。从出版后的反响看,所整理的《史记》选本,影响较大、学术价值高,发挥了良好的阅读、研究和参考价值。在丛书的整理过程中,以忠实原作、方便读者阅读为主要原则,考虑到当代读者的阅读习惯与需要,改竖排版为横排版,改繁体字为简化字。在点校整理时,还对各《史记》选本所折射的思想文化精神进行研究提炼,在书首简介中做扼要陈述,以便广大读者阅读掌握。丛书集研究与普及作用于一体的做法,使得丛书选本既可作为《史记》初学者的入门之书，又可作为《史记》研究者的参考之书，还是一般古典文化爱好者的优选读本。

第一辑丛书第一次印本，已告售罄，其中《史记七篇读法》、《史记选》、《史记精华》等均进行多次印刷。《史记选》被广州市教育局列入广州市中小学校园经典阅读推荐书目。著名历史学家、思想史家张岂之先生为丛书第一辑作序。南京大学文学院博士生导师徐有富教授撰文《别开生面的〈史记〉文献整理工作》，给予该套丛书很高的评价，认为"别开生面，颇能拓宽与深化《史记》文献整理与研究的领域"，徐有富教授的重要观点被《高等文科学报文摘》转摘；曹强、张瑞芳、雷炳锋、师帅、张虹等学者先后在《博览群书》、《渭南师范学院学报》"司马迁与《史记》研究"栏目（教育部名栏建设工程项目）等发表评论文章，认为该套丛书为推动《史记》的研究和普及工作做出积极贡献。陕西师范大学张新科教授承担的国家社科基金重大招标项目"中外《史记》文学研究资料整理与研究"（13&ZD111）也吸纳了中国司马迁与史记研究院学者的研究成果。

正因为前期整理的"《史记》选本丛书"引起学界广泛的关注，司马迁与《史记》研究学术界对《史记》选本有更多的期待，所以，我们渭南师范学院及中国司马迁与史记研究院精心推出选本第二辑（共14册）。这次推出的有唐、宋、明、清及民国时期的选本，均为中国历史上具有代表性的选本，如《史记治要》、《文章正宗》、《古文翼》、《史记综芬》等。同时，也包括美国、日本、韩国和我国台湾地区《史记》精品选本，如日本《史记十传纂评》、美国《史记选评》（*Records of the Grand Historian*）、韩国《史记英选》等。相信这些《史记》选本的出版，能为司马迁与《史记》研究的普及发挥作用，为读者呈现一幅更为悠远广阔的《史记》文化传播的风景。

对《史记》选本的搜集、整理工作，我们还将继续。欢迎读者指出我们的遗误错谬，并提出宝贵意见和建议，我们将更加认真、努力、严谨地做好后续工作。

曹　强

凌朝栋

2016 年 8 月 31 日

于渭南师范学院中国司马迁与史记研究院

"《史记》选本丛书"序言

张岂之

西汉史学家、文学家、思想家司马迁（前 145 或前 135—前 87？）所撰纪传体作品《史记》被誉为"史家之绝唱，无韵之离骚"，揭示了《史记》的历史学和文学价值，实际上，《史记》也具有重要的思想文化价值。多元性是《史记》这部经典文献的根本属性，这促使人们可以从多个角度对《史记》及《史记》学史展开广泛而深入的研究。

中国史记研究会和陕西省司马迁研究会等研究团体及学人对《史记》进行了多方面的研究，成果丰硕；《史记》及其传播影响，也引起海外学者的重视，产生了一系列的作品。这些都是中华文明传承和弘扬中可喜可贺的现象。

在历史上，《史记》产生后，历朝历代对《史记》多有注疏、索隐、编选的工作，这些工作进一步增进了《史记》作为文化典籍的影响力。特别是《史记》选文，虽然大多从文学作品角度着手，但因为选本背后隐藏着一定的历史、文学、审美及思想文化观念，某种意义上选本不仅具有文学审美的功能，也具有思想文化的功能，更可以作为把握选文者思想观念的史料之一。《史记》及《史记》选本在历史编纂学、散文史以及思想文化史上都占有重要的地位。

司马迁故里云集着一批从事《史记》及《史记》学研究的学者和研究团队。渭南师范学院《史记》研究团队就承担着国家社科基金研究项目，成员多年来一直从事《史记》选本的调研与整理工作，并在此基础上尝试探讨《史记》一百三十篇中被广泛认可的文学精华、编选原则与学术价值。

近年来,《史记》选本有的已被整理,如南宋吕祖谦撰《史记详节》(完颜绍元整理,上海古籍出版社 2007 年版)、清人姚苎田编选《史记菁华录》(王兴康整理,上海古籍出版社 2007 年版),但还有相当一部分没有被整理,也不方便读者检索阅览。

渭南师范学院《史记》研究者们尝试编选"《史记》选本丛书",用以弥补这个不足,努力为《史记》研究做些扎实细致的基础工作。他们近多年兢兢业业,四处奔波,搜集和校点整理《史记》选本文献,为推动《史记》研究的深化和细化做出了贡献。

这套"《史记》选本丛书"主要包括:明代凌稚隆《史记纂》(马雅琴教授整理)、茅坤《史记抄》(王晓红副教授整理),清代王又朴《史记七篇读法》(凌朝栋教授整理)、汤谐《史记半解》(韦爱萍教授整理)、储欣《史记选》(凌朝栋教授整理),民国时期王有宗《分段详注评点史记菁华录》(高军强讲师与凌朝栋教授整理)、中华书局 1933 年版《史记精华》(王麦巧副教授整理)、周宇澄《广注史记精华》(梁建邦教授、张晶讲师整理)。

凌稚隆《史记纂》,编刻于明万历年间。全书分为二十四卷,从《史记》中选文一百零二篇,附《报任少卿书》一篇。此书最大的特色是:采用节选加评点的形式,掇取《史记》精华;所选篇章节奏鲜明,条理清晰,内容集中,首尾照应,与天头批注、正文批点的形式相辅相成;编选者学习、研究《史记》,知人论世,折射出不凡的见解;全书兼容并包,博览众采,资料丰富。整理底本为凌稚隆《史记纂》二十四卷,明万历己卯本。

茅坤《史记抄》共九十二卷,明万历三年自刻。编选者从《史记》中选文九十八篇进行评点。此书最大的特点是:每篇作品皆施圈点和批评；用心独到，评论扼要，且多发明。编选者的评论，代表了明代学者评价《史记》的总倾向，诸如赞赏、推崇《史记》文章的审美价值，高度评价《史记》写人的艺术价值，肯定《史记》以风神取胜的艺术风格等。整理底本为茅坤《史记抄》九十一卷，明万历乙亥本，参校北图《史记抄》九十一卷、首一卷，《四库存目丛书》影印明万历三年自刻本。

王又朴《史记七篇读法》共二卷，从《史记》中选录《项羽本纪》、《外戚世家》、《萧相国世家》、《曹相国世家》、《淮阴侯列传》、《李将军列传》、《魏其武安侯列传》等七篇。此书最大的特色在于：编选者既有对阅读方法的提示，又有对所选篇目艺术风格的鉴赏；提出了"一气读"、"分段细读"的阅读技巧；深入分析了司马迁写人的高超技艺及所蕴含的深刻用意。整理底本为王又朴选评《史记读法》（又名《史记七篇读法》）诗礼堂藏版，1754年刊本，清华大学图书馆藏书。

汤谐《史记半解》，对《史记》中的六十八篇文章进行了注解。编选者深谙太史公用意，主要从叙事、人物形象刻画、细节、段落、语言等方面探讨《史记》文法笔力，为后人做了很好的导读；评析言论精辟老到，妙趣横生，引人深思，注重文脉，语言简洁明了，充满诗情画意，给读者留下深刻的印象。整理底本为汤谐《史记半解》（不分卷），清康熙慎余堂1713年刻本。

储欣《史记选》，从《史记》中选录作品五十五篇。此选本最大的特色是：所选篇目以记载秦以后历史人物为主；重视选取《史记》中的书、表；编选者对于精彩部分用不同的符号加以圈点，并有大量的精彩评点。用语长短不一，恰到好处，或指出词句作用，或评点章法布局，或揭示史公深意，或探讨前后关联等；所选篇章末多有评语，盛赞史公文章精彩处，与文中评语形成照应。整理底本为储欣《史记选》六卷，乾隆癸巳（1773）同文堂梓行刻本，每页十行，每行十五字，有原版书。

王有宗《分段详注评点史记菁华录》，完成于 1924 年。此版本优胜之处在于：大部分选文前均加"解题"部分，有助于读者对正文的理解；对所选篇章进行分段，便于读者较清楚地了解选文的层次；通过注释，疏通了文字注音、词义等障碍，以方便阅读。整理底本为王有宗《分段详注评点史记菁华录》六册，浙江达文印书馆 1924 版，有原书。

《史记精华》是中华书局 1914 年辑校的《史记》选本。全书共选录《史记》一百零二篇。这些篇目的取舍原则为历史性、思想性、文学性。此书收录了多家评点，侧重对人物、历史事件、文章艺术手法、思想倾向等进行详尽的评论和说明；对同一人物、历史事件的点评，则以文采、语言、思想为主要内容，尽可能为读者提供精华性的评语。中华书局《史记精华》，1914 年第一版，本次整理依据 1937 年版，西北大学图书馆藏书影印版，参校 1933 年版。

周宇澄《广注史记精华》，是民国时期出版的《史记》读本中重要的一部。全书共选录《史记》本纪、表、世家、列传中三十二篇文章，分为三十四个题目。此选本最大的特点是：选取《史记》中文学色彩浓烈，偏重于人物、事件和描写精彩的篇章；对所选文章进行"划分段落，将难字注以音义，其有典故疑义者，一律注释，使读者一目了然"；注释详尽，有很强的可读性；编选者根据自己的理解进行了明晰的段落划分和断句，体现了编选者对《史记》的理解和思想观点。整理底本选用周宇澄《广注史记精华》，世界书局 1943 年版。

这些选本，均是影响较大、流传较广的《史记》选本，内容丰富，各具特色，具有较高的学术研究和参考价值。

在整理过程中，整理者尽可能搜集多种版本，认真选择工作底本，并主要参考中华书局1982年版点校本《史记》进行整理，包括段落划分与标点，文字出入较大者则予以注释。忠实原作、方便当代读者阅读是整理者坚持的主要原则，比如改竖排版为横排版，繁体字为简化字，便考虑到读者的阅读习惯与需要。选本评点中的总评、评注、行批、夹批等，则尽量标注在原作相应的位置，以尽可能反映底本的原貌。底本中明显的错字，则采用加"按"的形式标明。难能可贵的是，整理者在点校整理的同时，还对《史记》选本所折射的思想文化精神进行了研读，并在简介中做了扼要论述。

当然，古籍的点校整理是一项科学严谨、费时费力的工作，而且往往难以避免讹误乖错，在这方面，欢迎读者朋友在阅读中对该丛书的版本甄别以及具体点校整理工作，提出积极的合理化建议，以不断推陈出新，力臻完善。

该研究团队原本设想还要进一步选编和整理日本、韩国、美国等学者的《史记》选本，我们愿意乐观其成。希望"《史记》选本丛书"的编校整理工作为进一步系统研究司马迁的思想学术、《史记》及《史记》学做出积极贡献，为推介和弘扬中华优秀传统文化增砖添瓦。

是为序。

2013年3月
于西北大学中国思想文化研究所

前　言

　　《史汉初学辨体》原编选者为明末清初学者徐与乔。徐与乔，字扬贡，号退山，昆山人，是明清之际在文化史上较著名的昆山徐氏家族的成员，顺治十八年辛丑科进士。《史汉初学辨体》是他所编《经史辨体》中的史学部分，选录《史记》、《汉书》、《后汉书》中的部分篇章辑成，后经清人潘椿重新修订，眉批、夹批基本略去，选择和保留部分篇后总评语。从所选文章来看，其中既有传统名篇，也有选者只眼独具特别择出的篇章，篇目的选择，本身已反映出选者的观点，每一篇中又圈点精华，并在篇末杂采诸家评述，对选文的宗旨、考信、文法等给以精微阐发，徐与乔自己也多有评点，精见迭出。

　　本次整理所依据的底本，是台湾文海出版社1974年出版的《清代稿本百种汇刊》中影印潘椿重订手写本《史汉初学辨体》，并部分参考了清敦化堂《经史辨体》刻本。潘椿重订手写本《史汉初学辨体》书首题有"昆山徐与乔扬贡评辑；古虞潘椿尚木氏重订，侄（潘）煌辉远氏手录"字样，该本《汉书》部分题为"古虞潘椿尚木重订，弟（潘）條斧斯手录"。潘椿，生卒年不详，自称"古虞"，则潘氏或为山西人。

　　该书选录共五十四篇，包括：

　　(1)《史记》选文二十一篇。其中本纪有《五帝本纪》、《秦始皇本纪》、《项羽本纪》三篇，均为节录；《平准书》一篇全录；世家选《赵世家》、《越世家》、《萧相国世家》、《留侯世家》、《绛侯周勃世家》五篇，其中《萧相国世家》、《留侯世家》全录，其余节录；列传选录伯夷、管晏、仲尼弟子、孟子荀卿、信陵君、平原君、苏秦、廉颇蔺相如、李斯、淮阴侯等十二篇，伯夷、管晏、孟子荀卿、信陵君全录，其余节录。

（2）《汉书》选文二十一篇。其中纪五篇：高帝纪全录，文帝、景帝、武帝节录，昭帝录赞；地理志一篇录诸国风俗；传十五篇，贾谊、霍光金日䃅、萧望之、元后传全录，其余董仲舒、公孙弘、司马迁、朱买臣、张禹、史丹、扬雄及《循吏传》、《佞幸传》、《汉书叙传》等均节录。

（3）《后汉书》十二篇。纪二篇，其中《光武帝纪》全录，《章帝纪》节录；传十篇，包括刘玄、刘盆子，寇恂，耿弇、耿恭，卓茂，申屠蟠，杨震，张晧、张纲，虞诩，窦何传，其中《党锢传》录序。

该书所选文章，多择人物、事迹之社会历史意义和文化意义重大者，许多为历史关节点处的重要人物，如帝纪选人文始祖黄帝，实现一统的秦始皇，秦汉之际的项羽，西汉开国皇帝高祖刘邦，汉文景之治的文帝、景帝，西汉武帝，东汉光武帝，在经学史上有重大影响的汉章帝等。世家、列传如："一身存魏"，"若无公子是无魏也"的魏国信陵君公子无忌；"以温饱子孙之心，易其社稷之心"的西汉张禹；东汉末诛杀宦官失败，致使"汉室亦自此败乱"的何进等。其余多选篇章结构精妙，叙写文法精彩，人物性格鲜明典型者，如选录并评述《史记·项羽本纪》"神笔也"；《孟子荀卿列传》"盖宾主参互、变化出没之妙，至此篇极矣"；所录《汉书·霍光金日䃅传》被推为"班史第一篇极工文字"；《后汉书·党锢传序》被认为是文风之"西汉之变魏晋六朝自此滥觞"等。注意在文章选择及文后评注时将《史记》、《汉书》、《后汉书》诸篇比对互现，如将《汉书·贾谊传》内容与《史记·屈原贾生列传》对比，突出选家对贾谊在当时和后世的政治、文化影响的独特看法;将光武帝时的寇恂与汉高祖时的萧何对比:"威侯之守河内,比踪酂侯之守关中。而范史笔力亦欲与龙门相上下";评价范晔为"班、马后一人"等。纵观全书,可以见出编选者学识之丰厚、视野之通贯和见解之精辟。

凡　例

原书底本为手写竖排，为方便当代读者阅读，此次整理改为横排。

选文内容基本维持原貌，但段落层次的划分参考中华书局通行本加以处理，并按照现代符号标准进行标点。

原书文中删节处，此次整理以省略号标出，如："二十六年，……秦……初并天下。"

原书个别字词有误，依照中华书局本径改，如："丞相绾、……廷尉斯等［皆］（议）曰：……"，圆括号表示删去的字词，凡缺失而补出的字词用方括号标出，如："［清］冷淡宕"。

原书选文中凡精华、文采处以空心圆圈圈点，此次整理改为底划线（直线），如："其孙昌意之子高阳立，是为帝颛顼也。"

原书选文中凡纲领处为实心点，此次整理改为底划线（曲线），如："而山川园池市井租税之入，自天子以至于封君汤沐邑，皆各为私奉养焉，不领于天下之经费。"

每篇选文后多有选家所辑前代和当时学者的评语，为与正文区分，此次整理以仿宋体排印。

原书未分卷，此次整理以《史记》、《汉书》、《后汉书》分列诸篇。

初学辨体　史部目次

史记

本纪：五帝本纪（节录）

　　　秦始皇本纪（节录）

　　　项羽本纪（节录）

书：平准书（全录）

世家：赵世家（录程婴立赵武一段）

　　　越世家（录末段）

　　　萧相国世家（全录）

　　　留侯世家（全录）

　　　绛侯周勃世家（录亚夫一段）

列传：伯夷列传（全录）

　　　管晏列传（全录）

　　　仲尼弟子列传（录端木氏却齐兵存鲁一段）

　　　孟子荀卿列传（全录）

　　　信陵君列传（全录）

　　　平原君虞卿列传（节录）

　　　苏秦列传（节录）

　　　廉颇蔺相如列传（节录）

　　　李斯列传（节录）

　　　淮阴侯列传（节录）

　　　张耳陈馀列传（节录）

　　　刺客列传（节录）

XVIII 史汉初学辨体

汉书

纪：高帝纪（全录）

　　文帝纪（节录）

　　景帝纪（节录）

　　武帝纪（节录）

　　昭帝纪（录赞）

志：地理志（录诸国风俗）

传：贾谊传（全录）

　　董仲舒传（节录）

　　公孙弘卜式儿宽传（录赞）

　　司马迁传（节录）

　　严朱吾丘主父徐严终王贾传（录朱买臣）

　　霍光金日䃅传（全录）

　　萧望之传（全录）

　　宣元六王传（录淮阳宪王钦）

　　匡张孔马传（录张禹）

　　王商史丹傅喜传（录史丹）

　　扬雄传（传节录，录《解嘲》、《解难》，《赞》全录）

　　循吏传（录序全，文翁全，王成全，黄霸节略，朱邑全，龚遂全，召信臣全）

　　佞幸传（录董贤）

　　元后传（全录）

　　汉书叙传（节录）

后汉书

纪：光武帝纪

　　章帝纪

传：刘玄刘盆子传

　　邓寇传（录寇恂）

　　耿弇传（附录耿恭）

　　卓鲁魏刘传（录卓茂 稍节）

　　周黄徐姜申屠传（录申屠蟠全）

　　杨震传（略节）

　　张王种陈传（录张晧、张纲，稍节）

　　虞傅盖臧传（录虞诩传全）

　　党锢传（录序）

　　窦何传（全录）

目　录

史记　汉太史令司马迁撰

五帝本纪（节录）..3
秦始皇本纪（节录）..7
项羽本纪（节录）..19
平准书（全录）..27
赵世家（录程婴立赵孤一段）................................39
越世家（录末段）..42
萧相国世家（全录）..45
留侯世家（全录）..50
绛侯周勃世家（录亚夫一段）................................58
伯夷列传（全录）..61
管晏列传（全录）..64
仲尼弟子列传（录端木氏却齐兵存鲁一段）............67
孟子荀卿列传（全录）..70
信陵君列传（全录）..73
平原君虞卿列传（节录）....................................79

Ⅱ 史汉初学辨体

苏秦列传（节录）..82
廉颇蔺相如列传（节录）..89
李斯列传（节录）..93
淮阴侯列传（节录）..103
张耳陈馀列传（节录）...113
刺客列传（节录）..121

汉书　汉班固撰

高帝纪（全录）...133
文帝纪（节录）...161
景帝纪（节录）...169
武帝纪（节录）...170
昭帝纪（录赞）...176
地理志（录诸国风俗）...177
贾谊传（全录）...190
董仲舒传（节录）..207
公孙弘卜式儿宽传（录赞）......................................223
司马迁传（节录）..224
严朱吾丘主父徐严终王贾传（录朱买臣）......................232
霍光金日䃅传（全录）...234
萧望之传（全录）..250
宣元六王传（录淮阳宪王钦）...................................259
匡张孔马传（录张禹）...263
王商史丹傅喜传（录史丹）......................................266
扬雄传（传节录，录《解嘲》、《解难》、《赞》全录）.........269
循吏传（录序全，文翁全，王成全，黄霸节略，朱邑全，
　　　　龚遂全，召信臣全）....................................277

佞幸传（录董贤）.. 286

元后传（全录）.. 291

汉书叙传（节录）.. 303

后汉书

光武帝纪.. 315

章帝纪.. 323

刘玄刘盆子传.. 325

邓寇传（录寇恂）.. 331

耿弇传（附录耿恭）.. 335

卓鲁魏刘传（录卓茂稍节）.. 344

周黄徐姜申屠传（录申屠蟠全）...................................... 347

杨震传（略节）.. 349

张王种陈传（录张晧、张纲，稍节）.................................. 362

虞傅盖臧传（录虞诩传全）.. 365

党锢传（录序）.. 370

窦何列传（全录）.. 374

初学辨体　　　史部

　　昆山徐与乔扬贡评辑

古虞　潘椿尚木氏重订

　　侄煌辉远氏手录

史记

汉太史令司马迁撰

五帝本纪

(节录)

黄帝者,少典之子,姓公孙,名曰轩辕。生而神灵,弱而能言,幼而徇齐,长而敦敏,成而聪明。

轩辕之时,神农氏世衰。诸侯相侵伐,暴虐百姓,而神农氏弗能征。于是轩辕乃习用干戈,以征不享,诸侯咸来宾从。而蚩尤最为暴,莫能伐。炎帝欲侵陵诸侯,诸侯咸归轩辕。轩辕乃修德振兵,治五气,艺五种,抚万民,度四方,教熊罴貔貅䝙虎,以与炎帝战于阪泉之野。三战,然后得其志。蚩尤作乱,不用帝命,于是黄帝乃征师诸侯,与蚩尤战于涿鹿之野,遂禽杀蚩尤。而诸侯咸尊轩辕为天子,代神农氏,是为黄帝。天下有不顺者,黄帝从而征之,平者去之,披山通道,未尝宁居。

东至于海,登丸山,及岱宗。西至于空桐,登鸡头。南至于江,登熊、湘。北逐荤粥,合符釜山,而邑于涿鹿之阿。迁徙往来无常处,以师兵为营卫。官名皆以云命,为云师。置左右大监,监于万国。万国和,而鬼神山川封禅与为多焉。获宝鼎,迎日推策。举风后、力牧、常先、大鸿以治民。顺天地之纪,幽明之占,死生之说,存亡之难。时播百谷草木,淳化鸟兽虫蛾,旁罗日月星辰水波土石金玉,劳勤心力耳目,节用水火材物。有土德之瑞,故号黄帝。

黄帝二十五子,其得姓者十四人。

黄帝居轩辕之丘,而娶于西陵之女,是为嫘祖。嫘祖为黄帝正妃,生二子,其后皆有天下:其一曰玄嚣,是为青阳,青阳降居江水;其二曰昌意,降居若水。昌意娶蜀山氏女,曰昌仆,生高阳，高阳有圣德焉。黄帝崩，葬桥山。其孙昌意之子高阳立，是为帝颛顼也。

帝颛顼高阳者，黄帝之孙，而昌意之子也。<u>静渊以有谋，疏通而知事；养材以任地，载时以象天，依鬼神以制义，治气以教化，絜诚以祭祀</u>。北至于幽陵，南至于交阯，西至于流沙，东至于蟠木。动静之物，大小之神，日月所照，莫不砥属。

帝颛顼生子曰穷蝉。颛顼崩，而玄嚣之孙高辛立，是为帝喾。

帝喾高辛者，黄帝之曾孙也。高辛父曰蟜极，蟜极父曰玄嚣，玄嚣父曰黄帝。自玄嚣与蟜极皆不得在位，至高辛即帝位。<u>高辛于颛顼为族子</u>。

高辛生而神灵，<u>自言其名</u>。普施利物，<u>不于其身</u>。聪以知远，明以察微。顺天之义，知民之急。仁而威，惠而信，修身而天下服。<u>取地之财而节用之，抚教万民而利诲之，历日月而迎送之，明鬼神而敬事之。其色郁郁，其德嶷嶷。其动也时，其服也士</u>。帝喾溉执中而遍天下，日月所照，风雨所至，莫不从服。

帝喾娶陈锋氏女，生放勋。娶娵訾氏女，生挚。帝喾崩，而挚代立。帝挚立，不善，崩，而弟放勋立，是为帝尧。

....

王凤洲评：证诛盛耶，黄帝先之矣；揖让盛耶，莽、操后之矣。——是故于道不于迹。〇"教熊罴貔貅貙虎"，圣人能制扰猛兽，非诬也。

邵瞻两评：帝尧、帝舜纪皆采集《尚书》，惟黄帝、颛顼、帝喾纪裁自龙门，所谓"采其言尤雅者，著为本纪书首"也。是史公极经意文字，而选家多不及，何哉？〇将序黄帝征伐，必先说"神农氏弗能征"、"莫能伐"，以耸其势，史家叙事提掇类如此。

太史公曰：学者多称五帝，尚矣。然《尚书》独载尧以来；而百家言黄帝，其文不雅驯，荐绅先生难言之。孔子所传《宰予问五帝德》及《帝系姓》，儒者或不传。余尝西至空桐，北过涿鹿，东渐于海，南浮江淮矣，至长老皆各往往称黄帝、尧、舜之处，风教固殊焉，总之不离古文者近是。予观《春秋》、《国语》，其发明《五帝德》、《帝系姓》章矣，顾弟弗深考，其所表见皆不虚。《书》缺有间矣，其轶乃时时见于他说。非好学深思，心知其意，固难为浅见寡闻道也。余并论次，择其言尤雅者，故著为本纪书首。

吴草庐评：此为赞语之首，古质奥雅，文简意多，而断制不苟。凡九节，前四节著其事，后四节断其义。首节：言学士称五帝已久远矣，可征信莫如《尚书》，然所载独有尧以来，而不载黄帝、颛顼、高辛，则犹有待于他书也。次节：百家虽言黄帝，而文不雅驯，荐绅难言，则未可取以为征也。三节：《五帝德》、《帝系姓》二篇见载礼家语，称孔子传宰予，而儒者或不传，则又未可全征也。四节：即身所历，长老所称，风教固殊，则他书之言黄帝亦或可征也，此著其事也。五节：应首节，"不离古文近是"，"古文"即《尚书》也，不背《尚书》乃是，然太拘泥将不载者，遂无可征乎？故曰"近是"也。六节：言《国语》发明二篇之说甚著，但学者不深考，然其言实而不虚，则亦可征也。七节：言《尚书》虽缺亡，岂遂已乎？其散见于他书如二篇之说，可以难言而弗择取乎？八节：归之好学深思，而反言以明之，此断其义也。九节：方正结本旨，文字多少曲折，读者不可草。

钟伯敬评：《五帝纪·赞》不作一了语。其一段传疑不敢自信之意，往往于运笔虚活承转处见之，字字是若存若亡光景，其引证原委又似历历有据，正见不敢自信处，盖多闻见而后能阙疑殆也。好学深思，心知其意，是作史之本；"择其言尤雅"是作史之法。一部《史记》，要领尽此矣。

唐荆川评：意曲语雅，渊然洒然。

陈白松评：太史公好游、好读书，又能择言，故著书如此。

徐退山评：杨升庵谓《五帝纪》非太史公极笔，今按其空中盘礴，撰实为虚，汇萃群言，纬以史笔，浑灏雅健，堪冠全集，而赞语尤推绝调。〇此赞首尾蜿蜒，共分九节，节节顿挫，神味无穷。

秦始皇本纪

（节录）

秦始皇帝者，秦庄襄王子也。庄襄王为秦质子于赵，见吕不韦姬，悦而取之，生始皇，……名为政，……庄襄王死，政代立为秦王。当是之时，秦地已并巴、蜀、汉中，越宛有郢，置南郡矣；北收上郡以东，有河东、太原、上党郡；东至荥阳，灭二周，置三川郡。吕不韦为相，封十万户，号曰文信侯。招致宾客游士，欲以并天下。

....

大梁人尉缭[来]，说秦王曰："以秦之强，诸侯譬如郡县之君，臣但恐诸侯合从，翕而出不意，此乃智伯、夫差、湣王之所以亡也。愿大王毋爱财物，赂其豪臣，以乱其谋，不过亡三十万金，则诸侯可尽。"秦王从其计，见尉缭亢礼，衣服、食饮与缭同。缭曰："秦王为人，蜂准，长目，挚鸟膺，豺声，少恩而虎狼心，居约易出人下，得志亦轻食人。我布衣，然见我常身自下我。诚使秦王得志于天下，天下皆为虏矣。不可与久游。"乃亡去。秦王觉，固止，以为秦国尉，卒用其计策。而李斯用事。

....

二十六年，……

秦初并天下，令丞相、御史曰："异日韩王纳地效玺，请为藩臣，已而倍约，与赵、魏合从畔秦，故兴兵诛之，虏其王。寡人以为善，庶几息兵革。赵王使其相李牧来约盟，故归其质子。已而倍盟，反我太原，故兴兵诛之，得其王。赵公子嘉乃自立为代王，故举兵击灭之。魏王始约服入秦，已而与韩、赵谋袭秦，秦兵吏诛，遂破之。荆王献青阳以西，已而畔约，击我南郡，故发兵诛，得其王，遂定其荆地。燕王昏乱，其太子丹乃阴令荆轲为贼，兵吏诛，灭其国。齐王用后胜计，绝秦使，欲为乱，兵吏诛，虏其王，平齐地。寡人以眇眇之身，兴兵诛暴乱，赖宗庙之灵，六王咸伏其辜，天下大定。今名号不更，无以称成功，传后世。其议帝号。"丞相绾、……廷尉斯等［皆］（议）曰："……'古有天皇，有地皇，有泰皇，泰皇最贵。'臣等昧死上尊号，王为'泰皇'。命为'制'，令为'诏'，天子自称曰'朕'。"王曰："去'泰'，著'皇'，采上古'帝'位号，号曰'皇帝'。他如议。"……制曰："朕闻太古有号毋谥，中古有号，死而以行为谥。如此，则子议父，臣议君也，甚无谓，朕弗取焉。自今已来，除谥法。朕为始皇帝，后世以计数，二世三世至于万世，传之无穷。"

....

丞相绾等言："诸侯初破，燕、齐、荆地远，不为置王，毋以填之。请立诸子，唯上幸许。"始皇下其议于群臣，群臣皆以为便。廷尉李斯议曰："周文武所封子弟同姓甚众，然后属疏远，相攻击如仇雠，诸侯更相诛伐，周天子弗能禁止。今海内赖陛下神灵一统，皆为郡县，诸子功臣以公赋税重赏赐之，甚足易制。天下无异意，则安宁之术也。置诸侯不便。"始皇曰："天下共苦战斗不休，以有侯王。赖宗庙，天下初定，又复立国，是树兵也，而求其宁息，岂不难哉！廷尉议是。"

分天下以为三十六郡，郡置守、尉、监。

....

始皇置酒咸阳宫，博士七十人前为寿。仆射周青臣进颂曰："他时秦地不过千里，赖陛下神灵明圣，平定海内，放逐蛮夷，日月所照，莫不宾服。以诸侯为郡县，人人自安乐，无战争之患，传之万世。自上古不及陛下威德。"始皇悦。博士齐人淳于越进曰："臣闻殷周之王千余岁，封子弟功臣，自为枝辅。今陛下有海内，而子弟为匹夫，卒有田常、六卿之臣，无辅拂，何以相救哉？事不师古而能长久者，非所闻也。今青臣又面谀以重陛下之过，非忠臣。"始皇下其议。丞相李斯曰："五帝不相复，三代不相袭，各以治，非其相反，时变异也。今陛下创大业，建万世之功，固非愚儒所知。且越言乃三代之事，何足法也？异时诸侯并争，厚招游学。今天下已定，法令出一，百姓当家则力农工，士则学习法令辟禁。今诸生不师今而学古，以非当世，惑乱黔首。丞相臣斯昧死言：古者天下散乱，莫之能一，是以诸侯并作，语皆道古以害今，饰虚言以乱实，人善其所私学，以非上之所建立。今皇帝并有天下，别黑白而定一尊。私学而相与非法教，人闻令下，则各以其学议之，入则心非，出则巷议，夸主以为名，异取以为高，率群下以造谤。如此弗禁，则主势降乎上，党与成乎下，禁之便。臣请史官非秦记皆烧之。非博士官所职，天下敢有藏《诗》、《书》、百家语者，悉诣守、尉杂烧之。有敢偶语《诗》《书》者弃市。以古非今者族。吏见知不举者与同罪。令下三十日不烧，黥为城旦。所不去者，医药、卜筮、种树之书。若欲有学法令，以吏为师。"制曰："可。"

三十五年，除道，道九原抵云阳，堑山堙谷，直通之。于是始皇以为咸阳人多，先王之宫廷小，吾闻周文王都丰，武王都镐，丰、镐之间，帝王之都也。乃营作朝宫渭南上林苑中。先作前殿阿房，东西五百步，南北五十丈，上可以坐万人，下可以建五丈旗。周驰为阁道，自殿下直抵南山。表南山之颠以为阙。为复道，自阿房渡渭，属之咸阳，以象天极、阁道绝汉抵营室也。阿房宫未成；成，欲更择令名名之。作宫阿房，故天下谓之阿房宫。
……………

　　卢生说始皇曰："臣等求芝奇药仙者常弗遇，类物有害之者。方中，人主时为微行以辟恶鬼，恶鬼辟，真人至。人主所居而人臣知之，则害于神。真人者，入水不濡，入火不爇，陵云气，与天地久长。今上治天下，未能恬倓。愿上所居宫毋令人知，然后不死之药殆可得也。"于是始皇曰："吾慕真人，自谓'真人'，不称'朕'。"乃令咸阳之旁二百里内宫观二百七十复道甬道相连，帷帐、钟鼓、美人充之，各案署不移徙。行所幸，有言其处者，罪死。始皇帝幸梁山宫，从山上见丞相车骑众，弗善也。中人或告丞相，丞相后损车骑。始皇怒曰："此中人泄吾语。"案问莫服。当是时，诏捕诸时在旁者，皆杀之。自是后莫知行之所在……。

　　侯生、卢生相与谋曰："始皇为人，天性刚戾自用，起诸侯，并天下，意得欲从，以为自古莫及己。专任狱吏，狱吏得亲幸。博士虽七十人，特备员弗用。丞相诸大臣皆受成事，倚辨于上。上乐以刑杀为威，天下畏罪持禄，莫敢尽忠。上不闻过而日骄，下慑伏谩欺以取容。秦法，不得兼方，不验辄死。然候星气者至三百人，皆良士，畏忌讳谀，不敢端言其过。天下之事无小大皆决于上，上至以衡石量书，日夜有呈，不中呈不得休息。贪于权势至如此，未可为求仙药。"于是乃亡去。始皇闻亡，乃大怒……于是使御史悉案问诸生，……乃自除犯禁者四百六十余人，皆坑之咸阳，……始皇长子扶苏谏曰："天下初定，远方黔首未集，诸生皆诵法孔子，今上皆重法绳之，臣恐天下不安……"始皇怒，使扶苏北监蒙恬于上郡。

　　三十六年，……有坠星下东郡，至地为石，黔首或刻其石曰："始皇帝死而地分。"始皇闻之，遣御史逐问，莫服，尽取石旁居人诛之，因燔销其石。始皇不乐，使博士为《仙真人诗》，及行所游天下，传令乐人歌弦之。秋，使者从关东夜过华阴平舒道，有人持璧遮使者曰："为吾遗滈池君。"因言曰："今年祖龙死。"使者问其故，因忽不见，置其璧去。使者奉璧具以闻。始皇默然良久，曰："山鬼固不过知一岁事也。"退言曰："祖龙者，人之先也。"使御府视璧，乃二十八年行渡江所沉璧也。于是始皇卜之，卦得游徙吉……

三十七年十月癸丑，始皇出游。左丞相斯从，右丞相去疾守。少子胡亥爱慕请从，上许之。……行至云梦，望祀虞舜于九疑山。浮江下，观籍柯，渡海渚。过丹阳，至钱唐。临浙江，水波恶，乃西百二十里从狭中渡。上会稽，祭大禹，望于南海，而立石［刻］颂秦德。

…………

始皇梦与海神战，如人状。问［占梦］，博士曰："水神不可见，以大鱼蛟龙为候……"乃令入海者赍捕巨鱼具，而自以连弩候大鱼出射之。自琅邪北至荣成山，弗见。至之罘，见巨鱼，射杀一鱼。……至平原津而病。

始皇恶言死，群臣莫敢言死事。［上］病益甚，乃为玺书赐公子扶苏曰："与丧会咸阳而葬。"书已封，在中车府令赵高行符玺事所，未授使者。……始皇崩于沙丘平台。丞相斯……恐诸公子及天下有变，乃秘之，不发丧。棺载辒凉车中，故幸宦者参乘，所至上食。百官奏事如故，宦者辄从辒凉车中可其奏事。独子胡亥、赵高及所幸宦者五六人知上死。赵高故尝教胡亥书……胡亥私幸之。高乃与公子胡亥、［丞相］斯［阴］谋破去始皇所封书赐公子扶苏者，而更诈为丞相斯受始皇遗诏沙丘，立子胡亥为太子。更为书赐公子扶苏、蒙恬，数以罪，其赐死。……行，遂从

井陉抵九原。<u>会暑，上辒车臭，乃诏从官令车载一石鲍鱼，以乱其臭。</u>

行从直道至咸阳，发丧。太子胡亥袭位，为二世皇帝。

....

<u>于是二世乃遵用赵高，申法令。</u>乃阴与赵高谋曰："大臣不服，官吏尚强，及诸公子必与我争，为之奈何？"高曰："<u>臣固愿言而未敢也。</u>先帝之大臣，<u>皆天下累世名贵人也，积功劳世以相传久矣。今高素小贱，</u>陛下幸称举，令在上位，管中事。<u>大臣鞅鞅，特以貌从臣，其心实不服。今上出，不因此时案郡县守尉有罪者诛之，上以振威天下，下以除去上生平所不可者。今时不师文而决于武力，愿陛下遂从时毋疑……</u>"二世曰："善。"乃行诛大臣及诸公子，……而六公子戮死于杜。公子将闾昆弟三人，囚于内宫，……二世使使令将闾曰："公子不臣，罪当死，<u>吏致法焉。</u>"将闾曰："<u>阙廷之礼，吾未尝敢</u>不从宾赞也；廊庙之位，<u>吾未尝敢</u>失节也；受命应对，<u>吾未尝敢</u>失辞也。何谓不臣？愿（请）闻罪而死。"使者曰："臣不得与谋，奉书从事。"将闾乃仰天大呼天者三，曰："天乎！吾无罪！"昆弟三人皆流涕拔剑自杀。<u>宗室振恐。</u>群臣谏者以为诽谤，大吏持禄取容，黔首振恐。

....

赵高欲为乱，恐群臣不听，<u>乃先设验，持鹿献于二世，</u>曰："马也。"二世笑曰："丞相误邪？……"问左右，<u>左右或默，或言马以阿顺赵高，或言鹿者，</u>高［因］阴中……以法……

高前数言"关东盗毋能为也"，及项羽虏秦将王离……章邯（等）军数却，……燕、赵、齐、楚、韩、魏皆立为王，自关以东，大氐尽畔秦吏应诸侯，诸侯咸率其众西乡。沛公将数万人已屠武关，使人私于高，<u>高恐</u>……二世梦白虎啮其左骖马，杀之，心不乐，……卜曰："泾水为祟。"二世乃斋于望夷宫，欲祠泾，……使使责让高以盗贼事。高惧，乃阴与其婿咸阳令阎乐……谋立公子婴，诈为有大贼，令乐召吏发卒追，……乐将吏卒千余人至望夷宫殿门，缚卫令仆射，曰："贼入此，何不止？"卫令曰："周庐设卒甚谨，安得贼……？"乐遂斩卫令，……入，射上幄坐帏。二世怒，召左右，左右皆惶扰不斗。旁有宦者一人，侍不敢去。二世……谓曰："……何不蚤告我？……"宦者曰："臣不敢言，故得全。使臣蚤言，皆已诛，安得至今？"阎乐前即二世数曰："足下骄恣，诛杀无道，天下共畔足下，足下其自为计。"二世曰："丞相可得见否？"乐曰："不可。"二世曰："吾愿得一郡为王。"弗许。[又曰：]"愿为万户侯。"弗许。曰："愿与妻子为黔首，比诸公子。"阎乐曰："臣受命于丞相，为天下诛足下，足下虽多言，臣不敢报。"麾其兵进。二世自杀。

……赵高乃悉召诸大臣公子，告以……状，曰："秦故王国，始皇君天下，故称帝。今六国复自立，秦地益小，乃以空名为帝，不可。宜为王如故便。"立二世之兄子公子婴为秦王。以黔首葬二世……。子婴与其子二人谋曰："丞相高杀二世望夷宫，恐群臣诛之，乃佯以义立我。我闻赵高乃与楚约，灭秦宗室而王关中。今使我斋见庙，此欲因庙中杀我。我称病不行，丞相必自来，来则杀之。"高使人请子婴数辈，子婴不行，高果自往，曰："宗庙重事，王奈何不行？"子婴遂刺杀高于斋宫，三族高家以徇咸阳。子婴为秦王四十六日，楚将沛公破秦军入武关，遂至霸上，……子婴即系颈以组，白马素车，……降轵道旁。沛公遂入咸阳，……居月余，诸侯兵至，项籍……杀子婴及秦诸公子宗族。遂屠咸阳，……项羽为西楚霸王，主命分天下、王诸侯，秦竟灭矣。后五年，天下定于汉。

太史公曰：秦之先伯翳，尝有勋于唐虞之际，受土赐姓。及殷夏之间微散。至周之衰，秦兴，邑于西垂。自缪公以来，稍蚕食诸侯，竟成始皇。始皇自以为功过五帝，地广三王，而羞与之侔。善哉乎贾生推言之也！曰：

秦并兼诸侯山东三十余郡，缮津关，据险塞，修甲兵而守之。然陈涉以戍卒散乱之众数百，奋臂大呼，不用弓戟之兵，钼櫌白梃，望屋而食，横行天下。秦人阻险不守，关梁不阖，长戟不刺，强弩不射。楚师深入，战于鸿门，曾无藩篱之艰。于是山东大扰，诸侯并起，豪俊相立。秦使章邯将而东征，章邯因以三军之众要市于外，以谋其上。群臣之不信，可见于此矣。子婴立，遂不寤。藉使子婴有庸主之材，仅得中佐，山东虽乱，秦之地可全而有，宗庙之祀未当绝也。秦地被山带河以为固，四塞之国也。自缪公以来，至于秦王，二十余君，常为诸侯雄。岂世世贤哉？其势居然也。且天下尝同心并力而攻秦矣。当此之世，贤智并列，良将行其师，贤相通其谋，然困于阻险而不能进，秦乃延入战而为之开关，百万之徒逃北而遂坏。岂勇力智慧不足哉？形不利，势不便也。秦小邑并大城，守险塞而军，高垒毋战，闭关据阨，荷戟而守之。诸侯起于匹夫，以利合，非有素王之行也。其交未亲，其下未附，名为亡秦，其实利之也。彼见秦阻之难犯也，必退师。安土息民，以待其敝，收弱扶罢，以令大国之君，不患不得意于海内。贵为天子，富有天下，而身为禽者，其救败非也。

秦王足己不问，遂过而不变。二世受之，因而不改，暴虐以重祸。子婴孤立无亲，危弱无辅。三主惑而终身不悟，亡，不亦宜乎？当此时也，世非无深虑知化之士也，然所以不敢尽忠拂过者，秦俗多忌讳之禁，忠言未卒于口，而身为戮没矣。故使天下之士，倾耳而听，重足而立，拑口而不言。是以三主失道，忠臣不敢谏，智士不敢谋，天下已乱，奸不上闻，岂不哀哉！先王知雍蔽之伤国也，故置公卿大夫士，以饰法设刑，而天下治。其强也，禁暴诛乱而天下服。其弱也，五伯征而诸侯从。其削也，内守外附而社稷存。故秦之盛也，繁法严刑而天下振；及其衰也，百姓怨望而海内畔矣。故周五序得其道，而千余岁不绝。秦本末并失，故不长久。由此观之，安危之统相去远矣。野谚曰："前事之不忘，后事之师也。"是以君子为国，观之上古，验之当世，参以人事，察盛衰之理，审权势之宜，去就有序，变化有时，故旷日长久，而社稷安矣。

秦孝公据殽函之固，拥雍州之地，君臣固守而窥周室，有席卷天下，包举宇内，囊括四海人意，并吞八荒之心。当是时，商君佐之，内立法度，务耕织，修守战之备，外连衡而斗诸侯，于是秦人拱手而取西河之外。孝公既没，惠王、武王蒙故业、因遗册，南兼汉中，西举巴、蜀，东割膏腴之地，收要害之郡。诸侯恐惧，会盟而谋弱秦，不爱珍器重宝肥美之地，以致天下之士，合从缔交，相与为一。当是时，齐有孟尝，赵有平原，楚有春申，魏有信陵，此四君者，皆明知而忠信，宽厚而爱人，尊贤重士，约从离衡，并韩、魏、燕、楚、齐、赵、宋、卫、中山之众。于是六国之士有宁越、徐尚、苏秦、杜赫之属为之谋，齐明、周最、陈轸、昭滑、楼缓、翟景、苏厉、乐毅之徒通其意，吴起、孙膑、带佗、兒良、王廖、田忌、廉颇、赵奢之朋制其兵。常以十倍之地，百万之众，叩关而攻秦。秦人开关延敌，九国之师逡巡遁逃而不敢进。秦无亡矢遗镞之费，而天下诸侯已困矣。于是从散约解，争割地而奉秦。秦有余力而制其敝，追亡逐北，伏尸百万，流血漂卤。因利乘便，宰割天下，分裂河山，强国请服，弱国入朝。延及孝文王、庄襄王，享国日浅，国家无事。

及至秦王，续六世之余烈，振长策而御宇内，吞二周而亡诸侯，履至尊而制六合，执敲扑以鞭笞天下，威振四海。南取百越之地，以为桂林、象郡，百越之君俯首系颈，委命下吏。乃使蒙恬北筑长城而守藩篱，却匈奴七百余里，胡人不敢南下而牧马，士不敢弯弓而报怨。于是废先王之道，焚百家之言，以愚黔首。堕名城，杀豪俊，收天下之兵聚之咸阳，销锋铸镴，以为金人十二，以弱黔首之民。然后斩华为城，因河为津，据亿丈之城，临不测之谿以为固。良将劲弩守要害之处，信臣精卒陈利兵而谁何，天下以定。秦王之心，自以为关中之固，金城千里，子孙帝王万世之业也。

秦王既没，余威振于殊俗。陈涉，瓮牖绳枢之子，甿隶之人，而迁徙之徒，才能不及中人，非有仲尼、墨翟之贤，陶朱、猗顿之富，蹑足行伍之间，而倔起什伯之中，率罢散之卒，将数百之众，而转攻秦。斩木为兵，揭竿为旗，天下云集响应，赢粮而景从，山东豪俊遂并起而亡秦族矣。

且夫天下非小弱也，雍州之地，殽函之固自若也。陈涉之位，非尊于齐、楚、燕、赵、韩、魏、宋、卫、中山之君；鉏櫌棘矜，非铦于句戟长铩也；谪戍之众，非抗于九国之师；深谋远虑，行军用兵之道，非及乡时之士也。然而成败异变，功业相反也。试使山东之国与陈涉度长絜大，比权量力，则不可同年而语矣。然秦以区区之地，千乘之权，招八州而朝同列，百有余年矣。然后以六合为家，崤函为宫，一夫作难而七庙堕，身死人手，为天下笑者，何也？仁义不施而攻守之势异也。

秦并海内，兼诸侯，南面称帝，以养四海，天下之士斐然乡风，若是者何也？曰：近古之无王者久矣。周室卑微，五霸既殁，令不行于天下，是以诸侯力政，强侵弱，众暴寡，兵革不休，士民罢敝。今秦南面而王天下，是上有天子也。既元元之民冀得安其性命，莫不虚心而仰上，当此之时，守威定功，安危之本在于此矣。

秦王怀贪鄙之心，行自奋之智，不信功臣，不亲士民，废王道，立私权，禁文书而酷刑法，先诈力而后仁义，以暴虐为天下始。夫并兼者高诈力，安定者贵顺权，此言取与守不同术也。秦离战国而王天下，其道不易，其政不改，是其所以取之守之者无异也。孤独而有之，故其亡可立而待。借使秦王计上世之事，并殷周之迹，以制御其政，后虽有淫骄之主，而未有倾危之患也。故三王之建天下，名号显美，功业长久。

今秦二世立，天下莫不引领而观其政。夫寒者利裋褐而饥者甘糟糠，天下之嗷嗷，新主之资也。此言劳民之易为仁也。乡使二世有庸主之行，而任忠贤，臣主一心而忧海内之患，缟素而正先帝之过，裂地分民以封功臣之后，建国立君以礼天下，虚囹圄而免刑戮，除去收帑污秽之罪，使各反其乡里，发仓廪，散财币，以振孤独穷困之士，轻赋少事，以佐百姓之急，约法省刑以持其后，使天下之人皆得自新，更节修行，各慎其身，塞万民之望，而以威德与天下，天下集矣。即四海之内，皆欢然各自安乐其处，唯恐有变，虽有狡猾之民，无离上之心，则不轨之臣无以饰其智，而暴乱之奸止矣。二世不行此术，而重之以无道，坏宗庙与民，更始作阿房宫，繁刑严诛，吏治刻深，赏罚不当，赋敛无度，天下多事，吏弗能纪，百姓困穷而主弗收恤。然后奸伪并起，而上下相遁，蒙罪者众，刑戮相望于道，而天下苦之。自君卿以下至于众庶，人怀自危之心，亲处穷苦之实，咸不安其位，故易动也。是以陈涉不用汤武之贤，不藉公侯之尊，奋臂于大泽而天下响应者，其民危也。故先王见始终之变，知存亡之机，是以牧民之道，务在安之而已。天下虽有逆行之臣，必无响应之助矣。故曰"安民可与行义，而危民易与为非"，此之谓也。贵为天子，富有天下，身不免于戮杀者，正倾非也。是二世之过也。

　　徐退山评：贾生《论》何等气焰，点作余波，如轻云之点太空。贾生气盛百倍，史公气盛万千倍。"史公曰"下六十余字，"贾生推言之"下二千三百余字，以少领多，而少弥见多，多反觉少，盖其妙在六十余字中。自唐虞时秦之先叙起，至始皇，世系盛衰括尽。始皇不立断案，只用几个虚字描写咏叹，不断而深于断，却以贾语实之，愈实而愈虚，愈重而愈轻，愈多而愈少，读至终篇，回味篇首六十余字，字字如日光焰耀，能化二千三百余字，如雪净冰融，不留一字。

项羽本纪

（节录）

项籍者，下相人也，字羽。初起时，年二十四。其季父项梁，梁父即楚将项燕，为秦将王翦所戮者也。项氏世世为楚将，封于项，故姓项氏。

项籍少时，学书不成，去；学剑，又不成。项梁怒之。籍曰："书足以记名姓而已。剑一人敌，不足学，学万人敌。"于是项梁乃教籍兵法，籍大喜，略知其意，又不肯竟学。项梁尝有栎阳逮，乃请蕲狱掾曹咎书抵栎阳狱掾司马欣，以故事得已。项梁杀人，与籍避仇于吴中。吴中贤士大夫皆出项梁下。每吴中有大繇役及丧，项梁常为主办，阴以兵法部勒宾客及子弟，以是知其能。秦始皇帝游会稽，渡浙江，梁与籍俱观。籍曰："彼可取而代也。"梁掩其口，曰："毋妄言，族矣！"梁以此奇籍。籍长八尺余，力能扛鼎，才气过人，虽吴中子弟皆已惮籍矣。

....

初，宋义所遇齐使者高陵君显在楚军，见楚王曰："宋义论武信君之军必败，居数日，军果败。兵未战而先见败征，此可谓知兵矣。"王召宋义与计事而大说之，因置以为上将军；项羽为鲁公，为次将；范增为末将，救赵。诸别将皆属宋义，号为卿子冠军。行至安阳，留四十六日不进。项羽曰："吾闻秦军围赵王钜鹿，疾引兵渡河，楚击其外，赵应其内，破秦军必矣。"宋义曰："不然。夫搏牛之虻不可以破虮虱。今秦攻赵，战胜则兵罢，我承其敝；不胜，则我引兵鼓行而西，必举秦矣。故不如先斗秦、赵。夫被坚执锐，义不如公；坐而运策，公不如义。"因下令军中曰：

"猛如虎，很如羊，贪如狼，强不可使者，皆斩之！"乃遣其子宋襄相齐，身送之至无盐，饮酒高会。天寒大雨，士卒冻饥。项羽曰："将戮力而攻秦，久留不行。今岁饥民贫，士卒食芋菽，军无见粮，乃饮酒高会，不引兵渡河因赵食，与赵并力攻秦，乃曰'承其敝'。夫以秦之强，攻新造之赵，其势必举赵。赵举而秦强，何敝之承！且国兵新破，王坐不安席，扫境内而专属于将军，国家安危，在此一举。今不恤士卒而徇其私，非社稷之臣！"项羽晨朝上将军宋义，即其帐中斩宋义头，出令军中曰："宋义与齐谋反楚，楚王阴令羽诛之。"当是时，诸将皆慴服，莫敢枝梧。皆曰："首立楚者，将军家也。今将军诛乱。"乃相与共立羽为假上将军。使人追宋义子，及之齐，杀之。使桓楚报命于怀王。怀王因使项羽为上将军，当阳君、蒲将军皆属项羽。

　　项羽已杀卿子冠军，威震楚国，名闻诸侯。乃遣当阳君、蒲将军将卒二万渡河，救钜鹿。战少利，陈馀复请兵。项羽乃悉引兵渡河，皆沉船，破釜甑，烧庐舍，持三日粮，以示士卒必死，无一还心。于是至则围王离，与秦军遇，九战，绝其甬道，大破之，杀苏角，虏王离。涉间不降楚，自烧杀。当是时，楚兵冠诸侯。诸侯军救钜鹿下者十余壁，莫敢纵兵。及楚击秦，诸将皆从壁上观。楚战士无不一以当十，楚兵呼声动天，诸侯军无不人人惴恐。于是已破秦军，项羽召见诸侯将，入辕门，无不膝行而前，莫敢仰视。项羽由是始为诸侯上将军，诸侯皆属焉。

　　　茅鹿门评：项羽最得意之战，史公最得意之文。

....

　　沛公军霸上，未得与项羽相见。沛公左司马曹无伤使人言于项羽曰："沛公欲王关中，使子婴为相，珍宝尽有之。"项羽大怒，曰："旦日飨士卒，为击破沛公军！"当是时，项羽兵四十万，在新丰鸿门，沛公兵十万，在霸上。范增说项羽曰："沛公居山东时，贪于财货，好美姬；今入关，财物无所取，妇女无所幸，此其志不在小。吾令人望其气，皆为龙虎，成五采，此天子气也。急击勿失。"

楚左尹项伯者，项羽季父也，素善留侯张良。张良是时从沛公。项伯乃夜驰之沛公军，私见张良，具告以事，欲呼张良与俱去，曰："毋从俱死也。"张良曰："臣为韩王送沛公，沛公今事有急，亡去不义，不可不语。"良乃入，具告沛公。沛公大惊，曰："为之奈何？"张良曰："谁为大王为此计者？"曰："鲰生说我曰：'距关，毋内诸侯，秦地可尽王也。'故听之。"良曰："料大王士卒足以当项王乎？"沛公默然，曰："固不如也，且为之奈何？"张良曰："请往谓项伯，言沛公不敢背项王也。"沛公曰："君安与项伯有故？"张良曰："秦时与臣游，项伯杀人，臣活之。今事有急，故幸来告良。"沛公曰："孰与君少长？"良曰："长于臣。"沛公曰："君为我呼入，吾得兄事之。"张良出，要项伯，项伯即入见沛公。沛公奉卮酒为寿，约为婚姻，曰："吾入关，秋毫不敢有所近，籍吏民，封府库，而待将军。所以遣将守关者，备他盗之出入与非常也。日夜望将军至，岂敢反乎！愿伯具言臣之不敢倍德也。"项伯许诺，谓沛公曰："旦日不可不蚤自来谢项王。"沛公曰："诺。"于是项伯复夜去，至军中，具以沛公言报项王，因言曰："沛公不先破关中，公岂敢入乎？今人有大功而击之，不义也，不如因善遇之。"项王许诺。

沛公旦日从百余骑来见项王，至鸿门，谢曰："臣与将军戮力而攻秦，将军战河北，臣战河南，然不自意能先入关破秦，得复见将军于此。今者有小人之言，令将军与臣有郤。"项王曰："此沛公左司马曹无伤言之，不然，籍何以至此？"项王即日因留沛公与饮。项王、项伯东向坐，亚父南向坐。亚父者，范增也；沛公北向坐；张良西向侍。范增数目项王，举所佩玉玦以示之者三，项王默然不应。范增起，出召项庄，谓曰："君王为人不忍，若入前为寿，寿毕，请以剑舞，因击沛公于坐，杀之。不者，若属皆且为所虏。"庄则入为寿，寿毕，曰："君王与沛公饮，军中无以为乐，请以剑舞。"项王曰："诺。"项庄拔剑起舞，项伯亦拔剑起舞，常以身翼蔽沛公，庄不得击。于是张良至军门，见樊哙，樊哙曰："今日之事何如？"良曰："甚急。今者项庄拔剑舞，其意常在沛公也。"哙曰："此迫矣，臣请入，与之同命。"哙即带剑拥盾入军门。交戟之卫士欲止不内，樊哙侧其盾以撞，卫士仆地，哙遂入。披帷西向立，瞋目视项王，头发上指，目眦尽裂。项王按剑而跽曰："客何为者？"张良曰："沛公之参乘樊哙者也。"项王曰："壮士！赐之卮酒。"则与斗卮酒。哙拜谢，起，立而饮之。项王曰："赐之彘肩。"则与一生彘肩。樊哙覆其盾于地，加彘肩上，拔剑切而啖之。项王曰："壮士！能复饮乎？"樊哙曰："臣死且不避，卮酒安足辞！夫秦王有虎狼之心，杀人如不能举，刑人如不恐胜，天下皆叛之。怀王与诸将约曰：'先破秦入咸阳者王之。'今沛公先破秦入咸阳，毫毛不敢有所近，封闭宫室，还军霸上，以待大王来。故遣将守关者，备他盗出入与非常也。劳苦而功高如此，未有封侯之赏，而听细说，欲诛有功之人，此亡秦之续耳，窃为大王不取也。"项王未有以应，曰："坐。"樊哙从良坐。坐须臾，沛公起如厕，因招樊哙出。

沛公已出，项王使都尉陈平召沛公。沛公曰："今者出，未辞也，为之奈何？"樊哙曰："大行不顾细谨，大礼不辞小让。如今人方为刀俎，我为鱼肉，何辞为？"于是遂去。乃令张良留谢。良问曰："大王来何操？"曰："我持白璧一双，欲献项王；玉斗一双，欲与亚父。会其怒，不敢献。公为我献之。"张良曰："谨诺。"当是时，项王军在鸿门下，沛公军在霸上，相去四十里。沛公则置车骑，脱身独骑，与樊哙、夏侯婴、靳强、纪信等四人持剑盾步走。从郦山下，道芷阳间行。沛公谓张良曰："从此道至吾军，不过二十里耳。度我至军中，公乃入。"沛公已去，间至军中。张良入谢，曰："沛公不胜杯杓，不能辞，谨使臣良奉白璧一双，再拜献大王足下；玉斗一双，再拜奉大将军足下。"项王曰："沛公安在？"良曰："闻大王有意督过之，脱身独去，已至军矣。"项王则受璧，置之坐上。亚父受玉斗，置之地，拔剑撞而破之，曰："唉！竖子不足与谋。夺项王天下者，必沛公也，吾属今为之虏矣。"沛公至军，立诛杀曹无伤。……

项羽引兵西屠咸阳，杀秦降王子婴。……使人致命怀王，怀王曰："如约。"乃尊怀王为义帝。项王欲自王，先王诸将相。谓曰："天下初发难时，假立诸侯后以伐秦。然身被坚执锐首事，暴露于野三年，灭秦定天下者，皆将相诸君与籍之力也。义帝虽无功，故当分其地而王之。"……乃分天下，立诸将为侯王。项王、范增疑沛公之有天下，业已讲解，又恶负约，恐诸侯叛之，乃阴谋曰："巴、蜀道险，秦之迁人皆居蜀。"乃曰："巴、蜀亦关中地也。"故立沛公为汉王，王巴、蜀、汉中，都南郑。而三分关中，王秦降将以距塞汉王。项王乃立章邯为雍王，王咸阳以西，都废丘。长史欣者，故为栎阳狱掾，尝有德于项梁；都尉董翳者，本劝章邯降楚。故立司马欣为塞王，王咸阳以东至河，都栎阳；立董翳为翟王，王上郡，都高奴。……徙赵王歇为代王。赵相张耳素贤，又从入关，故立耳为常山王，王赵地，都襄国。当阳君黥布为楚将，常冠军，故立布为九江王，都六。……徙齐王田市为胶东王。齐将田都从共救赵，因从入关，故立都为齐王，都临菑。故秦所灭齐王建孙田安，项羽方渡河救赵，田安下济北数城，引其兵降项羽，故立安为济北王，都博阳。田荣者，数负项梁，又不肯将兵从楚击秦，以故不封。成安君陈馀弃将印去，不从入关，然素闻其贤，有功于赵，闻其在南皮，故因环封三县。番君将梅鋗功多，故封十万户侯。项王自立为西楚霸王，王九郡，都彭城。

汉之元年……诸侯罢戏下，各就国。项王出之国，使人徙义帝，曰："古之帝者，地方千里，必居上游。"乃使使徙义帝长沙郴县，……阴令衡山、临江王击杀之江中。

  卓吾评：羽立义帝前一日气魄一日，弑义帝后一日哀飒一日，是传纲领。

  …………

汉五年，汉王乃追项王至阳夏南，止军，与淮阴侯韩信、建成侯彭越期会而击楚军。至固陵，而信、越之兵不会。楚击汉军，大破之。汉王复入壁，深堑而自守。谓张子房曰："诸侯不从约，为之奈何？"对曰："楚兵且破，信、越未有分地，其不至固宜。君王能与共分天下，今可立致也；即不能，事未可知也。君王能自陈以东傅海，尽与韩信；睢阳以北至谷城，以与彭越，使各自为战，则楚易败也。"汉王曰："善。"于是乃发使者告韩信、彭越曰："并力击楚，楚破，自陈以东傅海与齐王，睢阳以北至谷城与彭相国。"使者至，韩信、彭越皆报曰："请今进兵。"韩信乃从齐往，刘贾军从寿春并行，屠城父，至垓下。大司马周殷叛楚，以舒屠六，举九江兵，随刘贾、彭越皆会垓下，诣项王。

项王军壁垓下，兵少食尽，汉军及诸侯兵围之数重。夜闻汉军四面皆楚歌，项王乃大惊曰："汉皆已得楚乎？是何楚人之多也！"项王则夜起，饮帐中。有美人名虞，常幸从；骏马名骓，常骑之。于是项王乃悲歌忼慨，自为诗曰："力拔山兮气盖世，时不利兮骓不逝。骓不逝兮可奈何，虞兮虞兮奈若何！"歌数阕，美人和之。项王泣数行下，左右皆泣，莫能仰视。

于是项王乃上马骑，麾下壮士骑从者八百余人，直夜溃围南出，驰走。平明，汉军乃觉之，令骑将灌婴以五千骑追之。项王渡淮，骑能属者百余人耳。项王至阴陵，迷失道，问一田父，田父绐曰"左"。左，乃陷大泽中，以故汉追及之。项王乃复引兵而东，至东城，乃有二十八骑。汉骑追者数千人。项王自度不得脱，谓其骑曰："吾起兵至今八岁矣，身七十余战，所当者破，所击者服，未尝败北，遂霸有天下。然今卒困于此，此天之亡我，非战之罪也。今日固决死，愿为诸君快战，必三胜之，为诸君溃围、斩将、刈旗，令诸君知天亡我，非战之罪也。"乃分其骑以为四队，四向。汉军围之数重。项王谓其骑曰："吾为公取彼一将。"令四面骑驰下，期山东为三处。于是项王大呼驰下，汉军皆披靡，遂斩汉一将。是时，赤泉侯为骑将，追项王，项王瞋目而叱之，赤泉侯人马俱惊，辟易数里。与其骑会为三处。汉军不知项王所在，乃分军为三，复围之。项王乃驰，复斩汉一都尉，杀数十百人，复聚其骑，亡其两骑耳。乃谓其骑曰："何如？"骑皆伏曰："如大王言！"

于是项王乃欲东渡乌江。乌江亭长檥船待，谓项王曰："江东虽小，地方千里，众数十万人，亦足王也。愿大王急渡。今独臣有船，汉军至，无以渡。"项王笑曰："天之亡我，我何渡为！且籍与江东子弟八千人渡江而西，今无一人还，纵江东父兄怜而王我，我何面目见之？纵彼不言，籍独不愧于心乎？"乃谓亭长曰："吾知公长者。吾骑此马五岁，所当无敌，尝一日行千里，不忍杀之，以赐公。"乃令骑皆下马步行，持短兵接战。独籍所杀汉军数百人。项王身亦被十余创。顾见汉骑司马吕马童，曰："若非吾故人乎？"马童面之，指王翳曰："此项王也。"项王乃曰："吾闻汉购我头千金，邑万户，吾为若德。"乃自刎而死。

……

太史公曰：吾闻之周生曰"舜目盖重瞳子"，又闻项羽亦重瞳子。羽岂其苗裔邪？何兴之暴也！夫秦失其政，陈涉首难，豪杰蜂起，相与并争，不可胜数。然羽非有尺寸，乘势起陇亩之中，三年，遂将五诸侯灭秦，分裂天下，而封王侯，政由羽出，号为"霸王"，位虽不终，近古以来未尝有也。及羽背关怀楚，放逐义帝而自立，怨王侯叛己，难矣。自矜功伐，奋其私智而不师古，谓霸王之业，欲以力征经营天下，五年卒亡其国，身死东城，尚不觉寤而不自责，过矣。乃引"天亡我，非用兵之罪也"，岂不谬哉！

　　姚六康评：特作《羽本纪》，俨然列汉高祖及诸帝之前，是史公胆识。公亡书遂行，又封公后为史通子，亦见汉世文字法网甚宽。

　　徐退山评：写羽神勇，写羽粗横，写羽妇人之仁，尽态极致。至写羽兵法，东城二十八骑时，尚分为二分、分为四，阵势、战势如绘，神笔也。

平准书

（全录）

汉兴，接秦之弊，丈夫从军旅，老弱转粮饷，作业剧而财匮，自天子不能具钧驷，而将相或乘牛车，齐民无藏盖。于是为秦钱重难用，更令民铸钱，一黄金一斤。约法省禁。而不轨逐利之民，蓄积馀业以稽市物，物踊腾粜，米至石万钱，马一匹则百金。

天下已平，高祖乃令贾人不得衣丝乘车，重租税以困辱之。孝惠、高后时，为天下初定，复弛商贾之律，然市井之子孙亦不得仕宦为吏。量吏禄，度官用，以赋于民。而山川园池市井租税之入，自天子以至于封君汤沐邑，皆各为私奉养焉，不领于天下之经费。漕转山东粟，以给中都官，岁不过数十万石。

至孝文时，荚钱益多，轻，乃更铸四铢钱，其文为"半两"，令民纵得自铸钱。故吴，诸侯也，以即山铸钱，富埒天子，其后卒以叛逆。邓通，大夫也，以铸钱财过王者。故吴、邓氏钱布天下，而铸钱之禁生焉。

匈奴数侵盗北边，屯戍者多，边粟不足给食当食者。于是募民能输及转粟于边者拜爵，爵得至大庶长。

孝景时，上郡以西旱，亦复修卖爵令，而贱其价以招民。及徒复作，得输粟县官以除罪。益造苑马以广用，而宫室列观舆马益增修矣。

至今上即位数岁，汉兴七十余年之间，国家无事，非遇水旱之灾，民则人给家足，都鄙廪庾皆满，而府库余货财。京师之钱累巨万，贯朽而不可校。太仓之粟陈陈相因，充溢露积于外，至腐败不可食。众庶街巷有马，阡陌之间成群，而乘字牝者傧而不得聚会。守闾阎者食粱肉，为吏者长子孙，居官者以为姓号。故人人自爱而重犯法，先行义而后绌耻辱焉。当此之时，网疏而民富，役财骄溢，或至兼并豪党之徒，以武断于乡曲。宗室有土公卿大夫以下，争于奢侈，室庐舆服僭于上，无限度。物盛而衰，固其变也。

自是之后，严助、朱买臣等招来东瓯，事两越，江淮之间萧然烦费矣。唐蒙、司马相如开路西南夷，凿山通道千余里，以广巴蜀，巴蜀之民罢焉。彭吴贾灭朝鲜，置沧海之郡，则燕齐之间靡然发动。及王恢设谋马邑，匈奴绝和亲，侵扰北边，兵连而不解，天下苦其劳，而干戈日滋。行者赍，居者送，中外骚扰而相奉，百姓抏弊以巧法，财赂衰耗而不赡。入物者补官，出货者除罪，选举陵迟，廉耻相冒，武力进用，法严令具。兴利之臣自此始也。

其后汉将岁以数万骑出击胡，及车骑将军卫青取匈奴河南地，筑朔方。当是时，汉通西南夷道，作者数万人，千里负担馈粮，率十余钟致一石，散币于邛僰以集之。数岁道不通，蛮夷因以数攻，吏发兵诛之。悉巴蜀租赋不足以更之，乃募豪民田南夷，入粟县官，而内受钱于都内。东至沧海之郡，人徒之费拟于南夷。又兴十万余人筑卫朔方，转漕甚辽远，自山东咸被其劳，费数十百巨万，府库益虚。乃募民能入奴婢得以终身复，为郎增秩，及入羊为郎，始于此。

其后四年，而汉遣大将将六将军，军十余万，击右贤王，获首虏万五千级。明年，大将军将六将军仍再出击胡，得首虏万九千级。捕斩首虏之士受赐黄金二十余万斤，虏数万人皆得厚赏，衣食仰给县官。而汉军之士马死者十余万，兵甲之财转漕之费不与焉。于是大农陈藏钱经耗，赋税既竭，犹不足以奉战士。

有司言："天子曰：'朕闻五帝之教不相复而治，禹汤之法不同道而王，所由殊路，而建德一也。北边未安，朕甚悼之。日者，大将军攻匈奴，斩首虏万九千级，留蹛无所食。议令民得买爵及赎禁锢免减罪。'请置赏官，命曰武功爵。级十七万，凡直三十余万金。诸买武功爵官首者试补吏，先除；千夫如五大夫，其有罪又减二等。爵得至乐卿，以显军功。"军功多用越等，大者封侯卿大夫，小者郎吏。吏道杂而多端，则官职耗废。

自公孙弘以《春秋》之义绳臣下取汉相，张汤用峻文决理为廷尉，于是见知之法生，而废格沮诽穷治之狱用矣。其明年，淮南、衡山、江都王谋反迹见，而公卿寻端治之，竟其党与，而坐死者数万人，长吏益惨急而法令明察。

当是之时，招尊方正贤良文学之士，或至公卿大夫。公孙弘以汉相，布被，食不重味，为天下先。然无益于俗，稍骛于功利矣。

其明年，骠骑仍再出击胡，获首四万。其秋，浑邪王率数万之众来降，于是汉发车二万乘迎之。既至，受赏，赐及有功之士。是岁费凡百余巨万。

初，先是往十余岁河决观，梁楚之地固已数困，而缘河之郡堤塞河，辄决坏，费不可胜计。其后番系欲省底柱之漕，穿汾、河渠以为溉田，作者数万人；郑当时为渭漕渠回远，凿直渠自长安至华阴，作者数万人；朔方亦穿渠，作者数万人：各历二三期，功未就，费亦各巨万十数。

天子为伐胡，盛养马，马之来食长安者数万匹，卒牵掌者关中不足，乃调旁近郡。而胡降者皆衣食县官，县官不给，天子乃损膳，解乘舆驷，出御府禁藏以赡之。

其明年，山东被水菑，民多饥乏，于是天子遣使者虚郡国仓廥以振贫民。犹不足，又募豪富人相贷假。尚不能相救，乃徙贫民于关以西，及充朔方以南新秦中，七十余万口，衣食皆仰给县官。数岁，假予产业，使者分部护之，冠盖相望。其费以亿计，不可胜数。于是县官大空。

而富商大贾或蹛财役贫，转毂百数，废居居邑，封君皆低首仰给。冶铸煮盐，财或累万金，而不佐国家之急，黎民重困。于是天子与公卿议，更钱造币以赡用，而摧浮淫并兼之徒。是时禁苑有白鹿而少府多银锡。自孝文更造四铢钱，至是岁四十余年，从建元以来，用少，县官往往即多铜山而铸钱，民亦间盗铸钱，不可胜数。钱益多而轻，物益少而贵。有司言曰："古者皮币，诸侯以聘享。金有三等，黄金为上，白金为中，赤金为下。今半两钱法重四铢，而奸或盗摩钱里取鋊，钱益轻薄而物贵，则远方用币烦费不省。"乃以白鹿皮方尺，缘以藻缋，为皮币，直四十万。王侯宗室朝觐聘享，必以皮币荐璧，然后得行。

又造银锡为白金。以为天用莫如龙，地用莫如马，人用莫如龟，故白金三品：其一曰重八两，圜之，其文龙，名曰"白选"，直三千。二曰以重差小，方之，其文马，直五百。三曰复小，椭之，其文龟，直三百。令县官销半两钱，更铸三铢钱，文如其重。盗铸诸金钱罪皆死，而吏民之盗铸白金者不可胜数。

于是以东郭咸阳、孔仅为大农丞，领盐铁事；桑弘羊以计算用事，侍中。咸阳，齐之大煮盐；孔仅，南阳大冶，皆致生累千金，故郑当时进言之。弘羊，雒阳贾人子，以心计，年十三侍中。故三人言利事析秋毫矣。

法既益严，吏多废免。兵革数动，民多买复及五大夫，征发之士益鲜。于是除千夫五大夫为吏，不欲者出马。故吏皆适令伐棘上林，作昆明池。

其明年，大将军、骠骑大出击胡，得首虏八九万级，赏赐五十万金，汉军马死者十余万匹，转漕车甲之费不与焉。是时财匮，战士颇不得禄矣。

有司言三铢钱轻，易奸诈，乃更请诸郡国铸五铢钱，周郭其下，令不可磨取镕焉。

大农上盐铁丞孔仅、咸阳言："山海，天地之藏也，皆宜属少府，陛下不私，以属大农佐赋。愿募民自给费，因官器作煮盐，官与牢盆。浮食奇民欲擅管山海之货，以致富羡，役利细民。其沮事之议，不可胜听。敢私铸铁器煮盐者，钛左趾，没入其器物。郡不出铁者，置小铁官，便属在所县。"使孔仅、东郭咸阳乘传举行天下盐铁，作官府，除故盐铁家富者为吏。吏道益杂，不选，而多贾人矣。

商贾以币之变，多积货逐利。于是公卿言："郡国颇被灾害，贫民无产业者，募徙广饶之地。陛下损膳省用，出禁钱以振元元，宽贷赋，而民不齐出于南亩，商贾滋众。贫者畜积无有，皆仰县官。异时算轺车贾人缗钱皆有差，请算如故。诸贾人末作贯贷卖买，居邑稽诸物，及商以取利者，虽无市籍，各以其物自占，率缗钱二千而一算。诸作有租及铸，率缗钱四千一算。非吏比者三老、北边骑士，轺车以一算。商贾人轺车二算。船五丈以上一算。匿不自占，占不悉，戍边一岁，没入缗钱。有能告者，以其半畀之。贾人有市籍者，及其家属，皆无得籍名田，以便农。敢犯令，没入田僮。"

天子乃思卜式之言，召拜式为中郎，爵左庶长，赐田十顷，布告天下，使明知之。

初，卜式者，河南人也，以田畜为事。亲死，式有少弟，弟壮，式脱身出分，独取畜羊百余，田宅财物尽予弟。式入山牧十余岁，羊致千余头，买田宅。而其弟尽破其业，式辄复分予弟者数矣。是时汉方数使将击匈奴，卜式上书，愿输家之半县官助边。天子使使问式："欲官乎？"式曰："臣少牧，不习仕宦，不愿也。"使问曰："家岂有冤，欲言事乎？"式曰："臣生与人无分争。式邑人贫者贷之，不善者教顺之，所居人皆从式，式何故见冤于人。无所欲言也。"使者曰："苟如此，子何欲而然？"式曰："天子诛匈奴，愚以为贤者宜死节于边，有财者宜输委，如此而匈奴可灭也。"使者具其言入以闻。天子以语丞相弘。弘曰："此非人情。不轨之臣，不可以为化而乱法，愿陛下勿许。"于是上久不报式，数岁，乃罢式。式归，复田牧。岁余，会军数出，浑邪王等降，县官费众，仓府空。其明年，贫民大徙，皆仰给县官，无以尽赡。卜式持钱二十万予河南守，以给徙民。河南上富人助贫人者籍，天子见卜式名，识之，曰："是固前而欲输其家半助边"，乃赐式外繇四百人。式又尽复予县官。是时富豪皆争匿财，唯式尤欲输之助费。天子于是以式终长者，故尊显以风百姓。

初，式不愿为郎。上曰："吾有羊上林中，欲令子牧之。"式乃拜为郎，布衣屩而牧羊。岁余，羊肥息。上过，见其羊，善之。式曰："非独羊也，治民亦犹是也。以时起居，恶者辄斥去，毋令败群。"上以式为奇，拜为缑氏令试之，缑氏便之。迁为成皋令，将漕最。上以为式朴忠，拜为齐王太傅。

而孔仅之使天下铸作器，三年中拜为大农，列于九卿。而桑弘羊为大农丞，筦诸会计事，稍稍置均输以通货物矣。

始令吏得入谷补官，郎至六百石。

自造白金五铢钱后五岁，赦吏民之坐盗铸金钱死者数十万人。其不发觉相杀者，不可胜计。赦自出者百余万人。然不能半自出，天下大抵无虑皆铸金钱矣。犯者众，吏不能尽诛取，于是遣博士褚大、徐偃等分曹循行郡国，举兼并之徒守相为利者。而御史大夫张汤方隆贵用事，减宣、杜周等为中丞，义纵、尹齐、王温舒等用惨急刻深为九卿，而直指夏兰之属始出矣。

而大农颜异诛。初，异为济南亭长，以廉直稍迁至九卿。上与张汤既造白鹿皮币，问异，异曰："今王侯朝贺以苍璧，直数千，而其皮荐反四十万，本末不相称。"天子不说。张汤又与异有郤，及有人告异以它议，事下张汤治异。异与客语，客语初令下有不便者，异不应，微反唇。汤奏当异九卿见令不便，不入言而腹诽，论死。自是之后，有腹诽之法比，而公卿大夫多谄谀取容矣。

天子既下缗钱令而尊卜式，百姓终莫分财佐县官，于是杨可告缗钱纵矣。

郡国多奸铸钱，钱多轻，而公卿请令京师铸钟官赤侧，一当五，赋官用非赤侧不得行。白金稍贱，民不宝用，县官以令禁之，无益。岁余，白金终废不行。

是岁也，张汤死而民不思。

其后二岁，赤侧钱贱，民巧法用之，不便，又废。于是悉禁郡国无铸钱，专令上林三官铸。钱既多，而令天下非三官钱不得行，诸郡国所前铸钱皆废销之，输其铜三官。而民之铸钱益少，计其费不能相当，唯真工大奸乃盗为之。

卜式相齐，而杨可告缗遍天下，中家以上大抵皆遇告。杜周治之，狱少反者。乃分遣御史廷尉正监分曹往，即治郡国缗钱，得民财物以亿计，奴婢以千万数，田大县数百顷，小县百余顷，宅亦如之。于是商贾中家以上大率破，民偷甘食好衣，不事畜藏之产业，而县官有盐铁缗钱之故，用益饶矣。

益广关，置左右辅。

初，大农筦盐铁官布多，置水衡，欲以主盐铁。及杨可告缗钱，上林财物众，乃令水衡主上林。上林既充满，益广。是时越欲与汉用船战逐，乃大修昆明池，列观环之。治楼船，高十余丈，旗帜加其上，甚壮。于是天子感之，乃作柏梁台，高数十丈。宫室之修，由此日丽。

乃分缗钱诸官，而水衡、少府、大农、太仆各置农官，往往即郡县比没入田田之。其没入奴婢，分诸苑养狗马禽兽，及与诸官。诸官益杂置多，徒奴婢众，而下河漕度四百万石，及官自籴乃足。

所忠言："世家子弟富人或斗鸡走狗马，弋猎博戏，乱齐民。"乃征诸犯令，相引数千人，命曰"株送徒"。入财者得补郎，郎选衰矣。

是时山东被河菑，及岁不登数年，人或相食，方一二千里。天子怜之，诏曰："江南火耕水耨，令饥民得流就食江淮间，欲留，留处。"遣使冠盖相属于道，护之，下巴蜀粟以振之。

其明年，天子始巡郡国。东度河，河东守不意行至，不辨，自杀。行西逾陇，陇西守以行往卒，天子从官不得食，陇西守自杀。于是上北出萧关，从数万骑，猎新秦中，以勒边兵而归。新秦中或千里无亭徼，于是诛北地太守以下，而令民得畜牧边县，官假马母，三岁而归，及息什一，以除告缗，用充仞新秦中。

既得宝鼎，立后土、太一祠，公卿议封禅事，而天下郡国皆豫治道桥，缮故宫，及当驰道县，县治官储，设供具，而望以待幸。

其明年，南越反，西羌侵边为桀。于是天子为山东不赡，赦天下囚，因南方楼船卒二十余万人击南越，数万人发三河以西骑击西羌，又数万人度河筑令居。初置张掖、酒泉郡，而上郡、朔方、西河、河西开田官，斥塞卒六十万人戍田之。中国缮道馈粮，远者三千，近者千余里，皆仰给大农。边兵不足，乃发武库工官兵器以赡之。车骑马乏绝，县官钱少，买马难得，乃著令，令封君以下至三百石以上吏，以差出牝马天下亭，亭有畜牸马，岁课息。

齐相卜式上书曰："臣闻主忧臣辱。南越反，臣愿父子与齐习船者往死之。"天子下诏曰："卜式虽躬耕牧，不以为利，有余辄助县官之用。今天下不幸有急，而式奋愿父子死之，虽未战，可谓义形于内。赐爵关内侯，金六十斤，田十顷。"布告天下，天下莫应。列侯以百数，皆莫求从军击羌、越。至酎，少府省金，而列侯坐酎金失侯者百余人。乃拜式为御史大夫。式既在位，见郡国多不便县官作盐铁，铁器苦恶，贾贵，或强令民卖买之。而船有算，商者少，物贵，乃因孔仅言船算事。上由是不悦卜式。

汉连兵三岁，诛羌，灭南越，番禺以西至蜀南者，置初郡十七，且以其故俗治，毋赋税。南阳、汉中以往郡，各以地比给初郡吏卒奉食币物，传车马被具。而初郡时时小反，杀吏，汉发南方吏卒往诛之，间岁万余人，费皆仰给大农。大农以均输调盐铁助赋，故能赡之。然兵所过县，为以訾给毋乏而已，不敢言擅赋法矣。

其明年，元封元年，卜式贬秩为太子太傅。而桑弘羊为治粟都尉，领大农，尽代仅笼天下盐铁。弘羊以诸官各自市，相与争，物故腾跃，而天下赋输或不偿其僦费，乃请置大农部丞数十人，分部主郡国，各往往县置均输盐铁官，令远方各以其物贵时商贾所转贩者为赋，而相灌输。置平准于京师，都受天下委输。召工官治车诸器，皆仰给大农。大农之诸官尽笼天下之货物，贵即卖之，贱则买之。如此，富商大贾无所牟大利，则反本，而万物不得腾踊。故抑天下物，名曰"平准"。天子以为然，许之。余是天子北至朔方，东到太山，巡海上，并北边以归。所过赏赐，用帛百余万匹，钱金以巨万计，皆取足大农。

弘羊又请令吏得入粟补官，及罪人赎罪。令民能入粟甘泉各有差，以复终身，不告缗。他郡各输急处，而诸农各致粟，山东漕益岁六百万石。一岁之中，太仓、甘泉仓满。边余谷诸物均输帛五百万匹。民不益赋而天下用饶。于是弘羊赐爵左庶长，黄金再百斤焉。

是岁小旱，上令官求雨，卜式言曰："县官当食租衣税而已，今弘羊令吏坐市列肆，贩物求利。亨弘羊，天乃雨。"

太史公曰：农工商交易之路通，而龟贝金钱刀布之币兴焉。所从来久远，自高辛氏之前尚矣，靡得而记云。故《书》道唐虞之际，《诗》述殷周之世，安宁则长庠序，先本绌末，以礼义防于利；事变多故而亦反是。是以物盛则衰，时极而转，一质一文，终始之变也。禹贡九州，各因其土地所宜，人民所多少而纳职焉。汤武承弊易变，使民不倦，各兢兢所以为治，而稍陵迟衰微。齐桓公用管仲之谋，通轻重之权，徼山海之业，以朝诸侯，用区区之齐显成霸名。魏用李克，尽地力，为强君。自是以后，天下争于战国，贵诈力而贱仁义，先富有而后推让。故庶人之富者或累巨万，而贫者或不厌糟糠；有国强者或并群小以臣诸侯，而弱国或绝祀而灭世。以至于秦，卒并海内。虞夏之币，金为三品，或黄，或白，或赤；或钱，或布，或刀，或龟贝。及至秦，中一国之币为二等，黄金以溢名，为上币；铜钱识曰半两，重如其文，为下币。而珠玉、龟贝、银锡之属为器饰宝藏，不为币。然各随时而轻重无常。于是外攘夷狄，内兴功业，海内之士力耕不足粮饷，女子纺绩不足衣服。古者尝竭天下之资财以奉其上，犹自以为不足也。无异故云，事势之流，相激使然，曷足怪焉。

邓文洁评：亦是谤书规格，与《封禅书》同。然《封禅书》犹多微辞，此则直指其失，精核无剩语，是汉文本色。中间搜罗诸事，不一一排列，而无不曲尽，笔力最当。有好势妙处全在抑诡激抗。

茅鹿门评：太史公之文，当以《平准》为最。汉武承文、景之后，耗费殆尽，故兴利之谋凡十数变，而太史公摹写极工。

杨升庵评：此篇叙事错综，全在缴结呼唤，结前生后，为之血脉。初用"焉"字，犹为疑辞；后多用"矣"字，遂为决词。其曰"物盛而衰，固其变也"，此则为诸结语之纲要。后赞内"物盛则衰"等语，盖所以提挈此意，于终而通结缴之也。

钟伯敬评：文、景殷富，而武帝以喜功生事，化为虚耗之世，鬻爵鬻罪而不效，盐铁而不效，铸钱、制皮币而不效，酎金而不效，风示百姓分财助县官而不效，募徙民而不效。非惟不效而已，又曰"选举凌迟，廉耻相冒"，曰"吏道杂而多端，官职耗废"，曰"见知之法生，穷治之狱用"，曰"县官大空"，曰"公卿大夫论谀取容"，一篇中三致意焉，则形见而势穷矣。至《告缗令》下，以天子而同于盗与兵，天下嚣然，丧其乐生之心，不思所以解之，且求为秦之季而不可得。弘羊晚出，乃"平准"以笼天下财，归于县官，贵卖贱买，"虽不加赋而用饶"，是利臣笼络人主之语，而"赏赐巨万，取足大农，不复告缗"，此则平准之效也。或曰：是又以天子而同负贩，同于负贩不犹愈同于盗与兵乎？且告缗之祸可以亡，平准非敕救穷，以救予也，故平准以代一切兴利之事，而救告缗之祸，其道不得不出于此也。然则史遂无讥乎？曰：恶得无讥？文、景之天下，何遂化为武帝之天下，觇时观变，史盖有深悲焉，非悲平准也，悲其所以不得不出于平准之故也。

孙执升评：入书中此篇最焉！评核变化，体同《封禅》，而独无隐语，胸中眼中，可悲可恨处抒写无余，极文人之致。〇《史》原无《武纪》，武帝事非立朝者所宜书，是史家之体也。武帝事散见平入书中，篇篇是《武帝纪》也，褚生乃独牵《封禅》以补之，谬矣。

赵世家

（录程婴立赵孤一段）

灵公立十四年，益骄。赵盾骤谏，灵公弗听。及食熊蹯，胹不熟，杀宰人，持其尸出，赵盾见之。灵公由此惧，欲杀盾。盾素仁爱人，尝所食桑下饿人反扞救盾，盾以得亡。未出境，而赵穿弑灵公，而立襄公弟黑臀，是为成公。赵盾复反，任国政。君子讥盾"为正卿，亡不出境，反不讨贼"，故太史书曰"赵盾弑其君"。晋景公时而赵盾卒，谥为宣孟，子朔嗣。

赵朔，晋景公之三年，朔为晋将下军救郑，与楚庄王战河上。朔娶晋成公姊为夫人。

晋景公之三年，大夫屠岸贾欲诛赵氏。初，赵盾在时，梦见叔带持要而哭，甚悲；已而笑，拊手且歌。盾卜之，兆绝而后好。赵史援占之，曰："此梦甚恶，非君之身，乃君之子，然亦君之咎。至孙，赵将世益衰。"屠岸贾者，始有宠于灵公，及至于景公，而贾为司寇，将作难，乃治灵公之贼以致赵盾，遍告诸将曰："盾虽不知，犹为贼首。以臣弑君，子孙在朝，何以惩罪？请诛之。"韩厥曰："灵公遇贼，赵盾在外，吾先君以为无罪，故不诛。今诸君将诛其后，是非先君之意而今妄诛。妄诛谓之乱。臣有大事而君不闻，是无君也。"屠岸贾不听。韩厥告赵朔趣亡，朔不肯，曰："子必不绝赵祀，朔死不恨。"韩厥许诺，称疾不出。贾不请，而擅与诸将攻赵氏于下宫，杀赵朔、赵同、赵括、赵婴齐，皆灭其族。

赵朔妻成公姊，有遗腹，走公宫匿。赵朔客曰公孙杵臼，杵臼谓朔友人程婴曰："胡不死？"程婴曰："朔之妇有遗腹，若幸而男，吾奉之；即女也，吾徐死耳。"居无何，而朔妇免身，生男。屠岸贾闻之，索于宫中。夫人置儿绔中，祝曰："赵宗灭乎，若号；即不灭，若无声。"及索，儿竟无声。已脱，程婴谓公孙杵臼曰："今一索不得，后必且复索之，奈何？"公孙杵臼曰："立孤与死孰难？"程婴曰："死易，立孤难耳。"公孙杵臼曰："赵氏先君遇子厚，子强为其难者，吾为其易者，请先死。"乃二人谋取他人婴儿负之，衣以文葆，匿山中。程婴出，谬谓诸将军曰："婴不肖，不能立赵孤。谁能与我千金，吾告赵氏孤处。"诸将皆喜，许之，发师随程婴攻公孙杵臼。杵臼谬曰："小人哉程婴！昔下宫之难不能死，与我谋匿赵氏孤儿，今又卖我。纵不能立，而忍卖之乎！"抱儿呼曰："天乎天乎！赵氏孤儿何罪？请活之，独杀杵臼可也。"诸将不许，遂杀杵臼与孤儿。诸将以为赵氏孤儿良已死，皆喜。然赵氏真孤乃反在，程婴卒与俱匿山中。

居十五年，晋景公疾，卜之，大业之后不遂者为祟。景公问韩厥，厥知赵孤在，乃曰："大业之后在晋绝祀者，其赵氏乎？夫自中衍者皆嬴姓也。中衍人面鸟噣，降佐殷帝大戊，及周天子，皆有明德。下及幽厉无道，而叔带去周适晋，事先君文侯，至于成公，世有立功，未尝绝祀。今吾君独灭赵宗，国人哀之，故见龟策。唯君图之。"景公问："赵尚有后子孙乎？"韩厥具以实告。于是景公乃与韩厥谋立赵孤儿，召而匿之宫中。诸将入问疾，景公因韩厥之众以胁诸将而见赵孤。赵孤名曰武。诸将不得已，乃曰："昔下宫之难，屠岸贾为之，矫以君命，并命群臣。非然，孰敢作难！微君之疾，群臣固且请立赵后。今君有命，群臣之原也。"于是召赵武、程婴遍拜诸将，遂反与程婴、赵武攻屠岸贾，灭其族。复与赵武田邑如故。

及赵武冠，为成人，程婴乃辞诸大夫，谓赵武曰："昔下宫之难，皆能死。我非不能死，我思立赵氏之后。今赵武既立，为成人，复故位，我将下报赵宣孟与公孙杵臼。"赵武啼泣，顿首固请，曰："武愿苦筋骨以报子至死，而子忍去我死乎！"程婴曰："不可。彼以我为能成事，故先我死；今我不报，是以我事为不成。"遂自杀。赵武服齐衰三年，为之祭邑，春秋祠之，世世勿绝。

  陈肃公评：婴首告赵孤，亦是为其难，婴受十五年笑骂；杵臼虽死，享义名，故婴难、杵臼易也。○到后匿山中事易矣，然婴正刻刻胆碎，不惟拥护，又教诲之，未出山而成卿相之器，难哉难哉。

  姚六康评：此段皆知点染绚烂之极，而不知伸缩藏露之妙。韩厥许诺，称疾不出，绝不见他作用。负他孤换真孤，只写杵臼、程婴，并不写及韩厥，忽于后点出"厥知赵孤在"，"厥俱以实对"。二语乃悟前此婴、杵所为，厥实与谋也。前藏后露，前缩后伸。盖使前露韩厥与谋，则婴、杵两人反减色，而公因韩厥之众以胁诸将一段，亦无味矣。

  徐退山评：占梦一段，闲文也，事之影也，太史公偏提影事做实案。盖太史公笔纯是悲哭笑歌，恰有一悲哭笑歌事形于梦，见于占，便提来做案，极力描写一番，哭是真哭，笑是真笑，反觉音象精魂之在纸上者，十百千万倍于当年笑哭也。

越世家

（录末段）

范蠡事越王勾践，既苦身戮力，与勾践深谋二十余年，竟灭吴，报会稽之耻，北渡兵于淮，以临齐、晋，号令中国，以尊周室，勾践以霸，而范蠡称上将军。还反国，范蠡以为大名之下，难以久居，且勾践为人可与同患，难与处安，为书辞勾践曰："臣闻主忧臣劳，主辱臣死。昔者君王辱于会稽，所以不死，为此事也。今既以雪耻，臣请从会稽之诛。"勾践曰："孤将与子分国而有之。不然，将加诛于子。"范蠡曰："君行令，臣行意。"乃装其轻宝珠玉，自与其私徒属乘舟浮海以行，终不反。于是勾践表会稽山以为范蠡奉邑。

范蠡浮海出齐，变姓名，自谓鸱夷子皮，耕于海畔，苦身戮力，父子治产，居无几何，致产数十万。齐人闻其贤，以为相。范蠡喟然叹曰："居家则致千金，居官则至卿相，此布衣之极也。久受尊名，不祥。"乃归相印，尽散其财，以分与知友乡党，而怀其重宝，间行以去，止于陶。以为此天下之中，交易有无之路通，为生可以致富矣。于是自谓陶朱公。复约要父子耕畜，废居，候时转物，逐什一之利。居无何，则致赀累巨万。天下称陶朱公。

朱公居陶，生少子。少子及壮，而朱公中男杀人，囚于楚。朱公曰："杀人而死，职也。然吾闻千金之子不死于市。"告其少子往视之。乃装黄金千溢，置褐器中，载以一牛车，且遣其少子。朱公长男固请欲行，朱公不听。长男曰："家有长子曰家督，今弟有罪，大人不遣，乃遗少弟，是吾不肖。"欲自杀。其母为言曰："今遣少子，未必能生中子也，而先空亡长男，奈何？"朱公不得已而遣长子，为一封书遗故所善庄生，曰："至则进千金于庄生所，听其所为，慎无与争事。"长男既行，亦自私赍数百金。

至楚，庄生家负郭，披藜藋到门，居甚贫。然长男发书进千金，如其父言。庄生曰："可疾去矣，慎毋留！即弟出，勿问所以然。"长男既去，不过庄生而私留，以其私赍献遗楚国贵人用事者。

庄生虽居穷阎，然以廉直闻于国，自楚王以下皆师尊之。及朱公进金，非有意受也，欲以成事后复归之以为信耳。故金至，谓其妇曰："此朱公之金，有如病不宿诫，后复归，勿动。"而朱公长男不知其意，以为殊无短长也。

庄生间时入见楚王，言"某星宿某，此则害于楚"。楚王素信庄生，曰："今为奈何？"庄生曰："独以德为可以除之。"楚王曰："生休矣，寡人将行之。"王乃使使者封三钱之府。楚贵人惊告朱公长男曰："王且赦。"曰："何以也？"曰："每王且赦，常封三钱之府。昨暮王使使封之。"朱公长男以为赦，弟固当出也，重千金虚弃庄生，无所为也，乃复见庄生。庄生惊曰："若不去邪？"长男曰："固未也。初为事弟，弟今议自赦，故辞生去。"庄生知其意欲复得其金，曰："若自入室取金。"长男即自入室取金持去，独自欢幸。

庄生羞为儿子所卖，乃入见楚王曰："臣前言某星事，王言欲以修德报之。今臣出，道路皆言陶之富人朱公之子杀人囚楚，其家多持金钱赂王左右，故王非能恤楚国而赦，乃以朱公子故也。"楚王大怒曰："寡人虽不德耳，奈何以朱公之子故而施惠乎！"令论杀朱公子，明日遂下赦令。朱公长男竟持其弟丧归。

至，其母及邑人尽哀之，唯朱公独笑，曰："吾固知必杀其弟也！彼非不爱其弟，顾有所不能忍者也。是少与我俱，见苦，为生难，故重弃财。至如少弟者，生而见我富，乘坚驱良逐狡兔，岂知财所从来，故轻弃之，非所惜吝。前日吾所为欲遣少子，固为其能弃财故也。而长者不能，故卒以杀其弟，事之理也，无足悲者。吾日夜固以望其丧之来也。"

故范蠡三徙，成名于天下，非苟去而已，所止必成名。卒老死于陶，故世传曰陶朱公。

  姚六康评：范蠡功成名遂，勋烂天壤，全在佐勾践残吴、霸中国处。至末路埋名隐姓，飘然长往，相齐归印，居陶致富，皆悠游无聊，吐其余绪，以终余年耳。史公于前面煊赫处用几语提过，偏从后面悠游无聊处曲摩细写，反复娓娓，使蠡冷局之中转成火热之象，如奕者，闲着淡着，尽成高妙。

萧相国世家

（全录）

萧相国何者，沛丰人也。以文无害为沛主吏掾。

高祖为布衣时，何数以吏事护高祖。高祖为亭长，常左右之。高祖以吏繇咸阳，吏皆送奉钱三，何独以五。

秦御史监郡者与从事，常辨之。何乃给泗水卒史事，第一。秦御史欲入言征何，何固请，得毋行。

及高祖起为沛公，何常为丞督事。沛公至咸阳，诸将皆争走金帛财物之府分之，何独先入收秦丞相御史律令图书藏之。沛公为汉王，以何为丞相。项王与诸侯屠烧咸阳而去，汉王所以具知天下阨塞，户口多少，强弱之处，民所疾苦者，以何具得秦图书也。何进言韩信，汉王以信为大将军。语在淮阴侯事中。

汉王引兵东定三秦，何以丞相留收巴蜀，填抚谕告，使给军食。汉二年，汉王与诸侯击楚，何守关中，侍太子，治栎阳。为法令约束，立宗庙社稷宫室县邑，辄奏上，可，许以从事；即不及奏上，辄以便宜施行，上来以闻。关中事，计户口、转漕给军，汉王数失军遁去，何常兴关中卒，辄补缺。上以此专属任何关中事。

汉三年，汉王与项羽相距京索之间，上数使使劳苦丞相。鲍生谓丞相曰："王暴衣露盖，数使使劳苦君者，有疑君心也。为君计，莫若遣君子孙昆弟能胜兵者悉诣军所，上必益信君。"于是何从其计，汉王大说。

汉五年，既杀项羽，定天下，论功行封。群臣争功，岁余功不决。高祖以萧何功最盛，封为酂侯，所食邑多。功臣皆曰："臣等身被坚执锐，多者百余战，少者数十合，攻城略地，大小各有差。今萧何未尝有汗马之劳，徒持文墨议论，不战，顾反居臣等上，何也？"高帝曰："诸君知猎乎？"曰："知之。""知猎狗乎？"曰："知之。"高帝曰："夫猎，追杀兽兔者狗也，而发踪指示兽处者人也。今诸君徒能得走兽耳，功狗也。至如萧何，发踪指示，功人也。且诸君独以身随我，多者两三人。今萧何举宗数十人皆随我，功不可忘也。"群臣皆莫敢言。

列侯毕已受封，及奏位次，皆曰："平阳侯曹参，身被七十创，攻城掠地，功最多，宜第一。"上已桡功臣，多封萧何，至位次未有以复难之，然心欲何第一。关内侯鄂君进曰："群臣议皆误。夫曹参虽有野战略地之功，此特一时之事。夫上与楚相距五岁，常失军亡众，逃身遁者数矣。然萧何常从关中遣军补其处，非上所诏令召，而数万众会上之乏绝者数矣。夫汉与楚相守荥阳数年，军无见粮，萧何转漕关中，给食不乏。陛下虽数亡山东，萧何常全关中以待陛下，此万世之功也。今虽亡曹参等百数，何缺于汉？汉得之不必待以全。奈何欲以一旦之功而加万世之功哉！萧何第一，曹参次之。"高祖曰："善。"于是乃令萧何，赐带剑履上殿，入朝不趋。

上曰："吾闻进贤受上赏。萧何功虽高，得鄂君乃益明。"于是因鄂君故所食关内侯邑，封为安平侯。是日，悉封何父子兄弟十余人，皆有食邑。乃益封何二千户，以帝尝繇咸阳时"何送我独赢奉钱二"也。

汉十一年，陈豨反，高祖自将，至邯郸。未罢，淮阴侯谋反关中，吕后用萧何计，诛淮阴侯，语在淮阴事中。上已闻淮阴侯诛，使使拜丞相何为相国，益封五千户，令卒五百人一都尉为相国卫。诸君皆贺，召平独吊。召平者，故秦东陵侯。秦破，为布衣，贫，种瓜于长安城东，瓜美，故世俗谓之"东陵瓜"，从召平以为名也。召平谓相国曰："祸自此始矣。上暴露于外而君守于中，非被矢石之事而益君封置卫者，以今者淮阴侯新反于中，疑君心矣。夫置卫卫君，非以宠君也。原君让封勿受，悉以家私财佐军，则上心说。"相国从其计，高帝乃大喜。

汉十二年秋，黥布反，上自将击之，数使使问相国何为。相国为上在军，乃拊循勉力百姓，悉以所有佐军，如陈豨时。客有说相国曰："君灭族不久矣。夫君位为相国，功第一，可复加哉？然君初入关中，得百姓心，十余年矣，皆附君，常复孳孳得民和。上所为数问君者，畏君倾动关中。今君胡不多买田地，贱贳贷以自污？上心乃安。"于是相国从其计，上乃大说。

上罢布军归，民道遮行上书，言相国贱强买民田宅数千万。上至，相国谒。上笑曰："夫相国乃利民！"民所上书皆以与相国，曰："君身谢民。"相国因为民请曰："长安地狭，上林中多空地，弃，愿令民得入田，毋收稿为禽兽食。"上大怒曰："相国多受贾人财物，乃为请吾苑！"乃下相国廷尉，械系之。数日，王卫尉侍，前问曰："相国何大罪，陛下系之暴也？"上曰："吾闻李斯相秦皇帝，有善归主，有恶自与。今相国多受贾竖金，而为民请吾苑，以自媚于民，故系治之。"王卫尉曰："夫职事苟有便于民而请之，真宰相事，陛下奈何乃疑相国受贾人钱乎！且陛下距楚数岁，陈豨、黥布反，陛下自将而往，当是时，相国守关中，摇足则关以西非陛下有也。相国不以此时为利，今乃利贾人之金乎？且秦以不闻其过亡天下，李斯之分过，又何足法哉。陛下何疑宰相之浅也。"高帝不怿。是日，使使持节赦出相国。相国年老，素恭谨，入，徒跣谢。高帝曰："相国休矣！相国为民请苑，吾不许，我不过为桀纣主，而相国为贤相。吾故系相国，欲令百姓闻吾过也。"

何素不与曹参相能，及何病，孝惠自临视相国病，因问曰："君即百岁后，谁可代君者？"对曰："知臣莫如主。"孝惠曰："曹参何如？"何顿首曰："帝得之矣！臣死不恨矣！"

何置田宅，必居穷处，为家不治垣屋，曰："后世贤，师吾俭；不贤，毋为势家所夺。"

孝惠二年，相国何卒，谥为文终侯。

后嗣以罪失侯者四世，绝，天子辄复求何后，封续酂侯，功臣莫得比焉。

太史公曰：萧相国何于秦时为刀笔吏，录录未有奇节。及汉兴，依日月之末光，何谨守管籥，因民之疾秦法，顺流与之更始。淮阴、黥布等皆以诛灭，而何之勋烂焉。位冠群臣，声施后世，与闳夭、散宜生等争烈矣。

邓定宇评：劝王汉中一节，似不可缺，此是踈略。

钟伯敬评：萧相国朴忠人也，明于国家大计，而智不暇及身。守关中，赖鲍生言"遣子弟之军"而悟；使使益封置位，赖召平言"出家财佐"而悟；上击黥布，使使问"相国何为？"益逼矣，赖客教以"买田自污"而悟，上喜，令自谢民，乃为民请苑，益犯上所忌，若与买田自污之计相者，所以系之不疑。王卫尉之说，犹未能使释然："我为桀纣主，相国为贤相"，其忌尚在也，而相国犹若不知，故曰萧相国朴忠人也。若曹参则藏身甚妙，然术弥工而心弥苦矣。○鄂君将汉王与何患难相须情势，及何事汉一片赤心写出见血，汉王心酸而疑解矣，人知其明何之功，不知其阴以解何之祸，即何亦未之知也。

徐退山评：篇中序酂侯相业，止起数行；而叙高帝疑忌，曰"大悦"，曰"乃大喜"，曰"乃大悦"，曰"乃大怒"，曰"不怿"，凡五百余言，夫帝之疑忌必畅写之。《酂侯世家》者，见忠如酂侯，而帝疑忌如此，盖隐为淮阴侯等鸣冤矣。史真直笔哉。

留侯世家

（全录）

（眉批）钟伯敬评：留侯一生作用，着着在事外，步步在人前。其学问全在用人，即从高帝，亦为其所用，能用留侯者，独老人耳。子房只为恩怨分明，与伍子胥俱从忠孝至性中出，惟其布局宽，当机紧藏，意圆而微，故非子胥所及。〇子房用汉，非用于汉者也，为韩报仇，是其主意。然博浪之椎可以报韩仇，则亦不必用汉，用汉非得已也，不得已而用汉，又肯使汉得以功臣待之乎？故为韩报仇，子房竟自说明，使汉不得以功臣待之也。使不自说，恐史公亦未必知之，不更高且远乎？曰：非得已也，萧何之囚，参之醉，信、越之族，惟其得以功臣待之也。子房之自明其为韩报仇，有戒心矣，故曰非得已也。

徐退山评：平死后二十年，秦灭韩，是时，良年少未宦，父亦未葬，则知良于父死时年特孩提耳，非承父谕，乃为韩报仇，博浪沙锥，英雄至性，故能感致黄石，凡异书，非忠孝至性人不授。〇黄石授书则授之耳，必堕履而命之下，期约而责其后，何哉？盖教以用书之法也。书非致柔不能用，非先机不能用，一呼"下取履"，三呵"后，何也？"书指已传矣，岂待读后始知哉？

留侯张良者，<u>其先韩人也</u>。大父开地，相韩昭侯、宣惠王、襄哀王。父平，相釐王、悼惠王。悼惠王二十三年，平卒。卒二十岁，秦灭韩。<u>良年少，未宦事韩</u>。韩破，良家僮三百人，<u>弟死不</u>

葬，悉以家财求客刺秦王，为韩报仇，以大父、父五世相韩故。

良尝学礼淮阳。东见仓海君。得力士，为铁椎重百二十斤。秦皇帝东游，良与客狙击秦（始皇）[皇帝]博浪沙中，误中副车。秦皇帝大怒，大索天下，求贼甚急，为张良故也。良乃更名姓，亡匿下邳。

良尝闲从容步游下邳圯上，有一老父，衣褐，至良所，直堕其履圯下，顾谓良曰："孺子，下取履！"良愕然，欲殴之。为其老，强忍，下取履。父曰："履我！"良业为取履，因长跪履之。父以足受，笑而去。良殊大惊，随目之。父去里所，复还，曰："孺子可教矣。后五日平明，与我会此。"良因怪之，跪曰："诺。"五日平明，良往。父已先在，怒曰："与老人期，后，何也？"去，曰："后五日早会。"五日鸡鸣，良往，父又先在，复怒曰："后，何也？"去，曰："后五日复早来。"五日，良夜未半往。有顷，父亦来，喜曰："当如是。"出一编书，曰："读此则为王者师矣。后十年兴。十三年，孺子见我济北，谷城山下黄石即我矣。"遂去，无他言，不复见。旦日视其书，乃《太公兵法》也。良……常习诵读之。

居下邳，为任侠。项伯常杀人，从良匿。

后十年，陈涉等起兵，良亦聚少年百余人。景驹自立为楚假王，在留。良欲往从之，道遇沛公。沛公将数千人，略地下邳西，遂属焉。沛公拜良为厩将。良数以《太公兵法》说沛公，沛公善之，常用其策。良为他人言，皆不省。良曰："沛公殆天授。"故遂从之，不去见景驹。

及沛公之薛，见项梁。项梁立楚怀王。良乃说项梁曰："君已立楚后，而韩诸公子横阳君成贤，可立为王，益树党。"项梁使良求韩成，立以为韩王。以良为韩申徒，与韩王将千余人西略韩地，得数城，秦辄复取之，往来为游兵颍川。

沛公之从洛阳南出轘辕，良引兵从沛公，下韩十余城，击破杨熊军。沛公乃令韩王成留守阳翟，与良俱南，攻下宛，西入武关。沛公欲以兵二万人击秦峣下军，良说曰："秦兵尚强，未可轻。臣闻其将屠者子，贾竖易动以利。愿沛公且留壁，使人先行，为五万人具食，益为张旗帜诸山上，为疑兵，令郦食其持重宝啖秦将。"秦将果畔，欲连和俱西袭咸阳，沛公欲听之。良曰："此独其将欲叛耳，恐士卒不从。不从必危，不如因其懈击之。"沛公乃引兵击秦军，大破之。逐北至蓝田，再战，秦兵竟败。遂至咸阳，秦王子婴降沛公。

沛公入秦宫，宫室、帷帐、狗马、重宝、妇女以千数，意欲留居之。樊哙谏沛公出舍，沛公不听。良曰："夫秦为无道，故沛公得至此。夫为天下除残贼，宜缟素为资。今始入秦，即安其乐，此所谓'助桀为虐'。且'忠言逆耳利于行，毒药苦口利于病'，愿沛公听樊哙言。"沛公乃还军霸上。

项羽至鸿门下，欲击沛公，项伯乃夜驰入沛公军，私见张良，欲与俱去。良曰："臣为韩王送沛公，今事有急，亡去不义。"乃具以语沛公。沛公大惊，曰："为将奈何？"良曰："沛公诚欲倍项羽邪？"沛公曰："鲰生教我距关，无内诸侯，秦地可尽王，故听之。"良曰："沛公自度能却项羽乎？"沛公默然良久，曰："固不能也。今为奈何？"良乃固要项伯。项伯见沛公。沛公与饮，为寿，结宾婚。令项伯具言沛公不敢倍项羽，所以距关者，备他盗也。及见项羽后解，语在项羽事中。

汉元年正月，沛公为汉王，王巴蜀。汉王赐良金百镒，珠二斗，良具以献项伯。汉王亦因令良厚遗项伯，使请汉中地。项王乃许之，遂得汉中地。汉王之国，良送至褒中，遣良归韩。良因说汉王曰："王何不烧绝所过栈道，示天下无还心，以固项王意。"乃使良还。行，烧绝栈道。

良至韩，韩王成以良从汉王故，项王不遣成之国，从与俱东。良说项王曰："汉王烧绝栈道，无还心矣。"乃以齐王田荣反书告项王。项王以此无西忧汉心，而发兵北击齐。

项王竟不肯遣韩王，乃以为侯，又杀之彭城。良亡，间行归汉王，汉王亦已还定三秦矣。复以良为成信侯，从东击楚。至彭城，汉败而还。至下邑，汉王下马踞鞍而问曰："吾欲捐关以东等弃之，谁可与共功者？"良进曰："九江王黥布，楚枭将，与项王有隙；彭越与齐王田荣反梁地：此两人可急使。而汉王之将独韩信可属大事，当一面。即欲捐之，捐之此三人，则楚可破也。"汉王乃遣随何说九江王布，而使人连彭越。及魏王豹反，使韩信将兵击之，因举燕、代、齐、赵。然卒破楚者，此三人力也。

张良多病，未尝特将也，常为画策臣，时时从汉王。

汉三年，项羽急围汉王荥阳，汉王恐忧，与郦食其谋桡楚权。食其曰："昔汤伐桀，封其后于杞。武王伐纣，封其后于宋。今秦失德弃义，侵伐诸侯社稷，灭六国之后，使无立锥之地。陛下诚能复立六国后世，毕已受印，此其君臣百姓必皆戴陛下之德，莫不乡风慕义，愿为臣妾。德义已行，陛下南乡称霸，楚必敛衽而朝。"汉王曰："善。趣刻印，先生因行佩之矣。"

食其未行，张良从外来谒。汉王方食，曰："子房前！客有为我计桡楚权者。"具以郦生语告，曰："于子房何如？"良曰："谁为陛下画此计者？陛下事去矣。"汉王曰："何哉？"张良对曰："臣请藉前箸为大王筹之。"曰："昔者汤伐桀而封其后于杞者，度能制桀之死命也。今陛下能制项籍之死命乎？"曰："未能也。""其不可一也。武王伐纣，封其后于宋者，度能得纣之头也。

今陛下能得项籍之头乎？"曰："未能也。""其不可二也。武王入殷，表商容之闾，释箕子之拘，封比干之墓。今陛下能封圣人之墓，表贤者之闾，式智者之门乎？"曰："未能也。""其不可三也。发钜桥之粟，散鹿台之钱，以赐贫穷。今陛下能散府库以赐贫穷乎？"曰："未能也。""其不可四矣。殷事已毕，偃革为轩，倒置干戈，覆以虎皮，以示天下不复用兵。今陛下能偃武行文，不复用兵乎？"曰："未能也。""其不可五矣。休马华山之阳，示以无所为。今陛下能休马无所用乎？"曰："未能也。""其不可六矣。放牛桃林之阴，以示不复输积。今陛下能放牛不复输积乎？"曰："未能也。""其不可七矣。且天下游士离其亲戚，弃坟墓，去故旧，从陛下游者，徒欲日夜望咫尺之地。今复六国，立韩、魏、燕、赵、齐、楚之后，天下游士各归事其主，从其亲戚，反其故旧坟墓，陛下与谁取天下乎？其不可八矣。且夫楚唯无强，六国立者复桡而从之，陛下焉得而臣之？诚用客之谋，陛下事去矣。"汉王辍食吐哺，骂曰："竖儒，几败而公事！"令趣销印。

汉四年，韩信破齐而欲自立为齐王，汉王怒。张良说汉王，汉王使良授齐王信印，语在淮阴事中。

其秋，汉王追楚至阳夏南，战不利而壁固陵，诸侯期不至。良说汉王，汉王用其计，诸侯皆至。语在项籍事中。

汉六年正月，封功臣。良未尝有战斗功，高帝曰："运筹策帷帐中，决胜千里外，子房功也。自择齐三万户。"良曰："始臣起下邳，与上会留，此天以臣授陛下。陛下用臣计，幸而时中，臣愿封留足矣，不敢当三万户。"乃封张良为留侯，与萧何等俱封。

六年，上已封大功臣二十余人，其余日夜争功不决，未得行封。上在洛阳南宫，从复道望见诸将往往相与坐沙中语。上曰："此何语？"留侯曰："陛下不知乎？此谋反耳。"上曰："天下属安定，何故反乎？"留侯曰："陛下起布衣，以此属取天下。今陛下为天子，而所封皆萧、曹故人所亲爱，而所诛者皆生平所仇怨。今军吏计功，以天下不足遍封，此属畏陛下不能尽封，恐又见疑平生过失及诛，故即相聚谋反耳。"上乃忧曰："为之奈何？"留侯曰："上平生所憎，群臣所共知，谁最甚者？"上曰："雍齿与我故，数尝窘辱我。我欲杀之，为其功多，故不忍。"留侯曰："今急先封雍齿以示群臣，群臣见雍齿封，则人人自坚矣。"于是上乃置酒，封雍齿为什方侯，而急趣丞相、御史定功行封。群臣罢酒，皆喜曰："雍齿尚为侯，我属无患矣。"

刘敬说高帝曰："都关中。"上疑之。左右大臣皆山东人，多劝上都洛阳："洛阳东有成皋，西有崤、黾，倍河，向伊、洛，其固亦足恃。"留侯曰："洛阳虽有此固，其中小，不过数百里，田地薄，四面受敌，此非用武之国也。夫关中左崤、函，右陇、蜀，沃野千里，南有巴蜀之饶，北有胡苑之利，阻三面而守，独以一面东制诸侯。诸侯安定，河渭漕挽天下，西给京师；诸侯有变，顺流而下，足以委输。此所谓金城千里，天府之国也，刘敬说是也。"于是高帝即日驾，西都关中。

留侯从入关。留侯性多病，即道引不食，杜门不出岁余。

上欲废太子，立戚夫人子赵王如意。大臣多谏争，未能得坚决者也。吕后恐，不知所为。人或谓吕后曰："留侯善画计策，上信用之。"吕后乃使建成侯吕泽劫留侯，曰："君常为上谋臣，今上欲易太子，君安得高枕而卧乎？"留侯曰："始上数在困急之中，幸用臣策。今天下安定，以爱欲易太子，骨肉之间，虽臣等百余人何益。"吕泽强要曰："为我画计。"留侯曰："此难以口舌争也。顾上有不能致者，天下有四人。四人者年老矣，皆以为上慢侮人，故逃匿山中，义不为汉臣。然上高此四人。今公诚能无爱金玉璧帛，令太子为书，卑辞安车，因使辩士固请，宜来。来，以为客，时时从入朝，令上见之，则必异而问之。问之，上知此四人贤，则一助也。"于是吕后令吕泽使人奉太子书，卑辞厚礼，迎此四人。四人至，客建成侯所。

汉十一年，黥布反，上病，欲使太子将，往击之。四人相谓曰："凡来者，将以存太子。太子将兵，事危矣。"乃说建成侯曰："太子将兵，有功则位不益太子；无功还，则从此受祸矣。且太子所与俱诸将，皆尝与上定天下枭将也，今使太子将之，此无异使羊将狼也，皆不肯为尽力，其无功必矣。臣闻'母爱者子抱'，今戚夫人日夜侍御，赵王如意常抱居前，上曰'终不使不肖子居爱子之上'，明乎其代太子位必矣。君何不急请吕后承间为上泣言：'黥布，天下猛将也，善用兵，今诸将皆陛下故等夷，乃令太子将此属，无异使羊将狼，莫肯为用。且使布闻之，则鼓行而西耳。上虽病，强载辎车，卧而护之，诸将不敢不尽力。上虽苦，为妻子自强。'"于是吕泽立夜见吕后，吕后承间为上泣涕而言，如四人意。上曰："吾惟竖子固不足遣，而公自行耳。"于是上自将兵而东，群臣居守，皆送至灞上。留侯病，自强起，至曲邮，见上曰："臣宜从，病甚。楚人剽疾，愿上无与楚人争锋。"因说上曰："令太子为将军，监关中兵。"上曰："子房虽病，强卧而傅太子。"是时叔孙通为太傅，留侯行少傅事。

汉十二年，上从击破布军归，疾益甚，愈欲易太子。留侯谏，不听，因疾不视事。叔孙太傅称说引古今，以死争太子。上详许之，犹欲易之。及燕，置酒，太子侍。四人从太子，年皆八十有余，须眉皓白，衣冠甚伟。上怪之，问曰："彼何为者？"四人前对，各言名姓，曰东园公，角里先生，绮里季，夏黄公。上乃大惊，曰："吾求公数岁，公辟逃我，今公何自从吾儿游乎？"四人皆曰："陛下轻士善骂，臣等义不受辱，故恐而亡匿。窃闻太子为人仁孝，恭敬爱士，天下莫不延颈欲为太子死者，故臣等来耳。"上曰："烦公幸卒调护太子。"

四人为寿已毕，趋去。上目送之，召戚夫人指示四人者曰："我欲易之，彼四人辅之，羽翼已成，难动矣。吕后真而主矣。"戚夫人泣，上曰："为我楚舞，吾为若楚歌。"歌曰："鸿鹄高飞，一举千里。羽翮已就，横绝四海。横绝四海，当可奈何！虽有矰缴，尚安所施！"歌数阕，戚夫人嘘唏流涕，上起之，罢酒。竟不易太子者，留侯本招此四人之力也。

留侯从上击代，出奇计马邑下，及立萧何相国，所与上从容言天下事甚众，非天下所以存亡，故不著。留侯乃称曰："家世相韩，及韩灭，不爱万金之资，为韩报仇强秦，天下振动。今以三寸舌为帝者师，封万户，位列侯，此布衣之极，于良足矣。愿弃人间事，欲从赤松子游耳。"乃学辟谷，道引轻身。会高帝崩，吕后德留侯，乃强食之，曰："人生一世间，如白驹过隙，何至自苦如此乎！"留侯不得已，强听而食。

后八年卒，谥为文成侯。子不疑代侯。

子房始所见下邳圯上老父与《太公书》者，后十三年从高帝过济北，果见谷城山下黄石，取而葆祠之。留侯死，并葬黄石冢。每上冢伏腊，祠黄石。

留侯不疑，孝文帝五年坐不敬，国除。

太史公曰："学者多言无鬼神，然言有物。至如留侯所见老父予书，亦可怪矣。高祖离困者数矣，而留侯常有功力焉，岂可谓非天乎？上曰："夫运筹策帷帐之中，决胜千里外，吾不如子房。"余以为其人计魁梧奇伟，至见其图，状貌如妇人好女。盖孔子曰："以貌取人，失之子羽。"留侯亦云。

绛侯周勃世家

（录亚夫一段）

条侯亚夫自未侯为河内守时，许负相之，曰："君后三岁而侯。侯八岁为将相，持国秉，贵重矣，于人臣无两。其后九岁而君饿死。"亚夫笑曰："臣之兄已代父侯矣，有如卒，子当代，亚夫何说侯乎？然既已贵如负言，又何说饿死？指示我。"许负指其口曰："有从理入口，此饿死法也。"居三岁，其兄绛侯胜之有罪，孝文帝择绛侯子贤者，皆推亚夫，乃封亚夫为条侯，续绛侯后。

文帝之后六年，匈奴大入边。乃以宗正刘礼为将军，军霸上；祝兹侯徐厉为将军，军棘门；以河内守亚夫为将军，军细柳：以备胡。上自劳军。至霸上及棘门军，直驰入，将以下骑送迎。已而之细柳军，军士吏披甲，锐兵刃，彀弓弩，持满。天子先驱至，不得入。先驱曰："天子且至！"军门都尉曰："将军令曰：'军中闻将军令，不闻天子之诏。'"居无何，上至，又不得入。于是上乃使使持节诏将军："吾欲入劳军。"亚夫乃传言开壁门。壁门士吏谓从属车骑曰："将军约，军中不得驱驰。"于是天子乃按辔徐行。至营，将军亚夫持兵揖曰："介胄之士不拜，请以军礼见。"天子为动，改容式车。使人称谢："皇帝敬劳将军。"成礼而去。既出军门，群臣皆惊。文帝曰："嗟乎，此真将军矣！曩者霸上、棘门军，若儿戏耳，其将固可袭而虏也。至于亚夫，可得而犯邪？"称善者久之。月余，三军皆罢，乃拜亚夫为中尉。

孝文且崩时，诫太子曰："即有缓急，周亚夫真可任将兵。"文帝崩，拜亚夫为车骑将军。

孝景三年，吴楚反。亚夫以中尉为太尉，东击吴楚。因自请上曰："楚兵剽轻，难与争锋。愿以梁委之，绝其粮道，乃可制。"上许之。

太尉既会兵荥阳，吴方攻梁，梁急，请救。太尉引兵东北走昌邑，深壁而守。梁日使使请太尉，太尉守便宜，不肯往。梁上书言景帝，景帝使使诏救梁。太尉不奉诏，坚壁不出，而使轻骑兵弓高侯等绝吴、楚兵后食道。吴兵乏粮，饥，数欲挑战，终不出。夜，军中惊，内相攻击扰乱，至于太尉帐下。太尉终卧不起。顷之，复定。后吴奔壁东南陬，太尉使备西北。已而其精兵果奔西北，不得入。吴兵既饿，乃引而去。太尉出精兵追击，大破之。吴王濞弃其军，而与壮士数千人亡走，保于江南丹徒。汉兵因乘胜，遂尽虏之，降其兵，购吴王千金。月余，越人斩吴王头以告。凡相攻守三月，而吴、楚破平。于是诸将乃以太尉计谋为是。由此梁孝王与太尉有郤。

归，复置太尉官。五岁，迁为丞相，景帝甚重之。景帝废栗太子，丞相固争之，不得。景帝由此疏之。而梁孝王每朝，常与太后言条侯之短。

窦太后曰："皇后兄王信可侯也。"……景帝曰："请得与丞相议之。"丞相议之，亚夫曰："高皇帝约'非刘氏不得王，非有功不得侯'……"景帝默然而止。

其后匈奴王〔唯〕徐卢等五人降，景帝欲侯之以劝后。丞相亚夫曰："彼背其主降陛下，陛下侯之，则何以责人臣不守节者乎？"景帝曰："丞相议不可用。"乃悉封〔唯〕徐卢等为列侯。亚夫因谢病。……免相。

……景帝居禁中，召条侯，赐食。独置大胾，无切肉，又不置箸。条侯心不平，顾谓尚席取箸。景帝视而笑曰："此不足君所乎？"条侯免冠谢。上起，条侯因趋出。景帝以目送之，曰："此

<u>怏怏者非少主臣也</u>"。

　　居无何，条侯子为父买工官尚方甲楯五百被可以葬者。取庸苦之，……庸……上变告子，事连污条侯。……召诣廷尉。……亚夫曰："臣所买器，乃葬器也，何谓反邪？"<u>吏曰："君侯纵不反地上，即欲反地下耳。"</u>……初，吏捕条侯，条侯欲自杀，夫人止之，……入廷尉。<u>因不食五日，</u>……条侯果饿死。死后，景帝乃封王信为盖侯。

　　　　茅鹿门评：绛侯兵法，太史公撰事，并古今绝景。
　　　　邓文洁评：大凡汉人叙事，正若共人面说者，读之自见。
　　　　徐退山评：《勃传》后序亚夫，却将许负相术作波绾结，中间如军细柳、击吴楚叙次，极浓热处，正须前后闲笔、冷笔点化。

伯夷列传

（全录）

夫学者载籍极博，尤考信于六艺。《诗》、《书》虽缺，然虞、夏之文可知也。尧将逊位，让于虞舜，舜、禹之间，岳牧咸荐，乃试之于位，典职数十年，功用既兴，然后授政。示天下重器，王者大统，传天下若斯之难也。而说者曰："尧让天下于许由，许由不受，耻之，逃隐。及夏之时，有卞随、务光者。"此何以称焉？太史公曰：余登箕山，其上盖有许由冢云。孔子序列古之仁、圣、贤人，如吴太伯、伯夷之伦详矣。余以所闻，由、光义至高，其文辞不少概见，何哉？

孔子曰："伯夷、叔齐，不念旧恶，怨是用希。""求仁得仁，又何怨乎？"余悲伯夷之意，睹轶诗可异焉。其传曰：伯夷、叔齐，孤竹君之二子也。父欲立叔齐，及父卒，叔齐让伯夷。伯夷曰："父命也。"遂逃去。叔齐亦不肯立而逃之。国人立其中子。于是伯夷、叔齐闻西伯昌善养老，"盍往归焉！"及至，西伯卒，武王载木主，号为文王，东伐纣。伯夷、叔齐叩马而谏曰："父死不葬，爰及干戈，可谓孝乎？以臣弑君，可谓仁乎？"左右欲兵之。太公曰："此义人也。"扶而去之。武王已平殷乱，天下宗周，而伯夷、叔齐耻之，义不食周粟，隐于首阳山，采薇而食之。及饿且死，作歌，其辞曰："登彼西山兮，采其薇矣。以暴易暴兮，不知其非矣。神农、虞、夏忽焉没兮，我安适归矣？于嗟徂兮，命之衰矣。"遂饿死于首阳山。由此观之，怨邪非邪？

或曰："天道无亲，常与善人。"若伯夷、叔齐，可谓善人者非邪？积仁洁行如此而饿死。且七十子之徒，仲尼独荐颜渊为好学。然回也屡空，糟糠不厌，而卒蚤夭。天之报施善人，其何如哉？盗跖日杀不辜，肝人之肉，暴戾恣睢，聚党数千人，横行天下，竟以寿终。是遵何德哉？此其尤大彰明较著者也。若至近世，操行不轨，专犯忌讳，而终身逸乐，富厚累世不绝。或择地而蹈之，时然后出言，行不由径，非公正不发愤，而遇祸灾者，不可胜数也。余甚惑焉，倘所谓天道，是邪非邪？

子曰："道不同，不相为谋"，亦各从其志也。故曰："富贵如可求，虽执鞭之士，吾亦为之。如不可求，从吾所好。""岁寒，然后知松柏之后凋。"举世混浊，清士乃见。岂以其重若彼，其轻若此哉？"君子疾没世而名不称焉。"贾子曰："贪夫徇财，烈士徇名，夸者死权，众庶冯生。"同明相照，同类相求。"云从龙，风从虎，圣人作而万物睹。"伯夷、叔齐虽贤，得夫子而名益彰；颜渊虽笃学，附骥尾而行益显。岩穴之士，趋舍有时若此，类名湮灭而不称，悲夫。闾巷之人，欲砥行立名者，非附青云之士，恶能施于后世哉！

  徐退山评：杨商贤谓：文必有指。史公传伯夷叩马、采薇，不见经传传，疑则不信。由、光亦不见经传，有塚存焉，不可无其人，惜夫子未道耳，本欲示信，故借形于客。但感概烟波多端，迷者不察，以为崇让，一让国、一让天下，又以贤人不传者众，故伤之，失其指矣。王荆公序《杜集》云："每一篇出，自然人知其非人之所能为，而为之者，惟其甫也，辄能辨之。"或以序《杜集》，乃如此间［清］冷澹宕，以为高作，自我论之，荆公收逸诗七百首，补入《杜集》，恐人之疑其伪也，曰："吾能识真杜诗，不容伪也"云尔。人第赏其间［清］冷淡宕，不之察也。王文与史公同指，文之有指,如家有壸奥,近代作者游五父之衢耳。此说极是。传首考信,大指了然,前半云峦从此结构,然后半波澜作者胸中另有,故必以此意概之,恐未尽然。盖史公遭腐刑,自伤不得显于后世,故即夫子称伯夷,映带出名字缭绕。一"怨"字以自写其痛,余昔评之云:一篇吊古伤今,传伯夷非传伯夷也。邓文洁谓此传如神龙变化,可以意求,难以言传,噫!尽之矣。

管晏列传

（全录）

　　管仲夷吾者，颍上人也。少时常与鲍叔牙游，鲍叔知其贤。管仲贫困，常欺鲍叔，鲍叔终善遇之，不以为言。已而鲍叔事齐公子小白，管仲事公子纠。及小白立，为桓公，公子纠死，管仲囚焉。鲍叔遂进管仲。管仲既用，任政于齐，齐桓公以霸，九合诸侯，一匡天下，管仲之谋也。

　　管仲曰："吾始困时，尝与鲍叔贾，分财利多自与，鲍叔不以我为贪，知我贫也。吾尝为鲍叔谋事而更穷困，鲍叔不以我为愚，知时有利不利也。吾尝三仕三见逐于君，鲍叔不以我为不肖，知我不遭时也。吾尝三战三走，鲍叔不以我怯，知我有老母也。公子纠败，召忽死之，吾幽囚受辱，鲍叔不以我为无耻，知我不羞小节而耻功名不显于天下也。生我者父母，知我者鲍子也。"

　　鲍叔既进管仲，以身下之。子孙世禄于齐，有封邑者十余世，常为名大夫。天下不多管仲之贤而多鲍叔能知人也。

　　管仲既任政相齐，以区区之齐在海滨，通货积财，富国强兵，与俗同好恶。故其称曰："仓廪实而知礼节，衣食足而知荣辱，上服度则六亲固。四维不张，国乃灭亡。下令如流水之原，令顺民心。"故论卑而易行。俗之所欲，因而予之；俗之所否，因而去之。

　　其为政也，善因祸而为福，转败而为功。贵轻重，慎权衡。桓公实怒少姬，南袭蔡，管仲因而伐楚，责包茅不入贡于周室。桓公实北征山戎，而管仲因而令燕修召公之政。于柯之会，桓公欲背曹沫之约，管仲因而信之，诸侯由是归齐。故曰："知与之为取，政之宝也。"

管仲富拟于公室，有三归、反坫，齐人不以为侈。管仲卒，齐国遵其政，常强于诸侯。

后百余年而有晏子焉。

晏平仲婴者，莱之夷维人也。事齐灵公、庄公、景公，以节俭力行重于齐。既相齐，食不重肉，妾不衣帛。其在朝，君语及之，即危言；语不及之，即危行。国有道，即顺命；无道，即衡命。以此三世显名于诸侯。

越石父贤，在缧绁中。晏子出，遭之涂，解左骖赎之，载归。弗谢，入闺。久之，越石父请绝。晏子戄然，摄衣冠谢曰："婴虽不仁，免子于厄，何子求绝之速也？"石父曰："不然。吾闻君子诎于不知己而信于知己者。方吾在缧绁中，彼不知我也。夫子既已感寤而赎我，是知己；知己而无礼，固不如在缧绁之中。"晏子于是延入为上客。

晏子为齐相，出，其御之妻从门间而窥其夫。其夫为相御，拥大盖，策驷马，意气扬扬，甚自得也。既而归，其妻请去。夫问其故。妻曰："晏子长不满六尺，身相齐国，名显诸侯。今者妾观其出，志念深矣，常有以自下者。今子长八尺，乃为人仆御，然子之意自以为足，妾是以求去也。"其后夫自抑损。晏子怪而问之，御以实对。晏子荐以为大夫。

太史公曰：吾读管氏《牧民》、《山高》、《乘马》、《轻重》、《九府》，及《晏子春秋》，详哉其言之也。既见其著书，欲观其行事，故次其传。至其书，世多有之，是以不论，论其轶事。

管仲世所谓贤臣，然孔子小之。岂以为周道衰微，桓公既贤，而不勉之至王，乃称霸哉？语曰："将顺其美，匡救其恶，故上下能相亲也。"岂管仲之谓乎？

方晏子伏庄公尸哭之，成礼然后去，岂所谓"见义不为无勇"

者邪？至其谏说，犯君之颜，此所谓"进思尽忠，退思补过"者哉！假令晏子而在，余虽为之执鞭，所忻慕焉。

　　唐荆川评：此传纵横自得，非轨辙可寻，盖所谓神化者也。
　　徐退山评：两传绝不叙事迹，于仲则入自陈一段，可歌可泣；于婴则述两逸事竟结，总写知己悲感之情，即赞中为之执鞭、所欣慕之意，风神超绝隽，与伯夷传同绝。

仲尼弟子列传

（录端木氏却齐兵存鲁一段）

田常欲作乱于齐，惮高、国、鲍、晏，故移其兵欲以伐鲁。孔子闻之，谓门弟子曰："夫鲁，坟墓所处，父母之国，国危如此，二三子何为莫出？"子路请出，孔子止之。子张、子石请行，孔子弗许。子贡请行，孔子许之。

遂行，至齐，说田常曰："君之伐鲁过矣。夫鲁，难伐之国，其城薄以卑，其池狭以浅，其君愚而不仁，大臣伪而无用，其士民又恶甲兵之事，此不可与战。君不如伐吴。夫吴，城高以厚，池广以深，甲坚以新，士选以饱，重器精兵尽在其中，又使明大夫守之，此易伐也。"田常忿然作色曰："子之所难，人之所易；子之所易，人之所难：而以教常，何也？"子贡曰："臣闻之，忧在内者攻强，忧在外者攻弱。今君忧在内。吾闻君三封而三不成者，大臣有不听者也。今君破鲁以广齐，战胜以骄主，破国以尊臣，而君之功不与焉，则交日疏于主。是君上骄主心，下恣群臣，求以成大事，难矣。夫主骄则恣，臣骄则争，是君上与主有郤，下与大臣交争也。如此，则君之立于齐危矣。故曰不如伐吴。伐吴不胜，民人外死，大臣内空，是君上无强臣之敌，下无民人之过，孤主制齐者唯君也。"田常曰："善。虽然，吾兵业已加鲁矣，去而之吴，大臣疑我，奈何？"子贡曰：君按兵无伐，臣请往使吴王，令之救鲁而伐齐，君因以兵迎之。"田常许之，使子贡南见吴王。

说曰："臣闻之，王者不绝世，霸者无强敌，千钧之重加铢两而移。今以万乘之齐而私千乘之鲁，与吴争强，窃为王危之。

且夫救鲁，显名也；伐齐，大利也。以抚泗上诸侯，诛暴齐以服强晋，利莫大焉。名存亡鲁，实困强齐。智者不疑也。"吴王曰："善。虽然，吾尝与越战，栖之会稽。越王苦身养士，有报我心。子待我伐越而听子。"子贡曰："越之劲不过鲁，吴之强不过齐，王置齐而伐越，则齐已平鲁矣。且王方以存亡继绝为名，夫伐小越而畏强齐，非勇也。夫勇者不避难，仁者不穷约，智者不失时，王者不绝世，以立其义。今存越示诸侯以仁，救鲁伐齐，威加晋国，诸侯必相率而朝吴，霸业成矣。且王必恶越，臣请东见越王，令出兵以从，此实空越，名从诸侯以伐也。"吴王大说，乃使子贡之越。

越王除道郊迎，身御至舍而问曰："此蛮夷之国，大夫何以俨然辱而临之？"子贡曰："今者吾说吴王以救鲁伐齐，其志欲之而畏越，曰：'待我伐越乃可。'如此，破越必矣。且夫无报人之志而令人疑之，拙也；有报人之志，使人知之，殆也；事未发而先闻，危也。三者举事之大患。"句践顿首再拜曰："孤尝不料力，乃与吴战，困于会稽，痛入于骨髓，日夜焦唇干舌，徒欲与吴王接踵而死，孤之愿也。"遂问子贡。子贡曰："吴王为人猛暴，群臣不堪；国家敝以数战，士卒弗忍；百姓怨上，大臣内变；子胥以谏死，太宰嚭用事，顺君之过以安其私：是残国之治也。今王诚发士卒佐之以徼其志，重宝以说其心，卑辞以尊其礼，其伐齐必也。彼战不胜，王之福矣。战胜，必以兵临晋，臣请北见晋君，令共攻之，弱吴必矣。其锐兵尽于齐，重甲困于晋，而王制其敝，此灭吴必矣。"越王大说，许诺。送子贡金百镒，剑一，良矛二。子贡不受，遂行。

报吴王曰："臣敬以大王之言告越王，越王大恐，曰：'孤不幸，少失先人，内不自量，抵罪于吴，军败身辱，栖于会稽，国为虚莽，赖大王之赐，使得奉俎豆而修祭祀，死不敢忘，何谋之敢虑！'"后五日，越使大夫种顿首言于吴王曰："东海役臣孤句践使者臣种，敢修下吏问于左右。今窃闻大王将兴大义，诛强救弱，困暴齐而抚周室，请悉起境内士卒三千人，孤请自被坚执锐，以先受矢石。因越贱臣种奉先人藏器，甲二十领，鈇屈卢之矛，步光之剑，以贺军吏。"吴王大说，以告子贡曰："越王欲身从寡人伐齐，可乎？"子贡曰："不可。夫空人之国，悉人之众，又从其君，不义。君受其币，许其师，而辞其君。"吴王许诺，乃谢越王。于是吴王乃遂发九郡兵伐齐。

子贡因去之晋，谓晋君曰："臣闻之，虑不先定不可以应卒；兵不先辨不可以胜敌。今夫齐与吴将战，彼战而不胜，越乱之必矣；与齐战而胜，必以其兵临晋。"晋君大恐，曰："为之奈何？"子贡曰："修兵休卒以待之。"晋君许诺。

子贡去而之鲁。吴王果与齐人战于艾陵，大破齐师，获七将军之兵而不归，果以兵临晋，与晋人相遇黄池之上。吴、晋争强，晋人击之，大败吴师。越王闻之，涉江袭吴，去城七里而军。吴王闻之，去晋而归，与越战于五湖。三战不胜，城门不守，越遂围王宫，杀夫差而戮其相。破吴三年，东向而霸。

故子贡一出，存鲁，乱齐，破吴，强晋而霸越。子贡一使，使势相破，十年之中，五国各有变。子贡好废举，与时转货赀。喜扬人之美，不能匿人之过。常相鲁、卫，家累千金，卒终于齐。

　　徐退山评：较《战国策》士之持辩，锋藏而机特警炼，法亦更腴净。

孟子荀卿列传

（全录）

　　太史公曰：余读孟子书，至梁惠王问"何以利吾国"，未尝不废书而叹也。曰：嗟乎，利诚乱之始也！夫子罕言利者，常防其原也。故曰："放于利而行，多怨。"自天子至于庶人，好利之弊何以异哉！

　　孟轲，驺人也。受业子思之门人。道既通，游事齐宣王，宣王不能用。适梁，梁惠王不果所言，则见以为迂远而阔于事情。当是之时，秦用商君，富国强兵；楚、魏用吴起，战胜弱敌；齐威王、宣王用孙子、田忌之徒，而诸侯东面朝齐。天下方务于合从连衡，以攻伐为贤，而孟轲乃述唐、虞、三代之德，是以所如者不合。退而与万章之徒序《诗》、《书》，述仲尼之意，作《孟子》七篇。

　　其后有驺子之属。齐有三邹子。其前驺忌，以鼓琴干威王，因及国政，封为成侯而受相印，先孟子。其次驺衍，后孟子。驺衍睹有国者益淫侈，不能尚德，若《大雅》整之于身，施及黎庶矣。乃深观阴阳消息而作怪迂之变，《终始》、《大圣》之篇十余万言。其语闳大不经，必先验小物，推而大之，至于无垠。先序今以上至黄帝，学者所共术，大并世盛衰，因载其禨祥度制，推而远之，至天地未生，窈冥不可考而原也。先列中国名山大川，通谷禽兽，水土所殖，物类所珍，因而推之，及海外人之所不能睹。称引天地剖判以来，五德转移，治各有宜，而符应若兹。以为儒者所谓中国者，于天下乃八十一分居其一分耳。中国名曰赤县神州。赤县神州内自有九州，禹之序九州是也，不得为州数。

中国外如赤县神州者九，乃所谓九州也。于是，有裨海环之，人民禽兽莫能相通者，如一区中者，乃为一州。如此者九，乃有大瀛海环其外，天地之际焉。其术皆此类也，然要其归，必止乎仁义节俭，君臣上下六亲之施，始也，滥耳。王公大人初见其术，惧然顾化，其后不能行之。

是以驺子重于齐。适梁，惠王郊迎，执宾主之礼。适赵，平原君侧行撇席。如燕，昭王拥彗先驱，请列弟子之座而受业，筑碣石宫，身亲往师之。作《主运》。其游诸侯见尊礼如此，岂与仲尼菜色陈、蔡，孟轲困于齐、梁同乎哉！故武王以仁义伐纣而王，伯夷饿不食周粟；卫灵公问陈，而孔子不答；梁惠王谋欲攻赵，孟轲称大王去邠。此岂有意阿世俗苟合而已哉！持方枘欲内圜凿，其能入乎？或曰，伊尹负鼎而勉汤以王，百里奚饭牛车下而缪公用霸，作先合，然后引之大道。驺衍其言虽不轨，傥亦有牛鼎之意乎？

自驺衍与齐之稷下先生，如淳于髡、慎到、环渊、接子、田骈、驺奭之徒，各著书言治乱之事，以干世主，岂可胜道哉！

淳于髡，齐人也。博闻强记，学无所主。其谏说，慕晏婴之为人也，然而承意观色为务。客有见髡于梁惠王，惠王屏左右，独坐而再见之，终无言也。惠王怪之，以让客曰："子之称淳于先生，管、晏不及，及见寡人，寡人未有得也。岂寡人不足为言邪？何故哉？"客以谓髡。髡曰："固也。吾前见王，王志在驱逐；后复见王，王志在音声：吾是以默然。"客具以报王，王大骇，曰："嗟乎，淳于先生诚圣人也！前淳于先生之来，人有献善马者，寡人未及视，会先生至。后先生之来，人有献讴者，未及试，亦会先生来。寡人虽屏人，然私心在彼，有之。"后淳于髡见，壹语连三日三夜无倦。惠王欲以卿相位待之，髡因谢去。于是送以安车驾驷，束帛加璧，黄金百镒。终身不仕。

慎到，赵人。田骈、接子，齐人。环渊，楚人。皆学黄老道德之术，因发明序其指意。故慎到著十二论，环渊著上下篇，而田骈、接子皆有所论焉。

驺奭者，齐诸驺子，亦颇采驺衍之术以纪文。于是齐王嘉之，自如淳于髡以下，皆命曰列大夫，为开第康庄之衢，高门大屋，尊宠之。览天下诸侯宾客，言齐能致天下贤士也。

荀卿，赵人。年五十始来游学于齐。驺衍之术迂大而闳辩，奭也文具难施；淳于髡久与处，时有得善言。故齐人颂曰："谈天衍，雕龙奭，炙毂过髡。"田骈之属皆已死，齐襄王时，而荀卿最为老师。齐尚修列大夫之缺，而荀卿三为祭酒焉。齐人或谗荀卿，荀卿乃适楚，而春申君以为兰陵令。春申君死而荀卿废，因家兰陵。李斯尝为弟子，已而相秦。荀卿嫉浊世之政，亡国乱君相属，不遂大道而营于巫祝，信禨，鄙儒小拘，如庄周等又猾稽乱俗，于是推儒、墨、道德之行事兴坏，序列著数万言而卒。因葬兰陵。

而赵亦有公孙龙为坚白同异之辩，剧子之言；魏有李悝，尽地力之教；楚有尸子、长卢；阿之吁子焉。自如孟子至于吁子，世多有其书，故不论其传云。盖墨翟，宋之大夫，善守御，为节用。或曰并孔子时，或曰在其后。

徐退山评：《孟荀传》错叙[十数]（数十）子，叙孟、荀偏少，诸子偏多。叙诸子斜斜整整，离离合合，每回顾孟子传首，读孟子书数笔，闲闲散散，空领一篇。谓诸子之阴以利于当世而遇，孟子独不遇，故盛称诸子却是反形孟子，不独仲尼菜色一笔，合到孟子，即淳于以下绝不提孟子，而笔笔形孟子。"开第康庄"，言齐招致天下贤士，此中却不见一孟子。至结始缴，盖宾主参互，变化出没之妙，至此篇极矣。

信陵君列传

（全录）

魏公子无忌者，魏昭王少子，而魏安釐王异母弟也。昭王薨，安釐王即位，封公子为信陵君。是时范雎亡魏相秦，以怨魏齐故，秦兵围大梁，破魏华阳下军，走芒卯。魏王及公子患之。

公子为人仁而下士，士无贤不肖皆谦而礼交之，不敢以其富贵骄士。士以此方数千里争往归之，致食客三千人。当是时，诸侯以公子贤，多客，不敢加兵谋魏十余年。

公子与魏王博，而北境传举烽，言"赵寇至，且入界"。魏王释博，欲召大臣谋。公子止王曰："赵王猎耳，非为寇也。"复博如故。王恐，心不在博。居顷，复从北方来传言曰："赵王猎耳，非为寇也。"魏王大惊，曰："公子何以知之？"公子曰："臣之客有能探得赵王阴事者，赵王所为，客辄以报臣，臣以此知之。"是后魏王畏公子之贤能，不敢任公子以国政。

魏有隐士曰侯嬴，年七十，家贫，为大梁夷门监者。公子闻之，往请，欲厚遗之。不肯受，曰："臣修身絜行数十年，终不以监门困故而受公子财。"公子于是乃置酒大会宾客。坐定，公子从车骑，虚左，自迎夷门侯生。侯生摄敝衣冠，直上载公子上坐，不让，欲以观公子。公子执辔愈恭。侯生又谓公子曰："臣有客在市屠中，愿枉车骑过之。"公子引车入市，侯生下见其客朱亥，俾倪，故久立与其客语，微察公子。公子颜色愈和。当是时，魏将相宗室宾客满堂，待公子举酒。市人皆观公子执辔。从骑皆窃骂侯生。侯生视公子色终不变，乃谢客就车。至家，公子引侯生坐上坐，遍赞宾客，宾客皆惊。酒酣，公子起，为寿侯生前。侯生因谓公子曰："今日嬴之为公子亦足矣。嬴乃夷门抱关者也，而公子亲枉车骑，自迎嬴于众人广坐之中，不宜有所过，今公子故过之。然嬴欲就公子之名，故久立公子车骑市中，过客以观公子，公子愈恭。市人皆以嬴为小人，而以公子为长者，能下士也。"于是罢酒，侯生遂为上客。

侯生谓公子曰："臣所过屠者朱亥，此子贤者，世莫能知，故隐屠间耳。"公子往数请之，朱亥故不复谢，公子怪之。

魏安釐王二十年，秦昭王已破赵长平军，又进兵围邯郸。公子姊为赵惠文王弟平原君夫人，数遗魏王及公子书，请救于魏。魏王使将军晋鄙将十万众救赵。秦王使使者告魏王曰："吾攻赵旦暮且下，而诸侯敢救者，已拔赵，必移兵先击之。"魏王恐，使人止晋鄙，留军壁邺，名为救赵，实持两端以观望。平原君使者冠盖相属于魏，让魏公子曰："胜所以自附为婚姻者，以公子之高义，为能急人之困。今邯郸旦暮降秦而魏救不至，安在公子能急人之困也？且公子纵轻胜，弃之降秦，独不怜公子姊邪？"公子患之，数请魏王，及宾客辩士说王万端。魏王畏秦，终不听公子。公子自度终不能得之于王，计不独生而令赵亡，乃请宾客，约车骑百余乘，欲以客往赴秦军，与赵俱死。

行过夷门，见侯生，具告所以欲死秦军状。辞决而行，侯生曰："公子勉之矣，老臣不能从。"公子行数里，心不快，曰："吾所以待侯生者备矣，天下莫不闻。今吾且死，而侯生曾无一言半辞送我，我岂有所失哉？"复引车还，问侯生。侯生笑曰："臣固知公子之还也。"曰："公子喜士，名闻天下。今有难，无他端而欲赴秦军，譬若以肉投馁虎，何功之有哉？尚安事客？然公子遇臣厚，公子往而臣不送，以是知公子恨之复返也。"公子再拜，因问。侯生乃屏人间语，曰："嬴闻晋鄙之兵符常在王卧内，而如姬最幸，出入王卧内，力能窃之。嬴闻如姬父为人所杀，如姬资之三年，自王以下欲求报其父仇，莫能得。如姬为公子泣，公子使客斩其仇头，敬进如姬。如姬之欲为公子死，无所辞，顾未有路耳。公子诚一开口请如姬，如姬必许诺，则得虎符，夺晋鄙军，北救赵而西却秦，此五霸之伐也。"公子从其计，请如姬。如姬果盗晋鄙兵符与公子。

公子行，侯生曰："将在外，主令有所不受，以便国家。公子即合符，而晋鄙不授公子兵而复请之，事必危矣。臣客屠者朱亥可与俱，此人力士。晋鄙听，大善；不听，可使击之。"于是公子泣。侯生曰："公子畏死邪？何泣也？"公子曰："晋鄙嚄唶宿将，往恐不听，必当杀之，是以泣耳，岂畏死哉？"于是公子请朱亥。朱亥笑曰："臣乃市井鼓刀屠者，而公子亲数存之，所以不报谢者，以为小礼无所用。今公子有急，此乃臣效命之秋也。"遂与公子俱。公子过谢侯生。侯生曰："臣宜从，老不能。请数公子行日，以至晋鄙军之日，北向自刭，以送公子。"公子遂行。

至邺，矫魏王令代晋鄙。晋鄙合符，疑之，举手视公子曰："今吾拥十万之众，屯于境上，国之重任，今单车来代之，何如哉？"欲无听。朱亥袖四十斤铁椎，椎杀晋鄙，公子遂将晋鄙军。勒兵，下令军中曰："父子俱在军中，父归；兄弟俱在军中，兄归；独子无兄弟，归养。"得选兵八万人，进兵击秦军。秦军解去，遂救邯郸，存赵。赵王及平原君自迎公子于界，平原君负韊矢为公子先引。赵王再拜曰："自古贤人未有及公子者也。"当此之时，平原君不敢自比于人。公子与侯生决，至军，侯生果北乡自刭。

魏王怒公子之盗其兵符，矫杀晋鄙，公子亦自知也。已却秦存赵，使将将其军归魏，而公子独与客留赵。赵孝成王德公子之矫夺晋鄙兵而存赵，乃与平原君计，以五城封公子。公子闻之，意骄矜而有自功之色。客有说公子曰："物有不可忘，或有不可不忘。夫人有德于公子，公子不可忘也；公子有德于人，愿公子忘之也。且矫魏王令，夺晋鄙兵以救赵，于赵则有功矣，于魏则未为忠臣也。公子乃自骄而功之，窃为公子不取也。"于是公子立自责，似若无所容者。赵王扫除自迎，执主人之礼，引公子就西阶。公子侧行辞让，从东阶上。自言罪过，以负于魏，无功于赵。赵王侍酒至暮，口不忍献五城，以公子退让也。公子竟留赵。赵王以鄗为公子汤沐邑，魏亦复以信陵奉公子。公子留赵。

　　公子闻赵有处士毛公藏于博徒，薛公藏于卖浆家，公子欲见两人，两人自匿，不肯见公子。公子闻所在，乃间步往从此两人游，甚欢。平原君闻之，谓其夫人曰："始吾闻夫人弟公子天下无双，今吾闻之，乃妄从博徒、卖浆者游，公子妄人耳。"夫人以告公子。公子乃谢夫人去，曰："始吾闻平原君贤，故负魏王而救赵，以称平原君。平原君之游，徒豪举耳，不求士也。无忌自在大梁时，常闻此两人贤，至赵，恐不得见。以无忌从之游，尚恐其不我欲也，今平原君乃以为羞，其不足从游。"乃装为去。夫人具以语平原君。平原君乃免冠谢，固留公子。平原君门下闻之，半去平原君归公子，天下士复往归公子，公子倾平原君客。

　　公子留赵十年不归。秦闻公子在赵，日夜出兵东伐魏。魏王患之，使使往请公子。公子恐其怒之，乃诫门下："有敢为魏王使通者，死。"宾客皆背魏之赵，莫敢劝公子归。毛公、薛公两人往见公子曰："公子所以重于赵，名闻诸侯者，徒以有魏也。今秦攻魏，魏急而公子不恤，使秦破大梁而夷先王之宗庙，公子当何面目立天下乎？"语未及卒，公子立变色，告车趣驾归救魏。

　　魏王见公子，相与泣，而以上将军印授公子，公子遂将。魏安釐王三十年，公子使使遍告诸侯。诸侯闻公子将，各遣将将兵救魏。公子率五国之兵破秦军于河外，走蒙骜，遂乘胜逐秦军至函谷关，抑秦兵，秦兵不敢出。当是时，公子威振天下，诸侯之客进兵法，公子皆名之，故世俗称《魏公子兵法》。

秦王患之，乃行金万斤于魏，求晋鄙客，令毁公子于魏王曰："公子亡在外十年矣，今为魏将，诸侯将皆属，诸侯徒闻魏公子，不闻魏王。公子亦欲因此时定南面而王，诸侯畏公子之威，方欲共立之。"秦数使反间，伪贺公子得立为魏王未也。魏王日闻其毁，不能不信，后果使人代公子将。公子自知再以毁废，乃谢病不朝，与宾客为长夜饮，饮醇酒，多近妇女。日夜为乐饮者四岁，竟病酒而卒。其岁，魏安釐王亦薨。

秦闻公子死，使蒙骜攻魏，拔二十城，初置东郡。其后秦稍蚕食魏，十八岁而虏魏王，屠大梁。

高祖始微少时，数闻公子贤。及即天子位，每过大梁，常祠公子。高祖十二年，从击黥布还，为公子置守冢五家，世世岁以四时奉祠公子。

太史公曰：吾过大梁之墟，求问其所谓夷门。夷门者，城之东门也。天下诸公子亦有喜士者矣，然信陵君之接岩穴隐者，不耻下交。有以也，名冠诸侯；不虚耳，高祖每过之而令民奉祠不绝也。

  钟伯敬评：侯生知公子必能救赵，而后教之窃符，何以知之？于侯生之死知之。侯生曰：合符而晋鄙不听，必击之，于是公子泣，公子泣而生不得不死，生死以偿晋鄙，且以谢其教公子窃符之罪耳。等死也，曷不待公子事成后死之？曰：事成而后死者，必有所不能信于公子者也。救赵公子所易也，得卧内符与合符而晋鄙之授军,公子所难也。代其所难者,揭一符及一亥以付之,而生可以死矣,且死而可以勉公子,岂必待事成而后死哉?

　　徐退山评:平原君亦赵公子也,《传》首则称平原君赵胜。《信陵君传》不称信陵君,而曰魏公子,又云:"魏昭王少子,而魏安釐王异母弟也。"既冠以魏,又叠言魏,若曰无公子是无魏也,此与传尾公子死而秦遂攻魏,系以魏亡,首尾一线相引。凡传中称公子一百四十七,无限唱叹,无限低徊。曰"魏昭王少子",又曰"魏安釐王异母弟",止见公子以异母弟而一心魏王,一身存魏,魏王始也畏其贤能而不任,终也听秦间而废弃不用,可叹也。

平原君虞卿列传

（节录）

平原君赵胜者，赵之诸公子也。诸子中胜最贤，喜宾客，宾客盖至者数千人。平原君相赵惠文王及孝成王，三去相，三复位，封于东武城。

平原君家楼临民家。民家有躄者，槃散行汲。平原君美人居楼上，临见，大笑之。明日，躄者至平原君门，请曰："臣闻君之喜士，士不远千里而至者，以君能贵士而贱妾也。臣不幸有罢癃之病，而君之后宫临而笑臣，臣原得笑臣者头。"平原君笑应曰："诺。"躄者去，平原君笑曰："观此竖子，乃欲以一笑之故杀吾美人，不亦甚乎！"终不杀。居岁余，宾客门下舍人稍稍引去者过半。平原君怪之，曰："胜所以待诸君者未尝敢失礼，而去者何多也？"门下一人前对曰："以君之不杀笑躄者，以君为爱色而贱士，士即去耳。"于是平原君乃斩笑躄者美人头，自造门进躄者，因谢焉。其后门下乃复稍稍来。是时齐有孟尝，魏有信陵，楚有春申，故争相倾以待士。

秦之围邯郸，赵使平原君求救，合从于楚，约与食客门下有勇力文武备具者二十人偕。平原君曰："使文能取胜，则善矣。文不能取胜，则歃血于华屋之下，必得定从而还。士不外索，取于食客门下足矣。"得十九人，余无可取者，无以满二十人。门下有毛遂者，前，自赞于平原君曰："遂闻君将合从于楚，约与食客门下二十人偕，不外索。今少一人，原君即以遂备员而行矣。"平原君曰："先生处胜之门下几年于此矣？"毛遂曰："三年于此矣。"平原君曰："夫贤士之处世也，譬若锥之处囊中，其末立见。今先生处胜之门下三年于此矣，左右未有所称诵，胜未有所闻，是先生无所有也。先生不能，先生留。"毛遂曰："臣乃今日请处囊中耳。使遂蚤得处囊中，乃颖脱而出，非特其末见而已。"平原君竟与毛遂偕。十九人相与目笑之而未废也。

毛遂比至楚，与十九人论议，十九人皆服。平原君与楚合从，言其利害，日出而言之，日中不决。十九人谓毛遂曰："先生上。"毛遂按剑历阶而上，谓平原君曰："从之利害，两言而决耳。今日出而言从，日中不决，何也？"楚王谓平原君曰："客何为者也？"平原君曰："是胜之舍人也。"楚王叱曰："胡不下！吾乃与而君言，汝何为者也！"毛遂按剑而前曰："王之所以叱遂者，以楚国之众也。今十步之内，王不得恃楚国之众也，王之命悬于遂手。吾君在前，叱者何也？且遂闻汤以七十里之地王天下，文王以百里之壤而臣诸侯，岂其士卒众多哉！诚能据其势而奋其威。今楚地方五千里，持戟百万，此霸王之资也。以楚之强，天下弗能当。白起，小竖子耳，率数万之众，兴师以与楚战，一战而举鄢郢，再战而烧夷陵，三战而辱王之先人。此百世之怨而赵之所羞，而王弗知恶焉。合从者为楚，非为赵也。吾君在前，叱者何也？"楚王曰："唯唯，诚若先生之言，谨奉社稷以从。"毛遂曰："从定乎？"楚王曰："定矣。"毛遂谓楚王之左右曰："取鸡狗马之血来。"毛遂奉铜槃而跪进之楚王曰："王当歃血而定从，次者吾君，次者遂。"遂定从于殿上。毛遂左手持槃血而右手招十九人曰："公相与歃此血于堂下。公等录录，所谓因人成事者也。"

平原君已定从而归，归至于赵，曰："胜不敢复相士。胜相士多者千人，寡者百数，自以为不失天下之士，今乃于毛先生而失之也。毛先生一至楚，而使赵重于九鼎大吕。毛先生以三寸之舌，强于百万之师。胜不敢复相士。"遂以为上客。

邓定宇评：文以简为工，此则不然，繁之中岂无可削者？然意象宛然，繁而愈妙。

茅鹿门评：公摹写好士，于孟尝曰"最下坐"，于平原曰"无以满二十人"，洪迈曰：此等重沓如骏马下千丈坡，若减去字眼，不见得当时反复抵拒气象。

徐退山评：写得生气勃然，使千载下赫赫若当时情事，乃其传声象形则在重沓用字、复句回顾间。

苏秦列传

（节录）

苏秦者，东周雒阳人也。东事师于齐，而习之于鬼谷先生。出游数岁，大困而归。兄弟嫂妹妻妾窃皆笑之，曰："周人之俗，治产业，力工商，逐什二以为务。今子释本而事口舌，困，不亦宜乎！"苏秦闻之而惭，自伤，乃闭室不出，出其书遍观之。曰："夫士业已屈首受书，而不能以取尊荣，虽多亦奚以为！"于是得周书《阴符》，伏而读之。期年，以出揣摩，曰："此可以说当世之君矣。"求说周显王。显王左右素习知苏秦，皆少之。弗信。

乃西至秦。……说惠王曰："秦四塞之国，被山带渭，东有关河，西有汉中，南有巴蜀，北有代、马，此天府也。以秦士民之众，兵法之教，可以吞天下，称帝而治。"秦王曰："毛羽未成，不可以高蜚；文理未明，不可以并兼。"方诛商鞅，疾辩士，弗用。

乃东之赵。赵肃侯令其弟成为相，号奉阳君。奉阳君弗说之。

去游燕，岁余而后得见。说燕文侯曰："燕东有朝鲜、辽东，北有林胡、楼烦，西有云中、九原，南有嘑沱、易水，地方二千余里，带甲数十万，车六百乘，骑六千匹，粟支数年。南有碣石、雁门之饶，北有枣栗之利，民虽不佃作而足于枣栗矣。此所谓天府者也。夫安乐无事，不见覆军杀将，无过燕者。大王知其所以然乎？夫燕之所以不犯寇被甲兵者，以赵之为蔽其南也。秦赵五战，秦再胜而赵三胜。秦赵相弊，而王以全燕制其后，此燕之所以不犯寇也。且夫秦之攻燕也，逾云中、九原，过代、上谷，弥地数千里，虽得燕城，秦计固不能守也。秦之不能害燕亦明矣。今赵之攻燕也，发号出令，不至十日而数十万之军军于东垣矣。

渡嘑沱，涉易水，不至四五日而距国都矣。故曰秦之攻燕也，战于千里之外；赵之攻燕也，战于百里之内。夫不忧百里之患而重千里之外，计无过于此者。是故愿大王与赵从亲，天下为一，则燕国必无患矣。"

文侯曰："子言则可，然吾国小，西迫强赵，南近齐。齐、赵强国也。子必欲合从以安燕，寡人请以国从。"于是资苏秦车马金帛以至赵。

而奉阳君已死，即因说赵肃侯曰："天下卿相人臣及布衣之士，皆高贤君之行义，皆愿奉教陈忠于前之日久矣。虽然，奉阳君妒而君不任事，是以宾客游士莫敢自尽于前者。今奉阳君捐馆舍，君乃今复与士民相亲也，臣故敢进其愚虑。

"窃为君计者，莫若安民无事，且无庸有事于民也。安民之本，在于择交，择交而得则民安，择交而不得则民终身不安。请言外患：齐、秦为两敌而民不得安，倚秦攻齐而民不得安，倚齐攻秦而民不得安。故夫谋人之主，伐人之国，常苦出辞断绝人之交也。愿君慎勿出于口。请别白黑所以异，阴阳而已矣。君诚能听臣，燕必致旃裘狗马之地，齐必致鱼盐之海，楚必致橘柚之园，韩、魏、中山皆可使致汤沐之奉，而贵戚父兄皆可以受封侯。夫割地包利，五伯之所以覆军禽将而求也；封侯贵戚，汤武之所以放弑而争也。今君高拱而两有之，此臣之所以为君愿也。

"今大王与秦，则秦必弱韩、魏；与齐，则齐必弱楚、魏。魏弱则割河外，韩弱则效宜阳。宜阳效则上郡绝，河外割则道不通，楚弱则无援。此三策者，不可不孰计也。夫秦下轵道，则南阳危；劫韩包周，则赵氏自操兵；据卫取卷，则齐必入朝秦。秦欲已得乎山东，则必举兵而响赵矣。秦甲渡河逾漳，据番吾，则兵必战于邯郸之下矣。此臣之所为君患也。

"当今之时,山东之建国莫强于赵。赵地方二千余里,带甲数十万,车千乘,骑万匹,粟支数年。西有常山,南有河漳,东有清河,北有燕国。燕固弱国,不足畏也。秦之所害于天下者莫如赵,然而秦不敢举兵伐赵者,何也?畏韩、魏之议其后也。然则韩、魏,赵之南蔽也。秦之攻韩、魏也,无有名山大川之限,稍蚕食之,傅国都而止。韩、魏不能支秦,必入臣于秦。秦无韩、魏之规,则祸必中于赵矣。此臣之所为君患也。

"臣闻尧无三夫之分,舜无咫尺之地,以有天下;禹无百人之聚,以王诸侯;汤、武之士不过三千,车不过三百乘,卒不过三万,立为天子:诚得其道也。是故明主外料其敌之强弱,内度其士卒贤不肖,不待两军相当而胜败存亡之机固已形于胸中矣,岂掩于众人之言而以冥冥决事哉!臣窃以天下之地图案之,诸侯之地五倍于秦,料度诸侯之卒十倍于秦,六国为一,并力西乡而攻秦,秦必破矣。今西面而事之,见臣于秦。夫破人之与破于人也,臣人之与臣于人也,岂可同日而论哉!夫衡人者,皆欲割诸侯之地以予秦。秦成,则高台榭,美宫室,听竽瑟之音,前有楼阙轩辕,后有长姣美人,国被秦患而不与其忧。是故夫衡人日夜务以秦权恐愒诸侯以求割地,故愿大王孰计之也。

"臣闻明主绝疑去谗,屏流言之迹,塞朋党之门,故尊主广地强兵之计,臣得陈忠于前矣。故窃为大王计,莫如一韩、魏、齐、楚、燕、赵以从亲,以畔秦。令天下之将相相会于洹水之上,通质,刳白马而盟。要约曰:'秦攻楚,齐、魏各出锐师以佐之,韩绝其粮道,赵涉河、漳,燕守常山之北。秦攻韩、魏,则楚绝其后,齐出锐师而佐之,赵涉河、漳,燕守云中。秦攻齐,则楚绝其后,韩守城皋,魏塞其道,赵涉河、漳、博关,燕出锐师以佐之。秦攻燕,则赵守常山,楚军武关,齐涉勃海,韩、魏皆出锐师以佐之。秦攻赵，则韩军宜阳，楚军武关，魏军河外，齐涉清河，燕出锐师以佐之。诸侯有不如约者，以五国之兵共伐之。'六国从亲以宾秦，则秦甲必不敢出于函谷以害山东矣。如此，则霸王之业成矣。"

赵王曰："寡人年少，立国日浅，未尝得闻社稷之长计也。今上客有意存天下，安诸侯，寡人敬以国从。"乃饰车百乘，黄金千溢，白璧百双，锦绣千纯，以约诸侯。

是时周天子致文武之胙于秦惠王。惠王使犀首攻魏，禽将龙贾，取魏之雕阴，且欲东兵。苏秦恐秦兵之至赵也，乃激怒张仪，入之于秦。

于是说韩宣王……于是韩王勃然作色，攘臂瞋目，按剑仰天太息曰："寡人虽不肖，必不能事秦。今主君诏以赵王之教，敬奉社稷以从。"

又说魏襄王……魏王曰："寡人不肖，未尝得闻明教。今主君以赵王之诏诏之，敬以国从。"

因东说齐宣王曰："齐南有泰山，东有琅邪，西有清河，北有勃海，此所谓四塞之国也。齐地方二千余里，带甲数十万，粟如丘山。三军之良，五家之兵，进如锋矢，战如雷霆，解如风雨。即有军役，未尝倍泰山，绝清河，涉勃海也。临菑之中七万户，臣窃度之，不下户三男子，三七二十一万，不待发于远县，而临菑之卒固已二十一万矣。临菑甚富而实，其民无不吹竽鼓瑟，弹琴击筑，斗鸡走狗，六博蹋鞠者。临菑之涂，车毂击，人肩摩，连衽成帷，举袂成幕，挥汗成雨，家殷人足，志高气扬。夫以大王之贤与齐之强，天下莫能当。今乃西面而事秦，臣窃为大王羞之。

"且夫韩、魏之所以重畏秦者，为与秦接境壤界也。兵出而相当，不出十日而战胜存亡之机决矣。韩、魏战而胜秦，则兵半折，四境不守；战而不胜，则国已危亡随其后。是故韩、魏之所以重与秦战，而轻为之臣也。今秦之攻齐则不然。倍韩、魏之地，过卫阳晋之道，径乎亢父之险，车不得方轨，骑不得比行，百人守险，千人不敢过也。秦虽欲深入，则狼顾，恐韩、魏之议其后也。是故恫疑虚猲，骄矜而不敢进，则秦之不能害齐亦明矣。夫不深料秦之无奈齐何，而欲西面而事之，是群臣之计过也。今无臣事秦之名而有强国之实，臣是故愿大王少留意计之。"

齐王曰："寡人不敏，僻远守海，穷道东境之国也，未尝得闻余教。今足下以赵王诏诏之，敬以国从。"

乃西南说楚威王曰："楚，天下之强国也；王，天下之贤王也。西有黔中、巫郡，东有夏州、海阳，南有洞庭、苍梧，北有陉塞、郇阳，地方五千余里，带甲百万，车千乘，骑万匹，粟支十年。此霸王之资也。夫以楚之强与王之贤，天下莫能当也。今乃欲西面而事秦，则诸侯莫不西面而朝于章台之下矣。

"秦之所害莫如楚，楚强则秦弱，秦强则楚弱，其势不两立。故为大王计，莫如从亲以孤秦。大王不从，秦必起两军，一军出武关，一军下黔中，则鄢郢动矣。臣闻治之其未乱也，为之其未有也。患至而后忧之，则无及已。故愿大王蚤孰计之。大王诚能听臣，臣请令山东之国奉四时之献，以承大王之明诏，委社稷，奉宗庙，练士厉兵，在大王之所用之。大王诚能用臣之愚计，则韩、魏、齐、燕、赵、卫之妙音美人必充后宫，燕、代橐驼良马必实外厩。故从合则楚王，衡成则秦帝。今释霸王之业，而有事人之名，臣窃为大王不取也。

"夫秦，虎狼之国也，有吞天下之心。秦，天下之仇雠也。衡人皆欲割诸侯之地以事秦，此所谓养仇而奉雠者也。夫为人臣，割其主之地以外交强虎狼之秦，以侵天下，卒有秦患，不顾其祸。

夫外挟强秦之威以内劫其主，以求割地，大逆不忠，无过此者。故从亲则诸侯割地以事楚，衡合则楚割地以事秦，此两策者相去远矣，二者大王何居焉？故敝邑赵王使臣效愚计，奉明约，在大王诏之。"

楚王曰："寡人之国西与秦接境，秦有举巴、蜀并汉中之心。秦，虎狼之国，不可亲也。而韩、魏迫于秦患，不可与深谋，与深谋恐反人以入于秦，故谋未发而国已危矣。寡人自料以楚当秦，不见胜也；内与群臣谋，不足恃也。寡人卧不安席，食不甘味，心摇摇然如县旌而无所终薄。今主君欲一天下，收诸侯，存危国，寡人谨奉社稷以从。"

于是六国从合而并力焉。苏秦为从约长，并相六国。

北报赵王，乃行过雒阳，车骑辎重，诸侯各发使送之甚众，疑于王者。周显王闻之恐惧，除道，使人郊劳。苏秦之昆弟妻嫂侧目不敢仰视，俯伏侍取食。苏秦笑谓其嫂曰："何前倨而后恭也？"嫂委蛇蒲服，以面掩地而谢曰："见季子位高金多也。"苏秦喟然叹曰："此一人之身，富贵则亲戚畏惧之，贫贱则轻易之，况众人乎！且使我有雒阳负郭田二顷，吾岂能佩六国相印乎！"于是散千金以赐宗族朋友。初，苏秦之燕，贷人百钱为资，及得富贵，以百金偿之。遍报诸所尝见德者。其从者有一人独未得报，乃前自言。苏秦曰："我非忘子。子之与我至燕，再三欲去我易水之上，方是时，我困，故望子深，是以后子，子今亦得矣。"

苏秦既约六国从亲，归赵，赵肃侯封为武安君，乃投从约书于秦。秦兵不敢窥函谷关十五年。

  钟伯敬评：苏秦一段苦愿力，可惜用"取尊荣"三字起念结局。

徐退山评：约纵书不过一百三十余字，而六国击首尾应，击尾首应，形势如聚米为山谷。〇各国说词，谈锋肆出，若见苏子抵掌华屋之下。

又评："使我有洛阳负郭田二顷，岂能佩六国相印乎？"一语，秦自道出，是知不困厄不奋。兄嫂妻皆秦益友。

廉颇蔺相如列传

（节录）

廉颇者，赵之良将也。赵惠文王十六年，廉颇为赵将，伐齐，大破之，取阳晋，拜为上卿，<u>以勇气闻于诸侯</u>。蔺相如者，赵人也。为赵宦者令缪贤舍人。

赵惠文王时，得楚和氏璧。秦昭王闻之，使人遗赵王书，愿以十五城请易璧。<u>赵王与大将军廉颇诸大臣谋</u>：欲予秦，秦城恐不可得，徒见欺；欲勿予，即患秦兵之来。<u>计未定，求人可使报秦者，未得</u>。宦者令缪贤曰："<u>臣舍人蔺相如可使</u>。"王问："何以知之？"对曰："臣尝有罪，窃计欲亡走燕。臣舍人相如止臣曰：'君何以知燕王？'臣语曰，臣尝从大王与燕王会境上，燕王私握臣手曰：'愿结友'，以此知之，故欲往。相如谓臣曰：'夫赵强而燕弱，而君幸于赵王，故燕王欲结于君。<u>今君乃亡赵走燕，燕畏赵，其势必不敢留君，而束君归赵矣</u>。君不如肉袒伏斧质请罪，则幸得脱矣。'臣从其计，大王亦幸赦臣。<u>臣窃以为其人勇士，有智谋，宜可使</u>。"于是王召见，问蔺相如曰："秦王以十五城请易寡人之璧，可予不？"相如曰："<u>秦强而赵弱，不可不许</u>。"王曰："……不予我城，奈何？"相如曰："秦以城求璧而赵不许，<u>曲在赵</u>；赵予璧而秦不予赵城，<u>曲在秦</u>。均之二策，宁许以负秦曲。"王曰："谁可使者？"相如曰："<u>王必无人，臣愿奉璧往使。城入赵而璧留秦；城不入，臣请完璧归赵</u>。"赵王于是遂遣相如奉璧西入秦。

秦王坐章台见相如。相如奉璧奏秦王。秦王大喜，传以示美人及左右，左右皆呼万岁。相如视秦王无意偿赵城，乃前曰："璧有瑕，请指示王。"王授璧，相如因持璧却立，倚柱，怒发上冲冠，谓秦王曰："大王欲得璧，使人发书至赵王，赵王悉召群臣议，皆曰：'秦贪，负其强，以空言求璧，偿城恐不可得。'议不欲予秦璧。臣以为布衣之交尚不相欺，况大国乎？且以一璧之故逆强秦之欢，不可。于是赵王乃斋戒五日，使臣奉璧，拜送书于庭。何者？严大国之威以修敬也。今臣至，大王见臣列观，礼节甚倨。得璧，传之美人，以戏弄臣。臣观大王无意偿赵王城邑，故臣复取璧。大王必欲急臣，臣头今与璧俱碎于柱矣！"相如持其璧睨柱，欲以击柱。秦王恐其破璧，乃辞谢，固请，召有司案图，指从此以往十五都予赵。相如度秦王特以诈佯为予赵城，实不可得，乃谓秦王曰："和氏璧，天下所共传宝也。赵王恐，不敢不献。赵王送璧时，斋戒五日，今大王亦宜斋戒五日，设九宾于廷，臣乃敢上璧。"秦王度之，终不可强夺，遂许斋五日，舍相如广成传舍。相如度秦王虽斋，决负约不偿城，乃使其从者衣褐，怀其璧，从径道亡，归璧于赵。

　　秦王斋五日后，乃设九宾礼于庭，引赵使者蔺相如。相如至，谓秦王曰："秦自缪公以来二十余君，未尝有坚明约束者也。臣诚恐见欺于王而负赵，故令人持璧归，间至赵矣。且秦强而赵弱，大王遣一介之使至赵，赵立奉璧来。今以秦之强而先割十五都予赵，赵岂敢留璧而得罪于大王乎？臣知欺大王之罪当诛，臣请就汤镬。唯大王与群臣孰计议之。"秦王与群臣相视而嘻。左右或欲引相如去，秦王因曰："今杀相如，终不能得璧也，而绝秦赵之欢。不如因而厚遇之，使归赵。赵王岂以一璧之故欺秦邪？"卒廷见相如，毕礼而归之。

　　相如既归，赵王以为贤大夫，使不辱于诸侯，拜相如为上大夫。秦亦不以城予赵，赵亦终不予秦璧。

其后秦伐赵,拔石城。明年复攻赵,杀二万人。

秦王使使者告赵王,欲与王为好,会于西河外渑池。赵王畏秦,欲毋行。廉颇、蔺相如计曰:"王不行,示赵弱且怯也。"赵王遂行。相如从。廉颇送至境,与王诀曰:"王行,度道里会遇之礼毕,还,不过三十日。三十日不还,则请立太子为王,以绝秦望。"王许之。遂与秦王会渑池。秦王饮酒酣,曰:"寡人窃闻赵王好音,请奏瑟。"赵王鼓瑟。秦御史前书曰:"某年月日,秦王与赵王会饮,令赵王鼓瑟。"蔺相如前曰:"赵王窃闻秦王善为秦声,请奏盆缻秦王,以相娱乐。"秦王怒,不许。于是相如前进缻,因跪请秦王。秦王不肯击缻。相如曰:"五步之内,相如请得以颈血溅大王矣!"左右欲刃相如,相如张目叱之,左右皆靡。于是秦王不怿,为一击缻。相如顾召赵御史书曰:"某年月日,秦王为赵王击缻。"秦之群臣曰:"请以赵十五城为秦王寿。"蔺相如亦曰:"请以秦之咸阳为赵王寿。"秦王竟酒,终不能加胜于赵。赵亦盛设兵以待秦,秦不敢动。

既罢归国,以相如功大,拜为上卿,位在廉颇之右。廉颇曰:"我为赵将,有攻城野战之大功,而蔺相如徒以口舌为劳,而位居我上。且相如素贱人,吾羞,不忍为之下!"宣言曰:"我见相如,必辱之。"相如闻,不肯与会。相如每朝时,常称病,不欲与廉颇争列。已而相如出,望见廉颇,相如引车避匿。于是舍人……谏曰:"臣所以去亲戚而事君者,徒慕君之高义也。今君与廉颇同列,廉君宣恶言,而君畏匿之,恐惧殊甚。且庸人尚羞之,况于将相乎?臣等不肖,请辞去。"蔺相如……曰:"公[之]视廉将军孰与秦王?"曰:"不若也。"相如曰:"夫以秦王之威,而相如廷叱之,辱其群臣。相如虽驽,独畏廉将军哉?顾吾念之,强秦之所以不敢加兵于赵者,徒以吾两人在也。今两虎共斗，其势不俱生。吾所以为此者，以先国家之急而后私仇也。"廉颇闻之，肉袒负荆，因宾客至蔺相如门谢罪，曰："鄙贱之人，不知将军宽之至此也！"卒相与欢，为刎颈之交。

是岁廉颇东攻齐，破其一军。居二年，廉颇复伐齐畿，拔之。后三年，廉颇攻魏之防陵、安阳，拔之。后四年，蔺相如将而攻齐，至平邑而罢。其明年，赵奢破秦军阏与下。

  茅鹿门评：予览太史公描写相如事，即王摩诘诗画相似。

  邓定宇评：写相如意秦王状，煞有精神，兼扮兼说。

  徐退山评：以廉、蔺主名，而赵奢、李牧周旋串插，断续无痕。本宜合录，因此选限于卷帙，止录前段，好古者要当全览。

李斯列传

（节录）

李斯者，楚上蔡人也。年少时为郡小吏，见吏舍厕中鼠食不絜，近人犬数惊恐之。斯入仓，观仓中鼠，食积粟，居大庑之下，不见人犬之忧。于是李斯乃叹曰："人之贤不肖譬如鼠矣，在所自处耳。"

乃从荀卿学帝王之术。学已成，度楚王不足事，而六国皆弱，无可为建功者，欲西入秦。辞于荀卿曰："斯闻得时无怠，今万乘方争时，游者主事。今秦王欲吞天下，称帝而治，此布衣驰骛之时，而游说者之秋也。处卑贱之位而计不为者，此禽鹿视肉，人面而能强行者耳。故诟莫大于卑贱，而悲莫甚于穷困。久处卑贱之位、困苦之地，非世而恶利，自托于无为，此非士之情也。故斯将西说秦王矣。"

至秦……求为秦相文信侯吕不韦舍人。……因……得说，说秦王曰："胥人者，去其几也。成大功者在因瑕衅而遂忍之。昔者秦穆公之霸，终不东并六国者，何也？诸侯尚众，周德未衰，故五伯迭兴，更尊周室。自秦孝公以来，周室卑微，诸侯相兼，关东为六国，秦之乘胜役诸侯，盖六世矣。今诸侯服秦，譬若郡县。夫以秦之强，大王之贤，由灶上骚除，足以灭诸侯、成帝业，为天下一统，此万世之一时也。今怠而不急就，诸侯复强，相聚约从，虽有黄帝之贤，不能并也。"秦王……听其计，阴遣谋士赍持金玉以游说诸侯。诸侯名士可下以财者，厚遗结之；不肯者，利剑刺之。离其君臣之计，秦王乃使其良将随其后。秦王拜斯为客卿。

会韩人郑国来间秦，……已而觉。秦宗室大臣……请一切逐客。李斯议亦在逐中。斯乃上书曰：

臣闻吏议逐客，窃以为过矣。昔缪公求士：西取由余于戎，东得百里奚于宛，迎蹇叔于宋，来丕豹、公孙支于晋。此五子者，不产于秦，而缪公用之，并国二十，遂霸西戎。孝公用商鞅之法，移风易俗，民以殷盛，国以富强，百姓乐用，诸侯亲服，获楚、魏之师，举地千里，至今治强。惠王用张仪之计，拔三川之地，西并巴、蜀，北收上郡，南取汉中，包九夷，制鄢、郢，东据成皋之险，割膏腴之壤，遂散六国之从，使之西面事秦，功施到今。昭王得范雎，废穰侯，逐华阳，强公室，杜私门，蚕食诸侯，使秦成帝业。此四君者，皆以客之功。由此观之，客何负于秦哉？向使四君却客而不内，疏士而不用，是使国无富利之实而秦无强大之名也。

今陛下致昆山之玉，有随、和之宝，垂明月之珠，服太阿之剑，乘纤离之马，建翠凤之旗，树灵鼍之鼓。此数宝者，秦不生一焉，而陛下说之，何也？必秦国之所生然后可，则是夜光之璧不饰朝廷，犀象之器不为玩好，郑、卫之女不充后宫，而骏良駃騠不实外厩，江南金锡不为用，西蜀丹青不为采。所以饰后宫、充下陈、娱心意、说耳目者，必出于秦然后可，则是宛珠之簪、傅玑之珥、阿缟之衣、锦绣之饰不进于前，而随俗雅化、佳冶窈窕赵女不立于侧也。夫击瓮叩缶、弹筝搏髀，而歌呼呜呜、快耳目者，真秦之声也，郑卫《桑间》、《昭》、《虞》、《武》、《象》者，异国之乐也。今弃击瓮叩缶而就《郑》、《卫》，退弹筝而取《昭》、《虞》，若是者何也？快意当前，适观而已矣。今取人则不然，不问可否，不论曲直，非秦者去，为客者逐。然则是所重者在乎色乐珠玉，而所轻者在乎人民也。此非所以跨海内、制诸侯之术也。

臣闻地广者粟多，国大者人众，兵强则士勇。是以太山不让土壤，故能成其大；河海不择细流，故能就其深；王者不却众庶，故能明其德。是以地无四方，民无异国，四时充美，鬼神降福，此五帝、三王之所以无敌也。今乃弃黔首以资敌国，却宾客以业诸侯，使天下之士退而不敢西向，裹足不入秦，此所谓"籍寇兵而赍盗粮"者也。

夫物不产于秦，可宝者多；士不产于秦，而愿忠者众。今逐客以资敌国，损民以益仇，内自虚而外树怨于诸侯，求国无危，不可得也。

秦王乃除逐客之令，复李斯官，卒用其计谋。官至廷尉。二十余年，竟并天下，尊主为皇帝，以斯为丞相。夷郡县城，销其兵刃，示不复用。使秦无尺土之封，不立子弟为王、功臣为诸侯者，使后无战攻之患。……收去《诗》、《书》百家之语以愚百姓，使天下无以古非今。明法度、定律令，皆以始皇起。同文书。治离宫别馆，周遍天下。明年又巡狩，外攘四夷，斯皆有力焉。

斯长男由为三川守，诸男皆尚秦公主，女悉嫁秦诸公子。三川守李由告归咸阳，李斯置酒于家，百官长皆前为寿，门廷车骑以千数。李斯喟然而叹曰："嗟乎！吾闻之荀卿曰：'物禁大盛。'夫斯乃上蔡布衣，闾巷之黔首，上不知其驽下，遂擢至此。当今人臣之位无居臣上者，可谓富贵极矣。物极则衰，吾未知所税驾也。"

始皇三十七年……出游会稽，并海上，北抵琅邪。丞相斯、中车府令赵高……从。始皇有二十余子，长子扶苏以数直谏……使监兵上郡，蒙恬为将。少子胡亥爱，请从，上许之。余子莫从。

……始皇……至沙丘，病甚，令赵高为书赐公子扶苏，曰："以兵属蒙恬，与丧会咸阳而葬。"书已封，未授使者，始皇崩。书及玺皆在赵高所。独子胡亥、丞相李斯、赵高及幸宦者五六人知始皇崩，余群臣皆莫知也。李斯以为上在外崩，无真太子，故秘之。置始皇居辒辌车中，百官奏事、上食如故……

赵高因留所赐扶苏玺书，而谓公子胡亥曰："上崩，无诏封王诸子，而独赐长子书。长子至，即立为皇帝，而子无尺寸之地，为之奈何？"胡亥曰："固也。吾闻之，……明父知子。父捐命，不封诸子，何可言者！"赵高曰："不然。方今天下之权，存亡在子与高及丞相耳，愿子图之。且夫臣人与见臣于人，制人与见制于人，岂可同日道哉！"胡亥曰："废兄而立弟，是不义也；不奉父诏而畏死，是不孝也；能薄而材谫，强因人之功，是不能也：三者逆德，天下不服，身殆倾危，社稷不血食。"高曰："臣闻汤、武杀其主，天下称义焉，不为不忠。卫君杀其父，而卫国载其德，孔子著之，不为不孝。夫大行不小谨，盛德不辞让，乡曲各有宜，而百官不同功。故顾小而忘大，后必有害；狐疑犹豫，后必有悔。断而敢行，鬼神避之，后有成功。愿子遂之！"胡亥喟然叹曰："今大行未发，丧礼未终，岂宜以此事干丞相哉！"赵高曰："时乎时乎，间不及谋！赢粮跃马，唯恐后时！"

胡亥既然高之言，高曰："不与丞相谋，恐事不能成，臣请为子与丞相谋之。"高乃谓丞相斯曰："上崩，赐长子书，……书未行，……未有知者也。……书及符玺，皆在胡亥所，定太子在君侯与高之口耳。事将何如？"斯曰："安得亡国之言！此非人臣所当议也！"

高曰："君侯自料能孰与蒙恬？功高孰与蒙恬？谋远不失孰与蒙恬？无怨于天下孰与蒙恬？长子旧而信之孰与蒙恬？"斯曰：

"此五者皆不及蒙恬，而君责之何深也？"高曰："高固内官之厮役也，幸得以刀笔……进入秦宫，管事二十余年，未尝见秦免罢丞相功臣有封及二世者也，卒皆以诛亡。皇帝二十余子，皆君之所知。长子刚毅而武勇，信人而奋士，即位必用蒙恬为丞相，君侯终不怀通侯之印……明矣。高受诏教习胡亥，……数年矣，未尝见过失。慈仁笃厚，……辩于心而讷于口，……秦之诸子未有及此者，可以为嗣。君计而定之。"斯曰："……斯奉主之诏，听天之命，何虑之可定也？"

高曰："安可危也，危可安也。安危不定，何以贵圣？"斯曰："斯，上蔡闾巷布衣也，上幸擢为丞相，封为通侯，子孙皆至尊位重禄者，故将以存亡安危属臣也。岂可负哉！……君其勿复言，将令斯得罪。"

高曰："盖闻圣人迁徙无常，就变而从时，见末而知本，观指而睹归。物固有之，安得常法哉！方今天下之［权］命悬于胡亥，高能得志焉。且夫从外制中谓之惑，从下制上谓之贼。故秋霜降者草花落，水摇动者万物作，此必然之效也。君何见之晚？"斯曰："吾闻晋易太子，三世不安；齐桓兄弟争位，身死为戮；纣杀亲戚，不听谏者，国为丘墟，……斯其犹人哉，安足为谋！"

高曰："上下合同，可以长久；中外若一，事无表里。君听臣之计，即长有封侯，世世称孤，必有乔松之寿，孔、墨之智。今释此而不从，祸及子孙，足以为寒心。善者因祸为福，君何处焉？"斯乃仰天而叹，垂泪太息曰："嗟乎！独遭乱世，既以不能死，安托命哉！"于是斯乃听高……

…………

二世燕居，乃召高与谋事，谓曰："夫人生居世间也，譬犹骋六骥过决隙也。吾既已临天下矣，欲悉耳目之所好，穷心志之所乐，……可乎？"高曰："此贤主之所能行也，……臣请言之，……夫沙丘之谋，诸公子及大臣皆疑焉，而诸公子尽帝兄，大臣又先帝之所置也。今陛下初立，此其属意怏怏皆不服，恐为变。且蒙恬已死，蒙毅将兵居外，臣战战栗栗，唯恐不终。且陛下安得为此乐乎？"二世曰："为之奈何？"赵高曰："严法而刻刑，令有罪者相坐诛，至收族，灭大臣而远骨肉；贫者富之，贱者贵之。尽除去先帝之故臣，更置陛下之所亲信者近之。此则阴德归陛下，……陛下则高枕肆志宠乐矣……。"二世然高之言，乃更为法律。于是群臣诸公子有罪，辄下高，令鞫治之。杀大臣蒙毅等，公子十二人僇死咸阳市，十公主磔死于杜，财物入于县官，相连坐者不可胜数。……群臣人人自危，欲畔者众。又作阿房之宫，治直道、驰道，赋敛愈重，戍徭无已。于是楚戍卒陈胜、吴广等乃作乱，起于山东，杰俊相立，自置为侯王，叛秦，兵至鸿门而却。

李斯数欲请间谏，二世不许。而二世责问李斯曰："吾有私议而有所闻于韩子也，曰……夫所贵于有天下者，岂欲苦形劳神，身处逆旅之宿，口食监门之养，手持臣虏之作哉？……贤人之有天下也，专用天下适己而已矣，此所以贵于有天下也。夫……贤人者，必能安天下而治万民，今身且不能利，将恶能治天下哉！故吾愿赐志广欲，长享天下而无害，为之奈何？"李斯子由为三川守，群盗吴广等西略地，过去弗能禁。章邯以破逐广等兵，使者覆案三川相属，诮让斯居三公位，如何令盗如此。李斯恐惧，重爵禄，不知所出，乃阿二世意，欲求容，以书对曰：

　　夫贤主者，必且能全道而行督责之术者也。督责之，则臣不敢不竭能以徇其主矣。……是故主独制于天下而无所制也。能穷乐之极矣，贤明之主也，可不察焉！

故申子曰："有天下而不恣睢，命之曰以天下为桎梏"者，无他焉，不能督责，而顾以其身劳于天下之民，若尧、禹然，故谓之"桎梏"也。夫不能修申、韩之明术，行督责之道，专以天下自适也，而徒务苦形劳神，以身徇百姓，则是黔首之役，非畜天下者也，何足贵哉！夫以人徇己，则己贵而人贱；以己徇人，则己贱而人贵。故徇人者贱，而人所徇者贵，自古及今，未有不然者也。凡古之所为尊贤者，为其贵也；而所为恶不肖者，为其贱也。而尧、禹以身徇天下者也，因随而尊之，则亦失所为尊贤之心矣，夫可谓大缪矣。谓之为"桎梏"，不亦宜乎？不能督责之过也。

故韩子曰："慈母有败子，而严家无格虏"者，何也？则能罚之加焉必也。故商君之法，刑弃灰于道者。夫弃灰，薄罪也，而被刑，重罚也。彼唯明主为能深督轻罪。夫罪轻且督深，而况有重罪乎？故民不敢犯也。……韩子曰："布帛寻常，庸人不释，铄金百溢，盗跖不搏"者，非庸人之心重，寻常之利深，而盗跖之欲浅也；又不以盗跖之行为轻，百镒之重也。搏必随手刑，则盗跖不搏百镒；而罚不必行也，则庸人不释寻常。是故城高五丈，而楼季不轻犯也；泰山之高百仞，而跛牂牧其上。夫楼季也而难五丈之限，岂跛牂也而易百仞之高哉？峭堑之势异也。明主圣王之所以能久处尊位，长执重势，而独擅天下之利者，非有异道也，能独断而审督责，必深罚，故天下不敢犯也。今不务所以不犯，而事慈母之所以败子也，则亦不察于圣人之论矣。夫不能行圣人之术，则舍为天下役何事哉？可不哀邪！

且夫俭节仁义之人立于朝，则荒肆之乐辍矣；谏说论理之臣间于侧，则流漫之志诎矣；烈士死节之行显于世，则淫康之虞废矣。故明主能外此三者，而独操主术以制听从之臣，而修其明法，故身尊而势重也。凡贤主者，必将能拂世摩俗，而废其所恶，立其所欲，故生则有尊重之势，死则有贤明之谥也。是以明君独断，故权不在臣也。然后能灭仁义之涂，掩驰说之口，困烈士之行，塞聪揜明，内独视听，故外不可倾以仁义烈士之行，而内不可夺以谏说忿争之辩。故能荦然独行恣睢之心，而莫之敢逆。若此然后可谓能明申、韩之术，而修商君之法。法修术明而天下乱者，未之闻也。故曰"王道约而易操"也，唯明主为能行之。若此则谓督责之诚，则臣无邪，臣无邪则天下安，天下安则主严尊，主严尊则督责必，督责必则所求得，所求得则国家富，国家富则君乐丰。故督责之术设，则所欲无不得矣。……虽申、韩复生，不能加也。

　　书奏，二世悦。于是行督责益严，税民深者为明吏。二世曰："若此则可谓能督责矣。"刑者相半于道，而死人日成积于市。杀人众者为忠臣。二世曰："若此则可谓能督责矣。"
　　……二世……居禁中……事皆决于赵高。
　　高闻李斯以为言，乃见丞相曰："关东群盗多，今上急益发繇治阿房宫，……臣欲谏，为位贱。此真君侯之事，君何不谏？"李斯曰："固也，吾欲言之久矣。今……上居深宫，……欲见无间。"赵高……曰："君诚能谏，请为君候上间语君。"于是赵高待二世方燕乐，妇女居前，使人告丞相："上方间，可奏事。"丞相至宫门上谒，如此者三。二世怒曰："吾常多间日，丞相不来。吾方燕私，丞相辄来请事。丞相岂少我哉？且固我哉？"赵高因曰："如此殆矣！夫沙丘之谋，丞相与焉。今陛下已立为帝，而丞相贵不益，此其意亦望裂地而王矣。且陛下不问臣，臣不敢言。丞相长男李由为三川守，楚盗陈胜等皆丞相傍县之子，以故楚盗公行过三川，城守不肯击。高闻其文书相往来，未得其审，故未敢以闻。且丞相居外，权重于陛下。"二世以为然。欲案丞相，恐其不审，乃使人案验三川守与盗通状。李斯闻之。

是时二世在甘泉，方作觳抵优俳之观。李斯不得见，因上书言赵高之短……二世曰："何哉？夫高，故宦人也，然不为安肆志，……絜行修善，……以忠得进，……朕实贤之，而君疑之，何也？且朕少失先人，无所识知，不习治民，而君又老，恐与天下绝矣。朕非属赵君，当谁任哉？且赵君……下知人情，上能适朕，君其勿疑。"……二世已前信赵高，恐李斯杀之，乃私告赵高。高曰："丞相所患者独高，高已死，丞相即欲为田常所为。"于是二世曰："其以李斯属郎中令！"

赵高案治李斯。李斯拘执束缚，居囹圄中，仰天而叹曰："嗟乎，悲夫！不道之君，何可为计哉！……高案丞相狱，治罪，责斯与子由谋反状，皆收捕宗族宾客。赵高治斯，榜掠千余，不胜痛，自诬服。斯所以不死者，自负其辩，有功，实无反心，幸得上书自陈，幸二世之寤而赦之。李斯乃从狱中上书……高使吏弃去不奏，曰："囚安得上书！"

赵高使其客十余辈，诈为御史、谒者、侍中，更往覆讯斯。斯更以其实对，辄使人复榜之。后二世使人验斯，斯以为如前，终不敢更言，辞服。奏当上，二世喜曰："微赵君，几为丞相所卖。"……二世二年七月，具斯五刑，……腰斩咸阳市。斯出狱，与其中子俱执，顾谓其中子曰："吾欲与若复牵黄犬俱出上蔡东门逐狡兔，岂可得乎！"遂父子相哭，而夷三族。

李斯已死，二世拜赵高为<u>中丞相</u>，……高诈诏卫士，令士皆素服，持兵内乡，入告二世曰："山东群盗兵大至！"二世上观而见之，恐惧，高即因劫令自杀。引玺而佩之，……<u>上殿，殿欲坏者三</u>。高自知天弗与，……乃召始皇弟，授之玺。

子婴即位，……与宦者韩谈及其子<u>谋杀高</u>，……<u>夷其三族</u>。

子婴立三月，沛公兵从武关入，至咸阳，……子婴……降轵道旁。沛公……以属吏。项王至而斩之。<u>遂以亡天下</u>。

  茅鹿门评：按太史公传斯佐始皇定天下、变法诸事，十之三；传高所以乱天下而亡秦十之七。太史公恁地看得亡秦者高，所以酿高之乱者，并由斯为之，此是太史公极用意、极得大体处。

  钟伯敬评：李斯古今第一热中富贵人也。其学问功业，佐秦兼天下者，皆其取富贵之资，而其种种罪过，使秦亡天下者，即其守富贵之道。究竟斯之富贵，仅足以至族灭。盖其起念结想，尽于仓鼠一叹，不知仓鼠食积粟，诚与厕鼠有间，若其为忧，岂止人犬之惊乎？如斯之为鼠，不死于人犬，而死于狸者也。太史公言秦用李斯二十年，竟并天下，而于亡秦关目紧要处，皆系之斯传，若作《秦本纪》，而结之曰"遂以亡天下"，见人臣重富贵之念，其效足以亡天下。尝合斯始末，自富贵至族灭，总看一过，想孔子"苟患失之，无所不至"二语之确，蚤看破此一辈人。

  徐退山评：李斯书先秦古文，似帝释天居瑶台琼殿，万户千门，罗列珍怪，入《传》中特若片云之点太空。○高匿玺书，与斯密语，眉头眼角细写活现，援引古谚，如怪石奇峰，苍翠欲滴。

淮阴侯列传

（节录）

淮阴侯韩信者，淮阴人也。始为布衣时，贫无行，不得推择为吏，又不能治生商贾，常从人寄食饮，人多厌之者。常数从其下乡南昌亭长寄食，数月，亭长妻患之，乃晨炊蓐食。食时信往，不为具食。信亦知其意，怒，竟绝去。

信钓于城下，诸母漂，有一母见信饥，饭信，竟漂数十日。信喜，谓漂母曰："吾必有以重报母。"母怒曰："大丈夫不能自食，吾哀王孙而进食，岂望报乎！"

淮阴屠中少年有侮信者，曰："若虽长大，好带刀剑，中情怯耳。"众辱之曰："信能死，刺我；不能死，出我袴下。"于是信孰视之，俛出袴下，蒲伏。一市人皆笑信，以为怯。

及项梁渡淮，信杖剑从之，居戏下，无所知名。项梁败，又属项羽，羽以为郎中。数以策干项羽，羽不用。汉王之入蜀，信亡楚归汉，未得知名，为连敖。坐法当斩，其辈十三人皆已斩，次至信，信乃仰视，适见滕公，曰："上不欲就天下乎？何为斩壮士？"滕公奇其言，壮其貌，释而不斩。与语，大说之。言于上，上拜以为治粟都尉，上未之奇也。

信数与萧何语，何奇之。至南郑，诸将行道亡者数十人，信度何等已数言上，上不我用，即亡。何闻信亡，不及以闻，自追之。人有言上曰："丞相何亡。"上大怒，如失左右手。居一二日，何来谒上，上且怒且喜，骂何曰："若亡，何也？"何曰："臣不敢亡也，臣追亡者。"上曰："若所追者谁？"曰："韩信也。"上复骂曰："诸将亡者以十数，公无所追；追信，诈也。"何曰："诸将易得耳。至如信者，国士无双。王必欲长王汉中，无所事信；必欲争天下，非信无所与计事者。顾王策安所决耳。"王曰："吾亦欲东耳，安能郁郁久居此乎？"何曰："王计必欲东，能用信，信即留；不能用，信终亡耳。"王曰："吾为公以为将。"何曰："虽为将，信必不留。"王曰："以为大将。"何曰："幸甚！"于是王欲召信拜之。何曰："王素慢无礼，今拜大将，如呼小儿耳，此乃信所以去也。王必欲拜之，择良日，斋戒，设坛场，具礼，乃可耳。"王许之。诸将皆喜，人人各自以为得大将。至拜大将，乃韩信也，一军皆惊。

　　信拜礼毕，上坐。王曰："丞相数言将军，将军何以教寡人计策？"信谢，因问王曰："今东乡争权天下，岂非项王邪？"汉王曰："然。"曰："大王自料勇悍仁强，孰与项王？"汉王默然良久，曰："不如也。"信再拜贺曰："惟信亦为大王不如也。然臣尝事之，请言项王之为人也。项王喑噁叱咤，千人皆废，然不能任属贤将，此特匹夫之勇耳。项王见人恭敬慈爱，言语呕呕，人有疾病，涕泣分食饮。至使人有功当封爵者，印刓敝，忍不能予，此所谓妇人之仁也。项王虽霸天下而臣诸侯，不居关中，而都彭城，有背义帝之约，而以亲爱王，诸侯不平。诸侯之见项王迁逐义帝，置江南，亦皆归逐其主而自王善地。项王所过无不残灭者，天下多怨，百姓不亲附，特劫于威强耳。名虽为霸，实失天下心，故曰其强易弱。今大王诚能反其道，任天下武勇，何所不诛？以天下城邑封功臣，何所不服？以义兵从思东归之士，何所不散？且三秦王为秦将，将秦子弟数岁矣，所杀亡不可胜计，又欺其众降诸侯，至新安，项王诈阬秦降卒二十余万，唯独邯、欣、翳得脱，秦父兄怨此三人，痛入骨髓。今楚强以威王此三人，秦民莫爱也。大王之入武关，秋毫无所害，除秦苛法，与秦民约，法三章耳，秦民无不欲得大王王秦者。于诸侯之约，大王当王关中，关中民咸知之。大王失职入汉中，秦民无不恨者。今大王举而东，三秦可传檄而定也。"于是汉王大喜，自以为得信晚。

....

[汉二年六月]，魏王豹……反……，与楚约和。汉王……以信为左丞相，击魏。魏王盛兵蒲坂，塞临晋，信乃益为疑兵，陈船欲度临晋，而伏兵从夏阳以木罂缻渡军，袭安邑。魏王豹惊，引兵迎信，信遂虏豹，定魏为河东郡。汉王遣张耳与信俱，引兵东北击赵、代。后九月，破代兵，禽夏说阏与。信之下魏破代，汉辄使人收其精兵，诣荥阳以距楚。

信与张耳以兵数万，欲东下井陉击赵。赵王、成安君陈馀闻汉且袭之也，聚兵井陉口，号称二十万。广武君李左车说成安君曰："闻汉将韩信涉西河，虏魏王，禽夏说，新喋血阏与，今乃辅以张耳，议欲下赵，此乘胜而去国远斗，其锋不可当。臣闻千里馈粮，士有饥色，樵苏后爨，师不宿饱。今井陉之道，车不得方轨，骑不得成列，行数百里，其势粮食必在其后。原足下假臣奇兵三万人，从间道绝其辎重；足下深沟高垒，坚营勿与战。彼前不得斗，退不得还，吾奇兵绝其后，使野无所掠，不至十日，而两将之头可致于戏下。愿君留意臣之计。否，必为二子所禽矣。"成安君，儒者也，常称义兵不用诈谋奇计，……不听，……广武君策不用。

韩信使人间视，知其不用，还报，则大喜，乃敢引兵遂下。未至井陉口三十里，止舍。夜半传发，选轻骑二千人，人持一赤帜，从间道萆山而望赵军，诫曰："赵见我走，必空壁逐我，若疾入赵壁，拔赵帜，立汉赤帜。"令其裨将传飧，曰："今日破赵会食！"诸将皆莫信，佯应曰："诺。"谓军吏曰："赵已先据便地为壁，且彼未见吾大将旗鼓，未肯击前行。恐吾至阻险而还。"信乃使万人先行，出，背水陈。赵军望见而大笑。平旦，信建大将之旗鼓，鼓行出井陉口，赵开壁击之，大战良久。于是信、张耳佯弃鼓旗，走水上军。水上军开入之，复疾战。赵果空壁争汉鼓旗，逐韩信、张耳。韩信、张耳已入水上军，军皆殊死战，不可败。信所出奇兵二千骑，共候赵空壁逐利，则驰入赵壁，皆拔赵旗，立汉赤帜二千。赵军已不胜，不能得信等，欲还归壁，壁皆汉赤帜，而大惊，以为汉皆已得赵王将矣，兵遂乱，遁走，赵将虽斩之，不能禁也。于是汉兵夹击，大破虏赵军，斩成安君泜水上，禽赵王歇。

信乃令军中毋杀广武君，有能生得者购千金。于是有缚广武君而致麾下者，信乃解其缚，东乡坐，西乡对，师事之。

诸将效首虏，休，毕贺，因问信曰："兵法右倍山陵，前左水泽，今者将军令臣等反背水陈，曰破赵会食，臣等不服。然竟以胜，此何术也？"信曰："此在兵法，顾诸君不察耳。兵法不曰'陷之死地而后生，置之亡地而后存'？且信非得素拊循士大夫也，此所谓'驱市人而战之'，其势非置之死地，使人人自为战；今予之生地，皆走，宁尚可得而用之乎？"诸将皆服曰："善！……"

于是信问广武君曰："仆欲北攻燕，东伐齐，何若而有功？"广武君辞谢曰："……臣败亡之虏，何足以权大事乎？"信曰："仆闻之，百里奚居虞而虞亡，在秦而秦霸，非愚于虞而智于秦也，用与不用，听与不听也。诚令成安君听足下计，若信者亦已为禽矣。以不用足下，故信得侍耳。"因固问曰："仆委心归计，愿足下勿辞。"广武君曰："臣闻智者千虑，必有一失；愚者千虑，必有一得。……顾恐臣计未必足用，原效愚忠。夫成安君有百战百胜之计，一旦而失之，军败鄗下，身死泜上。今将军涉西河，虏魏王，禽夏说阏与，一举而下井陉，不终朝破赵二十万众，诛成安君。名闻海内，威震天下，农夫莫不辍耕释耒，褕衣甘食，倾耳以待命者。若此，将军之所长也。然而众劳卒罢，其实难用。今将军欲举倦弊之兵，顿之燕坚城之下，欲战恐久力不能拔，情见势屈，旷日粮竭，而弱燕不服，齐必距境以自强也。燕齐相持而不下，则刘项之权未有所分也。若此者，将军所短也。臣愚，窃以为……善用兵者不以短击长，而以长击短。"韩信曰："然则何由？"广武君对曰："方今为将军计，莫如案甲休兵，镇赵，抚其孤，百里之内，牛酒日至，以飨士大夫，北首燕路，而后遣辩士奉咫尺之书，暴其所长于燕，燕必不敢不听从。燕已从，使喧言者东告齐，齐必从风而服，虽有智者，亦不知为齐计矣。如是，则天下事皆可图也。兵固有先声而后实者，此之谓也。"韩信曰："善。"从其策，发使使燕，燕从风而靡……

……楚方急围汉王于荥阳，汉王南出，之宛、叶间，得黥布，走入成皋，楚又复急围之。六月，汉王出成皋，东渡河，独与滕公俱，从张耳军修武。至，宿传舍。晨，自称汉使，驰入赵壁。张耳、韩信未起，即其卧内上夺其印符，以麾召诸将，易置之。信、耳起，乃知汉王来，大惊。汉王夺两人军，即令张耳备守赵地。拜韩信为相国，收赵兵未发者击齐。

……韩信已定临菑，遂东追广至高密西。楚亦使龙且将，号称二十万，救齐。

齐王广、龙且并军与信战，未合。人或说龙且曰："汉兵远斗穷战，其锋不可当。齐、楚自居其地战，兵易败散。不如深壁，令齐王使其信臣招所亡城，亡城闻其王在，楚来救，必反汉。汉兵二千里客居，齐城皆反之，其势无所得食，可无战而降也。"龙且曰："吾平生知韩信为人，易与耳。且夫救齐，不战而降之，吾何功？今战而胜之，齐之半可得，何为止！"遂战，与信夹潍水陈。韩信乃夜令人为万余囊，满盛沙，壅水上流，引军半渡，击龙且，佯不胜，还走。龙且果喜曰："固知信怯也。"遂追信渡水。信使人决壅囊，水大至。龙且军大半不得渡，即急击，杀龙且。龙且水东军散走，齐王广亡去。信遂追北至城阳，皆虏楚卒。……遂……平齐。使人言汉王曰："齐……反覆之国……南边楚，不为假王以镇之，其势不定。原为假王便。"当是时，楚方急围汉王于荥阳，韩信使者至，发书，汉王大怒，骂曰："吾困于此，旦暮望若来佐我，乃欲自立为王！"张良、陈平蹑汉王足，因附耳语曰："汉方不利，宁能禁信之王乎？不如因而立，善遇之，使自为守。不然，变生。"汉王亦悟，因复骂曰："大丈夫定诸侯，即为真王耳，何以假为！"乃遣张良往立信为齐王，征其兵击楚。

　　……齐人蒯通知天下权在韩信，欲为奇策而感动之，以相人说韩信曰："仆尝受相人之术。"……信曰："先生相人何如？"对曰："贵贱在于骨法，忧喜在于容色，成败在于决断，以此参之，万不失一。"韩信曰："善。先生相寡人何如？"对曰："原少间。"信曰："左右去矣。"通曰："相君之面，不过封侯，又危不安。相君之背，贵乃不可言。"韩信曰："何谓也？"蒯通曰："天下初发难也，俊雄豪杰建号壹呼，天下之士云合雾集，鱼鳞杂遝，熛至风起。当此之时，忧在亡秦而已。今楚汉分争，使天下无罪之人肝胆涂地，……楚人起彭城，转斗逐北，至于荥阳，乘利席卷，威震天下。然兵困于京、索之间，迫西山而不能进者，三年于此矣。汉王将数十万之众，距巩、雒，阻山河之险，一日数战，无尺寸之功，折北不救，败荥阳，伤成皋，遂走宛、叶之间，此所谓智勇俱困者也。夫锐气挫于险塞，而粮食竭于内府，百姓罢极怨望，容容无所倚。以臣料之，其势非天下之贤圣固不能息天下之祸。当今两主之命县于足下。足下为汉则汉胜，与楚则楚胜。臣愿披腹心，输肝胆，……恐足下不能用也。诚能听臣之计，莫若两利而俱存之，参分天下，鼎足而居，其势莫敢先动。夫以足下之贤圣，有甲兵之众，据强齐，从燕、赵，出空虚之地而制其后，因民之欲，西乡为百姓请命，则天下风走而响应矣，孰敢不听！割大弱强，以立诸侯，诸侯已立，天下服听而归德于齐。案齐之故，有胶、泗之地，怀诸侯以德，深拱揖让，则天下之君王相率而朝于齐矣。盖闻：'天与弗取，反受其咎；时至不行，反受其殃。'原足下孰虑之。"

韩信曰："汉王遇我甚厚，……吾岂可以乡利倍义乎！"蒯生曰："足下自以为善汉王，欲建万世之业，臣窃以为误矣。始常山王、成安君……相与为刎颈之交，后争张黡、陈泽之事，……常山王背项王，奉项婴头而窜逃，归于汉王。汉王借兵而东下，杀成安君泜水之南，……此二人相与，天下至欢也。然而卒相禽者，何也？患生于多欲，而人心难测也。今足下欲行忠信以交于汉王，必不能固于二君之相与也，而事多大于张黡、陈泽。故臣以为足下必汉王之不危己，亦误矣。大夫种、范蠡存亡越，霸勾践，立功成名而身死亡。野兽已尽而猎狗烹。夫以交友言之，则不如张耳之与成安君者也；以忠信言之，则不过大夫种、范蠡之于勾践也。此二人者，足以观矣。原足下深虑之。且臣闻勇略震主者身危，而功盖天下者不赏。臣请言大王功略：足下涉西河，虏魏王，禽夏说，引兵下井陉，诛成安君，徇赵，胁燕，定齐，南摧楚人之兵二十万，东杀龙且，西乡以报，此所谓功无二于天下，而略不世出者也。今足下戴震主之威，挟不赏之功，归楚，楚人不信；归汉，汉人震恐：足下欲持是安归乎？夫势在人臣之位，而有震主之威，名高天下，窃为足下危之。"韩信谢曰："先生且休矣，吾将念之。"

后数日，蒯通复说曰："夫听者事之候也，计者事之机也，听过计失而能久安者，鲜矣。听不失一二者，不可乱以言；计不失本末者，不可纷以辞。夫随厮养之役者，失万乘之权；守儋石之禄者，阙卿相之位。故知者决之断也，疑者事之害也。审豪氂之小计，遗天下之大数，智诚知之，决弗敢行者，百事之祸也。故曰：'猛虎之犹豫，不若蜂虿之致螫；骐骥之跼躅，不如驽马之安步；孟贲之狐疑，不如庸夫之必至也；虽有舜禹之智，吟而不言，不如瘖聋之指麾也。'此言贵能行之。夫功者难成而易败，时者难得而易失也。时乎时，不再来。原足下详察之。"韩信犹豫不忍倍汉，又自以为功多，汉终不夺我齐，遂谢蒯通。蒯通说不听，已详狂为巫。

汉王之困固陵，用张良计，召齐王信，遂将兵会垓下。项羽已破，高祖袭夺齐王军。汉五年正月，徙齐王信为楚王，都下邳。

信至国，召所从食漂母，赐千金。及下乡南昌亭长，赐百钱，曰："公，小人也，为德不卒。"召辱己之少年令出胯下者，以为楚中尉，告诸将相曰："此壮士也。方辱我时，我宁不能杀之邪？杀之无名，故忍而就于此。"

项王亡将钟离眛家在伊庐，素与信善。项王死后，亡归信。汉王怨眛，闻其在楚，诏楚捕眛。信初之国，行县邑，陈兵出入。汉六年，人有上书告楚王信反。高帝以陈平计，天子巡狩会诸侯，南方有云梦，发使告诸侯会陈："吾将游云梦。"实欲袭信，信弗知。高祖且至楚，信欲发兵反，自度无罪，欲谒上，恐见禽。人或说信曰："斩眛谒上，上必喜，无患。"信见眛计事，眛曰："汉所以不击取楚，以眛在公所。若欲捕我以自媚于汉，吾今日死，公亦随手亡矣。"乃骂信曰："公非长者！"卒自刭。信持其首，谒高祖于陈。上令武士缚信，载后车。信曰："果若人言：'狡兔死，良狗亨；高鸟尽，良弓藏；敌国破，谋臣亡。'天下已定，我固当亨！"上曰："人告公反。"遂械系信。至雒阳，赦信罪，以为淮阴侯。

信知汉王畏恶其能，常称病不朝从。信由此日夜怨望，居常鞅鞅，羞与绛、灌等列。信尝过樊将军哙，哙跪拜送迎，言称臣，曰："大王乃肯临臣！"信出门，笑曰："生乃与哙等为伍！"上尝从容与信言诸将能不，各有差。上问曰："如我能将几何？"信曰："陛下不过能将十万。"上曰："于君何如？"曰："臣多多而益善耳。"上笑曰："多多益善，何为为我禽？"信曰："陛下不能将兵，而善将将，此乃信之所以为陛下禽也。且陛下所谓天授，非人力也。"

陈豨拜为钜鹿守，辞于淮阴侯。淮阴侯挈其手，辟左右与之步于庭，仰天叹曰："子可与言乎？欲与子有言也。"豨曰："唯将军令之。"淮阴侯曰："公之所居，天下精兵处也；而公，陛下之信幸臣也。人言公之畔，陛下必不信；再至，陛下乃疑矣；三至，必怒而自将。吾为公从中起，天下可图也。"陈豨素知其能也，信之，曰："谨奉教！"汉十年，陈豨果反。上自将而往，信病不从。阴使人至豨所，曰："第举兵，吾从此助公。"信乃谋与家臣夜诈诏赦诸官徒奴，欲发以袭吕后、太子。部署已定，待豨报。其舍人得罪于信，信囚，欲杀之。舍人弟上变，告信欲反状于吕后。吕后欲召，恐其党不就，乃与萧相国谋，诈令人从上所来，言豨已得死，列侯群臣皆贺。相国绐信曰："虽疾，强入贺。"信入，吕后使武士缚信，斩之长乐钟室。信方斩，曰："吾悔不用蒯通之计，乃为儿女子所诈，岂非天哉！"遂夷信三族。

高祖已从豨军来，至，见信死，且喜且怜之，问："信死亦何言？"吕后曰："信言恨不用蒯通计。"高祖曰："是齐辩士也。"乃诏齐捕蒯通。蒯通至，上曰："若教淮阴侯反乎？"对曰："然，臣固教之。竖子不用臣之策，故令自夷于此。如彼竖子用臣之计，陛下安得而夷之乎！"上怒曰："亨之。"通曰："嗟乎，冤哉亨也！"上曰："若教韩信反，何冤？"对曰："秦之纲绝而维弛，山东大扰，异姓并起，英俊乌集。秦失其鹿，天下共逐之，于是高材疾足者先得焉。跖之狗吠尧，尧非不仁，狗因吠非其主。当是时，臣唯独知韩信，非知陛下也。且天下锐精持锋欲为陛下所为者甚众，顾力不能耳。又可尽亨之邪？"高帝曰："置之。"乃释通之罪。

太史公曰：吾如淮阴，淮阴人为余言，韩信虽为布衣时，其志与众异。其母死，贫无以葬，然乃行营高敞地，令其旁可置万家。余视其母冢，良然。假令韩信学道谦让，不伐己功，不矜其能，则庶几哉，于汉家勋可以比周、召、太公之徒，后世血食矣。不务出此，而天下已集，乃谋畔逆，夷灭宗族，不亦宜乎。

徐退山评：前半叙信将略，后半详序齐人蒯通说词，及信答语，以深明信之不反也。通语云："时乎时，不再来"，盖信反不反，决之此时也，此时不反，乃后与豨谋，信虽愚，不至此也。信死曰："悔不用通计"，亦正自明其冤，《传》后诏捕蒯通一段，文情无限。

储同人评：《项羽纪》、《淮阴传》皆史公悉心营构之文，故其叙事处真如黄河怒涛、龙门峭壁，曲尽九垓八埏间奇致。班、范诸公，安能入其室哉？

张耳陈馀列传

（节录）

张耳者，大梁人也。其少时，及魏公子毋忌为客。张耳尝亡命游外黄。<u>外黄富人女甚美，嫁庸奴，亡其夫，去抵父客</u>。父客素知张耳，乃谓女曰："<u>必欲求贤夫，从张耳</u>。"女听，乃卒为请决，嫁之张耳。张耳是时脱身游，<u>女家厚奉给张耳</u>，张耳<u>以故致千里客</u>。乃宦魏为外黄令，名由此益贤。陈馀者，亦大梁人也，好儒术，数游赵苦陉。<u>富人公乘氏以其女妻之，亦知陈馀非庸人也</u>。馀年少，父事张耳，<u>两人相与为刎颈交</u>。

秦之灭大梁也，张耳家外黄。高祖为布衣时，尝数从张耳游，客数月。秦灭魏数岁，……闻此两人魏之名士也，购求有得张耳<u>千金</u>，陈馀<u>五百金</u>。张耳、陈馀乃变名姓，俱之陈，为里监门以<u>自食</u>。两人相对。里吏尝有过笞陈馀，……<u>馀欲起，张耳蹑之，使受笞</u>。吏去，张耳乃引陈馀之桑下而数之曰："始吾与公言何如？今见小辱而欲死一吏乎？"陈馀然之。秦诏书购求两人，<u>两人亦反用门者以令里中</u>。

陈涉起蕲，至入陈，兵数万。张耳、陈馀上谒陈涉。涉及左右生平数闻张耳、陈馀贤，<u>未尝见，见即大喜</u>。

陈中豪杰……乃说陈涉曰："将军身被坚执锐，率士卒以诛暴秦，复立楚社稷，存亡继绝，<u>功德宜为王。且夫监临天下诸将，不为王不可</u>，愿将军立为楚王也。"陈涉问此两人，两人对曰："夫秦为无道，破人国家，灭人社稷，绝人后世，罢百姓之力，尽百姓之财。<u>将军瞋目张胆，出万死不顾一生之计，为天下除残也</u>。今始至陈而王之，示天下私。<u>愿将军毋王</u>，急引兵而西，遣人立六国后，自为树党，为秦益敌也。敌多则力分，与众则兵强。如此野无交兵，县无守城，诛暴秦，据咸阳以令诸侯。诸侯亡而得立，以德服之，如此则帝业成矣。今独王陈，恐天下解也。"陈涉不听，遂立为王。

陈馀乃复说陈王曰："大王举梁、楚而西，务在入关，未及收河北也。臣尝游赵，知其豪桀及地形，愿请奇兵北略赵地。"于是陈王以故所善陈人武臣为将军，邵骚为护军，以张耳、陈馀为左右校尉，……北略赵地。

武臣等从白马渡河，至诸县，说其豪杰曰："秦为乱政虐刑以残贼天下，数十年矣。北有长城之役，南有五岭之戍，外内骚动，百姓罢敝，头会箕敛，以供军费，财匮力尽，民不聊生。重之以苛法峻刑，使天下父子不相安。陈王奋臂为天下倡始，王楚之地，方二千里，莫不响应，家自为怒，人自为斗，各报其怨而攻其仇，县杀其令丞，郡杀其守尉。今已张大楚，王陈，使吴广、周文将卒百万西击秦。于此时而不成封侯之业者，非人豪也。诸君试相与计之！夫天下同心而苦秦久矣。因天下之力而攻无道之君，报父兄之怨而成割地有土之业，此士之一时也。"豪杰皆然其言。乃行收兵，得数万人，号武臣为武信君。下赵十城，余皆城守，莫肯下。

乃引兵东北击范阳。范阳人蒯通说范阳令曰："窃闻公之将死，故吊。虽然，贺公得通而生。"范阳令曰："何以吊之？"对曰："秦法重，足下为范阳令十年矣，杀人之父，孤人之子，断人之足，黥人之首，不可胜数。然而慈父孝子莫敢倳刃公之腹中者，畏秦法耳。今天下大乱，秦法不施，然则慈父孝子且倳刃公之腹中以成其名，此臣之所以吊公也。今诸侯畔秦矣，武信君兵且至，而君坚守范阳，少年皆争杀君，下武信君。君急遣臣见武信君，可转祸为福，在今矣。"

范阳令乃使蒯通见武信君曰："足下必将战胜然后略地，攻得然后下城，臣窃以为过矣。诚听臣之计，可不攻而降城，不战而略地，传檄而千里定，可乎？"武信君曰："何谓也？"蒯通曰："今范阳令宜整顿其士卒以守战者也，怯而畏死，贪而重富贵，故欲先天下降，畏君以为秦所置吏，诛杀如前十城也。然今范阳少年亦方杀其令，自以城距君。君何不赍臣侯印，拜范阳令，范阳令则以城下君，少年亦不敢杀其令。令范阳令乘朱轮华毂，使驱驰燕、赵郊。燕、赵郊见之，皆曰此范阳令，先下者也，即喜矣，燕、赵城可毋战而降也。此臣之所谓传檄而千里定者也。"武信君从其计，因使蒯通赐范阳令侯印。赵地闻之，不战以城下者三十余城。

至邯郸，张耳、陈馀闻周章军入关，至戏却；又闻诸将为陈王徇地，多以谗毁得罪诛，怨陈王不用其策，不以为将而以为校尉，乃说武臣曰："陈王起蕲，至陈而王，非必立六国后。将军今以三千人下赵数十城，独介居河北，不王无以填之。且陈王听谗，还报，恐不脱于祸。又不如立其兄弟；不，即立赵后。将军毋失时，时间不容息。"武臣乃听之，遂立为赵王。以陈馀为大将军，张耳为右丞相，邵骚为左丞相。

使人报陈王，陈王大怒，欲尽族武臣等家，而发兵击赵。陈王相国房君谏曰："秦未亡而诛武臣等家，此又生一秦也。不如因而贺之，使急引兵西击秦。"陈王然之，……封张耳子敖为成都君。

……使使者贺赵，令趣发兵西入关。张耳、陈馀说武臣曰："王王赵，非楚意，特以计贺王。楚已灭秦，必加兵于赵。愿王毋西兵，北徇燕、代，南收河内以自广。赵南据大河，北有燕、代，楚虽胜秦，必不敢制赵。"赵王以为然，因不西兵，而使韩广略燕，李良略常山，张黡略上党。

韩广至燕，燕人因立广为燕王。赵王乃与张耳、陈馀北略地燕界。赵王间出，为燕军所得，燕将囚之，欲与分赵地半，乃归王。使者往，燕辄杀之以求地。张耳、陈馀患之。有厮养卒谢其舍中曰："吾为公说燕，与赵王载归。"舍中皆笑曰："使者往十余辈，辄死，若何以能得王？"乃走燕壁。燕将见之，问燕将曰："知臣何欲？"燕将曰："若欲得赵王耳。"曰："君知张耳、陈馀何如人也？"燕将曰："贤人也。"曰："知其志何欲？"曰："欲得其王耳。"赵养卒乃笑曰："君未知此两人所欲也。夫武臣、张耳、陈馀杖马箠下赵数十城，此亦各欲南面而王，岂欲为卿相终己邪？夫臣与主岂可同日而道哉，顾其势初定，未敢参分而王，且以少长先立武臣为王，以持赵心。今赵地已服，此两人亦欲分赵而王，时未可耳。今君乃囚赵王。此两人名为求赵王，实欲燕杀之，此两人分赵自立。夫以一赵尚易燕，况以两贤王左提右挈，而责杀王之罪，灭燕易矣。"燕将以为然，乃归赵王，养卒为御而归。

李良已定常山，还报，赵王复使良略太原。至石邑，秦兵塞井陉，未能前。秦将诈称二世使人遗李良书，不封，曰："良尝事我得显幸。良诚能反赵为秦，赦良罪，贵良。"良得书，疑不信。乃还之邯郸，益请兵。未至，道逢赵王姊出饮，从百余骑。李良望见，以为王，伏谒道旁。王姊醉，不知其将，使骑谢李良。李良素贵，起，惭其从官。从官有一人曰："天下畔秦，能者先立。且赵王素出将军下，今女儿乃不为将军下车，请追杀之。"李良已得秦书，固欲反赵，未决，因此怒，遣人追杀王姊道中。乃遂将其兵袭邯郸。邯郸不知，竟杀武臣、邵骚。赵人多为张耳、陈馀耳目者，以故得脱出。收其兵，得数万人。客有说张耳曰："两君羁旅，而欲附赵，难；独立赵后，扶以义，可就功。"乃求得赵歇，立为赵王，居信都。李良进兵击陈馀，陈馀败李良，李良走归章邯。

章邯引兵至邯郸，皆徙其民河内，夷其城郭。张耳与赵王歇走入钜鹿城，王离围之。陈馀北收常山兵，得数万人，军钜鹿北。章邯军钜鹿南棘原，筑甬道属河，饷王离。王离兵食多，急攻钜鹿。钜鹿城中食尽兵少，张耳数使人召前陈馀，陈馀自度兵少，不敌秦，不敢前。数月，张耳大怒，怨陈馀，使张黡、陈泽往让陈馀曰："始吾与公为刎颈交，今王与耳旦暮且死，而公拥兵数万，不……救，安在其相为死！苟必信，胡不赴秦军俱死？且有十一二相全。"陈馀曰："吾度前终不能救赵，徒尽亡军。且馀所以不俱死，欲为赵王、张君报秦。今必俱死，如以肉委饿虎，何益？"张黡、陈泽曰："事已急，要以俱死立信……！"陈馀曰："吾死顾……无益。必如公言。"乃使五千人令张黡、陈泽先尝秦军，至皆没。

当是时，燕、齐、楚闻赵急，皆来救。张敖亦北收代兵，得万余人，来，皆壁馀旁，未敢击秦。项羽兵数绝章邯甬道，王离军乏食，项羽悉引兵渡河，遂破章邯。章邯引兵解，诸侯军乃敢击围钜鹿秦军，遂虏王离。……卒存钜鹿者，楚力也。

于是赵王歇、张耳乃得出钜鹿，谢诸侯。张耳与陈馀相见，责让陈馀以不肯救赵，及问张黡、陈泽所在。陈馀怒曰："张黡、陈泽以必死责臣，臣使将五千人先尝秦军，皆没不出。"张耳不信，以为杀之，数问陈馀。陈馀怒曰："不意君之望臣深也！岂以臣为重去将哉？"乃脱解印绶，推予张耳。张耳亦愕不受。陈馀起如厕。客有说张耳曰："臣闻'天与不取，反受其咎'。……急取之！"张耳乃佩其印，收其麾下。而陈馀还，亦望张耳不让，遂趋出。张耳遂收其兵。陈馀独与麾下所善数百人之河上泽中渔猎。由此陈馀、张耳遂有郤。

赵王歇复居信都。张耳从项羽诸侯入关。汉元年……，项羽立诸侯王，张耳雅游，人多为之言，项羽亦素数闻张耳贤，乃分赵立张耳为常山王，治信都……

陈馀客多说项羽曰："陈馀、张耳，一体有功于赵。"项羽以陈馀不从入关，闻其在南皮，即以南皮旁三县以封之，而徙赵王歇王代。

张耳之国，陈馀愈益怒，曰："张耳与馀功等也，今张耳王，馀独侯，此项羽不平。"及齐王田荣畔楚，陈馀乃使夏说说田荣……田荣欲树党于赵以反楚，乃遣兵从陈馀。陈馀因悉三县兵袭常山王张耳。张耳败走，念诸侯无可归者，曰："汉王与我有旧故，而项羽又强，立我，我欲之楚。"甘公曰："汉王之入关，五星聚东井。东井者，秦分也。先至必霸。楚虽强，后必属汉。"故耳走汉。……汉王厚遇之。

陈馀已败张耳，皆复收赵地，迎赵王于代，复为赵王。赵王德陈馀，立以为代王……

汉二年，东击楚，使使告赵，欲与俱。陈馀曰："汉杀张耳乃从。"于是汉王求人类张耳者斩之，持其头遗陈馀。陈馀乃遣兵助汉。汉之败于彭城西，陈馀亦复觉张耳不死，即背汉。

汉……遣张耳与韩信击破赵井陉，斩陈馀泜水上，追杀赵王歇……。汉立张耳为赵王。……张耳薨，……子敖嗣……。高祖长女鲁元公主为赵王敖后。

汉七年，高祖从平城过赵，赵王朝夕袒韝蔽，自上食，礼甚卑，有子婿礼。高祖箕踞詈，甚慢易之。赵相贯高、赵午等年六十余，故张耳客也。生平为气，乃怒曰："吾王孱王也！"说王曰："夫天下豪桀并起，能者先立。今王事高祖甚恭，而高祖无礼，请为王杀之！"张敖啮其指出血，曰："君何言之误！且先人亡国，赖高祖得复国，德流子孙，秋豪皆高祖力也。愿君无复出口。"贯高、赵午等十余人皆相谓曰："乃吾等非也。吾王长者，不倍德。且吾等义不辱，今怨高祖辱我王，故欲杀之，何乃污王为乎？令事成归王，事败独身坐耳。"

汉八年，上从东垣还，过赵，贯高等乃壁人柏人，要之置厕。上过欲宿，心动，问曰："县名为何？"曰："柏人。""柏人者，迫于人也！"不宿而去。

汉九年，贯高怨家知其谋，……上变告之。于是上皆并逮捕赵王、贯高等。十余人皆争自刭，贯高独怒骂曰："谁令公为之？今王实无谋，而并捕王；公等皆死，谁白王不反者！"乃轞车胶致，……上乃诏赵群臣宾客有敢从王皆族。贯高与客孟舒等十余人，皆自髡钳，为王家奴，从来。贯高至，对狱，曰："独吾属为之，王实不知。"吏治榜笞数千，刺剟，身无可击者，终不复言。吕后数言张王以鲁元公主故，不宜有此。上怒曰："使张敖据天下，岂少而女乎！"不听。廷尉以贯高事辞闻，上曰："壮士！谁知者，以私问之。"中大夫泄公曰："臣之邑子，素知之。此固赵国立名义不侵为然诺者也。"上使泄公持节问之箯舆前。仰视曰："泄公邪？"泄公劳苦如生平欢，与语，问张王果有计谋不。高曰："人情宁不各爱其父母妻子乎？今吾三族皆以论死，岂以王易吾亲哉！顾为王实不反，独吾等为之。"具道本指所以为者王不知状。于是泄公入，具以报，上乃赦赵王。

上贤贯高为人能立然诺，使泄公具告之，曰："张王已出。"因赦贯高。贯高喜曰："吾王审出乎？"泄公曰："然。"泄公曰：

"上多足下，故赦足下。"贯高曰："所以不死一身，无余者，白张王不反也。今王已出，吾责已塞，死不恨矣。且人臣有篡杀之名，何面目复事上哉！纵上不杀我，我不愧于心乎？"乃仰绝肮，遂死。当此之时，名闻天下。

张敖已出，以尚鲁元公主故，封为宣平侯。于是上贤张王诸客，以钳奴从张王入关，无不为诸侯相、郡守者。

茅鹿门评：此篇以张耳、陈馀之交为精神眼目，故叙其始为刎颈交，其后瑕衅相杀处更工。

徐退山评：此传事绪繁而提掇清，运掉捷、点缀灵，如江上飞蓬船，风帆牵索，往来斜错，而秩然不紊，且倏忽飞渡，江潮腾踊，大是异观。

刺客列传

（节录）

豫让者，晋人也，故尝事范氏、中行氏，而无所知名。去而事智伯，智伯甚尊宠之。及智伯伐赵襄子，赵襄子与韩、魏合谋灭智伯，灭智伯之后而三分其地。赵襄子最怨智伯，漆其头以为饮器。豫让遁逃山中，曰："嗟乎！士为知己者死，女为说己者容。今智伯知我，我必为报雠而死，以报智伯，则吾魂魄不愧矣。"乃变名姓为刑人，入宫涂厕，中挟匕首，欲以刺襄子。襄子如厕，心动，执问涂厕之刑人，则豫让，内持刀兵，曰："欲为智伯报仇！"左右欲诛之。襄子曰："彼义人也，吾谨避之耳。且智伯亡无后，而其臣欲为报仇，此天下之贤人也。"卒醳去之。

居顷之，豫让又漆身为厉，吞炭为哑，使形状不可知，行乞于市。其妻不识也。行见其友，其友识之，曰："汝非豫让邪？"曰："我是也。"其友为泣曰："以子之才，委质而臣事襄子，襄子必近幸子。近幸子，乃为所欲，顾不易邪？何乃残身苦形，欲以求报襄子，不亦难乎！"豫让曰："既已委质臣事人，而求杀之，是怀二心以事其君也。且吾所为者极难耳！然所以为此者，将以愧天下后世之为人臣怀二心以事其君者也。"

顷之，襄子当出，豫让伏于所当过之桥下。襄子至桥，马惊，襄子曰："此必是豫让也。"使人问之，果豫让也。于是襄子乃数豫让曰："子不尝事范、中行氏乎？智伯尽灭之，而子不为报雠，而反委质臣于智伯。智伯亦已死矣，而子独何以为之报雠之深也？"豫让曰："臣事范、中行氏，范、中行氏皆众人遇我，我故众人报之。至于智伯，国士遇我，我故国士报之。"襄子喟然叹息而泣曰："嗟乎豫子！子之为智伯，名既成矣，而寡人赦子，亦已足矣。子其自为计，寡人不复释子！"使兵围之。豫让曰："臣闻明主不掩人之美，而忠臣有死名之义。前君已宽赦臣，天下莫不称君之贤。今日之事，臣固伏诛，然愿请君之衣而击之，以致报雠之意，则虽死不恨。非所敢望也，敢布腹心！"于是襄子大义之，乃使使持衣与豫让。豫让拔剑三跃而击之，曰："吾可以下报智伯矣！"遂伏剑自杀。死之日，赵国志士闻之，皆为涕泣。

其后四十余年而轵有聂政之事。

聂政者，轵深井里人也。杀人避仇，与母、姊如齐，以屠为事。

久之，濮阳严仲子事韩哀侯，与韩相侠累有郤。严仲子恐诛，亡去，游求人可以报侠累者。至齐，齐人或言聂政勇敢士也，避仇隐于屠者之间。严仲子至门请，数反，然后具酒自畅聂政母前。酒酣，严仲子奉黄金百溢，前为聂政母寿。聂政惊怪其厚，固谢严仲子。严仲子固进，而聂政谢曰："臣幸有老母，家贫，客游以为狗屠，可以旦夕得甘毳以养亲。亲供养备，不敢当仲子之赐。"严仲子辟人，因为聂政言曰："臣有仇，而行游诸侯众矣；然至齐，窃闻足下义甚高，故进百金者，将用为大人粗粝之费，得以交足下之欢，岂敢以有求望邪！"聂政曰："臣所以降志辱身居市井屠者，徒幸以养老母；老母在，政身未敢以许人也。"严仲子固让，聂政竟不肯受也。然严仲子卒备宾主之礼而去。

久之，聂政母死。既已葬，除服，聂政曰："嗟乎！政乃市井之人，鼓刀以屠，而严仲子乃诸侯之卿相也，不远千里，枉车骑而交臣。臣之所以待之，至浅鲜矣，未有大功可以称者，而严仲子奉百金为亲寿，我虽不受，然是者徒深知政也。夫贤者以感忿睚眦之意而亲信穷僻之人，而政独安得嘿然而已乎！且前日要政,政徒以老母;老母今以天年终,政将为知己者用。"乃遂西至濮阳,见严仲子曰:"前日所以不许仲子者,徒以亲在,今不幸而母以天年终。仲子所欲报仇者为谁?请得从事焉!"严仲子具告曰:"臣之仇韩相侠累,侠累又韩君之季父也,宗族盛多,居处兵卫甚设,臣欲使人刺之,终莫能就。今足下幸而不弃,请益其车骑壮士可为足下辅翼者。"聂政曰:"韩之与卫,相去中间不甚远,今杀人之相,相又国君之亲,此其势不可以多人,多人不能无生得失,生得失则语泄,语泄是韩举国而与仲子为雠,岂不殆哉!"遂谢车骑人徒。

聂政乃辞,独行杖剑至韩,韩相侠累方坐府上,持兵戟而卫侍者甚众。聂政直入,上阶刺杀侠累,左右大乱。聂政大呼,所击杀者数十人,因自皮面决眼,自屠出肠,遂以死。

韩取聂政尸暴于市,购问,莫知谁子。于是韩县购之,有能言杀相侠累者予千金。久之莫知也。

政姊荣闻人有刺杀韩相者,贼不得,国不知其名姓,暴其尸而县之千金,乃于邑曰:"其是吾弟与?嗟乎,严仲子知吾弟!"立起,如韩,之市,而死者果政也,伏尸哭极哀,曰:"是轵深井里所谓聂政者也。"市行者诸众人皆曰:"此人暴虐吾国相,王县购其名姓千金,夫人不闻与?何敢来识之也?"荣应之曰:"闻之。然政所以蒙污辱自弃于市贩之间者,为老母幸无恙,妾未嫁也。亲既以天年下世,妾已嫁夫,严仲子乃察举吾弟困污之中而交之,泽厚矣,可奈何!士固为知己者死,今乃以妾尚在之故,重自刑以绝从,妾其奈何畏殁身之诛,终灭贤弟之名!"大惊韩市人。乃大呼天者三,卒于邑悲哀而死政之旁。

晋、楚、齐、卫闻之,皆曰:"非独政能也,乃其姊亦烈女也。乡使政诚知其姊无濡忍之志,不重暴骸之难,必绝险千里以列其名，姊弟俱僇于韩市者，亦未必敢以身许严仲子也。严仲子亦可谓知人能得士矣！"

其后二百二十余年秦有荆轲之事。

荆轲者，卫人也。其先乃齐人，徙于卫，卫人谓之庆卿。而之燕，燕人谓之荆卿。

荆卿好读书击剑，以术说卫元君，卫元君不用。其后秦伐卫，置东郡，徙卫元君之支属于野王。

荆轲尝游过榆次，与盖聂论剑，盖聂怒而目之。荆轲出，人或言复召荆卿。盖聂曰："曩者吾与论剑有不称者，吾目之；试往，是宜去，不敢留。"使使往之主人，荆卿则已驾而去榆次矣。使者还报，盖聂曰："固去也，吾曩者目摄之！"

荆轲游于邯郸，鲁句践与荆轲博，争道，鲁句践怒而叱之，荆轲嘿而逃去，遂不复会。

荆轲既至燕，爱燕之狗屠，及善击筑者高渐离。荆轲嗜酒，日与狗屠及高渐离饮于燕市，酒酣以往，高渐离击筑，荆轲和而歌于市中，相乐也，已而相泣，旁若无人者。荆轲虽游于酒人乎，然其为人沈深好书；其所游诸侯，尽与其贤豪长者相结。其之燕，燕之处士田光先生亦善待之，知其非庸人也。

居顷之，会燕太子丹质秦亡归燕。燕太子丹者，故尝质于赵，而秦王政生于赵，其少时与丹欢。及政立为秦王，而丹质于秦，秦王之遇燕太子丹不善，故丹怨而亡归。归而求为报秦王者，国小，力不能。其后秦日出兵山东，以伐齐、楚、三晋，稍蚕食诸侯，且至于燕，燕君臣皆恐祸之至。太子丹患之，问其傅鞠武。武对曰："秦地遍天下，威胁韩、魏、赵氏，北有甘泉、谷口之固，南有泾、渭之沃，擅巴、汉之饶，右陇、蜀之山，左关、殽之险，民众而士厉，兵革有余。意有所出，则长城之南，易水以北，未有所定也。奈何以见陵之怨，欲批其逆鳞哉！"丹曰："然则何由？"对曰："请入图之。"

居有间，秦将樊於期得罪于秦王，亡之燕，太子受而舍之。鞠武谏曰："不可。夫以秦王之暴而积怒于燕，足为寒心，又况闻樊将军之所在乎？是谓'委肉当饿虎之蹊'也，祸必不振矣！虽有管、晏，不能为之谋也。愿太子疾遣樊将军入匈奴以灭口。请西约三晋，南连齐、楚，北购于单于，其后乃可图也。"太子曰："太傅之计，旷日弥久，心惛然，恐不能须臾。且非独于此也，夫樊将军穷困于天下，归身于丹，丹终不以迫于强秦而弃所哀怜之交，置之匈奴，是固丹命卒之时也。愿太傅更虑之。"鞠武曰："夫行危欲求安，造祸而求福，计浅而怨深，连结一人之后交，不顾国家之大害，此所谓'资怨而助祸'矣。夫以鸿毛燎于炉炭之上，必无事矣。且以雕鸷之秦，行怨暴之怒，岂足道哉！燕有田光先生，其为人智深而勇沈，可与谋。"太子曰："愿因太傅而得交于田先生，可乎？"鞠武曰："敬诺。"出见田先生，道"太子愿图国事于先生也"。田光曰："敬奉教。"乃造焉。

太子逢迎，却行为导，跪而蔽席。田光坐定，左右无人，太子避席而请曰："燕秦不两立，愿先生留意也。"田光曰："臣闻骐骥盛壮之时，一日而驰千里；至其衰老，驽马先之。今太子闻光盛壮之时，不知臣精已消亡矣。虽然，光不敢以图国事，所善荆卿可使也。"太子曰："愿因先生得结交于荆卿，可乎？"田光曰："敬诺。"即起，趋出。太子送至门，戒曰："丹所报，先生所言者，国之大事也，愿先生勿泄也！"田光俯而笑曰："诺。"偻行见荆卿，曰："光与子相善，燕国莫不知。今太子闻光壮盛之时，不知吾形已不逮也，幸而教之曰'燕秦不两立，愿先生留意也'。光窃不自外，言足下于太子也，愿足下过太子于宫。"荆轲曰："谨奉教。"田光曰："吾闻之，长者为行，不使人疑之。今太子告光曰'所言者，国之大事也，愿先生勿泄'，是太子疑光也。夫为行而使人疑之，非节侠也。"欲自杀以激荆卿，曰："愿足下急过太子，言光已死，明不言也。"因遂自刎而死。

荆轲遂见太子，言田光已死，致光之言。太子再拜而跪，膝行流涕，有顷而后言曰："丹所以诫田先生毋言者，欲以成大事之谋也。今田先生以死明不言，岂丹之心哉！"荆轲坐定，太子避席顿首曰："田先生不知丹之不肖，使得至前，敢有所道，此天之所以哀燕而不弃其孤也。今秦有贪利之心，而欲不可足也。非尽天下之地，臣海内之王者，其意不厌。今秦已虏韩王，尽纳其地。又举兵南伐楚，北临赵；王翦将数十万之众距漳、邺，而李信出太原、云中。赵不能支秦，必入臣，入臣则祸至燕。燕小弱，数困于兵，今计举国不足以当秦。诸侯服秦，莫敢合从。丹之私计愚，以为诚得天下之勇士使于秦，窥以重利，秦王贪，其势必得所愿矣。诚得劫秦王，使悉反诸侯侵地，若曹沫之与齐桓公，则大善矣；则不可，因而刺杀之。彼秦大将擅兵于外而内有乱，则君臣相疑，以其间诸侯得合从，其破秦必矣。此丹之上愿，而不知所委命，唯荆卿留意焉。"久之，荆轲曰："此国之大事也，臣驽下，恐不足任使。"太子前顿首，固请毋让，然后许诺。于是尊荆卿为上卿，舍上舍。太子日造门下，供太牢具，异物间进，车骑美女恣荆轲所欲，以顺适其意。

久之，荆轲未有行意。秦将王翦破赵，虏赵王，尽收入其地，进兵北略地，至燕南界。太子丹恐惧，乃请荆轲曰："秦兵旦暮渡易水，则虽欲长侍足下，岂可得哉！"荆轲曰："微太子言，臣愿谒之。今行而毋信，则秦未可亲也。夫樊将军，秦王购之金千斤，邑万家。诚得樊将军首，与燕督亢之地图，奉献秦王，秦王必说见臣，臣乃得有以报。"太子曰："樊将军穷困来归丹，丹不忍以己之私而伤长者之意，愿足下更虑之！"

荆轲知太子不忍，乃遂私见樊於期曰："秦之遇将军可谓深矣，父母宗族皆为戮没。今闻购将军首，金千斤，邑万家，将奈何？"於期仰天太息流涕曰："於期每念之，常痛于骨髓，顾计不知所出耳！"荆轲曰："今有一言，可以解燕国之患，报将军之仇者，何如？"於期乃前曰："为之奈何？"荆轲曰："愿得将军之首以献秦王，秦王必喜而见臣，臣左手把其袖，右手揕其胸，然则将军之仇报，而燕见陵之愧除矣。将军岂有意乎？"樊於期偏袒扼腕而进曰："此臣之日夜切齿腐心也，乃今得闻教！"遂自刭。太子闻之，驰往，伏尸而哭，极哀。既已不可奈何，乃遂盛樊於期首函封之。

于是太子豫求天下之利匕首，得赵人徐夫人匕首，取之百金，使工以药焠之，以试人，血濡缕，人无不立死者。乃装为遣荆卿。燕国有勇士秦舞阳，年十三杀人，人不敢忤视。乃令秦舞阳为副。荆轲有所待，欲与俱；其人居远未来，而为治行。顷之，未发，太子迟之，疑其改悔，乃复请曰："日已尽矣，荆卿岂有意哉？丹请得先遣秦舞阳。"荆轲怒，叱太子曰："何太子之遣？往而不返者，竖子也！且提一匕首入不测之强秦，仆所以留者，待吾客与俱。今太子迟之，请辞决矣！"遂发。

太子及宾客知其事者，皆白衣冠以送之。至易水之上，既祖，取道，高渐离击筑，荆轲和而歌，为变徵之声，士皆垂泪涕泣。又前而歌曰："风萧萧兮易水寒，壮士一去兮不复还！"复为羽声慷慨，士皆瞋目，发尽上指冠。于是荆轲就车而去，终已不顾。

遂至秦，持千金之资币物，厚遗秦王宠臣中庶子蒙嘉。嘉为先言于秦王曰："燕王诚振怖大王之威，不敢举兵以逆军吏，愿举国为内臣，比诸侯之列，给贡职如郡县，而得奉守先王之宗庙。恐惧不敢自陈，谨斩樊於期之头，及献燕督亢之地图，函封，燕王拜送于庭，使使以闻大王，唯大王命之。"

秦王闻之，大喜，乃朝服，设九宾，见燕使者咸阳宫。荆轲奉樊於期头函，而秦舞阳奉地图匣，以次进，至陛，秦舞阳色变振恐，群臣怪之。荆轲顾笑舞阳，前谢曰："北蕃蛮夷之鄙人，未尝见天子，故振慑。愿大王少假借之，使得毕使于前。"秦王谓轲曰："取舞阳所持地图。"轲既取图奏之秦王，发图，图穷而匕首见。因左手把秦王之袖，而右手持匕首揕之。未至身，秦王惊，自引而起，袖绝。拔剑，剑长，操其室，时惶急，剑坚，故不可立拔。荆轲逐秦王，秦王环柱而走。群臣皆愕，卒起不意，尽失其度。而秦法，群臣侍殿上者不得持尺寸之兵；诸郎中执兵皆陈殿下，非有诏召不得上。方急时，不及召下兵，以故荆轲乃逐秦王。而卒惶急，无以击轲，而以手共搏之。是时侍医夏无且以其所奉药囊提荆轲也。秦王方环柱走，卒惶急，不知所为，左右乃曰："王负剑！"负剑，遂拔以击荆轲，断其左股。荆轲废，乃引其匕首以擿秦王，不中，中桐柱。秦王复击轲，轲被八创。轲自知事不就，倚柱而笑，箕踞以骂曰："事所以不成者，以欲生劫之，必得约契以报太子也。"于是左右既前杀轲，秦王不怡者良久。已而论功，赏群臣及当坐者各有差，而赐夏无且黄金二百溢，曰："无且爱我，乃以药囊提荆轲也。"

于是秦王大怒，益发兵诣赵，诏王翦军以伐燕。十月而拔蓟城。燕王喜、太子丹等尽率其精兵东保于辽东。秦将李信追击燕王急，代王嘉乃遗燕王喜书曰："秦所以尤追燕急者，以太子丹故也。今王诚杀丹献之秦王，秦王必解，而社稷幸得血食。"其后李信追丹，丹匿衍水中，燕王乃使使斩太子丹，欲献之秦。秦复进兵攻之。后五年，秦卒灭燕，虏燕王喜。

其明年，秦并天下，立号为皇帝。于是秦逐太子丹、荆轲之客，皆亡。高渐离变名姓为人庸保，匿作于宋子。久之，作苦，闻其家堂上客击筑，傍徨不能去。每出言曰："彼有善有不善。"从者以告其主，曰："彼庸乃知音，窃言是非。"家丈人召使前击筑，一坐称善，赐酒。而高渐离念久隐畏约无穷时，乃退，出其装匣中筑与其善衣，更容貌而前。举坐客皆惊，下与抗礼，以为上客。使击筑而歌，客无不流涕而去者。宋子传客之。闻于秦始皇。秦始皇召见，人有识者，乃曰："高渐离也。"秦皇帝惜其善击筑，重赦之，乃矐其目。使击筑，未尝不称善。稍益近之，高渐离乃以铅置筑中，复进得近，举筑朴秦皇帝，不中。于是遂诛高渐离，终身不复近诸侯之人。

鲁句践已闻荆轲之刺秦王，私曰："嗟乎，惜哉其不讲于刺剑之术也！甚矣吾不知人也！曩者吾叱之，彼乃以我为非人也！"

太史公曰：世言荆轲，其称太子丹之命，"天雨粟，马生角"也，太过。又言荆轲伤秦王，皆非也。始公孙季功、董生与夏无且游，具知其事，为余道之如是。自曹沫至荆轲五人，此其义或成或不成，然其立意较然，不欺其志，名垂后世，岂妄也哉！

邓定宇评：按此，则荆轲事皆公孙、董生二人口述者，乃今《战国》所载，与此略不甚异，何也？

钟伯敬评：《荆轲传》全用《国策》文，史迁前已有如此妙文，然首尾波澜自是太史公之文。

徐退山评：聂政、荆轲传尾，皆用斜飞倒卷之笔，以致其悲感淋漓激楚骚屑之意，与《孟子荀卿传》仲尼菜色一笔同法，然彼是中流溅注，此是掉尾回环，变化各极其至。

初学辨体　　史部

昆山徐与乔扬贡辑评

古虞　潘椿尚木重订

弟條斧斯手录

汉书

汉班固撰

高帝纪

（全录）

高祖，沛丰邑中阳里人也，姓刘氏。母媪，尝息大泽之陂，梦与神遇。是时雷电晦冥，父太公往视，则见交龙于上。已而有娠，遂产高祖。

高祖为人，隆准而龙颜，美须髯，左股有七十二黑子。宽仁爱人，意豁如也，常有大度，不事家人生产作业。及壮，试吏，为泗上亭长，廷中吏无所不狎侮。好酒及色。常从王媪、武负贳酒，时饮醉卧，武负、王媪见其上常有怪。高祖每酤留饮，酒雠数倍。及见怪，岁竟，此两家常折券弃责。

高祖常繇咸阳，纵观秦皇帝，喟然大息，曰："嗟乎，大丈夫当如此矣！"

单父人吕公善沛令，辟仇，从之客，因家焉。沛中豪杰吏闻令有重客，皆往贺。萧何为主吏，主进，令诸大夫曰："进不满千钱，坐之堂下。"高祖为亭长，素易诸吏，乃绐为谒曰"贺钱万"，实不持一钱。谒入，吕公大惊，起，迎之门。吕公者，好相人，见高祖状貌，因重敬之，引入坐上坐。萧何曰："刘季固多大言，少成事。"高祖因狎侮诸客，遂坐上坐，无所诎。酒阑，吕公因目固留高祖。竟酒后，吕公曰："臣少好相人，相人多矣，无如季相，愿季自爱。臣有息女，愿为箕帚妾。"酒罢，吕媪怒吕公曰："公始常欲奇此女，与贵人。沛令善公，求之不与，何自妄许与刘季？"吕公曰："此非儿女子所知。"卒与高祖。吕公女即吕后也，生孝惠帝、鲁元公主。

高祖尝告归之田。吕后与两子居田中，有一老父过，请饮，吕后因铺之。老父相后曰:"夫人天下贵人也。"令相两子,见孝惠帝,曰:"夫人所以贵者,乃此男也。"相鲁元公主,亦皆贵。老父已去,高祖适从旁舍来,吕后具言"客有过相我子母,皆大贵。"高祖问,曰:"未远。"乃追及,问老父。老父曰:"乡者夫人儿子皆以君,君相贵不可言。"高祖乃谢曰:"诚如父言,不敢忘德。"及高祖贵,遂不知老父处。

高祖为亭长,乃以竹皮为冠,令求盗之薛治,时时冠之,及贵常冠,所谓"刘氏冠"也。

高祖以亭长为县送徒骊山,徒多道亡。自度比至皆亡之,到丰西泽中亭,止饮,夜皆解纵所送徒,曰:"公等皆去,吾亦从此逝矣!"徒中壮士愿从者十余人。高祖被酒,夜径泽中,令一人行前。行前者还报曰:"前有大蛇当径,愿还。"高祖醉,曰:"壮士行,何畏!"乃前,拔剑斩蛇。蛇分为两,道开。行数里,醉困卧。后人来至蛇所,有一老妪夜哭。人问妪何哭,妪曰:"人杀吾子。"人曰:"妪子何为见杀?"妪曰:"吾子,白帝子也,化为蛇,当道,今者赤帝子斩之,故哭。"人乃以妪为不诚,欲苦之,妪因忽不见。后人至,高祖觉,告高祖。高祖乃心独喜,自负。诸从者日益畏之。

秦始皇帝尝曰"东南有天子气",于是东游以厌当之。高祖隐于芒、砀山泽间,吕后与人俱求,常得之。高祖怪问之,吕后曰:"季所居上常有云气,故从往常得季。"高祖又喜。沛中子弟或闻之,多欲附者矣。

秦二世元年秋七月,陈涉起蕲,至陈,自立为楚王,遣武臣、张耳、陈馀略赵地。八月,武臣自立为赵王。郡县多杀长吏以应涉。九月,沛令欲以沛应之。掾、主吏萧何、曹参曰:"君为秦吏,今欲背之,帅沛子弟,恐不听。愿君召诸亡在外者,可得数百人，因以劫众，众不敢不听。"乃令樊哙召高祖。高祖之众已数百人矣。于是樊哙从高祖来。沛令后悔，恐其有变，乃闭城城守，欲诛萧、曹。萧、曹恐，逾城保高祖。高祖乃书帛射城上，与沛父老曰："天下同苦秦久矣。今父老虽为沛令守，诸侯并起，今屠沛。沛今共诛令，择可立立之，以应诸侯，即室家完。不然，父子俱屠，无为也。"父老乃帅子弟共杀沛令，开城门迎高祖，欲以为沛令。高祖曰："天下方扰，诸侯并起，今置将不善，一败涂地。吾非敢自爱，恐能薄，不能完父兄子弟。此大事，愿更择可者。"萧、曹等皆文吏，自爱，恐事不就，后秦种族其家，尽让高祖。诸父老皆曰："平生所闻刘季奇怪，当贵，且卜筮之，莫如刘季最吉。"高祖数让，众莫肯为，高祖乃立为沛公。祠黄帝，祭蚩尤于沛廷，而衅旗鼓。帜皆赤，由所杀蛇白帝子，杀者赤帝子故也。于是少年豪吏如萧、曹、樊哙等皆为收沛子弟，得三千人。

是月，项梁与兄子羽起吴。田儋与从弟荣、横起齐，自立为齐王。韩广自立为燕王。魏咎自立为魏王。陈涉之将周章西入关，至戏，秦将章邯距破之。

秦二年十月，沛公攻胡陵、方与，还守丰。秦泗川监平将兵围丰二日，出与战，破之。令雍齿守丰。十一月，沛公引兵之薛。秦泗川守壮兵败于薛，走至戚，沛公左司马得杀之。沛公还军亢父，至方与。赵王武臣为其将所杀。十二月，楚王陈涉为其御所杀。魏人周市略地丰、沛，使人谓雍齿曰："丰，故梁徙也，今魏地已定者数十城。齿今下魏，魏以齿为侯，守丰；不下，且屠丰。"雍齿雅不欲属沛公，及魏招之，即反，为魏守丰。沛公攻丰，不能取。沛公还之沛，怨雍齿与丰子弟畔之。

正月，张耳等立赵后赵歇为赵王。东阳甯君、秦嘉立景驹为楚王，在留。沛公往从之，道得张良，遂与俱见景驹，请兵以攻丰。时章邯从陈，别将司马尼将兵北定楚地，屠相，至砀。东阳宁君、沛公引兵西，与战萧西，不利，还收兵聚留。二月，攻砀，三日拔之。收砀兵，得六千人，与故合九千人。三月，攻下邑，拔之。还击丰，不下。四月，项梁击杀景驹、秦嘉，止薛，沛公往见之。项梁益沛公卒五千人、五大夫将十人。沛公还，引兵攻丰，拔之。雍齿奔魏。

五月，项羽拔襄城还。项梁尽召别将。六月，沛公如薛，与项梁共立楚怀王孙心为楚怀王。章邯破杀魏王咎、齐王田儋于临济。七月，大霖雨。沛公攻亢父。章邯围田荣于东阿。沛公与项梁共救田荣，大破章邯东阿。田荣归，沛公、项羽追北，至城阳，攻屠其城。军濮阳东，复与章邯战，又破之。

章邯复振，守濮阳，环水。沛公、项羽去攻定陶。八月，田荣立田儋子市为齐王。定陶未下，沛公与项羽西略地至雍丘，与秦军战，大败之，斩三川守李由。还攻外黄，外黄未下。

项梁再破秦军，有骄色。宋义谏，不听。秦益章邯兵。九月，章邯夜衔枚击项梁定陶，大破之，杀项梁。时连雨自七月至九月。沛公、项羽方攻陈留，闻梁死，士卒恐，乃与将军吕臣引兵而东，徙怀王自盱台都彭城。吕臣军彭城东，项羽军彭城西，沛公军砀。魏咎弟豹自立为魏王。后九月，怀王并吕臣、项羽军自将之。以沛公为砀郡长，封武安侯，将砀郡兵。以羽为鲁公，封长安侯。吕臣为司徒，其父吕青为令尹。

章邯已破项梁，以为楚地兵不足忧，乃渡河北击赵王歇，大破之。歇保钜鹿城，秦将王离围之。赵数请救，怀王乃以宋义为上将，项羽为次将，范增为末将，北救赵。

初，怀王与诸将约，先入定关中者王之。当是时，秦兵强，常乘胜逐北，诸将莫利先入关。独羽怨秦破项梁，奋势，愿与沛公西入关。怀王诸老将皆曰："项羽为人僄悍祸贼，尝攻襄城，襄城无噍类，所过无不残灭。且楚数进取，前陈王、项梁皆败，不如更遣长者扶义而西，告谕秦父兄。秦父兄苦其主久矣，今诚得长者往，毋侵暴，宜可下。项羽不可遣，独沛公素宽大长者。"卒不许羽，而遣沛公西收陈王、项梁散卒。乃道砀至城阳与杠里，攻秦军壁，破其二军。

秦三年十月，齐将田都畔田荣，将兵助项羽救赵。沛公攻破东郡尉于成武。

十一月，项羽杀宋义，并其兵渡河，自立为上将军，诸将黥布等皆属。十二月，沛公引兵至栗，遇刚武侯，夺其军四千余人，并之，与魏将皇欣、武满军合，攻秦军，破之。故齐王建孙田安下济北，从项羽救赵。羽大破秦军钜鹿下，虏王离，走章邯。

二月，沛公从砀北攻昌邑，遇彭越，越助攻昌邑，未下。沛公西过高阳，郦食其为里监门，曰："诸将过此者多，吾视沛公大度。"乃求见沛公。沛公方踞床，使两女子洗。郦生不拜，长揖曰："足下必欲诛无道秦，不宜踞见长者。"于是沛公起，摄衣谢之，延上坐。食其说沛公袭陈留。沛公以为广野君，以其弟商为将，将陈留兵。三月，攻开封，未拔。西与秦将杨熊会战白马，又战曲遇东，大破之。杨熊走之荥阳，二世使使斩之以徇。四月，南攻颍川，屠之。因张良遂略韩地。

时赵别将司马卬方欲渡河入关，沛公乃北攻平阴，绝河津。南，战洛阳东，军不利，从轘辕至阳城，收军中马骑。六月，与南阳守齮战犨东，破之。略南阳郡，南阳守走，保城守宛。沛公引兵过宛西。张良谏曰："沛公虽欲急入关，秦兵尚众，距险。今不下宛，宛从后击，强秦在前，此危道也。"于是沛公乃夜引军从他道还，偃旗帜，迟明，围宛城三匝。南阳守欲自刭，其舍人陈恢曰："死未晚也。"乃逾城见沛公，曰："臣闻足下约先入咸阳者王之，今足下留守宛。宛郡县连城数十，其吏民自以为降必死，故皆坚守乘城。今足下尽日止攻，士死伤者必多，引兵去宛，宛必随足下。足下前则失咸阳之约，后有强宛之患。为足下计，莫若约降，封其守，因使止守，引其甲卒与之西。诸城未下者，闻声争开门而待足下，足下通行无所累。"沛公曰："善。"七月，南阳守齮降，封为殷侯，封陈恢千户。引兵西，无不下者。至丹水，高武侯鳃、襄侯王陵降。还攻胡阳，遇番君别将梅鋗，与偕攻析、郦，皆降。所过毋得卤掠，秦民喜。遣魏人宁昌使秦。是月章邯举军降项羽，羽以为雍王。瑕丘申阳下河南。

八月，沛公攻武关，入秦。秦相赵高恐，乃杀二世，使人来，欲约分王关中，沛公不许。九月，赵高立二世兄子子婴为秦王。子婴诛灭赵高，遣将将兵距峣关。沛公欲击之，张良曰："秦兵尚强，未可轻。愿先遣人益张旗帜于山上为疑兵，使郦食其、陆贾往说秦将，啗以利。"秦将果欲连和，沛公欲许之。张良曰："此独其将欲叛，恐其士卒不从，不如因其怠懈击之。"沛公引兵绕峣关，逾蒉山，击秦军，大破之蓝田南。遂至蓝田，又战其北，秦兵大败。

元年冬十月，五星聚于东井。沛公至霸上。秦王子婴素车白马，系颈以组，封皇帝玺符节，降枳道旁。诸将或言诛秦王，沛公曰："始怀王遣我，固以能宽容，且人已服降，杀之不祥。"乃以属吏。遂西入咸阳。欲止宫休舍，樊哙、张良谏，乃封秦重宝财物府库，还军霸上。萧何尽收秦丞相府图籍文书。十一月，召诸县豪桀曰："父老苦秦苛法久矣，诽谤者族，耦语者弃市。吾与诸侯约，先入关者王之，吾当王关中。与父老约，法三章耳：杀人者死，伤人及盗抵罪。余悉除去秦法。吏民皆按堵如故。凡吾所以来，为父兄除害，非有所侵暴，毋恐。且吾所以军霸上，待诸侯至而定要束耳。"乃使人与秦吏行至县、乡、邑告谕之。秦民大喜，争持牛、羊、酒食献享军士。沛公让不受，曰："仓粟多，不欲费民。"民又益喜，唯恐沛公不为秦王。

或说沛公曰："秦富十倍天下，地形强。今闻章邯降项羽，羽号曰雍王，王关中。即来，沛公恐不得有此。可急使守函谷关，毋内诸侯军，稍征关中兵以自益，距之。"沛公然其计，从之。十二月，项羽果帅诸侯兵欲西入关，关门闭。闻沛公已定关中，羽大怒，使黥布等攻破函谷关，遂至戏下。沛公左司马曹毋伤闻羽怒，欲攻沛公，使人言羽曰："沛公欲王关中，令子婴相，珍宝尽有之。"欲以求封。亚父范增说羽曰："沛公居山东时，贪财好色，今闻其入关，珍物无所取，妇女无所幸，此其志不小。吾使人望其气，皆为龙，成五色，此天子气。急击之，勿失。"于是飨士，旦日合战。是时，羽兵四十万，号百万。沛公兵十万，号二十万，力不敌。会羽季父左尹项伯素善张良，夜驰见张良，具告其实，欲与俱去，毋特俱死。良曰："臣为韩王送沛公，不可不告，亡去不义。"乃与项伯俱见沛公。沛公与伯约为婚姻，曰："吾入关，秋毫无所敢取，籍吏民，封府库，待将军。所以守关者，备他盗也。日夜望将军到，岂敢反邪！愿伯明言不敢背德。"项伯许诺，即夜复去，戒沛公曰："旦日不可不早自来谢。"项伯还，具以沛公言告羽，因曰："沛公不先破关中兵，公巨能入乎？且人有大功，击之不祥，不如因善之。"羽许诺。

沛公旦日从百余骑见羽鸿门，谢曰："臣与将军戮力攻秦，将军战河北，臣战河南，不自意先入关，能破秦，与将军复相见。今者有小人言，令将军与臣有隙。"羽曰："此沛公左司马曹毋伤言之，不然，籍何以至此？"羽因留沛公饮。范增数目羽击沛公，羽不应。范增起，出谓项庄曰："君王为人不忍，汝入以剑舞，因击沛公，杀之。不者，汝属且为所虏。"庄入为寿。寿毕，曰："军中无以为乐，请以剑舞。"因拔剑舞。项伯亦起舞，常以身翼蔽沛公。樊哙闻事急，直入，怒甚。羽壮之，赐以酒。哙因谯让羽。有顷，沛公起如厕，招樊哙出，置车官属，独骑，樊哙、靳强、滕公、纪成步从间道走军，使张良留谢羽。羽问："沛公安在？"曰："闻将军有意督过之，脱身去，间至军，故使臣献璧。"羽受之。又献玉斗范增。增怒，撞其斗，起曰："吾属今为沛公虏矣！"

沛公归数日，羽引兵西屠咸阳，杀秦降王子婴，烧秦宫室，所过无不残灭，秦民大失望。羽使人还报怀王，怀王曰："如约。"羽怨怀王不肯令与沛公俱西入关，而北救赵，后天下约。乃曰："怀王者，吾家所立耳，非有功伐，何以得专主约！本定天下，诸将与籍也。"春正月，阳尊怀王为义帝，实不用其命。

二月，羽自立为西楚霸王，王梁、楚地九郡，都彭城。背约，更立沛公为汉王，王巴、蜀、汉中四十一县，都南郑。三分关中，立秦三将：章邯为雍王，都废丘；司马欣为塞王，都栎阳；董翳为翟王，都高奴。楚将瑕丘申阳为河南王，都洛阳。赵将司马卬为殷王，都朝歌。当阳君英布为九江王，都六。怀王柱国共敖为临江王，都江陵。番君吴芮为衡山王，都邾。故齐王建孙田安为济北王。徙魏王豹为西魏王，都平阳。徙燕王韩广为辽东王。燕将臧荼为燕王，都蓟。徙齐王田市为胶东王。齐将田都为齐王，都临菑。徙赵王歇为代王。赵相张耳为常山王。汉王怨羽之背约，欲攻之，丞相萧何谏，乃止。

夏四月，诸侯罢戏下，各就国。羽使卒三万人从汉王，楚子、诸侯人之慕从者数万人，从杜南入蚀中。张良辞归韩，汉王送至褒中，因说汉王烧绝栈道，以备诸侯盗兵，亦视项羽无东意。

汉王既至南郑，诸将及士卒皆歌讴思东归，多道亡还者。韩信为治粟都尉，亦亡去。萧何追还之，因荐于汉王，曰："必欲争天下，非信无可与计事者。"于是汉王斋戒设坛场，拜信为大将军，问以计策。信对曰："项羽背约而王君王于南郑，是迁也。吏卒皆山东之人，日夜企而望归，及其锋而用之，可以有大功。天下已定，民皆自宁，不可复用。不如决策东向。"因陈羽可图、三秦易并之计。汉王大说，遂听信策，部署诸将。留萧何收巴、蜀租，给军食。

五月，汉王引兵从故道出，袭雍。雍王邯迎击汉陈仓，雍兵败，还走；战好畤，又大败，走废丘。汉王遂定雍地。东如咸阳，引兵围雍王废丘，而遣诸将略地。

田荣闻羽徙齐王市于胶东，而立田都为齐王，大怒，以齐兵迎击田都，都走降楚。六月，田荣杀田市，自立为齐王。时彭越在巨野，众万余人，无所属。荣与越将军印，因令反梁地。越击杀济北王安，荣遂并三齐之地。燕王韩广亦不肯徙辽东。秋八月，臧荼杀韩广，并其地。塞王欣、翟王翳皆降汉。

初，项梁立韩后公子成为韩王，张良为韩司徒。羽以良从汉王，韩王成又无功，故不遣就国，与俱至彭城，杀之。及闻汉王并关中，而齐、梁畔之，羽大怒，乃以故吴令郑昌为韩王，距汉。令萧公角击彭越，越败角兵。时张良徇韩地，遗羽书曰："汉欲得关中，如约即止，不敢复东。"羽以故无西意，而北击齐。

九月，汉王遣将军薛欧、王吸出武关，因王陵兵，从南阳迎太公、吕后于沛。羽闻之，发兵距之阳夏，不得前。

二年冬十月，项羽使九江王布杀义帝于郴。陈馀亦怨羽独不王己，从田荣借助兵，以击常山王张耳。耳败走降汉，汉王厚遇之。陈馀迎代王歇还赵，歇立馀为代王。张良自韩间行归汉，汉王以为成信侯。

　　汉王如陕，镇抚关外父老。河南王申阳降，置河南郡。使韩太尉韩信击韩，韩王郑昌降。十一月，立韩太尉信为韩王。汉王还归，都栎阳，使诸将略地，拔陇西。以万人若一郡降者，封万户。缮治河上塞。故秦苑囿园池，令民得田之。

　　春正月，羽击田荣城阳，荣败走平原，平原民杀之。齐皆降楚，楚焚其城郭，齐人复畔之。诸将拔北地，虏雍王弟章平。赦罪人。二月癸未，令民除秦社稷，立汉社稷。施恩德，赐民爵。蜀、汉民给军事劳苦，复勿租税二岁。关中卒从军者，复家一岁。举民年五十以上，有修行，能帅众为善，置以为三老，乡一人。择乡三老一人为县三老，与县令、丞、尉以事相教，复勿徭戍。以十月赐酒肉。

　　三月，汉王自临晋渡河。魏王豹降，将兵从。下河内，虏殷王卬，置河内郡。至修武，陈平亡楚来降。汉王与语，说之，使参乘，监诸将。南渡平阴津，至洛阳，新城三老董公遮说汉王曰："臣闻'顺德者昌，逆德者亡'，'兵出无名，事故不成'。故曰：'明其为贼，敌乃可服。'项羽为无道，放杀其主，天下之贼也。夫仁不以勇，义不以力，三军之众，为之素服，以告之诸侯，为此东伐，四海之内莫不仰德，此三王之举也。"汉王曰："善。非夫子无所闻。"于是汉王为义帝发丧，袒而大哭，哀临三日。发使告诸侯曰："天下共立义帝，北面事之。今项羽放杀义帝江南，大逆无道！寡人亲为发丧，兵皆缟素。悉发关中兵，收三河士，南浮江、汉以下，愿从诸侯王击楚之杀义帝者。"

　　夏四月，田荣弟横收得数万人，立荣子广为齐王。羽虽闻汉东，既击齐，欲遂破之而后击汉，汉王以故得劫五诸侯兵东伐楚。

到外黄，彭越将三万人归汉，汉王拜越为魏相国，令定梁地。汉王遂入彭城，收羽美人货赂，置酒高会。羽闻之，令其将击齐，而自以精兵三万人从鲁出胡陵，至萧，晨击汉军，大战彭城灵壁东睢水上，大破汉军，多杀士卒，睢水为之不流。围汉王三匝。大风从西北起，折木发屋，扬砂石，昼晦，楚军大乱，而汉王得与数十骑遁去。过沛，使人求室家，室家亦已亡，不相得。汉王道逢孝惠、鲁元，载行。楚骑追汉王，汉王急，推堕二子。滕公下收载，遂得脱。审食其从太公、吕后间行，反遇楚军，羽常置军中以为质。诸侯见汉败，皆亡去。塞王欣、翟王翳降楚，殷王卬死。

吕后兄周吕侯将兵居下邑，汉王从之。稍收士卒，军砀。

汉王西过梁地，至虞，谓谒者随何曰："公能说九江王布使举兵畔楚，项王必留击之。得留数月，吾取天下必矣。"随何往说布，果使畔楚。

五月，汉王屯荥阳，萧何发关中老弱未傅者悉诣军，韩信亦收兵与汉王会，兵复大振。与楚战荥阳南京、索间，破之。筑甬道，属河，以取敖仓粟。魏王豹谒归视亲疾，至则绝河津，反为楚。

六月，汉王还栎阳。壬午，立太子，赦罪人。令诸侯子在关中者皆集栎阳为卫。引水灌废丘，废丘降，章邯自杀。雍地定，八十余县，置河上、渭南、中地、陇西、上郡，令祠官祀天地、四方、上帝、山川，以时祠之。兴关中卒乘边塞。关中大饥，米斛万钱，人相食。令民就食蜀汉。

秋八月，汉王如荥阳，谓郦食其曰："缓颊往说魏王豹，能下之，以魏地万户封生。"食其往，豹不听。汉王以韩信为左丞相，与曹参、灌婴俱击魏。食其还，汉王问："魏大将谁也？"对曰："柏直。"王曰："是口尚乳臭，不能当韩信。骑将谁也？"曰：

"冯敬。"曰:"是秦将冯无择子也,虽贤,不能当灌婴。步卒将谁也?"曰:"项它。"曰:"是不能当曹参,吾无患矣。"九月,信等虏豹,传诣荥阳,定魏地,置河东、太原、上党郡。信使人请兵三万人,愿以北举燕、赵,东击齐,南绝楚粮道。汉王与之。

三年冬十月,韩信、张耳东下井陉击赵,斩陈馀,获赵王歇。置常山、代郡。甲戌晦,日有食之。十一月癸卯晦,日有食之。

随何既说黥布,布起兵攻楚。楚使项声、龙且攻布,布战不胜。十二月,布与随何间行归汉。汉王分之兵,与俱收兵至成皋。

项羽数侵夺汉甬道,汉军乏食,与郦食其谋桡楚权。食其欲立六国后以树党,汉王刻印,将遣食其立之。以问张良,良发八难。汉王辍饭吐哺,曰:"竖儒几败乃公事!"令趣销印。又问陈平,乃从其计,与平黄金四万斤,以间疏楚君臣。

夏四月,项羽围汉荥阳,汉王请和,割荥阳以西者为汉。亚父劝项羽急攻荥阳,汉王患之。陈平反间既行,羽果疑亚父。亚父大怒而去,发病死。

五月,将军纪信曰:"事急矣!臣请诳楚,可以间出。"于是陈平夜出女子东门二千余人,楚因四面击之。纪信乃乘王车,黄屋左纛,曰:"食尽,汉王降楚。"楚皆呼万岁,之城东观,以故汉王得与数十骑出西门遁。令御史大夫周苛、魏豹、枞公守荥阳。羽见纪信,问:"汉王安在?"曰:"已出去矣。"羽烧杀信。而周苛、枞公相谓曰:"反国之王,难与守城。"因杀魏豹。

汉王出荥阳,至成皋。自成皋入关,收兵欲复东。辕生说汉王曰:"汉与楚相距荥阳数岁,汉常困。愿君王出武关,项王必引兵南走,王深壁,令荥阳、成皋间且得休息。使韩信等得辑河北赵地,连燕、齐,君王乃复走荥阳。如此,则楚所备者多,力分。汉得休息,复与之战,破之必矣。"汉王从其计,出军宛、叶间,与黥布行收兵。

羽闻汉王在宛，果引兵南，汉王坚壁不与战。是月，彭越渡睢，与项声、薛公战下邳，破杀薛公。羽使终公守成皋，而自东击彭越。汉王引兵北，击破终公，复军成皋。六月，羽已破走彭越，闻汉复军成皋，乃引兵西拔荥阳城，生得周苛。羽谓苛："为我将，以公为上将军，封三万户。"周苛骂曰："若不趋降汉，今为虏矣！若非汉王敌也。"羽亨周苛，并杀枞公，而虏韩王信，遂围成皋。汉王跳，独与滕公共车出成皋玉门，北渡河，宿小修武。自称使者，晨驰入张耳、韩信壁，而夺之军。乃使张耳北收兵赵地。

秋七月，有星孛于大角。汉王得韩信军，复大振。八月，临河南乡，军小修武，欲复战。郎中郑忠说止汉王，高垒深堑勿战。汉王听其计，使卢绾、刘贾将卒二万人，骑数百，渡白马津入楚地，佐彭越烧楚积聚，复击破楚军燕郭西，攻下睢阳、外黄十七城。九月，羽谓海春侯大司马曹咎曰："谨守成皋。即汉王欲挑战，慎勿与战，勿令得东而已。我十五日必定梁地，复从将军。"羽引兵东击彭越。

汉王使郦食其说齐王田广，罢守兵，与汉和。

四年冬十月，韩信用蒯通计，袭破齐。齐王亨郦生，东走高密。项羽闻韩信破齐，且欲击楚，使龙且救齐。

汉果数挑成皋战，楚军不出。使人辱之数日，大司马咎怒，渡兵汜水。士卒半渡，汉击之，大破楚军，尽得楚国金玉货赂。大司马咎、长史欣皆自刭汜水上。汉王引兵渡河，复取成皋，军广武，就敖仓食。

羽下梁地十余城，闻海春侯破，乃引兵还。汉军方围钟离昧于荥阳东，闻羽至，尽走险阻。羽亦军广武，与汉相守。丁壮苦军旅，老弱罢转饷。汉王、羽相与临广武之间而语。羽欲与汉王独身挑战，汉王数羽曰："吾始与羽俱受命怀王，曰先定关中者王之。羽负约，王我于蜀、汉，罪一也。羽矫杀卿子冠军，自尊，罪二也。羽当以救赵还报，而擅劫诸侯兵入关，罪三也。怀王约，入秦无暴掠，羽烧秦宫室，掘始皇帝冢，收私其财，罪四也。又强杀秦降王子婴，罪五也。诈坑秦子弟新安二十万，王其将，罪六也。皆王诸将善地，而徙逐故主，令臣下争畔逆，罪七也。出逐义帝彭城，自都之，夺韩王地，并王梁、楚，多自与，罪八也。使人阴杀义帝江南，罪九也。夫为人臣而杀其主，杀其已降，为政不平，主约不信，天下所不容，大逆无道，罪十也。吾以义兵从诸侯诛残贼，使刑余罪人击公，何苦乃与公挑战！"羽大怒，伏弩射中汉王。汉王伤胸，乃扪足曰："虏中吾指！"汉王病创卧，张良强请汉王起行劳军，以安士卒，毋令楚乘胜。汉王出行军，疾甚，因驰入成皋。

十一月，韩信与灌婴击破楚军，杀楚将龙且，追至城阳，虏齐王广。齐相田横自立为齐王，奔彭越。汉立张耳为赵王。

汉王疾愈，西入关，至栎阳，存问父老，置酒。枭故塞王欣头栎阳市。留四日，复如军，军广武。关中兵益出，而彭越、田横居梁地，往来苦楚兵，绝其粮食。

韩信已破齐，使人言曰："齐边楚，权轻，不为假王，恐不能安齐。"汉王怒，欲攻之。张良曰："不如因而立之，使自为守。"春二月，遣张良操印，立韩信为齐王。秋七月，立黥布为淮南王。八月，初为算赋。北貉、燕人来致枭骑助汉。汉王下令：军士不幸死者，吏为衣衾棺敛，转送其家。四方归心焉。

项羽自知少助食尽，韩信又进兵击楚，羽患之。汉遣陆贾说羽，请太公，羽弗听。汉复使侯公说羽，羽乃与汉约，中分天下，割鸿沟以西为汉，以东为楚。

九月，归太公、吕后，军皆称万岁。乃封侯公为平国君。羽解而东归。汉王欲西归，张良、陈平谏曰："今汉有天下太半，而诸侯皆附，楚兵罢食尽，此天亡之时，不因其几而遂取之，所谓养虎自遗患也。"汉王从之。

五年冬十月，汉王追项羽至阳夏南，止军，与齐王信、魏相国越期会击楚，至固陵，不会。楚击汉军，大破之，汉王复入壁，深堑而守。谓张良曰："诸侯不从，奈何？"良对曰："楚兵且破，未有分地，其不至固宜。君王能与共天下，可立致也。齐王信之立，非君王意，信亦不自坚。彭越本定梁地，始君王以魏豹故，拜越为相国。今豹死，越亦望王，而君王不早定。今能取睢阳以北至谷城皆以王彭越，从陈以东傅海与齐王信，信家在楚，其意欲复得故邑。能出捐此地以许两人，使各自为战，则楚易败也。"于是汉王发使使韩信、彭越。至，皆引兵来。

十一月，刘贾入楚地，围寿春。汉亦遣人诱楚大司马周殷。殷畔楚，以舒屠六，举九江兵迎黥布，并行屠城父，随刘贾皆会。

十二月，围羽垓下。羽夜闻汉军四面皆楚歌，知尽得楚地。羽与数百骑走，是以兵大败。灌婴追斩羽东城。楚地悉定，独鲁不下。汉王引天下兵欲屠之，为其守节礼义之国，乃持羽头示其父兄，鲁乃降。初，怀王封羽为鲁公，及死，鲁又为之坚守，故以鲁公葬羽于谷城。汉王为发丧，哭临而去。封项伯等四人为列侯，赐姓刘氏。诸民略在楚者皆归之。

汉王还至定陶，驰入齐王信壁，夺其军。

初，项羽所立临江王共敖前死，子尉嗣立为王，不降。遣卢绾、刘贾击虏尉。

春正月，追尊兄伯号曰武哀侯。下令曰："楚地已定，义帝亡后，欲存恤楚众，以定其主。齐王信习楚风俗，更立为楚王，王淮北，都下邳。魏相国建城侯彭越勤劳魏民，卑下士卒，常以少击众，数破楚军，其以魏故地王之，号曰梁王，都定陶。"又曰："兵不得休八年，万民与苦甚，今天下事毕，其赦天下殊死以下。"

于是诸侯上疏曰："楚王韩信、韩王信、淮南王英布、梁王彭越、故衡山王吴芮、赵王张敖、燕王臧荼昧死再拜言大王陛下：先时，秦为亡道，天下诛之。大王先得秦王，定关中，于天下功最多。存亡定危，救败继绝，以安万民，功盛德厚。又加惠于诸侯王有功者，使得立社稷。地分已定，而位号比儗，亡上下之分，大王功德之著，于后世不宣。昧死再拜上皇帝尊号。"汉王曰："<u>寡人闻帝者，贤者有也，虚言亡实之名，非所取也。今诸侯王皆推高寡人，将何以处之哉？</u>"诸侯王皆曰："大王起于细微，灭乱秦，威动海内。又以辟陋之地，自汉中行威德，诛不义，立有功，平定海内，功臣皆受地食邑，非私之地。大王德施四海，诸侯王不足以道之，居帝位甚实宜，愿大王以幸天下。"汉王曰："诸侯王幸以为便于天下之民，则可矣。"于是诸侯王及太尉长安侯臣绾等三百人，与博士稷嗣君、叔孙通谨择良日<u>二月甲午，上尊号，汉王即皇帝位于氾水之阳</u>。尊王后曰皇后，太子曰皇太子，追尊先媪曰昭灵夫人。

诏曰："故衡山王吴芮与子二人、兄子一人，从百粤之兵，以佐诸侯，诛暴秦，有大功，诸侯立以为王。项羽侵夺之地，谓之番君。其以长沙、豫章、象郡、桂林、南海立番君芮为长沙王。"<u>又曰</u>："故粤王亡诸世奉粤祀，秦侵夺其地，使其社稷不得血食。诸侯伐秦，亡诸身帅闽中兵以佐灭秦，项羽废而弗立。今以为闽粤王，王闽中地，勿使失职。"

<u>帝乃西都雒阳。夏五月，兵皆罢归家</u>。诏曰："诸侯子在关中者，复之十二岁，其归者半之。民前或相聚保山泽，不书名数，

今天下已定，令各归其县，复故爵田宅，吏以文法教训辨告，勿笞辱。民以饥饿自卖为人奴婢者，皆免为庶人。军吏卒会赦，甚亡罪而亡爵及不满大夫者，皆赐爵为大夫。故大夫以上赐爵各一级。其七大夫以上，皆令食邑；非七大夫以下，皆复其身及户，勿事。"又曰："七大夫、公乘以上，皆高爵也。诸侯子及从军归者，甚多高爵，吾数诏吏先与田宅，及所当求于吏者，亟与。爵或人君，上所尊礼，久立吏前，曾不为决，甚亡谓也。异日秦民爵公大夫以上，令丞与亢礼。今吾于爵非轻也，吏独安取此！且法以有功劳行田宅，今小吏未尝从军者多满，而有功者顾不得，背公立私，守尉长吏教训甚不善。其令诸吏善遇高爵，称吾意。且廉问，有不如吾诏者，以重论之。"

帝置酒雒阳南宫。上曰："通侯诸将毋敢隐朕，皆言其情。吾所以有天下者何？项氏之所以先天下者何？"高起、王陵对曰："陛下嫚而侮人，项羽仁而敬人。然陛下使人攻城略地，所降下者，因以与之，与天下同利也。项羽妒贤嫉能，有功者害之，贤者疑之，战胜而不与人功，得地而不与人利，此其所以先天下也。"上曰："公知其一，未知其二。夫运筹帷幄之中，决胜千里之外，吾不如子房；填国家，抚百姓，给饷馈，不绝粮道，吾不如萧何；连百万之众，战必胜，攻必取，吾不如韩信。三者皆人杰，吾能用之，此吾所以取天下者也。项羽有一范增而不能用，此所以为我禽也。"群臣说服。

初，田横归彭越。项羽已灭，横惧诛，与宾客亡入海。上恐其久为乱，遣使者赦横，曰："横来，大者王，小者侯；不来，且发兵加诛。"横惧，乘传诣洛阳，未至三十里，自杀。上壮其节，为流涕，发卒二千人，以王礼葬焉。

戍卒娄敬求见，说上曰："陛下取天下与周异，而都洛阳，不便，不如入关，据秦之固。"上以问张良，良因劝上。是日，车驾西都长安。拜娄敬为奉春君，赐姓刘氏。六月壬辰，大赦天下。

秋七月，燕王臧荼反，上自将征之。九月，虏荼。诏诸侯王视有功者立以为燕王。荆王臣信等十人皆曰："太尉长安侯卢绾功最多，请立以为燕王。"使丞相哙将兵平代地。

利几反，上自击破之。利几者，项羽将。羽败，利几为陈令，降，上侯之颍川。上至洛阳，举通侯籍召之，而利几恐，反。

后九月，徙诸侯子关中。治长乐宫。

六年冬十月，令天下县邑城。

人告楚王信谋反，上问左右，左右争欲击之。用陈平计，乃伪游云梦。十二月，会诸侯于陈，楚王信迎谒，因执之。诏曰："天下既安，豪桀有功者封侯，新立，未能尽图其功。身居军九年，或未习法令，或以其故犯法，大者死刑，吾甚怜之。其赦天下。"田肯贺上曰："甚善，陛下得韩信，又治秦中。秦，形胜之国也，带河阻山，县隔千里，持戟百万，秦得百二焉。地势便利，其以下兵于诸侯，譬犹居高屋之上建瓴水也。夫齐，东有琅邪、即墨之饶，南有泰山之固，西有浊河之限，北有勃海之利，地方二千里，持戟百万，县隔千里之外，齐得十二焉。此东西秦也。非亲子弟，莫可使王齐者。"上曰："善"，赐金五百斤。上还至洛阳，赦韩信，封为淮阴侯。

甲申，始剖符封功臣曹参等为通侯。诏曰："齐，古之建国也，今为郡县，其复以为诸侯。将军刘贾数有大功，及择宽惠修絜者，王齐、荆地。"春正月丙午，韩王信等奏请，以故东阳郡、鄣郡、吴郡五十三县，立刘贾为荆王；以砀郡、薛郡、郯郡三十六县，立弟文信君交为楚王。壬子，以云中、雁门、代郡五十三县，立兄宜信侯喜为代王；以胶东、胶西、临淄、济北、博阳、城阳郡七十三县,立子肥为齐王;以太原郡三十一县为韩国,徙韩王信都晋阳。

上已封大功臣二十余人,其余争功,未得行封。上居南宫,从复道上见诸将往往耦语,以问张良。良曰:"陛下与此属共取天下,今已为天子,而所封皆故人、所爱,所诛皆平生仇怨。今军吏计功,以天下为不足用遍封,而恐以过失及诛,故相聚谋反耳。"上曰:"为之奈何?"良曰:"取上素所不快,计群臣所共知最甚者一人,先封以示群臣。"三月,上置酒,封雍齿,因趣丞相急定功行封。罢酒,群臣皆喜,曰:"雍齿且侯,吾属亡患矣!"

上归栎阳,五日一朝太公。太公家令说太公曰:"天亡二日,土亡二王。皇帝虽子,人主也;太公虽父,人臣也。奈何令人主拜人臣!如此,则威重不行。"后上朝,太公拥篲,迎门却行,上大惊,下扶太公。太公曰:"帝,人主,奈何以我乱天下法!"于是上心善家令言,赐黄金五百斤。夏五月丙午,诏曰:"人之至亲,莫亲于父子,故父有天下传归于子,子有天下尊归于父,此人道之极也。前日天下大乱,兵革并起,万民苦殃,朕亲被坚执锐,自帅士卒,犯危难,平暴乱,立诸侯,偃兵息民,天下大安,此皆太公之教训也。诸王、通侯、将军、群卿、大夫已尊朕为皇帝,而太公未有号,今上尊太公曰太上皇。"

秋九月,匈奴围韩王信于马邑,信降匈奴。

七年冬十月,上自将击韩王信于铜鞮,斩其将。信亡走匈奴,其将曼丘臣、王黄共立故赵后赵利为王,收信散兵,与匈奴共距汉。上从晋阳连战,乘胜逐北,至楼烦,会大寒,士卒堕指者什二三。遂至平城,为匈奴所围七日,用陈平秘计得出。使樊哙留定代地。

十二月,上还过赵,不礼赵王。是月,匈奴攻代,代王喜弃国，自归洛阳，赦为合阳侯。辛卯，立子如意为代王。

春，令郎中有罪耐以上，请之。民产子，复勿事二岁。

二月，至长安。萧何治未央宫，立东阙、北阙、前殿、武库、大仓。上见其壮丽，甚怒，谓何曰："天下匈匈，劳苦数岁，成败未可知，是何治宫室过度也？"何曰："天下方未定，故可因以就宫室。且夫天子以四海为家，非令壮丽亡以重威，<u>且亡令后世有以加也</u>。"上说。自栎阳徙都长安。置宗正官以序九族。夏四月，行如雒阳。

八年冬，上东击韩信余寇于东垣。还过赵，赵相贯高等耻上不礼其王，阴谋欲弑上。上欲宿，心动，问："县名何？"曰："柏人。"上曰："柏人者，迫于人也。"去弗宿。

十一月，令士卒从军死者为槥，归其县，县给衣衾棺葬具，祠以少牢，长吏视葬。十二月，行自东垣至。

春三月，行如雒阳。令吏卒从军至平城及守城邑者，皆复终<u>身勿事</u>。爵非公乘以上毋得冠刘氏冠。<u>贾人毋得衣锦绣绮縠絺紵罽，操兵，乘骑马</u>。秋八月，吏有罪未发觉者，赦之。九月，行自洛阳至。淮南王、梁王、赵王、楚王皆从。

九年冬十月，淮南王、梁王、赵王、楚王朝未央宫，置酒前殿，上奉玉卮为太上皇寿，曰："始大人常以臣亡赖，不能治产业，不如仲力。今某之业所就孰与仲多？"殿上群臣皆称万岁，大笑为乐。

十一月，徙齐、楚大族昭氏、屈氏、景氏、怀氏、田氏五姓关中，与利田宅。十二月，行如雒阳。

贯高等谋逆发觉，逮捕高等，并捕赵王敖下狱。诏敢有随王，罪三族。郎中田叔、孟舒等十人自髡钳为王家奴，从王就狱。王实不知其谋。春正月，废赵王敖为宣平侯。徙代王如意为赵王，王赵国。丙寅，前有罪殊死以下，皆赦之。

二月，行自雒阳至。贤赵臣田叔、孟舒等十人，召见与语，汉廷臣无能出其右者。上说，<u>尽拜为郡守、诸侯相</u>。

夏六月乙未晦，日有食之。

十年冬十月，淮南王、燕王、荆王、梁王、楚王、齐王、长沙王来朝。

夏五月，太上皇后崩。秋七月癸卯，太上皇崩，葬万年。赦栎阳囚死罪以下。八月，令诸侯王皆立太上皇庙于国都。

九月，代相国陈豨反。上曰："豨尝为吾使，甚有信。代地吾所急，故封豨为列侯，以相国守代，今乃与王黄等劫掠代地！吏民非有罪也，能去豨、黄来归者，皆赦之。"上自东至邯郸。上喜曰："豨不南据邯郸而阻漳水，吾知其亡能为矣。"赵相周昌奏常山二十五城亡其二十城，请诛守尉。上曰："守尉反乎？"对曰："不。"上曰："是力不足，亡罪。"上令周昌选赵壮士可令将者，白见四人。上嫚骂曰："竖子能为将乎！"四人惭，皆伏地。上封各千户，以为将。左右谏曰："从入蜀、汉，伐楚，赏未遍行，今封此，何功？"上曰："非汝所知。陈豨反，赵、代地皆豨有。<u>吾以羽檄征天下兵，未有至者，今计唯独邯郸中兵耳。吾何爱四千户，不以慰赵子弟！</u>"皆曰："善。"又求"乐毅有后乎？"得其<u>孙叔，封之乐乡，号华成君。问豨将，皆故贾人。上曰："吾知与之矣。"乃多以金购豨将，豨将多降</u>。

十一年冬，上在邯郸。豨将侯敞将万余人游行，王黄将骑千余军曲逆，张春将卒万余人度河攻聊城。汉将军郭蒙与齐将击，大破之。太尉周勃道太原入定代地，至马邑，马邑不下，攻残之。豨将赵利守东垣，高祖攻之不下。卒骂，上怒。城降，卒骂者斩之。诸县坚守不降反寇者，复租赋三岁。

春正月，淮阴侯韩信谋反长安，夷三族。将军柴武斩韩王信于参合。

上还雒阳。诏曰："代地居常山之北，与夷狄边。赵乃从山南有之，远，数有胡寇，难以为国。颇取山南太原之地益属代，代之云中以西为云中郡，则代受边寇益少矣。王、相国、通侯、吏二千石择可立为代王者。"燕王绾、相国何等三十三人皆曰："子恒贤知温良，请立以为代王，都晋阳。"大赦天下。

二月，诏曰："欲省赋甚。今献未有程，吏或多赋以为献，而诸侯王尤多，民疾之。令诸侯王、通侯常以十月朝献，即郡各以其口数率，人岁六十三钱，以给献费。"又曰："盖闻王者莫高于周文，伯者莫高于齐桓，皆待贤人而成名。今天下贤者智能岂特古之人乎？患在人主不交故也，士奚由进！今吾以天之灵、贤士大夫定有天下，以为一家，欲其长久，世世奉宗庙亡绝也。贤人已与我共平之矣，而不与吾共安利之，可乎？贤士大夫有肯从我游者，吾能尊显之。布告天下，使明知朕意。御史大夫昌下相国，相国酂侯下诸侯王，御史中执法下郡守，其有意称明德者，必身劝为之驾，遣诣相国府，署行、义、年。有而弗言，觉，免。年老癃病，勿遣。"

三月，梁王彭越谋反，夷三族。诏曰："择可以为梁王、淮阳王者。"燕王绾、相国何等请立子恢为梁王，子友为淮阳王。罢东郡，颇益梁；罢颍川郡，颇益淮阳。

夏四月，行自雒阳至。令丰人徙关中者，皆复终身。

五月，诏曰："粤人之俗，好相攻击，前时秦徙中县之民南方三郡，使与百粤杂处。会天下诛秦，南海尉它居南方长治之，甚有文理，中县人以故不耗减，粤人相攻击之俗益止，俱赖其力。今立它为南粤王。"使陆贾即授玺绶。它稽首称臣。

六月，令士卒从入蜀、汉、关中者皆复终身。

秋七月，淮南王布反。上问诸将，滕公言故楚令尹薛公有筹策。上召见，薛公言布形势，上善之，封薛公千户。诏王、相国择可立为淮南王者，群臣请立子长为王。上乃发上郡、北地、陇西车骑，巴蜀材官及中尉卒三万人为皇太子卫，军霸上。布果如薛公言，东击杀荆王刘贾，劫其兵，度淮击楚，楚王交走入薛。上赦天下死罪以下，皆令从军；征诸侯兵，上自将以击布。

十二年冬十月，上破布军于会缶，布走，令别将追之。

上还，过沛，留置酒沛宫，悉召故人父老子弟佐酒。发沛中儿得百二十人，教之歌。酒酣，上击筑，自歌曰："大风起兮云飞扬，威加海内兮归故乡，安得猛士兮守四方！"令儿皆和习之。上乃起舞，忼慨伤怀，泣数行下。谓沛父兄曰："游子悲故乡。吾虽都关中，万岁之后吾魂魄犹思沛。且朕自沛公以诛暴逆，遂有天下，其以沛为朕汤沐邑，复其民，世世无有所与。"沛父老诸母故人日乐饮极欢，道旧故为笑乐。十余日，上欲去，沛父兄固请。上曰："吾人众多，父兄不能给。"乃去。沛中空县皆之邑西献。上留止，张饮三日。沛父兄皆顿首曰："沛幸得复，丰未得，唯陛下哀矜。"上曰："丰者，吾所生长，极不忘耳。吾特以其为雍齿故反我为魏。"沛父兄固请之，乃并复丰，比沛。

汉别将击布军洮水南北，皆大破之，追斩布番阳。

周勃定代，斩陈豨于当城。

诏曰："吴，古之建国也，日者荆王兼有其地，今死亡后，朕欲复立吴王，其议可者。"长沙王臣等言："沛侯濞重厚，请立为吴王。"已拜，上召谓濞曰："汝状有反相。"因拊其背，曰："汉后五十年东南有乱，岂汝邪？然天下同姓一家，汝慎毋反。"濞顿首曰："不敢。"

十一月，行自淮南还。过鲁，以大牢祠孔子。

十二月，诏曰："秦皇帝、楚隐王、魏安釐王、齐愍王、赵悼襄王皆绝亡后。其与秦始皇帝守冢二十家，楚、魏、齐各十家，赵及魏公子亡忌各五家，令视其冢，复亡与它事。"

陈豨降将言豨反时，燕王卢绾使人之豨所阴谋。上使辟阳侯审食其迎绾，绾称疾。食其言绾反有端。春二月，使樊哙、周勃将兵击绾。诏曰："燕王绾与吾有故，爱之如子，闻与陈豨有谋，吾以为亡有，故使人迎绾。绾称疾不来，谋反明矣。燕吏民非有罪也，赐其吏六百石以上爵各一级。与绾居，去来归者，赦之，加爵亦一级。"诏诸侯王议可立为燕王者，长沙王臣等请立子建为燕王。

诏曰："南武侯织亦粤之世也，立以为南海王。"

三月，诏曰："吾立为天子，帝有天下，十二年于今矣。与天下之豪士贤大夫共定天下，同安辑之。其有功者上致之王，次为列侯，下乃食邑。而重臣之亲，或为列侯，皆令自置吏，得赋敛。女子公主为列侯食邑者，皆佩之印，赐大第室。吏二千石，徙之长安，受小第室。入蜀汉定三秦者，皆世世复。吾于天下贤士功臣，可谓亡负矣。其有不义，背天子擅起兵者，与天下共伐诛之。布告天下，使明知朕意。"

上击布时，为流矢所中，行道疾。疾甚，吕后迎良医。医入见，上问医曰："疾可治不？"医曰："可治。"于是上嫚骂之，曰："吾以布衣提三尺取天下，此非天命乎？命乃在天，虽扁鹊何益？"遂不使治疾，赐黄金五十斤，罢之。吕后问曰："陛下百岁后，萧相国既死，谁令代之？"上曰："曹参可。"问其次，曰："王陵可，然少戆，陈平可以助之。陈平知有余，然难独任。周勃重厚少文，然安刘氏者必勃也，可令为太尉。"吕后复问其次，上曰："此后亦非乃所知也。"

卢绾与数千人居塞下候伺，幸上疾愈，自入谢。夏四月甲辰，帝崩于长乐宫。卢绾闻之，遂亡入匈奴。

吕后与审食其谋曰："诸将故与帝为编户民，北面为臣，心常鞅鞅，今乃事少主，非尽族是，天下不安。"以故不发丧。人或闻，以语郦商。郦商见审食其曰："闻帝已崩，四日不发丧，欲诛诸将。诚如此，天下危矣。陈平、灌婴将十万守荥阳，樊哙、周勃将二十万定燕、代，此闻帝崩，诸将皆诛，必连兵还乡，以攻关中。大臣内畔，诸将外反，亡可跷足待也。"审食其入言之，乃以丁未发丧，大赦天下。

五月丙寅，葬长陵。已下，皇太子、群臣皆反至太上皇庙。群臣曰："帝起细微，拨乱世反之正，平定天下，为汉太祖，功最高。"上尊号曰高皇帝。

初，高祖不修文学，而性明达，好谋，能听，自监门戍卒，见之如旧。初顺民心，作三章之约。天下既定，命萧何次律令，韩信申军法，张苍定章程，叔孙通制礼仪，陆贾造《新语》。又与功臣剖符作誓，丹书铁契，金匮石室，藏之宗庙。虽日不暇给，规摹弘远矣。

赞曰：《春秋》晋史蔡墨有言：陶唐氏既衰，其后有刘累，学扰龙，事孔甲，范氏其后也。而大夫范宣子亦曰："祖自虞以上为陶唐氏，在夏为御龙氏，在商为豕韦氏，在周为唐杜氏，晋主夏盟为范氏。"范氏为晋士师，鲁文公世奔秦。后归于晋，其处者为刘氏。刘向云战国时刘氏自秦获于魏。秦灭魏，迁大梁，都于丰，故周市说雍齿曰："丰，故梁徙也。"以颂高祖云："汉帝本系，出自唐帝。降及于周，在秦作刘。涉魏而东，遂为丰公。"丰公，盖太上皇父。其迁日浅，坟墓在丰鲜焉。及高祖即位，置祠祀官，则有秦、晋、梁、荆之巫，世祠天地，缀之以祀，岂不信哉！由是推之，汉承尧运，德祚已盛，断蛇著符，旗帜上赤，协于火德，自然之应，得天统矣。

　　鲁子固评：高帝平时侮慢学士大夫，至取儒冠溺之。所与共成功者，多贩缯屠狗之徒。及天下既平，乃屈意求贤，如恐不及，盖知创业与守成异也。其后高祖欲易太子，张良为召四皓从太子游，高祖见，遂不复易，贤人有补于国家如此，有天下者顾可忽哉？

　　刘诚意评：汉兴，一扫衰周之文敝，而还诸朴，丰沛之歌雄伟不饰，移风是尚之机实肇于此。

　　凌以栋评：自怀王定关中之约，沛公始从砀攻昌邑，未下，则去而袭陈留矣。已又攻开封，未拔，则去而屠颍州矣。已又攻平阴，不利，则从轘辕至阳城，而引兵过宛矣。凡此不待其既下而即去者，以急欲入关之故。而惟宛最强，如复引而去，则从后进击，未必非入关之一阨也，以故子房危之，而得陈恢者，约降为之先声，而西诸城遂刻期而下矣。沛公得先入关中者，其次第如此，班史指次历历如掌。

　　茅鹿门评：予按自古以来，五年而定天下，特汉高一人耳，雄心大略，不下汤武，所惜者不学无术，于拊循处多宽恩，于经制处少酌古今，萧曹辈并战阵刀笔云耳。○吕后欲诛诸将一着，汉之不亡者幸耳。而郦商特以将在外去劫之，顶门之炙火也。

　　孙月峰评：还沛置酒亦是昼锦意，写得如画如扮，意态煞是踊跃。

　　杨升庵评：高祖自汉中东出，司马欣、董欣望风稽颡，独章邯坚守废丘，谕年不下，至于引水灌之，然后破，此岂脆敌哉？惜其不知所事，身名俱灭，严尤之于王莽，徐道覆之于卢循，皆一律也。

陈明卿评：帝未定天下已前，耳所闻、身所接，无一人可以入目者，虽欲不以帝王自许，不可得也。三杰虽若可人，均非凝重之器，无非吾驾驭之物。至项羽不过犬豕豺狼，谨避之而入吾穽中矣。古来得天下之局，至商周而始变，至高帝又变，而变其更神妙者。鸿门之会，挈天下以与项羽，而得天下愈固；固陵之期，分天下以与韩、彭，而天下而愈合；弥留之际，挈天下以与吕氏，而刘氏乃安。此种权术不从学问、不经思勉，豁达大度中本来具足。故张、韩俱曰"天授"，天授非天命也，一种不容人到处，乃谓天授。○耦语谋反，岂有令高帝得见之理？然有必反之几。子房每事见于未形，故直言其谋及耳。当羽将亡之日，而子房以为成败之数未可知也，危言哉。

徐退山评：《入关告》、《发丧告》、《大风歌》、《求贤诏》，雄健之气、真朴之词，自是帝王本色，余尤爱其《手敕太子》，语语肝隔流动，充溢于循墨之外，而班史不录，何哉？附载于后。

手敕太子

<u>吾遭乱世，当秦禁学，自喜，谓读书无益。洎践祚以来，时方省书乃使人知作者之意，追思昔所行，多不是。</u>尧舜不以天下与子而与他人，此非为不惜天下也，但子不中立耳。<u>人有好牛马尚惜，况天下乎？吾以尔是元子，早有立意。群臣皆称汝友四皓，吾所不能致，而为汝来，为可任大事也。</u>

<u>今定汝为嗣。</u>

　　徐退山评：发端言禁学废书，结言定嗣，似绝不相蒙，而语气奕奕生动，自觉神理一片。细味之乃知高祖自言我所以得天下，子房、萧何、韩信皆人杰，而吾能用之。其一生自许在用人，而独不能用四皓，盖因轻士嫚骂，是以四皓不屈。敕中"吾所不能致，而为汝来"，真有恨意，追思昔所行多不是，正追思昔之轻士嫚骂，由于不读书也。故从秦时禁学说起，如此看来，首尾神理自有暗接暗渡处，真语实语皆从肝膈中流出，而更有一段说不出处，在笔墨之外，则为既定孝惠为嗣，如意母子必为吕后所残，此意中万万不忍者，而以四皓来，羽翼已成，不得不然，乃益追悔于轻士嫚骂，致四皓归太子者，昔所行真不是也。

文帝纪

（节录）

孝文皇帝，高祖中子也，母曰薄姬。高祖十一年，诛陈豨，定代地，立为代王，都中都。十七年秋，高后崩，诸吕谋为乱，欲危刘氏。丞相陈平、太尉周勃、朱虚侯刘章等共诛之，谋立代王……

大臣遂使人迎代王。郎中令张武等议，皆曰："汉大臣皆故高帝时将，习兵事，多谋诈，其属意非止此也，特畏高帝、吕太后威耳。今已诛诸吕，新喋血京师，以迎大王为名，实不可信。愿称疾无往，以观其变。"中尉宋昌进曰："群臣之议皆非也。夫秦失其政，豪杰并起，人人自以为得之者以万数，然卒践天子位者，刘氏也，天下绝望，一矣。高帝王子弟，地犬牙相制，所谓盘石之宗也，天下服其强，二矣。汉兴，除秦烦苛，约法令，施德惠，人人自安，难动摇，三矣。夫以吕太后之严，立诸吕为三王，擅权专制，然而太尉以一节入北军，一呼士皆袒左，为刘氏畔诸吕，卒以灭之。此乃天授，非人力也。今大臣虽欲为变，百姓弗为使，其党宁能专一邪？内有朱虚、东牟之亲，外畏吴、楚、淮南、琅邪、齐、代之强。方今高帝子独淮南王与大王，大王又长，贤圣仁孝闻于天下，故大臣因天下之心而欲迎立大王，大王勿疑也。"代王报太后，计犹豫未定。卜之，兆得大横。占曰："大横庚庚，余为天王，夏启以光。"代王曰："寡人固已为王，又何王乎？"卜人曰："所谓天王者，乃天子也。"于是代王乃遣太后弟薄昭见太尉勃，勃等具言所以迎立王者。昭还报曰："信矣，无可疑者。"代王笑谓宋昌曰："果如公言"，乃令宋昌骖乘，张武等六人，乘六乘传，诣长安，至高陵，止，而使宋昌先之长安观变。

昌至渭桥，丞相已下皆迎。昌还报，代王乃进至渭桥。群臣拜谒称臣，代王下拜。太尉勃进曰："愿请间。"宋昌曰："所言公，公言之；所言私，王者无私。"太尉勃乃跪上天子玺。代王谢曰："至邸而议之。"

闰月己酉，入代邸。群臣从至，上议曰："丞相臣平、太尉臣勃、大将军臣武、御史大夫臣苍、宗正臣郢、朱虚侯臣章、东牟侯臣兴居、典客臣揭，再拜言大王足下：子弘等皆非孝惠皇帝子，不当奉宗庙。臣谨请陰安侯、顷王后、琅邪王、列侯、吏二千石议，大王高皇帝子，宜为嗣，愿大王即天子位。"代王曰："奉高帝宗庙，重事也。寡人不佞，不足以称。愿请楚王计宜者，寡人弗敢当。"群臣皆伏，固请。代王西乡让者三，南乡让者再。丞相平等皆曰："臣伏计之，大王奉高祖宗庙最宜称，虽天下诸侯万民皆以为宜。臣等为宗庙、社稷计，不敢忽。愿大王幸听臣等。臣谨奉天子玺、符，再拜上。"代王曰："宗室、将、相、王、列侯以为莫宜寡人，寡人不敢辞。"遂即天子位。群臣以次侍。使太仆婴、东牟侯兴居先清宫，奉天子法驾，迎代邸。皇帝即日夕入未央宫，夜拜宋昌为卫将军，领南、北军，张武为郎中令，行殿中。还坐前殿，下诏曰："制诏丞相、太尉、御史大夫：间者诸吕用事擅权，谋为大逆，欲危刘氏宗庙，赖将、相、列侯、宗室、大臣诛之，皆伏其辜。朕初即位，其赦天下，赐民爵一级，女子百户牛、酒，酺五日。"

元年冬十月，辛亥，皇帝见于高庙。遣车骑将军薄昭迎皇太后于代。

....

正月，有司请蚤建太子，所以尊宗庙也。诏曰："朕既不德，上帝神明未歆飨也，天下人民未有慊志。今纵不能博求天下贤圣有德之人而嬗天下焉，而曰豫建太子，是重吾不德也。谓天下何？其安之。"有司曰："豫建太子，所以重宗庙、社稷，不忘天下也。"上曰："楚王，季父也，春秋高，阅天下之义理多矣，明于国家之体。吴王于朕，兄也；淮南王，弟也：皆秉德以陪朕，岂为不豫哉！诸侯王、宗室昆弟有功臣，多贤及有德义者，若举有德以陪朕之不能终，是社稷之灵，天下之福也。今不选举焉，而曰必子，人其以朕为忘贤、有德者，而专于子，非所以忧天下也。朕甚不取。"有司固请曰："古者殷、周有国，治安皆且千岁，有天下者莫长焉，用此道也。立嗣必子，所从来远矣。高帝始平天下，建诸侯，为帝者太祖。诸侯王、列侯始受国者，亦皆为其国祖。子孙继嗣，世世不绝，天下之大义也。故高帝设之以抚海内。今释宜建，而更选于诸侯宗室，非高帝之志也。更议不宜。子启最长，敦厚慈仁，请建以为太子。"上乃许之……

三月，有司请立皇后。皇太后曰："立太子母窦氏为皇后。"

诏曰："方春和时，草木群生之物皆有以自乐，而吾百姓鳏、寡、孤、独、穷困之人或阽于死亡，而莫之省忧。为民父母将何如？其议所以振贷之。"又曰："老者非帛不暖，非肉不饱。今岁首，不时使人存问长老，又无布帛酒肉之赐，将何以佐天下子孙孝养其亲？今闻吏禀当受鬻者，或以陈粟，岂称养老之意哉！具为令。"有司请令县道，年八十已上，赐米人月一石，肉二十斤，酒五斗。其九十已上，又赐帛人二匹，絮三斤。赐物及当禀鬻米者，长吏阅视，丞若尉致。不满九十，啬夫、令史致。二千石遣都吏循行，不称者督之。刑者及有罪耐以上，不用此令。

四月，齐、楚地震，二十九山同日崩，大水溃出。

六月，令郡国无来献。施惠天下，诸侯、四夷，远近欢洽。

乃修代来功。诏曰："方大臣诛诸吕迎朕，朕狐疑，皆止朕，唯中尉宋昌劝朕，朕以得保宗庙，已尊昌为卫将军，其封昌为壮武侯。诸从朕六人，官皆至九卿。"

....

二年冬十月，……诏曰："朕闻古者诸侯建国千余，各守其地，以时入贡，民不劳苦，上下欢欣，靡有违德。今列侯多居长安，邑远，吏卒给输费苦，而列侯亦无由教训其民。其令列侯之国，为吏及诏所止者，遣太子。"

十一月癸卯晦，日有食之。诏曰："朕闻之，天生民，为之置君以养治之。人主不德，布政不均，则天示之灾，以戒不治。乃十一月晦，日有食之，適见于天，灾孰大焉！朕获保宗庙，以微眇之身托于士民君王之上，天下治乱，在予一人，唯二三执政，犹吾股肱也。朕下不能治育群生，上以累三光之明，其不德大矣。令至，其悉思朕之过失，及知见之所不及，匄以启告朕。及举贤良方正、能直言极谏者，以匡朕之不逮。因各敕以职任，务省徭费以便民。朕既不能远德，故逷然念外人之有非，是以设备未息。今纵不能罢边屯戍，又饬兵厚卫，其罢卫将军军。太仆见马遗财足，余皆以给传置。"

春正月……，诏曰："夫农，天下之本也，其开籍田，朕亲率耕，以给宗庙粢盛。民谪作县官及贷种食未入、入未备者，皆赦之。"

....

五月，诏曰："古之治天下，朝有进善之旌，诽谤之木，所以通治道而来谏者也，今法有诽谤、訞言之罪，是使众臣不敢尽情，而上无由闻过失也。将何以来远方之贤良？其除之。民或祝诅上，以相约而后相谩，吏以为大逆，其有他言，吏又以为诽谤。此细民之愚无知抵死，朕甚不取。自今以来，有犯此者，勿听治。"

....

三年冬十月……诏曰："前日诏遣列侯之国，辞未行。丞相朕之所重，其为朕率列侯之国。"遂免丞相勃，遣就国。十二月，太尉颍阴侯灌婴为丞相。罢太尉官，属丞相。

....

五月，匈奴入居北地、河南为寇。上幸甘泉，遣丞相灌婴击匈奴，匈奴去。发中尉材官属卫将军，军长安。

上自甘泉之高奴，因幸太原，见故群臣，皆赐之。举功行赏，诸民里赐牛酒。复晋阳、中都民三岁租。留游太原十余日。

济北王兴居闻帝之代，欲自击匈奴，乃反，发兵欲袭荥阳。于是诏罢丞相兵，以棘蒲侯柴武为大将军，将四将军十万众击之。祁侯缯贺为将军，军荥阳。

秋七月，上自太原至长安。诏曰："济北王背德反上，诖误吏民，为大逆。济北吏民，兵未至，先自定，及以军、城邑降者，皆赦之，复官爵。与王兴居去来者，亦赦之。"八月，虏济北王兴居，自杀。赦诸与兴居反者。

....

[十二年二]月，出孝惠皇帝后宫美人，令得嫁。

三月，除关无用传。

诏曰："道民之路，在于务本。朕亲率天下农，十年于今，而野不加辟，岁一不登，民有饥色，是从事焉尚寡，而吏未加务也。吾诏书数下，岁劝民种树，而功未兴，是吏奉吾诏不勤，而劝民不明也。且吾农民甚苦，而吏莫之省，将何以劝焉？其赐农民今年租税之半。"

又曰："孝悌，天下之大顺也；力田，为生之本也；三老，众民之师也；廉吏，民之表也。朕甚嘉此二三大夫之行。今万家之县，云无应令，岂实人情？是吏举贤之道未备也。其遣谒者劳赐三老、孝者帛，人五匹；悌者、力田二匹；廉吏二百石以上率百石者三匹。及问民所不便安，而以户口率置三老、孝、悌、力田常员，令各率其意以道民焉。"

....

十四年冬，匈奴寇边，杀北地都尉卬。遣三将军军陇西、北地、上郡，中尉周舍为卫将军，郎中令张武为车骑将军，军渭北，车千乘，骑卒十万人。上亲劳军，勒兵，申教令，赐吏卒。自欲征匈奴，群臣谏，不听。皇太后固要上，乃止。于是以东阳侯张相如为大将军，建成侯董赫、内史栾布皆为将军，击匈奴，匈奴走。

春，诏曰："朕获执牺牲、珪币以事上帝宗庙，十四年于今。历日弥长，以不敏不明而久抚临天下，朕甚自愧。其广增诸祀坛场、珪币。昔先王远施不求其报，望祀不祈其福，右贤左戚，先民后己，至明之极也。今吾闻祠官祝釐，皆归福于朕躬，不为百姓，朕甚愧之。夫以朕之不德，而专乡独美其福，百姓不与焉，是重吾不德也。其令祠官致敬，无有所祈。"

....

诏曰："间者数年比不登，又有水旱疾疫之灾，朕甚忧之。愚而不明，未达其咎。意者朕之政有所失而行有过与？乃天道有不顺，地利或不得，人事多失和，鬼神废不享与？何以致此？将百官之奉养或费，无用之事或多与？何其民食之寡乏也！夫度田非益寡，而计民未加益，以口量地，其于古犹有余，而食之甚不足者，其咎安在？无乃百姓之从事于末以害农者蕃，为酒醪以靡谷者多，六畜之食焉者众与？细大之义，吾未能得其中。其与丞相、列侯、吏二千石、博士议之，有可以佐百姓者，率意远思，无有所隐也。"

[后元]二年夏，……匈奴和亲。诏曰："朕既不明，不能远德，使方外之国或不宁息。夫四荒之外不安其生，封圻之内勤劳不处，二者之咎，皆自于朕之德薄而不能达远也。间者累年，匈奴并暴边境，多杀吏民，边臣兵吏又不能谕其内志，以重吾不德。夫久结难连兵，中外之国将何以自宁？今朕夙兴夜寐，勤劳天下，忧苦万民，为之恻怛不安，未尝一日忘于心，故遣使者冠盖相望，结彻于道，以谕朕志于单于。今单于反古之道，计社稷之安，便万民之利，新与朕俱弃细过，偕之大道，结兄弟之义，以全天下元元之民。和亲以定，始于今年。"

…………

赞曰：孝文皇帝即位二十三年，宫室、苑囿、车骑、服御无所增益。有不便，辄弛以利民。尝欲作露台，召匠计之，直百金。上曰："百金，中人十家之产也。吾奉先帝宫室，常恐羞之，何以台为！"身衣弋绨，所幸慎夫人，衣不曳地，帷帐无文绣，以示敦朴，为天下先。治霸陵，皆瓦器，不得以金、银、铜、锡为饰，因其山，不起坟。南越尉佗自立为帝，召贵佗兄弟，以德怀之，佗遂称臣。与匈奴结和亲，后而背约入盗，令边备守，不发兵深入，恐烦百姓。吴王诈病不朝，赐以几杖。群臣袁盎等谏说虽切，常假借纳用焉。张武等受赂金钱，觉，更加赏赐，以愧其心。专务以德化民，是以海内殷富，兴于礼义，断狱数百，几致刑措。呜呼，仁哉！

李卓吾评：历代诏令多文饰，惟孝文诏书字字出肺肠，读之令人深快。

孙月峰评：汉语质，下令每简峭有味。

又评：增珪币、无祈，真得事神之道，致敬尤恳至。

陈明卿评：文帝精于用兵者也，观其视荆棘门、霸上如儿戏，而识真将军于一见之间，非得黄老兵机者何以及此？但帝善藏其用，不欲以知兵、善将将显。然至万分不可已则又不得不发矣。所以自击匈奴，非尝试也，大勇神武不轻用，而又不可不用也。至于兴居谋反而帝益发深省矣。自后备边和亲，柔道之用孚及豚鱼，虽匈奴未灭，而患亦少哀[衰]矣，不战而屈人之兵，上兵伐谋，未有知其妙用者。后世无帝之知兵，而轻言和亲，无帝之神武而率尔亲征，皆偷安侥幸，岂帝王术哉？

徐退山评：汉初诸诏各见本色，高帝真气惊人，武帝雄才杰立，独文帝温醇深厚，令人思三代之遗。

景帝纪

（节录）

二年夏四月，诏曰："雕文刻镂，伤农事者也；锦绣纂组，害女红者也。农事伤则饥之本也，女红害则寒之原也。夫饥寒并至，而能亡为非者寡矣。朕亲耕，后亲桑，以奉宗庙粢盛祭服，为天下先；不受献，减太官，省繇赋，欲天下务农蚕，素有畜积，以备灾害。强毋攘弱，众毋暴寡；老耆以寿终，幼孤得遂长。今岁或不登，民食颇寡，其咎安在？或诈伪为吏，吏以货赂为市，渔夺百姓，侵牟万民。县丞，长吏也，奸法与盗盗，甚无谓也。其令二千石各修其职；不事官职耗乱者，丞相以闻，请其罪。布告天下，使明知朕意。"

五月，诏曰："人不患其不知，患其为诈也；不患其不勇，患其为暴也；不患其不富，患其亡厌也。其唯廉士，寡欲易足。今訾算十以上乃得官，廉士算不必众。有市籍不得官，无訾又不得官，朕甚愍之。訾算四得官，亡令廉士久失职，贪夫长利。"

....

赞曰："孔子称'斯民，三代之所以直道而行也'，信哉！周、秦之敝，罔密文峻，而奸轨不胜。汉兴，扫除烦苛，与民休息。至于孝文，加之以恭俭，孝景遵业，五六十载之间，至于移风易俗，黎民醇厚。周云成、康，汉言文、景，美矣！"

孙月峰评：景帝诏又与文帝不同。文诏温雅未炼，是汉文本色。景诏特精陗多法家言，亦有文采，岂晁大夫及诸老更笔耶？

武帝纪

（节录）

　　……

　　建元元年冬十月，诏丞相、御史、列侯、中二千石、二千石、诸侯相，举贤良方正直言极谏之士。丞相绾奏："所举贤良，<u>或治申、商、韩非、苏秦、张仪之言，乱国政，请皆罢</u>。"奏可。

　　春二月，赦天下。赐民爵一级。年八十复二算，九十复甲卒。行三铢钱。

　　夏四月己巳，诏曰："古之立教，乡里以齿，朝廷以爵，扶世导民，莫善于德。然即于乡里先耆艾，奉高年，古之道也。今天下孝子顺孙愿自竭尽以承其亲，<u>外迫公事，内乏资财</u>，是以孝心<u>阙焉</u>，朕甚哀之。民年九十以上，已有受鬻法，为复子若孙，<u>令得身帅妻妾遂其供养之事</u>。"

　　五月，诏曰："<u>河海润千里</u>，其令祠官修山川之祠，为岁事曲加礼。"

　　<u>赦吴、楚七国帑输在官者</u>。

　　秋七月，诏曰："卫士转置送迎二万人，其省万人。罢苑马，以赐贫民。"

　　<u>议立明堂</u>。遣使者安车蒲轮，束帛加璧，征鲁申公。

　　……

　　五年春，罢三铢钱，行半两钱。

　　<u>置五经博士</u>。

　　……

　　元光元年冬十一月，<u>初令郡国举孝廉各一人</u>。

……………

　　五月，诏……曰："朕闻昔在唐虞，画象而民不犯，日月所烛，莫不率俾。周之成康，刑错不用，德及鸟兽，教通四海。海外肃眘，北发渠搜，氐羌徕服。星辰不孛，日月不蚀，山陵不崩，川谷不塞；麟、凤在郊薮，河、洛出图书。呜虖，何施而臻此与！今朕获奉宗庙，夙兴以求，夜寐以思，若涉渊水，未知所济。猗与伟与！何行而可以章先帝之洪业休德，上参尧舜，下配三王！朕之不敏，不能远德，此子大夫之所睹闻也，贤良明于古今王事之体，受策察问，咸以书对，著之于篇，朕亲览焉。"于是董仲舒、公孙弘等出焉。

　　……………

　　元朔元年冬十一月，诏曰："公卿大夫，所使总方略，壹统类，广教化，美风俗也。夫本仁祖义，襃德禄贤，劝善刑暴，五帝、三王所繇昌也。朕夙兴夜寐，嘉与宇内之士臻于斯路。故旅耆老，复孝敬，选豪俊，讲文学，稽参政事，祈进民心，深诏执事，兴廉举孝，庶几成风，绍休圣绪。夫十室之邑，必有忠信；三人并行，厥有我师。今或至阖郡而不荐一人，是化不下究，而积行之君子雍于上闻也。二千石官长纪纲人伦，将何以佐朕烛幽隐，劝元元，厉蒸庶，崇乡党之训哉？且进贤受上赏，蔽贤蒙显戮，古之道也。其与中二千石、礼官、博士议不举者罪。"

　　……………

　　[元狩]四年冬，有司言关东贫民徙陇西、北地、西河、上郡、会稽凡七十二万五千口，县官衣食振业，用度不足，请收银锡造白金及皮币以足用。初算缗钱。

　　春，有星孛于东北。

　　夏，有长星出于西北。

大将军卫青将四将军出定襄，将军去病出代，各将五万骑，步兵踵军后数十万人。青至幕北围单于，斩首万九千级，至阗颜山乃还。去病与左贤王战，斩获首虏七万余级，封狼居胥山乃还。两军士死者数万人。前将军广、后将军食其皆后期。广自杀，食其赎死。

············

六年，……六月，诏曰："日者有司以币轻多奸，农伤而末众，又禁兼并之涂，故改币以约之。稽诸往古，制宜于今。废期有月，而山泽之民未谕。夫仁行而从善，义立则俗易，意奉宪者所以导之未明与？将百姓所安殊路，而挢虔吏因乘势以侵蒸庶邪？何纷然其扰也！今遣博士大等六人分循行天下，存问鳏寡废疾，无以自振业者贷与之。谕三老孝弟以为民师，举独行之君子，征诣行在所。朕嘉贤者，乐知其人。广宣厥道，士有特招，使者之任也。详问隐处亡位，及冤失职、奸猾为害、野荒治苛者，举奏。郡国有所以为便者，上丞相、御史以闻。"

············

元鼎四年，……诏曰："祭地冀州，瞻望河洛，巡省豫州，观于周室，邈而无祀。询问耆老，乃得孽子嘉。其封嘉为周子南君，以奉周祀。"

············

五年，……诏曰："朕以眇身托于王侯之上，德未能绥民，民或饥寒，故巡祭后土以祈丰年。冀州脽壤乃显文鼎，获荐于庙。渥洼水出马，朕其御焉。战战兢兢，惧不克任，思昭天地，内惟自新。《诗》云：'四牡翼翼，以征不服。'亲省边垂，用事所极。望见泰一，修天文禅。辛卯夜，若景光十有二明。《易》曰：'先甲三日，后甲三日。'朕甚念年岁未咸登，饬躬斋戒，丁酉，拜况于郊。"

....

元封元年冬十月，诏曰："南越、东瓯咸伏其辜，西蛮、北夷颇未辑睦。朕将巡边垂，择兵振旅，躬秉武节，置十二部将军，亲帅师焉。"行自云阳，北历上郡、西河、五原，出长城，北登单于台，至朔方，临北河。勒兵十八万骑，旌旗径千余里，威震匈奴。遣使者告单于曰："南越王头已县于汉北阙矣。单于能战，天子自将待边；不能，亟来臣服。何但亡匿幕北寒苦之地为！"匈奴詟焉。还，祠黄帝于桥山，乃归甘泉。

....

五年冬，行南巡狩，至于盛唐，望祀虞舜于九嶷。登灊天柱山，自寻阳浮江，亲射蛟江中，获之。舳舻千里，薄枞阳而出，作《盛唐枞阳之歌》。遂北至琅邪，并海，所过，礼祠其名山大川。春三月，还至泰山，增封。甲子，祠高祖于明堂，以配上帝，因朝诸侯王、列侯，受郡国计。

夏四月，诏曰："朕巡荆扬，辑江淮物，会大海气，以合泰山。上天见象，增修封禅。其赦天下。所幸县毋出今年租赋，赐鳏寡孤独帛，贫穷者粟。"还幸甘泉，郊泰畤。

大司马大将军青薨。

初置刺史部十三州。名臣文武欲尽，诏曰："盖有非常之功，必待非常之人，故马或奔踶而致千里，士或有负俗之累而立功名。夫泛驾之马，跅弛之士，亦在御之而已。其令州郡察吏民有茂材、异等可为将相及使绝国者。"

....

赞曰：汉承百王之弊，高祖拨乱反正，文景务在养民，至于稽古礼文之事，犹多阙焉。孝武初立，卓然罢黜百家，表章《六经》。遂畴咨海内，举其俊茂，与之立功。兴太学，修郊祀，改正朔，定历数，协音律，作诗乐，建封禅，礼百神，绍周后，号令文章，焕焉可述。后嗣得遵洪业，而有三代之风。如武帝之雄材大略，不改文、景之恭俭以济斯民，虽《诗》、《书》所称何有加焉！

  王弇州评：身治而身乱之者，曰秦始、曰汉武，此岂其才之不足耶？一念之敬而才为兴资矣，一念之怠而才为败资矣。

  丘琼山评：武帝有大功于世，如表章六经，行夏之时，万世之下，实有赖焉。或者乃以穷兵黩武比之秦政，吁！何其不少恕哉！

  徐退山评：武帝诸诏雄杰之气，颇似高帝，乃高帝有真率处、简易处，武帝则张皇要渺，穷极其笔力之所至而后已。如《敕杨仆》及《报李广敕》，皆奇气勃萃，而班史未载，兹附录焉。

报李广敕

  将军国之爪牙也，司马法曰：登车不轼，遭丧不服，振旅抚师，以征不服。率三军之心，同战士之力，故怒形则千里竦，威振则万物伏。是以名声暴于夷貉，威棱怛乎邻国。夫报忿除害，捐残去杀，朕之所图于将军也。若乃免冠徒跣，稽颡请罪，岂朕之指哉？将军其率师东辕，弥节白檀，以临右北平。盛秋。

  广为右北平太守，请所怨霸陵尉至军斩之，上书谢罪，帝赦之。

敕杨仆

将军之功，独有先破石门、寻陕，非有斩将骞旗之实也，乌足以骄人哉！前破番禺，捕降者以为虏，掘死人为获，是一过也。建德、吕嘉逆罪不容于天下，将军拥精兵，不穷追，超然以东越为援，是二过也。士卒暴露连岁，为朝会不置酒，将军不念其勤劳，而造佞巧，请乘传行塞，因用归家，怀银黄，垂三组，夸乡里，是三过也。……受诏不至兰池宫，明日又不对。假令将军之吏问之不对，令之不从，其罪何如？推此心以在外江海之间可得信乎！今东越深入，将军能率众以掩过不？

徐退山评：二敕奇妙皆在起、结，而《报李广敕》结语尤高秀，此诸诏中所未有。

昭帝纪

（录赞）

赞曰：昔周成以孺子继统，而有管、蔡四国流言之变。孝昭幼年即位，亦有燕、盖、上官逆乱之谋。成王不疑周公，孝昭委任霍光，<u>各因其时以成名，大矣哉</u>！承孝武奢侈余敝师旅之后，海内虚耗，户口减半，<u>光知时务之要，轻繇薄赋，与民休息。至始元、元凤之间，匈奴和亲，百姓充实。举贤良文学，问民所疾苦，议盐、铁而罢榷酤，尊号曰"昭"</u>，不亦宜乎！

徐容成评：孝昭之治本于霍光，能识时务，故班史之赞深致意焉。《光传》兼著其过，而《昭纪》独著其功，史臣用心微矣。然非霍光不能辅翼少主，非昭帝亦不能委任霍光，此作史者所为首表出之乎？

地理志

（录诸国风俗）

....

凡民函五常之性，而其刚柔缓急，音声不同，系水土之风气，故谓之风；好恶取舍，动静亡常，随君上之情欲，故谓之俗。孔子曰："移风易俗，莫善于乐。"言圣王在上，统理人伦，必移其本，而易其末，此混同天下一之虖中和，然后王教成也。汉承百王之末，国土变改，民人迁徙，成帝时刘向略言其地分，丞相张禹使属颍川朱赣条其风俗，犹未宣究，故辑而论之，终其本末著于篇。

秦地，于天官东井、舆鬼之分野也。其界自弘农故关以西，京兆、扶风、冯翊、北地、上郡、西河、安定、天水、陇西，南有巴、蜀、广汉、犍为、武都，西有金城、武威、张掖、酒泉、敦煌，又西南有牂柯、越巂、益州，皆宜属焉。

秦之先曰柏益，出自帝颛顼，尧时助禹治水，为舜朕虞，养育草木鸟兽，赐姓嬴氏，历夏、殷为诸侯。至周有造父，善驭习马，得华骝、绿耳之乘，幸于穆王，封于赵城，故更为赵氏。后有非子，为周孝王养马汧、渭之间。孝王曰："昔伯益知禽兽，子孙不绝。"乃封为附庸，邑之于秦，今陇西秦亭秦谷是也。至玄孙，氏为庄公，破西戎，有其地。子襄公时，幽王为犬戎所败，平王东迁雒邑。襄公将兵救周有功，赐受郊、酆之地，列为诸侯。后八世，穆公称伯，以河为竟。十余世，孝公用商君，制辕田，开仟伯，东雄诸侯。子惠公初称王，得上郡、西河。孙昭王开巴蜀，灭周，取九鼎。昭王曾孙政并六国。称皇帝，负力怙威，燔书坑儒，自任私智。至子胡亥，天下畔之。

　　故秦地于禹贡时跨雍、梁二州，《诗·风》兼秦、豳两国。昔后稷封斄，公刘处豳，大王徙邠，文王作酆，武王治镐，其民有先王遗风，好稼穑，务本业，故《豳诗》言农桑衣食之本甚备。有鄠、杜竹林，南山檀柘，号称陆海，为九州膏腴。始皇之初，郑国穿渠，引泾水溉田，沃野千里，民以富饶。汉兴，立都长安，徙齐诸田，楚昭、屈、景及诸功臣家于长陵。后世世徙吏二千石、高訾富人及豪桀并兼之家于诸陵。盖亦以强干弱支，非独为奉山园也。是故五方杂厝，风俗不纯。其世家则好礼文，富人则商贾为利，豪桀则游侠通奸。濒南山，近夏阳，多阻险轻薄，易为盗贼，常为天下剧。又郡国辐凑，浮食者多，民去本就末，列侯贵人车服僭越上，众庶放效，羞不相及，嫁娶尤崇侈靡，送死过度。

　　天水、陇西，山多林木，民以板为室屋。及安定、北地、上郡、西河，皆迫近戎狄，修习战备，高上气力，以射猎为先。故《秦诗》曰"在其板屋"；又曰"王于兴师，修我甲兵，与子偕行"。及《车辚》、《四载》、《小戎》之篇，皆言车马田狩之事。汉兴，六郡良家子选给羽林、期门，以材力为官，名将多出焉。孔子曰："君子有勇而亡谊则为乱，小人有勇而亡谊则为盗。"故此数郡，民俗质木，不耻寇盗。

　　自武威以西，本匈奴昆邪王、休屠王地，武帝时攘之，初置四郡，以通西域，鬲绝南羌、匈奴。其民或以关东下贫，或以报怨过当，或以誖逆亡道，家属徙焉。习俗颇殊，地广民稀，水草宜畜牧，故凉州之畜为天下饶。保边塞，二千石治之，咸以兵马为务；酒礼之会，上下通焉，吏民相亲。是以其俗风雨时节，谷籴常贱，少盗贼，有和气之应，贤于内郡。此政宽厚，吏不苛刻之所致也。

巴、蜀、广汉，本南夷，秦并以为郡，土地肥美，有江水沃野，山林竹木疏食果实之饶。南贾滇、僰僮，西近邛、莋马旄牛。民食稻鱼，亡凶年忧，俗不愁苦，而轻易淫泆，柔弱褊阸。景、武间，文翁为蜀守，教民读书法令，未能笃信道德，反以好文刺讥，贵慕权势。及司马相如游宦京师诸侯，以文辞显于世，乡党慕循其迹。后有王褒、严遵、扬雄之徒，文章冠天下。繇文翁倡其教，相如为之师，故孔子曰："有教亡类。"

武都地杂氐、羌，及犍为、牂柯、越巂，皆西南外夷，武帝初开置。民俗略与巴、蜀同，而武都近天水，俗颇似焉。

故秦地天下三分之一，而人众不过什三，然量其富居什六。吴札观乐，为之歌《秦》，曰："此之谓夏声。夫能夏则大，大之至也，其周旧乎？"

自井十度至柳三度，谓之鹑首之次，秦之分也。

魏地，觜觿、参之分野也。其界自高陵以东，尽河东、河内，南有陈留及汝南之召陵、㶏强、新汲、西华、长平，颍川之舞阳、郾、许、傿陵、河南之开封、中牟、阳武、酸枣、卷，皆魏分也。

河内本殷之旧都，周既灭殷，分其畿内为三国，《诗·风》邶、庸、卫国是也。邶，以封纣子武庚；庸，管叔尹之；卫，蔡叔尹之：以临殷民，谓之三监。故《书序》曰"武王崩，三监畔"，周公诛之，尽以其地封弟康叔，号曰孟侯，以夹辅周室；迁邶、庸之民于雒邑，故邶、庸、卫三国之诗相与同风。《邶诗》曰"在浚之下"；《庸》曰"在浚之郊"；《邶》又曰"亦流于淇"，"河水洋洋"，《庸》曰："送我淇上"，"在彼中河"，《卫》曰："瞻彼其奥"，"河水洋洋"。故吴公子札聘鲁观周乐，闻《邶》、《庸》、《卫》之歌，曰："美哉渊乎！吾闻康叔之德如是，是其《卫风》乎？"至十六世，懿公亡道，为狄所灭。齐桓公帅诸侯伐狄，而更封卫于河南曹、楚丘，是为文公。而河内殷虚，更属于晋。康叔之风既歇，而纣之化犹存，故俗刚强，多豪桀侵夺，薄恩礼，好生分。

河东土地平易，有盐铁之饶，本唐尧所居，《诗·风》唐、魏之国也。周武王子唐叔在母未生，武王梦帝谓己曰："余名而子曰虞，将与之唐，属之参。"及生，名之曰虞。至成王灭唐，而封叔虞。唐有晋水，及叔虞子燮为晋侯云，故参为晋星。其民有先王遗教，君子深思。小人俭陋。故《唐诗·蟋蟀》、《山枢》、《葛生》之篇曰："今我不乐，日月其迈"；"宛其死矣，它人是媮"；"百岁之后，归于其居"。皆思奢俭之中，念死生之虑。吴札闻《唐》之歌，曰："思深哉！其有陶唐氏之遗民乎？"

魏国，亦姬姓也，在晋之南河曲，故其诗曰："彼汾一曲"，"寘诸河之侧"。自唐叔十六世至献公，灭魏以封大夫毕万；灭耿以封大夫赵夙，及大夫韩武子食采于韩原，晋于是始大。至于文公，伯诸侯，尊周室，始有河内之土。吴札闻《魏》之歌，曰："美哉沨沨乎！以德辅此，则明主也。"文公后十六世为韩、魏、赵所灭，三家皆自立为诸侯，是为三晋。赵与秦同祖，韩、魏皆姬姓也。自毕万后十世称侯，至孙称王，徙都大梁，故魏一号为梁，七世为秦所灭。

周地，柳、七星、张之分野也。今之河南雒阳、榖城、平阴、偃师、巩、缑氏，是其分也。

昔周公营雒邑，以为在于土中，诸侯蕃屏四方，故立京师。至幽王淫褒姒，以灭宗周，子平王东居雒邑。其后五伯更帅诸侯以尊周室，故周于三代最为长久。八百余年至于赧王，乃为秦所兼。初雒邑与宗周通封畿，东西长而南北短，短长相覆为千里。至襄王以河内赐晋文公，又为诸侯所侵，故其分壄小。

周人之失，巧伪趋利，贵财贱义，高富下贫，憙为商贾，不好仕宦。

自柳三度至张十二度，谓之鹑火之次，周之分也。

韩地，角、亢、氐之分野也。韩分晋得南阳郡及颍川之父城、定陵、襄城、颍阳、颍阴、长社、阳翟、郏，东接汝南，西接弘农，得新安、宜阳，皆韩分也。及《诗·风》陈、郑之国，与韩同星分焉。

郑国，今河南之新郑，本高辛氏火正祝融之虚也。及成皋、荥阳，颍川之崇高、阳城，皆郑分也。本周宣王弟友为周司徒，食采于宗周畿内，是为郑。郑桓公问于史伯曰："王室多故，何所可以逃死？"史伯曰："四方之国，非王母弟甥舅则夷狄，不可入也。其济、洛、河、颍之间乎？子男之国，虢、会为大，恃势与险，崇侈贪冒，君若寄帑与贿，周乱而獘，必将背君；君以成周之众，奉辞伐罪，亡不克矣。"公曰："南方不可乎？"对曰："夫楚，重黎之后也，黎为高辛氏火正，昭显天地，以生柔嘉之材。姜、嬴、荆、芈，实与诸姬代相干也。姜，伯夷之后也；嬴，伯益之后也。伯夷能礼于神以佐尧，伯益能仪百物以佐舜，其后皆不失祀，而未有兴者，周衰将起，不可偪也。"桓公从其言，乃东寄帑与贿，虢、会受之。后三年，幽王败，桓公死，其子武公与平王东迁，卒定虢、会之地，右雒左泲，食溱、洧焉。土陿而险，山居谷汲，男女亟聚会，故其俗淫。《郑诗》曰："出其东门，有女如云。"又曰："溱与洧方灌灌兮，士与女方秉蕳兮。""恂盱且乐，惟士与女，伊其相谑。"此其风也。吴札闻《郑》之歌，曰："美哉！其细已甚，民弗堪也。是其先亡乎？"自武公后二十三世，为韩所灭。

陈国，今淮阳之地。陈本太昊之虚，周武王封舜后妫满于陈，是为胡公，妻以元女大姬。妇人尊贵，好祭祀，用史巫，故其俗巫鬼。《陈诗》曰："坎其击鼓，宛丘之下，亡冬亡夏，值其鹭羽。"又曰："东门之枌，宛丘之栩，子仲之子，婆娑其下。"此其风也。吴札闻《陈》之歌，曰："国亡主，其能久乎！"自胡公后二十三世为楚所灭。陈虽属楚，于天文自若其故。

颍川、南阳，本夏禹之国。夏人上忠，其敝鄙朴。韩自武子后七世称侯，六世称王，五世而为秦所灭。秦既灭韩，徙天下不轨之民于南阳，故其俗夸奢，上气力，好商贾渔猎，藏匿难制御也。宛，西通武关，东受江、淮，一都之会也。宣帝时，郑弘、召信臣为南阳太守，治皆见纪。信臣劝民农桑，去末归本，郡以殷富。颍川，韩都。士有申子、韩非刻害余烈，高仕宦，好文法，民以贪遴争讼生分为失。韩延寿为太守，先之以敬让；黄霸继之，教化大行，狱或八年亡重罪囚。南阳好商贾，召父富以本业；颍川好争讼分异，黄、韩化以笃厚。"君子之德风了，小人之德草也"，信矣！

自东井六度至亢六度，谓之寿星之次，郑之分壄，与韩同分。

赵地，昴、毕之分壄。赵分晋，得赵国。北有信都、真定、常山、中山，又得涿郡之高阳、鄚、州乡；东有广平、钜鹿、清河、河间，又得渤海郡之东平舒、中邑、文安、束州、成平、章武，河以北也；南至浮水、繁阳、内黄、斥丘；西有太原、定襄、云中、五原、上党。上党，本韩之别郡也，远韩近赵，后卒降赵，皆赵分也。

自赵夙后九世称侯，四世敬侯徙都邯郸，至曾孙武灵王称王，五世为秦所灭。

赵、中山地薄人众，犹有沙丘纣淫乱余民，丈夫相聚游戏，悲歌慷慨，起则椎剽掘冢，作奸巧，多弄物，为倡优。女子弹弦跕躧，游媚富贵，遍诸侯之后宫。

邯郸北通燕、涿，南有郑、卫，漳、河之间一都会也。其土广俗杂，大率精急，高气势，轻为奸。

太原、上党又多晋公族子孙，以诈力相倾，矜夸功名，报仇过直，嫁取送死奢靡。汉兴，号为难治，常择严猛之将，或任杀伐为威。父兄被诛，子弟怨愤，至告讦刺史二千石，或报杀其亲属。

钟、代、石、北，迫近胡寇，民俗懻忮，好气为奸，不事农商，自全晋时，已患其剽悍，而武灵王又益厉之。故冀州之部，盗贼常为它州剧。

定襄、云中、五原，本戎狄也，颇有赵、齐、卫、楚之徙。其民鄙朴，少礼文，好射猎。雁门亦同俗，于天文别属燕。

燕地，尾、箕分壄也。武王定殷，封召公于燕，其后三十六世与六国俱称王。东有渔阳、右北平、辽西、辽东，西有上谷、代郡、雁门，南得涿郡之易、容城、范阳、北新城、故安、涿县、良乡、新昌，及勃海之安次，皆燕分也。乐浪、玄菟，亦宜属焉。

燕称王十世，秦欲灭六国，燕王太子丹遣勇士荆轲西刺秦王，不成而诛，秦遂举兵灭燕。

蓟，南通齐、赵，勃、碣之间一都会也。初太子丹宾养勇士，不爱后宫美女，民化以为俗，至今犹然。宾客相过，以妇侍宿，嫁取之夕，男女无别，反以为荣。后稍颇止，然终未改。其俗愚悍少虑，轻薄无威，亦有所长，敢于急人。燕丹遗风也。

上谷至辽东，地广民希，数被胡寇，俗与赵、代相类，有渔盐枣栗之饶。北隙乌丸、夫馀，东贾真番之利。

玄菟、乐浪，武帝时置，皆朝鲜、濊貉、句骊蛮夷。殷道衰，箕子去之朝鲜，教其民以礼义，田蚕织作。乐浪朝鲜民犯禁八条：相杀以当时偿杀；相伤以谷偿；相盗者男没入为其家奴，女子为婢，欲自赎者，人五十万。虽免为民，俗犹羞之，嫁取无所雠，是以其民终不相盗，无门户之闭，妇人贞信不淫辟。其田民饮食以笾豆，都邑颇放效吏及内郡贾人，往往以杯器食。郡初取吏于辽东，吏见民无闭臧，及贾人往者，夜则为盗，俗稍益薄。今于犯禁浸多，至六十余条。可贵哉，仁贤之化也！然东夷天性柔顺，异于三方之外，故孔子悼道不行，设浮于海，欲居九夷，有以也夫！乐浪海中有倭人，分为百余国，以岁时来献见云。

自危四度至斗六度，谓之析木之次，燕之分也。

齐地，虚、危之分壄也。东有菑川、东莱、琅邪、高密、胶东，南有泰山、城阳，北有千乘，清河以南，勃海之高乐、高城、重合、阳信，西有济南、平原，皆齐分也。

少昊之世有爽鸠氏，虞、夏时有季崱，汤时有逢公柏陵，殷末有薄姑氏，皆为诸侯，国此地。至周成王时，薄姑氏与四国共作乱，成王灭之，以封师尚父，是为太公。《诗·风》齐国是也。临菑名营丘，故《齐诗》曰："子之营兮，遭我虖峱之间兮。"又曰："竢我于著乎而。"此亦其舒缓之体也。吴札闻《齐》之歌，曰："泱泱乎，大风也哉！其太公乎？国未可量也。"

古有分土，亡分民。太公以齐地负海舄卤，少五谷而人民寡，乃劝以女工之业，通鱼盐之利，而人物辐凑。后十四世，桓公用管仲，设轻重以富国，合诸侯成伯功，身在陪臣而取三归。故其俗弥侈，织作冰纨绮绣纯丽之物，号为冠带衣履天下。

初，太公治齐，修道术，尊贤智，赏有功，故至今其土多好经术，矜功名，舒缓阔达而足智。其失夸奢朋党，言与行缪，虚诈不情，急之则离散，缓之则放纵。始桓公兄襄公淫乱，姑姊妹不嫁，于是令国中民家长女不得嫁，名曰"巫儿"，为家主祠，嫁者不利其家，民至今以为俗。痛乎，道民之道，可不慎哉！

昔太公始封，周公问："何以治齐？"太公曰："举贤而上功。"周公曰："后世必有篡杀之臣。"其后二十九世为强臣田和所灭，而和自立为齐侯。初，和之先陈公子完有罪来奔齐，齐桓公以为大夫，更称田氏。九世至和而篡齐，至孙威王称王，五世为秦所灭。

临淄，海、岱之间一都会也。其中具五民云。

鲁地，奎、娄之分壄也。东至东海，南有泗水，至淮，得临淮之下相、睢陵、僮、取虑，皆鲁分也。

周兴，以少昊之虚曲阜封周公子伯禽为鲁侯，以为周公主。其民有圣人之教化，故孔子曰"齐一变至于鲁，鲁一变至于道"，言近正也。濒洙泗之水，其民涉度，幼者扶老而代其任。俗既益薄，长老不自安，与幼少相让，故曰："鲁道衰，洙泗之间龂龂如也。"孔子闵王道将废，乃修六经，以述唐虞三代之道，弟子受业而通者七十有七人。是以其民好学，上礼义，重廉耻。周公始封，太公问："何以治鲁？"周公曰："尊尊而亲亲。"太公曰："后世浸弱矣。"故鲁自文公以后，禄去公室，政在大夫，季氏逐昭公，陵夷微弱，三十四世而为楚所灭。然本大国，故自为分壄。

今去圣久远，周公遗化销微，孔氏庠序衰坏。地陿民众，颇有桑麻之业，亡林泽之饶。俗俭啬爱财，趋商贾，好訾毁，多巧伪，丧祭之礼文备实寡，然其好学犹愈于它俗。

汉兴以来，鲁东海多至卿相。东平、须昌、寿良，皆在济东，属鲁，非宋地也，当考。

宋地，房、心之分壄也。今之沛、梁、楚、山阳、济阴、东平及东郡之须昌、寿张，皆宋分也。

周封微子于宋，今之睢阳是也，本陶唐氏火正阏伯之虚也。济阴定陶，《诗·风》曹国也。武王封弟叔振铎于曹，其后稍大，得山阳、陈留，二十余世为宋所灭。

昔尧作游成阳，舜渔雷泽，汤止于亳，故其民犹有先王遗风，重厚多君子，好稼穑，恶衣食，以致畜藏。

宋自微子二十余世，至景公灭曹，灭曹后五世亦为齐、楚、魏所灭，叁分其地。魏得其梁、陈留，齐得其济阴、东平，楚得其沛。故今之楚彭城，本宋也，《春秋经》曰："围宋彭城"。宋虽灭，本大国，故自为分野。

沛楚之失，急疾颛己，地薄民贫，而山阳好为奸盗。

卫地，营室、东壁之分野也。今之东郡及魏郡黎阳，河内之野王、朝歌，皆卫分也。

卫本国既为狄所灭，文公徙封楚丘，三十余年，子成公徙于帝丘。故《春秋经》曰："卫迁于帝丘"，今之濮阳是也。本颛顼之虚，故谓之帝丘。夏后之世，昆吾氏居之。成公后十余世，为韩、魏所侵，尽亡其旁邑，独有濮阳。后秦灭濮阳，置东郡，徙之于野王。始皇既并天下，犹独置卫君，二世时乃废为庶人。凡四十世，九百年，最后绝，故独为分野。

卫地有桑间濮上之阻，男女亦亟聚会，声色生焉，故俗称郑、卫之音。周末有子路、夏育，民人慕之，故其俗刚武，上气力。汉兴，二千石治者亦以杀戮为威。宣帝时韩延寿为东郡太守，承圣恩，崇礼义，尊谏争，至今东郡号善为吏，延寿之化也。其失颇奢靡，嫁取送死过度，而野王好气任侠，有濮上风。

楚地，翼、轸之分野也。今之南郡、江夏、零陵、桂阳、武陵、长沙及汉中、汝南郡，尽楚分也。

周成王时，封文、武先师鬻熊之曾孙熊绎于荆蛮，为楚子，居丹阳。后十余世至熊达，是为武王，寖以强大。后五世至严王，总帅诸侯，观兵周室，并吞江、汉之间，内灭陈、鲁之国。后十余世,顷襄王东徙于陈。

楚有江汉川泽山林之饶;江南地广,或火耕火耨。民食鱼稻,以渔猎山伐为业,果蓏蠃蛤,食物常足。故呰窳媮生,而亡积聚,饮食还给,不忧冻饿,亦亡千金之家。信巫鬼,重淫祀。而汉中淫失枝柱,与巴蜀同俗。汝南之别,皆急疾有气势。江陵,故郢都,西通巫、巴,东有云梦之饶,亦一都会也。

吴地,斗分壄也。今之会稽、九江、丹阳、豫章、庐江、广陵、六安,临淮郡,尽吴分也。

殷道既衰,周大王亶父兴郊梁之地,长子大伯,次曰仲雍,少曰公季。公季有圣子昌,大王欲传国焉。大伯、仲雍辞行采药,遂奔荆蛮。公季嗣位,至昌为西伯,受命而王。故孔子美而称曰:"太伯可谓至德也已矣!三以天下让,民无德而称焉。"谓:"虞仲夷逸,隐居放言,身中清,废中权。"大伯初奔荆蛮,荆蛮归之,号曰句吴。大伯卒,仲雍立,至曾孙周章,而武王克殷,因而封之。又封周章弟中于河北,是为北吴,后世之谓之虞,十二世为晋所灭。后二世而荆蛮之吴子寿梦盛大称王。其少子则季札,有贤材。兄弟欲传国,札让而不受。自寿梦称王六世,阖庐举伍子胥、孙武为将,战胜攻取,兴伯名于诸侯。至子夫差,诛子胥,用宰嚭,为粤王句践所灭。

吴、粤之君皆好勇,故其民至今好用剑,轻死易发。

粤既并吴,后六世为楚所灭。后秦又击楚,徙寿春,至子为秦所灭。

寿春、合肥受南北湖皮革、鲍、木之输,亦一都会也。始楚贤臣屈原被谗放流,作《离骚》诸赋以自伤悼。后有宋玉、唐勒之属慕而述之,皆以显名。汉兴,高祖王兄子濞于吴,招致天下之娱游子弟,枚乘、邹阳、严夫子之徒兴于文、景之际。而淮南王安亦都寿春，招宾客著书。而吴有严助、朱买臣，贵显汉朝，文辞并发，故世传《楚辞》。其失巧而少信。初淮南王异国中民家有女者，以待游士而妻之，故至今多女而少男。本吴、粤与楚接比，数相并兼，故民俗略同。

  吴东有海盐章山之铜，三江五湖之利，亦江东之一都会也。豫章出黄金，然堇堇物之所有，取之不足以更费。江南卑湿，丈夫多夭。

  公稽海外有东鳀人，分为二十余国，以岁时来献见云。

  粤地，牵牛、婺女之分壄也。今之苍梧、郁林、合浦、交阯、九真、南海、日南，皆粤分也。

  其君禹后，帝少康之庶子云，封于会稽，文身断发，以避蛟龙之害。后二十世，至句践称王，与吴王阖庐战，败之隽李。夫差立，句践乘胜复伐吴，吴大破之，栖会稽，臣服请平。后用范蠡、大夫种计，遂伐灭吴，兼并其地。度淮与齐、晋诸侯会，致贡于周。周元王使使赐命为伯，诸侯毕贺。后五世为楚所灭，子孙分散，君服于楚。后十世，至闽君摇，佐诸侯平秦。汉兴，复立摇为越王。是时，秦南海尉赵佗亦自王，传国至武帝时，尽灭以为郡云。

  处近海，多犀、象、毒冒、珠玑、银、铜、果、布之凑，中国往商贾者多取富焉。番禺，其一都会也。

  自合浦徐闻南入海，得大州，东西南北方千里，武帝元封元年略以为儋耳、珠崖郡。民皆服布如单被，穿中央为贯头。男子耕农，种禾稻纻麻，女子桑蚕织绩。亡马与虎，民有五畜，山多麈麖。兵则矛、盾、刀，木弓弩、竹矢，或骨为镞。自初为郡县，吏卒中国人多侵陵之，故率数岁壹反。元帝时，遂罢弃之。

  自日南障塞、徐闻、合浦船行可五月，有都元国；又船行可四月，有邑卢没国；又船行可二十余日，有谌离国；步行可十余日，有夫甘都卢国。自夫甘都卢国船行可二月余，有黄支国，民俗略与珠厓相类。其州广大，户口多，多异物，自武帝以来皆献见。有译长，属黄门，与应募者俱入海市明珠、璧流离、奇石异物，赍黄金杂缯而往。所至国皆禀食为耦，蛮夷贾船，转送致之。亦利交易，剽杀人。又苦逢风波溺死，不者数年来还。大珠至围二寸以下。平帝元始中，王莽辅政，欲耀威德，厚遗黄支王，令遣使献生犀牛。自黄支船行可八月，到皮宗；船行可二月，到日南、象林界云。黄支之南，有已程不国，汉之译使自此还矣。

  卢志庵评：秦之地险，其俗雄，其政宜绥；巴蜀之地污，其俗琐，其政宜拮；魏之地阻，其俗儇，其政宜忠；晋、韩之地瘠，其俗啬，其政宜浃；周、郑、宋、卫、中山之地窄，其俗厚利，其政宜莘；燕、赵之地峻，其俗任侠，其政宜检；齐鲁之地饶，其俗侈，其政宜约；楚之地蔓，其俗荡，其政宜辑；吴之地啴，其俗靡，其政宜佪；粤之地僻，其俗谲，其政宜信而实。班椽纪五方之俗，欲人施省方之政盖如。

贾谊传

（全录）

贾谊，雒阳人也，<u>年十八，以能诵诗书属文称于郡中</u>。河南守吴公闻其秀材，召置门下，甚幸爱。文帝初立，<u>闻河南守吴公治平为天下第一</u>，故与李斯同邑，而尝学事焉，征以为廷尉。廷尉乃言谊年少，颇通诸家之书。文帝召以为博士。

<u>是时，谊年二十余，最为少</u>。每诏令议下，诸老先生未能言，<u>谊尽为之对，人人各如其意所出</u>。诸生于是以为能。文帝说之，<u>超迁，岁中至太中大夫</u>。

<u>谊以为汉兴二十余年</u>，天下和洽，宜当改正朔，易服色制度，定官名，兴礼乐。乃草具其仪法，色上黄，数用五，为官名悉更，奏之。<u>文帝廉让未皇也</u>。然诸法令所更定，及列侯就国，其说皆<u>谊发之</u>。于是天子议以谊任公卿之位。绛、灌、东阳侯、冯敬之属尽害之，乃毁谊曰："洛阳之人年少初学，专欲擅权，纷乱诸事。"于是天子后亦疏之，不用其议，以谊为长沙王太傅。

谊既以適去，意不自得，及渡湘水，<u>为赋以吊屈原。屈原，楚贤臣也，被谗放逐</u>，作《离骚赋》，其终篇曰："已矣！国亡人，莫我知也。"遂自投江而死。<u>谊追伤之，因以自谕</u>。其辞曰：

<u>恭承嘉惠兮，俟罪长沙</u>。仄闻屈原兮，自湛汨罗。<u>造讬湘流兮，敬吊先生。遭世罔极兮，乃殒厥身</u>。乌呼哀哉兮，逢时不祥！鸾凤伏窜兮，鸱鸮翱翔。阘茸尊显兮，谗谀得志；贤圣逆曳兮，方正倒植。谓随、夷混兮，谓跖、蹻廉；莫邪为钝兮，铅刀为铦。<u>于嗟默默，生之亡故兮</u>！斡弃周鼎，宝

康瓠兮。腾驾罢牛，骖蹇驴兮；骥垂两耳，服盐车兮。章父荐屦，渐不可久兮；嗟苦先生，独离此咎兮！

讯曰：已矣！国其莫吾知兮，子独壹郁其谁语？凤缥缥其高逝兮，夫固自引而远去。袭九渊之神龙兮，沕渊潜以自珍；偭蟂獭以隐处兮，夫岂从虾与蛭螾？所贵圣之神德兮，远浊世而自臧。使麒麟可系而羁兮，岂云异夫犬羊？般纷纷其离此邮兮，亦夫子之故也！历九州而相其君兮，何必怀此都也？凤皇翔于千仞兮，览德辉而下之；见细德之险征兮，遥增击而去之。彼寻常之污渎兮，岂容吞舟之鱼！横江湖之鳣鲸兮，固将制于蝼蚁。

谊为长沙傅三年，有服飞入谊舍，止于坐隅。服似鸮，不祥鸟也。谊既以適居长沙，长沙卑湿，谊自伤悼，以为寿不得长，乃为赋以自广。其辞曰：

单阏之岁，四月孟夏，庚子日斜，服集余舍，止于坐隅，貌甚闲暇。异物来萃，私怪其故，发书占之，谶言其度。曰"野鸟入室，主人将去。"问于子服："余去何之？吉乎告我，凶言其灾。淹速之度，语余其期。"

服乃太息，举首奋翼，口不能言，请对以意。万物变化，固亡休息。斡流而迁，或推而还。形气转续，变化而嬗。沕穆亡间，胡可胜言！祸兮福所倚，福兮祸所伏；忧喜聚门，吉凶同域。彼吴强大，夫差以败；粤栖会稽，句践伯世。斯游遂成，卒被五刑；傅说胥靡，乃相武丁。夫祸之与福，何异纠缠！命不可说，孰知其极？水激则旱，矢激则远。万物回薄，震荡相转。云烝雨降，纠错相纷。大钧播物，块圠无垠。天不可与虑，道不可与谋。迟速有命，乌识其时？

且夫天地为炉，造化为工；阴阳为炭，万物为铜，合散消息，安有常则？千变万化，未始有极。忽然为人，何足控揣？化为异物，又何足患！小智自私，贱彼贵我；达人大观，物亡不可。贪夫徇财，列士徇名；夸者死权，品庶每生。怵迫之徒，或趋西东；大人不曲，意变齐同。愚士系俗，僒若囚拘；至人遗物，独与道俱。众人惑惑，好恶积意；真人恬漠，独与道息。释智遗形，超然自丧；寥廓忽荒，与道翱翔。乘流则逝，得坎则止；纵躯委命，不私与己。其生兮若浮，其死兮若休。澹乎若深渊之靓，泛乎若不系之舟。不以生故自保，养空而浮。德人无累，知命不忧。细故蒂芥，何足以疑！

后岁余，文帝思谊，征之。至，入见，上方受釐，坐宣室。上因感鬼神事，而问鬼神之本。谊具道所以然之故。至夜半，文帝前席。既罢，曰："吾久不见贾生，自以为过之，今不及也。"乃拜谊为梁怀王太傅。怀王，上少子，爱，而好书，故令谊傅之，数问以得失。

是时，匈奴强，侵边。天下初定，制度疏阔。诸侯王僭儗，地过古制，淮南、济北王皆为逆诛。谊数上疏陈政事，多所欲匡建，其大略曰：

臣窃惟事势，可为痛哭者一，可为流涕者二，可为长太息者六，若其它背理而伤道者，难遍以疏举。进言者皆曰天下已安已治矣，臣独以为未也。曰安且治者，非愚则谀，皆非事实知治乱之体者也。夫抱火厝之积薪之下而寝其上，火未及燃，因谓之安，方今之势，何以异此！本末舛逆，首尾衡决，国制抢攘，非甚有纪，胡可谓治！陛下何不壹令臣得孰数之于前，因陈治安之策，试详择焉！

夫射猎之娱，与安危之机孰急？使为治，劳智虑，苦身体，乏钟鼓之乐，勿为可也。乐与今同，而加之诸侯轨道，兵革不动，民保首领，匈奴宾服，四荒乡风，百姓素朴，狱讼衰息，大数既得，则天下顺治，海内之气清和咸理，生为明帝，没为明神，名誉之美，垂于无穷。《礼》："祖有功而宗有德"，使顾成之庙，称为太宗，上配太祖，与汉亡极。建久安之势，成长治之业，以承祖庙，以奉六亲，至孝也；以幸天下，以育群生，至仁也；立经陈纪，轻重同得，后可以为万世法程，虽有愚幼不肖之嗣，犹得蒙业而安，至明也。以陛下之明达，因使少知治体者得佐下风，致此非难也。其具可素陈于前，愿幸无忽。臣谨稽之天地，验之往古，按之当今之务，日夜念此至孰也，虽使禹、舜复生，为陛下计，亡以易此。

夫树国固必相疑之势，下数被其殃，上数爽其忧，甚非所以安上而全下也。今或亲弟谋为东帝，亲兄之子西乡而击，今吴又见告矣。天子春秋鼎盛，行义未过，德泽有加焉，犹尚如是，况莫大诸侯，权力且十此者乎！然而天下少安，何也？大国之王幼弱未壮，汉之所置傅、相方握其事。数年之后，诸侯之王大抵皆冠，血气方刚，汉之傅、相称病而赐罢，彼自丞、尉以上遍置私人，如此，有异淮南、济北之为邪！此时而欲为治安，虽尧、舜不治。

黄帝曰："日中必蘱，操刀必割。"今令此道顺而全安，甚易，不肯早为，已乃堕骨肉之属而抗刭之，岂有异秦之季世乎！夫以天子之位，乘今之时，因天之助，尚惮以危为安，以乱为治，假设陛下居齐桓之处，将不合诸侯而匡天下乎？臣又以知陛下有所必不能矣。假设天下如曩时，淮阴侯尚王楚，黥布王淮南，彭越王梁，韩信王韩，张敖王赵，贯高为相，卢绾王燕，陈豨在代，令此六七公者皆亡恙，当是时而陛下即天子位，能自安乎？臣有以知陛下之不能也。天下淆乱，高皇帝与诸公并起，非有仄室之势以豫席之也。诸公幸者，乃为中涓，其次厪得舍人，材之不逮至远也。高皇帝以明圣威武即天子位，割膏腴之地以王诸公，多者百余城，少者乃三四十县，德至渥也，然其后十年之间，反者九起。陛下之与诸公，非亲角材而臣之也，又非身封王之也，自高皇帝不能以是一岁为安，故臣知陛下之不能也。然尚有可诿者，曰疏，臣请试言其亲者。假令悼惠王王齐，元王王楚，中子王赵，幽王王淮阳，共王王梁，灵王王燕，厉王王淮南，六七贵人皆亡恙，当是时陛下即位，能为治乎？臣又知陛下之不能也。若此诸王，虽名为臣，实皆有布衣昆弟之心，虑亡不帝制而天子自为者。擅爵人，赦死罪，甚者或戴黄屋，汉法令非行也。虽行不轨如厉王者，令之不肯听，召之安可致乎！幸而来至，法安可得加？动一亲戚，天下圜视而起，陛下之臣虽有悍如冯敬者，适启其口，匕首已陷其匈矣。陛下虽贤，谁与领此？故疏者必危，亲者必乱，已然之效也。其异姓负强而动者，汉已幸胜之矣，又不易其所以然。同姓袭是迹而动，既有征矣，其势尽又复然。殃祸之变，未知所移，明帝处之尚不能以安，后世将如之何？

屠牛坦一朝解十二牛，而芒刃不顿者，所排击剥割，皆众理解也。至于髋髀之所，非斤则斧。夫仁义恩厚，人主之芒刃也；权势法制，人主之斤斧也。今诸侯王皆众髋髀也，释斤斧之用，而欲婴以芒刃，臣以为不缺则折。胡不用之淮南、济北？势不可也。

　　臣窃迹前事，大抵强者先反。淮阴王楚最强，则最先反；韩信倚胡，则又反；贯高因赵资，则又反；陈豨兵精，则又反；彭越用梁，则又反；黥布用淮南，则又反；卢绾最弱，最后反。长沙乃在二万五千户耳，功少而最完，势疏而最忠，非独性异人也，亦形势然也。曩令樊、郦、绛、灌据数十城而王，今虽已残亡可也；令信、越之伦列为彻侯而居，虽至今存可也。然则天下之大计可知已。欲诸王之皆忠附，则莫若令如长沙王；欲臣子之勿菹醢，则莫若令如樊、郦等；欲天下之治安，莫若众建诸侯而少其力。力少则易使以义，国小则亡邪心。令海内之势如身之使臂，臂之使指，莫不制从，诸侯之君不敢有异心，辐凑并进而归命天子，虽在细民，且知其安，故天下咸知陛下之明。割地定制，令齐、赵、楚各为若干国，使悼惠王、幽王、元王之子孙毕以次各受祖之分地，地尽而止，及燕、梁它国皆然。其分地众而子孙少者，建以为国，空而置之，须其子孙生者，举使君之。诸侯之地其削颇入汉者，为徙其侯国及封其子孙也，所以数偿之。一寸之地，一人之众，天子亡所利焉，诚以定治而已，故天下咸知陛下之廉。地制壹定，宗室子孙莫虑不王，下无倍畔之心，上无诛伐之志，故天下咸知陛下之仁。法立而不犯，令行而不逆，贯高、利几之谋不生，柴奇、开章之计不萌，细民乡善，大臣致顺，故天下咸知陛下之义。卧赤子天下之上而安，植遗腹，朝委裘，而天下不乱，当时大治，后世诵圣。壹动而五业附，陛下谁惮而久不为此？

天下之势方病大瘇，一胫之大几如要，一指之大几如股，平居不可屈信，一二指搐，身虑亡聊。失今不治，必为锢疾，后虽有扁鹊，不能为已。病非徒瘇也，又苦蹠戾。元王之子，帝之从弟也；今之王者，从弟之子也。惠王，亲兄子也；今之王者，兄子之子也。亲者或亡分地以安天下，疏者或制大权以偪天子，臣故曰非徒病瘇也，又苦蹠戾。可痛哭者，此病是也。

　　天下之势方倒县。凡天子者，天下之首，何也？上也。蛮夷者，天下之足，何也？下也。今匈奴嫚娒侵掠，至不敬也，为天下患，至亡已也，而汉岁致金絮采缯以奉之。夷狄征令，是主上之操也；天子共贡，是臣下之礼也。足反居上，首顾居下，倒县如此，莫之能解，犹为国有人乎？非亶倒县而已，又类辟，且病痱。夫辟者一面病，痱者一方痛。今西边北边之郡，虽有长爵不轻得复，五尺以上不轻得息，斥候望烽燧不得卧，将吏被介胄而睡，臣故曰一方病矣。医能治之，而上不使，可为流涕者此也。

　　陛下何忍以帝皇之号为戎人诸侯，势既卑辱，而祸不息，长此安穷！进谋者率以为是，固不可解也，亡具甚矣。臣窃料匈奴之众不过汉一大县，以天下之大困于一县之众，甚为执事者羞之。陛下何不试以臣为属国之官以主匈奴？行臣之计，请必系单于之颈而制其命，伏中行说而笞其背，举匈奴之众唯上之令。今不猎猛敌而猎田彘，不搏反寇而搏畜菟，玩细娱而不图大患，非所以为安也。德可远施，威可远加，而直数百里外威令不信，可为流涕者此也。

　　今民卖僮者，为之绣衣丝履偏诸缘，内之闲中，是古天子后服，所以庙而不宴者也，而庶人得以衣婢妾。白縠之表，薄纨之里，緁以偏诸，美者黼绣，是古天子之服，今富人大贾嘉会召客者以被墙。古者以奉一帝一后而节适，今庶人屋壁得为帝服，倡优下贱得为后饰，然而天下不屈者，殆未有也。且帝之身自衣皁绨，而富民墙屋被文绣；天子之后以缘其领，庶人孽妾缘其履：此臣所谓舛也。夫百人作之不能衣一人，欲天下亡寒，胡可得也？一人耕之，十人聚而食之，欲天下亡饥，不可得也。饥寒切于民之肌肤，欲其亡为奸邪，不可得也。国已屈矣，盗贼直须时耳，然而献计者曰"毋动为大"耳。夫俗至大不敬也，至亡等也，至冒上也，进计者犹曰"毋为"，可为长太息者此也。

商君遗礼义，弃仁恩，并心于进取，行之二岁，秦俗日败。故秦人家富子壮则出分，家贫子壮则出赘。借父耰锄，虑有德色；母取箕帚，立而谇语。抱哺其子，与公并倨；妇姑不相说，则反唇而相稽。其慈子耆利，不同禽兽者亡几耳。然并心而赴时，犹曰蹶六国，兼天下。功成求得矣，终不知反廉愧之节，仁义之厚。信并兼之法，遂进取之业，天下大败；众掩寡，智欺愚，勇威怯，壮陵衰，其乱至矣。是以大贤起之，威震海内，德从天下。曩之为秦者，今转而为汉矣。然其遗风余俗，犹尚未改。今世以侈靡相竞，而上亡制度，弃礼谊，捐廉耻日甚，可谓月异而岁不同矣。逐利不耳，虑非顾行也，今其甚者杀父兄矣。盗者剟寝户之帘，搴两庙之器，白昼大都之中剽吏而夺之金。矫伪者出几十万石粟，赋六百余万钱，乘传而行郡国，此其亡行义之尤至者也。而大臣特以簿书不报，期会之间，以为大故。至于俗流失，世坏败，因恬而不知怪，虑不动于耳目，以为是适然耳。夫移风易俗，使天下回心而乡道，类非俗吏之所能为也。俗吏之所务，在于刀笔筐箧，而不知大体。陛下又不自忧，窃为陛下惜之。

夫立君臣，等上下，使父子有礼，六亲有纪，此非天之所为，人之所设也。夫人之所设，不为不立，不植则僵，不修则坏。《管子》曰："礼义廉耻，是谓四维；四维不张，国乃灭亡。"使管子愚人也则可，管子而少知治体，则是岂可不为寒心哉！秦灭四维而不张，故君臣乖乱，六亲殃戮，奸人并起，万民离叛，凡十三岁，而社稷为虚。今四维犹未备也，故奸人几幸，而众心疑惑。岂如今定经制，令君君臣臣，上下有差，父子六亲各得其宜，奸人亡所几幸，而群臣众信，上不疑惑。此业壹定，世世常安，而后有所持循矣。若夫经制不定，是犹度江河亡维楫，中流而遇风波，船必覆矣。可为长叹息者此也。

夏为天子，十有余世，而殷受之。殷为天子，二十余世，而周受之。周为天子，三十余世，而秦受之。秦为天子，二世而亡。人性不甚相远也，何三代之君有道之长，而秦无道之暴也？其故可知也。古之王者，太子乃生，固举以礼，使士负之，有司齐肃端冕，见之南郊，见于天也。过阙则下，过庙则趋，孝子之道也。故自为赤子，而教固已行矣。昔者成王幼在襁抱之中，召公为太保，周公为太傅，太公为太师。保，保其身体；傅，傅之德义；师，道之教训：此三公之职也。于是为置三少，皆上大夫也，曰少保、少傅、少师，是与太子宴者也。故乃孩提有识，三公、三少，固明孝仁礼义以道习之，逐去邪人，不使见恶行。于是皆选天下之端士，孝悌博闻、有道术者以卫翼之，使与太子居处出入。故太子乃生而见正事，闻正言，行正道，左右前后皆正人也。夫习与正人居之，不能毋正，犹生长于齐不能不齐言也；习与不正人居之，不能毋不正，犹生长于楚之地不能不楚言也。故择其所耆，必先受业，乃得尝之；择其所乐，必先有习，乃得为之。孔子曰："少成若天性，习贯如自然。"及太子少长，知妃色，则入于学。学者，所学之官也。《学礼》曰："帝入东学，上亲而贵仁，则亲疏有序而恩相及矣；帝入南学，上齿而贵信，则长幼有差而民不诬矣；帝入西学，上贤而贵德，则圣智在位而功不遗矣；帝入北学，上贵而尊爵，则贵贱有等而下不逾矣；帝入太学，承师问道，退习而考于太傅，太傅罚其不则而匡其不及，则德智长而治道得矣。此五学者既成于上，则百姓黎民化辑于下矣。"及太子既冠成人，免于保傅之严，则有记过之史，彻膳之宰，进善之旌，诽谤之木，敢谏之鼓。瞽史诵诗，工诵箴谏，大夫进谋，士传民语。习与智长，故切而不愧；化与心成，故中道若性。三代之礼：春朝朝日，秋暮夕月，所以明有敬也；春秋入学，坐国老，执酱而亲馈之，所以明有孝也；行以鸾和，步中《采齐》，趣中《肆夏》，所以明有度也；其于禽兽，见其生不食其死，闻其声不食其肉，故远庖厨，所以长恩，且明有仁也。

夫三代之所以长久者，以其辅翼太子有此具也。及秦而不然。其俗固非贵辞让也，所上者告讦也；固非贵礼义也，所上者刑罚也。使赵高傅胡亥而教之狱，所习者非斩劓人，则夷人之三族也。故胡亥今日即位而明日射人，忠谏者谓之诽谤，深计者谓之妖言，其视杀人若艾草菅然。岂惟胡亥之性恶哉？彼其所以道之者非其理故也。

鄙谚曰："不习为吏，视已成事。"又曰："前车覆，后车诫。"夫三代之所以长久者，其已事可知也；然而不能从者，是不法圣智也。秦世之所以亟绝者，其辙迹可见也；然而不避，是后车又将覆也。夫存亡之变，治乱之机，其要在是矣。天下之命，县于太子；太子之善，在于早谕教与选左右。夫心未滥而先谕教，则化易成也；开于道术智谊之指，则教之力也。若其服习积贯，则左右而已。夫胡、粤之人，生而同声，耆欲不异，及其长而成俗，累数译而不能相通，行者有虽死而不相为者，则教习然也。臣故曰选左右早谕教最急。夫教得而左右正，则太子正矣，太子正而天下定矣。《书》曰："一人有庆，兆民赖之。"此时务也。

凡人之智，能见已然，不能见将然。夫礼者禁于将然之前，而法者禁于已然之后，是故法之所用易见，而礼之所为生难知也。若夫庆赏以劝善，刑罚以惩恶，先王执此之政，坚如金石，行此之令，信如四时，据此之公，无私如天地耳，岂顾不用哉？然而曰"礼云礼云"者，贵绝恶于未萌，而起教于微眇，使民日迁善远罪而不自知也。孔子曰："听讼，吾犹人也，必也使毋讼乎！"为人主计者，莫如先审取舍；取舍之极定于内，而安危之萌应于外矣。安者非一日而安也，危者非一日而危也，皆以积渐然，不可不察也。人主之所积，在其取舍。以礼义治之者，积礼义；以刑罚治之者，积刑罚。刑罚积而民怨背，礼义积而民和亲。故世主欲民之善同，而所以使民善者或异。或道之以德教，或驱之以法令。道之以德教者，德教洽而民气乐；驱之以法令者，法令极而民风哀。哀乐之感，祸福之应也。秦王之欲尊宗庙而安子孙，与汤武同，然而汤武广大其德行，六七百岁而弗失，秦王治天下，十余岁则大败。此亡它故矣，汤、武之定取舍审而秦王之定取舍不审矣。夫天下，大器也。今人之置器，置诸安处则安，置诸危处则危。天下之情与器亡以异，在天子之所置之。汤、武置天下于仁义礼乐，而德泽洽，禽兽草木广裕，德被蛮貊四夷，累子孙数十世，此天下所共闻也。秦王置天下于法令刑罚，德泽亡一有，而怨毒盈于世，下憎恶之如仇雠，祸几及身，子孙诛绝，此天下之所共见也。是非其明效大验邪！人之言曰："听言之道，必以其事观之，则言者莫敢妄言。"今或言礼谊之不如法令，教化之不如刑罚，人主胡不引殷、周、秦事以观之也？

人主之尊譬如堂，群臣如陛，众庶如地。故陛九级上，廉远地，则堂高；陛亡级，廉近地，则堂卑。高者难攀，卑者易陵，理势然也。故古者圣王制为等列，内有公卿大夫士，外有公侯伯子男，然后有官师小吏，延及庶人，等级分明，而天子加焉，故其尊不可及也。里谚曰："欲投鼠而忌器"，此善谕也。鼠近于器，尚惮不投，恐伤其器，况于贵臣之近主乎！廉耻节礼以治君子，故有赐死而亡戮辱。是以黥、劓之罪不及大夫，以其离主上不远也。礼不敢齿君之路马，蹴其刍者有罚；见君之几杖则起，遭君之乘车则下，入正门则趋。君之宠臣虽或有过，刑戮之罪不加其身者，尊君之故也。此所以为主上豫远不敬也，所以体貌大臣而厉其节也。今自王侯三公之贵，皆天子之所改容而礼之也，古天子之所谓伯父、伯舅也，而令与众庶同黥劓髡刖笞傌弃市之法，然则堂不亡陛乎？被戮辱者不泰迫乎？廉耻不行，大臣无乃握重权，大官而有徒隶亡耻之心乎？夫望夷之事，二世见当以重法者，投鼠而不忌器之习也。

臣闻之，履虽鲜不加于枕，冠虽敝不以苴履。夫尝已在贵宠之位，天子改容而体貌之矣，吏民尝俯伏以敬畏之矣，今而有过，帝令废之可也，退之可也，赐之死可也，灭之可也。若夫束缚之，系缧之，输之司寇，编之徒官，司寇小吏詈骂而榜笞之，殆非所以令众庶见也。夫卑贱者习知尊贵者之一旦，吾亦乃可以加此也，非所以习天下也，非尊尊贵贵之化也。夫天子之所尝敬，众庶之所尝宠，死而死耳，贱人安宜得如此而顿辱之哉！

豫让事中行之君，智伯伐而灭之，移事智伯。及赵灭智伯，豫让衅面吞炭，必报襄子，五起而不中。人问豫子，豫子曰："中行众人畜我，我故众人事之；智伯国士遇我，我故国士报之。"故此一豫让也，反君事仇，行若狗彘，已而抗节致忠，行出乎列士，<u>人主使然也</u>。故主上遇其大臣如遇犬马，彼将犬马自为也；如遇官徒，彼将官徒自为也。顽顿亡耻，𡳾诟亡节，廉耻不立，且不自好，苟若而可，<u>故见利则逝，见便则夺</u>。主上有败，则因而挺之矣；主上有患，则吾苟免而已，立而观之耳；有便吾身者，则欺卖而利之耳。人主将何便于此？群下至众，而主上至少也，所托财器职业者粹于群下也。俱亡耻，俱苟妄，则主上最病。故古者礼不及庶人，刑不至大夫，所以厉宠臣之节也。古者大臣有坐不廉而废者，不谓不廉，曰"簠簋不饰"；坐污秽淫乱男女亡别者，不曰污秽，曰"帷薄不修"；坐罢软不胜任者，不谓罢软，曰"下官不职"。故贵大臣定有其罪矣，<u>犹未斥然正以谇之也</u>，尚迁就而为之讳也。故其在大谴大何之域者，闻谴何则白冠氂缨，盘水加剑，造请室而请罪耳，上不执缚系引而行也。其有中罪者，闻命而自弛，上不使人颈盭而加也。其有大罪者，闻命则北面再拜，跪而自裁，上不使捽抑而刑之也，曰："子大夫自有过耳！吾遇子有礼矣。"遇之有礼，故群臣自憙；婴以廉耻，故人矜节行。上设廉耻礼义以遇其臣，而臣不以节行报其上者，则非人类也。故化成俗定，则为人臣者主耳忘身，国耳忘家，公耳忘私，利不苟就，害不苟去，唯义所在。上之化也，故父兄之臣诚死宗庙，法度之臣诚死社稷，辅翼之臣诚死君上，守圉扞敌之臣诚死城郭封疆。故曰圣人有金城者，比物此志也。彼且为我死，故吾得与之俱生；彼且为我亡，故吾得与之俱存；夫将为我危，故吾得与之皆安。顾行而忘利，守节而仗义，故可以托不御之权，可以寄六尺之孤。此厉廉耻行礼谊之所致也，主上何丧焉！此之不为，而顾彼之久行，故曰可为长叹息者此也。

是时，丞相绛侯周勃免就国，人有告勃谋反，逮系长安狱治，卒亡事，复爵邑，故贾谊以此讥上。上深纳其言，养臣下有节。是后大臣有罪，皆自杀，不受刑。至武帝时，稍复入狱，自宁成始。

初，文帝以代王入即位，后分代为两国，立皇子武为代王，参为太原王，小子胜则梁王矣。后又徙代王武为淮阳王，而太原王参为代王，尽得故地。居数年，梁王胜死，亡子。谊复上疏曰：

陛下即不定制，如今之势，不过一传再传，诸侯犹且人恣而不制，豪植而大强，汉法不得行矣。陛下所以为蕃扞及皇太子之所恃者，唯淮阳、代二国耳。代北边匈奴，与强敌为邻，能自完则足矣。而淮阳之比大诸侯，仅如黑子之著面，适足以饵大国耳，不足以有所禁御。方今制在陛下，制国而令子适足以为饵，岂可谓工哉！人主之行异布衣，布衣者，饰小行，竞小廉，以自托于乡党；人主唯天下安社稷固不耳。

高皇帝瓜分天下以王功臣，反者如蝟毛而起，以为不可，故蕲去不义诸侯而虚其国。择良日，立诸子洛阳上东门之外，毕以为王，而天下安。故大人者，不牵小行，以成大功。

今淮南地远者或数千里，越两诸侯，而县属于汉。其吏民徭役往来长安者，自悉而补，中道衣敝，钱用诸费称此，其苦属汉而欲得王至甚，逋逃而归诸侯者已不少矣。其势不可久。臣之愚计，愿举淮南地以益淮阳，而为梁王立后，割淮阳北边二三列城与东郡以益梁；不可者，可徙代王而都睢阳。梁起于新郪以北著之河；淮阳包陈以南揵之江，则大诸侯之有异心者，破胆而不敢谋。梁足以扞齐、赵，淮阳足以禁吴、楚，陛下高枕，终亡山东之忧矣，此二世之利也。当今恬然，适遇诸侯之皆少，数岁之后，陛下且见之矣。夫秦日夜苦心劳力以除六国之祸，今陛下力制天下，颐指如意，高拱以成六国之祸，难以言智。苟身亡事，畜乱宿祸，孰视而不定，万年之后，传之老母弱子，将使不宁，不可谓仁。臣闻圣主言问其臣而不自造事，故使人臣得毕其愚忠。唯陛下财幸！

文帝于是从谊计，乃徙淮阳王武为梁王，北界泰山，西至高阳，得大县四十余城；徙城阳王喜为淮南王，抚其民。

时又封淮南厉王四子皆为列侯。谊知上必将复王之也，上疏谏曰："窃恐陛下接王淮南诸子，曾不与如臣者孰计之也。淮南王之悖逆亡道，天下孰不知其罪？陛下幸而赦迁之，自疾而死，天下孰以王死之不当？今奉尊罪人之子，适足以负谤于天下耳。此人少壮，岂能忘其父哉？白公胜所为父报仇者，大父与伯父、叔父也。白公为乱，非欲取国代主也，发愤快志，剡手以冲仇人之匈，固为俱靡而已。淮南虽小，黥布尝用之矣，汉存特幸耳。夫擅仇人足以危汉之资，于策不便。虽割而为四，四子一心也。予之众，积之财，此非有子胥、白公报于广都之中，即疑有剸诸、荆轲起于两柱之间，所谓假贼兵为虎翼者也。愿陛下少留计！"

梁王胜坠马死，谊自伤为傅无状，常哭泣，后岁余，亦死。贾生之死，年三十三矣。

后四岁，齐文王薨，亡子。文帝思贾生之言，乃分齐为六国，尽立悼惠王子六人为王；又迁淮南王喜于城阳，而分淮南为三国，尽立厉王三子以王之。后十年，文帝崩，景帝立，三年而吴、楚、赵与四齐王合从举兵，西乡京师，梁王扞之，卒破七国。至武帝时，淮南厉王子为王者两国亦反诛。

孝武初立，举贾生之孙二人至郡守。贾嘉最好学，世其家。

赞曰：刘向称"贾谊言三代与秦治乱之意，其论甚美，通达国体，虽古之伊、管未能远过也。使时见用，功化必盛。为庸臣所害，甚可悼痛"。追观孝文玄默躬行以移风俗，谊之所陈略施行矣。及欲改定制度，以汉为土德，色上黄，数用五，及欲试属国，施五饵三表以系单于，其术固以疏矣。谊亦天年早终，虽不至公卿，未为不遇也。凡所著述五十八篇，掇其切于世事者著于传云。

  白乐天评：汉兴四十载，万方大理，四海太和，贾谊非不见之，所以过言者，以为词不切、志不激，则不能回君听、感君心，而发愤于至理也。是以虽盛时也，贾谊过言而无愧；虽过言也，文帝容之而不非。故臣不失忠，君不失圣，书之史策，以为美谈。

  真西山评：谊欲选左右开以道术，智谊之指，而文帝乃使晁错以术数教太子。帝号能受谏者，而于此失之，可叹也。

　　王凤洲评：《治安》之于事也，《原道》之于理也，孟氏之后勿伍矣。

　　茅鹿门评：贾谊本汉才臣，与屈原异指，而史迁特以谊尝为书吊原故，并为一传，而其序（木未）[本末]处尤略。《汉书》特载《治安》诸疏，所区画汉得失，三代以下罕见者。于今千载之间，种种若几上事也。兹则《汉书》之功为多。

　　孙月峰评：两短疏语意俱精，胜《治安策》。

　　徐退山评：司马史贾生与屈原同传，录《吊屈原赋》而不录《治安疏》，盖深悼贾生之未竟用于当时也。班史录之而曰：其大略云云，当亦经删削，非全文矣。然犹浩汗若此，想见贾子惊天动地之才，目击当时事不竟，发愤言之，初非有意为文，而遂为古今文字之祖，变化出没，不可羁制。谢叠山谓文气笔力为西汉第一。荆川以为迥出《左传》有以也。乃班史疏前有提，疏后有缴，亦自紧严，深得左氏、司马氏史法。

董仲舒传

(节录)

董仲舒,广川人也。少治《春秋》,孝景时为博士。下帷讲诵,弟子传以久次相授业,或莫见其面。盖三年不窥园,其精如此。进退容止,非礼不行,学士皆师尊之。

武帝即位,举贤良文学之士前后百数,而仲舒以贤良对策焉。

制曰:朕获承至尊休德,传之亡穷,而施之罔极,任大而守重,是以夙夜不皇康宁,永惟万事之统,犹惧有阙。故广延四方之豪俊,郡国诸侯公选贤良修洁博习之士,欲闻大道之要,至论之极。今子大夫褎然为举首,朕甚嘉之。子大夫其精心致思,朕垂听而问焉。

盖闻五帝三王之道,改制作乐而天下洽和,百王同之。当虞氏之乐莫盛于《韶》,于周莫盛于《勺》。圣王已没,钟鼓管弦之声未衰,而大道微缺,陵夷至乎桀、纣之行,王道大坏矣。夫五百年之间,守文之君,当涂之士,欲则先王之法以戴翼其世者甚众,然犹不能反,日以仆灭,至后王而后止,岂其所持操或诖缪而失其统与?固天降命不可复反,必推之于大衰而后息与?乌乎!凡所为屑屑,夙兴夜寐,务法上古者,又将无补与?三代受命,其符安在?灾异之变,何缘而起?性命之情,或夭或寿,或仁或鄙,习闻其号,未烛厥理。伊欲风流而令行,刑轻而奸改,百姓和乐,政事宣昭,何修何饬而膏露降,百谷登,德润四海,泽臻草木,三光全,寒暑平,受天之祜,享鬼神之灵,德泽洋溢,施乎方外,延及群生?

　　子大夫明先圣之业，习俗化之变，终始之序，讲闻高谊之日久矣，其明以谕朕。科别其条，勿猥勿并，取之于术，慎其所出。乃其不正不直，不忠不极，枉于执事，书之不泄，兴于朕躬，毋悼后害。子大夫其尽心，靡有所隐，朕将亲览焉。

仲舒对曰：

　　陛下发德音，下明诏，求天命与情性，皆非愚臣之所能及也。臣谨案《春秋》之中，视前世已行之事，以观天人相与之际，甚可畏也。国家将有失道之败，而天乃先出灾害以谴告之；不知自省，又出怪异以警惧之；尚不知变，而伤败乃至。以此见天心之仁爱人君而欲止其乱也。自非大亡道之世者，天尽欲扶持而全安之，事在强勉而已矣。强勉学问，则闻见博而知益明；强勉行道，则德日起而大有功：此皆可使还至而有效者也。《诗》曰"夙夜匪解"，《书》云"茂哉茂哉！"皆强勉之谓也。

　　道者，所繇适于治之路也，仁义礼乐皆其具也。故圣王已没，而子孙长久安宁数百岁，此皆礼乐教化之功也。王者未作乐之时，乃用先王之乐宜于世者，而以深入教化于民。教化之情不得，雅颂之乐不成，故王者功成作乐，乐其德也。乐者，所以变民风，化民俗也；其变民也易，其化人也著。故声发于和而本于情，接于肌肤，臧于骨髓。故王道虽微缺，而筦弦之声未衰也。夫虞氏之不为政久矣，然而乐颂遗风犹有存者，是以孔子在齐而闻《韶》也。夫人君莫不欲安存而恶危亡，然而政乱国危者甚众，所任者非其人，而所繇者非其道，是以政日以仆灭也。夫周道衰于幽、厉，非道亡也，幽、厉不繇也。至于宣王，思昔先王之德，兴滞补弊，明文、武之功业，周道粲然复兴，诗人美之而作，上天祐之，为生贤佐，后世称颂，至今不绝。此夙夜不解行善之所致也。孔子曰"人能弘道，非道弘人"也。故治乱废兴在于己，非天降命不可得反，其所操持谬失其统也。

臣闻天之所大奉使之王者，必有非人力所能致而自至者，此受命之符也。天下之人同心归之，若归父母，故天瑞应诚而至。《书》曰："白鱼入于王舟，有火复于王屋，流为乌"，此盖受命之符也。周公曰"复哉复哉"，孔子曰"德不孤，必有邻"，皆积善累德之效也。及至后世，淫佚衰微，不能统理群生，诸侯背畔，残贼良民以争壤土，废德教而任刑罚。刑罚不中，则生邪气；邪气积于下，怨恶畜于上。上下不和，则阴阳缪盭而妖孽生矣。此灾异所缘而起也。

臣闻命者天之令也；性者生之质也；情者人之欲也。或夭或寿，或仁或鄙，陶冶而成之，不能粹美，有治乱之所生，故不齐也。孔子曰："君子之德风，小人之德草，草上之风必偃。"故尧、舜行德则民仁寿，桀、纣行暴则民鄙夭。夫上之化下，下之从上，犹泥之在钧，唯甄者之所为；犹金之在熔，唯冶者之所铸。"绥之斯俫，动之斯和"，此之谓也。

臣谨案《春秋》之文，求王道之端，得之于正。正次王，王次春。春者，天之所为也；正者，王之所为也。其意曰，上承天之所为，而下以正其所为，正王道之端云尔。然则王者欲有所为，宜求其端于天。天道之大者在阴阳。阳为德，阴为刑；刑主杀而德主生。是故阳常居大夏，而以生育养长为事；阴常居大冬，而积于空虚不用之处。以此见天之

<u>任德不任刑也</u>。天使阳出布施于上而主岁功，使阴入伏于下而时出佐阳；阳不得阴之助，亦不能独成岁，终阳以成岁为名，此天意也。王者承天意以从事，故任德教而不任刑。<u>刑者不可任以治世，犹阴之不可任以成岁也。为政而任刑，不顺于天，故先王莫之肯为也</u>。今废先王德教之官，而独任执法之吏治民，毋乃任刑之意与！孔子曰："不教而诛谓之虐。"虐政用于下，而欲德教之被四海，故难成也。

臣谨案《春秋》谓一元之意，一者万物之所从始也，元者辞之所谓大也。<u>谓一为元者，视大始而欲正本也</u>。《春秋》深探其本，而反自贵者始。故为人君者，正心以正朝廷，正朝廷以正百官，正百官以正万民，正万民以正四方。四方正，<u>远近莫敢不壹于正，而亡有邪气奸其间者</u>。是以阴阳调而风雨时，群生和而万民殖，五谷孰而草木茂，天地之间被润泽而大丰美，四海之内闻盛德而皆徕臣，诸福之物，可致之祥，莫不毕至，而王道终矣。

孔子曰："凤鸟不至，河不出图，吾已矣夫！"自悲可致此物，而身卑贱不得致也。今陛下贵为天子，富有四海，居得致之位，操可致之势，又有能致之资，行高而恩厚，知明而意美，爱民而好士，可谓谊主矣。然而天地未应而美祥莫至者，何也？<u>凡以教化不立而万民不正也</u>。夫万民之从利也，如水之走下，<u>不以教化堤防之，不能止也</u>。是故教化立而奸邪皆止者，<u>其堤防完也</u>；教化废而奸邪并出，刑罚不能胜者，<u>其堤防坏也</u>。古之王者明于此，<u>是故南面而治天下，莫不以教化为大务</u>。立大学以教于国，设痒序以化于邑，渐民以仁，摩民以谊，节民以礼，故其刑罚甚轻而禁不犯者，教化行而习俗美也。

圣王之继乱世也，扫除其迹而悉去之，复修教化而崇起之。教化已明，习俗已成，子孙循之，行五六百岁尚未败也。至周之末世，大为亡道，以失天下。秦继其后，独不能改，又益甚之，重禁文学，不得挟书，弃捐礼谊而恶闻之，其心欲尽灭先王之道，而颛为自恣苟简之治，故立为天子十四岁而国破亡矣。自古以来，未尝有以乱济乱，大败天下之民如秦者也。其遗毒余烈，至今未灭，使习俗薄恶，人民嚚顽，抵冒殊扞，孰烂如此之甚者也。孔子曰："腐朽之木不可雕也，粪土之墙不可圬也。"今汉继秦之后，如朽木、粪墙矣，虽欲善治之，亡可奈何。法出而奸生，令下而诈起，如以汤止沸，抱薪救火，愈甚亡益也。窃譬之琴瑟不调，甚者必解而更张之，乃可鼓也；为政而不行，甚者必变而更化之，乃可理也。当更张而不更张，虽有良工不能善调也；当更化而不更化，虽有大贤不能善治也。故汉得天下以来，常欲善治，而至今不可善治者，失之于当更化而不更化也。古人有言曰："临渊羡鱼，不如退而结网。"今临政而愿治七十余岁矣，不如退而更化；更化则可善治，善治则灾害日去，福禄日来。《诗》云："宜民宜人，受禄于天。"为政而宜于民者，固当受禄于天。夫仁、谊、礼、知、信，五常之道，王者所当修饬也；五者修饬，故受天之祐，而享鬼神之灵，德施于方外，延及群生也。

天子览其对而异焉，乃复册之曰：

　　制曰：盖闻虞舜之时，游于岩郎之上，垂拱无为，而天下太平。周文王至于日昃不暇食，而宇内亦治。夫帝王之道，岂不同条共贯与？何逸劳之殊也？

　　盖俭者不造玄黄旌旗之饰，及至周室，设两观，乘大路，朱干玉戚，八佾陈于庭，而颂声兴。夫帝王之道岂异指哉？或曰良玉不瑑，又曰非文亡以辅德，二端异焉。

　　殷人执五刑以督奸，伤肌肤以惩恶。成康不式，四十余年天下不犯，囹圄空虚；秦国用之，死者甚众，刑者相望，耗矣！哀哉！

　　乌虖！朕夙寤晨兴，惟前帝王之宪，永思所以奉至尊，章洪业，皆在力本任贤。今朕亲耕籍田以为农先，劝孝弟，崇有德，使者冠盖相望，问勤劳，恤孤独，尽思极神，功烈休德未始云获也。今阴阳错缪，氛气充塞，群生寡遂，黎民未济，廉耻贸乱，贤不肖浑殽，未得其真，故详延特起之士，庶几乎！今子大夫待诏百有余人，或道世务而未济，稽诸上古之不同，考之于今而难行，毋乃牵于文系而不得骋与？将所繇异术，所闻殊方与？各悉对，著于篇，毋讳有司。明其指略，切磋究之。以称朕意。

仲舒对曰：

　　臣闻尧受命，以天下为忧，而未以位为乐也，故诛逐乱臣，务求贤圣，是以得舜、禹、稷、高、咎繇。众圣辅德，贤能佐职，教化大行，天下和洽，万民皆安仁乐谊，各得其宜，动作应礼，从容中道。故孔子曰："如有王者，必世而后仁，"此之谓也。尧在位七十载，乃逊于位以禅虞舜。尧崩，天下不归尧子丹朱而归舜。舜知不可辟，乃即天子之位，以禹为相，因尧之辅佐，继其统业，是以垂拱无为而天下治。

孔子曰："《韶》尽美矣，又尽善矣"，此之谓也。至于殷纣，逆天暴物，杀戮贤知，残贼百姓。伯夷、太公皆当世贤者，隐处而不为臣。守职之人皆奔走逃亡，入于河海。天下耗乱，万民不安，故天下去殷而从周。文王顺天理物，师用贤圣，是以闳夭、大颠、散宜生等亦聚于朝廷。爱施兆民，天下归之，故太公起海滨而即三公也。当此之时，纣尚在上，尊卑昏乱，百姓散亡，故文王悼痛而欲安之，是以日昃而不暇食民。孔子作《春秋》，先正王而系万事，见素王之文焉。由此观之，帝王之条贯同，然而劳逸异者，所遇之时异也。孔子曰："《武》尽美矣，未尽善也"，此之谓也。

臣闻制度文采玄黄之饰，所以明尊卑，异贵贱，而劝有德也。故《春秋》受命，所先制者，改正朔，易服色，所以应天也。然则宫室旌旗之制，有法而然者也。故孔子曰："奢则不逊，俭则固。"俭非圣人之中制也。臣闻良玉不瑑，资质润美，不待刻瑑，此亡异于达巷党人不学而自知也。然则常玉不瑑，不成文章；君子不学，不成其德。

臣闻圣王之治天下也，少则习之学，长则材诸位，爵禄以养其德，刑罚以威其恶，故民晓于礼谊而耻犯其上。武王行大谊，平残贼，周公作礼乐以文之，至于成康之隆，囹圄空虚四十余年，此亦教化之渐而仁谊之流，非独伤肌肤之效也。至秦则不然。师申、商之法，行韩非之说，憎帝王之道，以贪狼为俗，非有文德以教训于下也。诛名而不察实，为善者不必免，而犯恶者未必刑也。是以百官皆饰虚辞而不顾实，外有事君之礼，内有背上之心；造伪饰诈，趣利无耻；又好用憯酷之吏，赋敛亡度，竭民财力，百姓散亡，不得从耕织之业，群盗并起。是以刑者甚众，死者相望，而奸不息，俗化使然也。故孔子曰："导之以政，齐之以刑，民免而无耻"，此之谓也。

今陛下并有天下，海内莫不率服，广览兼听，极群下之知，尽天下之美，至德昭然，施于方外。夜郎、康居，殊方万里，说德归谊，此太平之致也。然而功不加于百姓者，殆王心未加焉。曾子曰："尊其所闻，则高明矣；行其所知，则光大矣。高明光大，不在于它，在乎加之意而已。"愿陛下因用所闻，设诚于内而致行之，则三王何异哉！

陛下亲耕籍田以为农先，夙寤晨兴，忧劳万民，思维往古，而务以求贤，此亦尧、舜之用心也，然而未云获者，士素不厉也。夫不素养士而欲求贤，譬犹不琢玉而求文采也。故养士之大者，莫大乎太学；太学者，贤士之所关也，教化之本原也。今以一郡一国之众，对亡应书者，是王道往往而绝也。臣愿陛下兴太学，置明师，以养天下之士，数考问以尽其材，则英俊宜可得矣。

今之郡守、县令，民之师帅，所使承流而宣化也；故师帅不贤，则主德不宣，恩泽不流。今吏既亡教训于下，或不承用主上之法，暴虐百姓，与奸为市，贫穷孤弱，冤苦失职，甚不称陛下之意。是以阴阳错缪，氛气弃塞，群生寡遂，黎民未济，皆长吏不明，使至于此也。

夫长吏多出于郎中、中郎，吏二千石子弟选郎吏，又以富訾，未必贤也。且古所谓功者，以任官称职为差，非谓积日絫久也。故小材虽累日，不离于小官；贤材虽未久，不害为辅佐。是以有司竭力尽知，务治其业而以赴功。今则不然，絫日以取贵，积久以致官，是以廉耻贸乱，贤不肖浑殽，未得其真。臣愚以为使诸列侯、郡守、二千石各择其吏民之贤者，岁贡各二人以给宿卫，且以观大臣之能；所贡贤者有赏，所贡不肖者有罚。夫如是，诸侯、吏二千石皆尽心于求贤，天下之士可得而官使也。遍得天下之贤人，则三王之盛易为，而尧、舜之名可及也。毋以日月为功，实试贤能为上，量材而授官，录德而定位，则廉耻殊路，贤不肖异处矣。陛下加惠，宽臣之罪，令勿牵制于文，使得切磋究之，臣敢不尽愚！

于是天子复册之。

制曰：盖闻"善言天者必有征于人，善言古者必有验于今"。故朕垂问乎天人之应，上嘉唐虞，下悼桀纣，浸微浸灭浸明浸昌之道，虚心以改。今子大夫明于阴阳所以造化，习于先圣之道业，然而文采未极，岂惑乎当世之务哉？条贯靡竟，统纪未终，意朕之不明与？听若眩与？夫三王之教所祖不同，而皆有失，或谓久而不易者道也，意岂异哉？今子大夫既已著大道之极，陈治乱之端矣，其悉之究之，孰之复之。《诗》不云乎？"嗟尔君子，毋常安息，神之听之，介尔景福。"朕将亲览焉，子大夫其茂明之。

仲舒复对曰：

臣闻《论语》曰："有始有卒者，其唯圣人乎！"今陛下幸加惠，留听于承学之臣，复下明册，以切其意，而究尽圣德，非愚臣之所能具也。前所上对，条贯靡竟，统纪不终，辞不别白，指不分明，此臣浅陋之罪也。

册曰："善言天者必有征于人，善言古者必有验于今。"臣闻天者群物之祖也，故遍覆包函而无所殊，建日月风雨以和之，经阴阳寒暑以成之。故圣人法天而立道，亦溥爱而亡私，布德施仁以厚之，设谊立礼以导之。春者天之所以生也，仁者君之所以爱也；夏者天之所以长也，德者君之所以养也；霜者天之所以杀也，刑者君之所以罚也。繇此言之，天人之征，古今之道也。孔子作《春秋》，上揆之天道，下质诸人情，参之于古，考之于今。故《春秋》之所讥，灾害之所加也；《春秋》之所恶，怪异之所施也。书邦家之过，兼灾异之变，以此见人之所为，其美恶之极，乃与天地流通而往来相应，此亦言天之一端。古者修教训之官，务以德善化民，民已大化之后，天下常亡一人之狱矣。今世废而不修，亡以化民，民以故弃行谊而死财利，是以犯法而罪多，一岁之狱以万千数。以此见古之不可不用也，故《春秋》变古则讥之。天令之谓命，命非圣人不行；质朴之谓性，性非教化不成；人欲之谓情，情非度制不节。是故王者上谨于承天意，以顺命也；下务明教化民，以成性也；正法度之宜，别上下之序，以防欲也：修此三者，而大本举矣。人受命于天，固超然异于群生，入有父子兄弟之亲，出有君臣上下之谊，会聚相遇，则有耆老长幼之施，粲然有文以相接，欢然有恩以相爱，此人之所以贵也。生五谷以食之，桑麻以衣之，六畜以养之，服牛乘马，圈豹槛虎，是其得天之灵，贵于物也。故孔子曰："天地之性人为贵。"明于天性，知自贵于物；知自贵于物，然后知仁谊；知仁谊，然后重礼节；重礼节，然后安处善；安处善，然后乐循理；乐循理，然后谓之君之。故孔子曰"不知命，亡以为君子"，此之谓也。

册曰:"上嘉唐虞,下悼桀纣,浸微浸灭浸明浸昌之道,虚心以改。"臣闻众少成多,积小致巨,故圣人莫不以晻致明,以微致显。是以尧发于诸侯,舜兴乎深山,非一日而显也,盖有渐以致之矣。言出于己,不可塞也;行发于身,不可掩也。言行,治之大者,君子之所以动天地也。故尽小者大,慎微者著。《诗》云:"惟此文王,小心翼翼。"故尧兢兢日行其道,而舜业业日致其孝,善积而名显,德章而身尊,此其浸明浸昌之道也。积善在身,犹长日加益,而人不知也;积恶在身,犹火之销膏,而人不见也。非明乎情性察乎流俗者,孰能知之?此唐虞之所以得令名,而桀纣之可为悼惧者也。夫善恶之相从,如景乡之应形声也。故桀纣暴谩,谗贼并进,贤知隐伏,恶日显,国日乱,晏然自以如日在天,终陵夷而大坏。夫暴逆不仁者,非一日而亡也,亦以渐至,故桀、纣虽亡道,然犹享国十余年,此其浸微浸灭之道也。

册曰:"三王之教所祖不同,而皆有失,或谓久而不易者道也,意岂异哉?"臣闻夫乐而不乱、复而不厌者谓之道;道者万世无弊,弊者道之失也。先王之道必有偏而不起之处,故政有眊而不行,举其偏者以补其弊而已矣。三王之道所祖不同,非其相反,将以捄溢扶衰,所遭之变然也。故孔子曰:"亡为而治者,其舜乎!"改正朔,易服色,以顺天命而已;其余尽循尧道,何更为哉!故王者有改制之名,亡变道之实。然夏上忠,殷上敬,周上文者,所继之捄,当用此也。孔子曰:"殷因于夏礼,所损益可知也;周因于殷礼,所损益可知也;其或继周者,虽百世可知也。"此言百王之用,以此三者矣。夏因于虞,而独不言所损益者,其道如一而所上同也。道之大原出于天,天不变,道亦不变,是以禹继舜,舜继尧,三圣相受而守一道，亡救弊之政也，故不言其所损益也。繇是观之，继治世者其道同，继乱世者其道变。今汉继大乱之后，若宜少损周之文致，用夏之忠者。

陛下有明德嘉道，愍世欲之靡薄，悼王道之不昭，故举贤良方正之士，论议考问，将欲兴仁谊之休德，明帝王之法制，建太平之道也。臣愚不肖，述所闻，诵所学，道师之言，廑能勿失耳。若乃论政事之得失，察天下之息耗，此大臣辅佐之职，三公九卿之任，非臣仲舒所能及也。然而臣窃有怪者。夫古之天下亦今之天下，今之天下亦古之天下，共是天下，古以大治，上下和睦，习俗美盛，不令而行，不禁而止，吏亡奸邪，民亡盗贼，囹圄空虚，德润草木，泽被四海，凤皇来集，麒麟来游。以古准今，壹何不相逮之远也！安所缪盭而陵夷若是？意者有所失于古之道与？有所诡于天之理与？试迹之于古，返之于天，党可得见乎。

夫天亦有所分予，予之齿者去其角，傅其翼者两其足，是所受大者不得取小也。古之所予禄者，不食于力，不动于末，是亦受大者不得取小，与天同意者也。夫已受大，又取小，天不能足，而况人乎！此民之所以嚣嚣苦不足也。身宠而载高位，家温而食厚禄，因乘富贵之资力，以与民争利于下，民安能如之哉！是故众其奴婢，多其牛羊，广其田宅，博其产业，畜其积委，务此而亡已，以迫蹴民，民日削月朘，浸以大穷。富者奢侈羡溢，贫者穷急愁苦；穷急愁苦而不上救，则民不乐生；民不乐生，尚不避死，安能避罪！此刑罚之所以蕃而奸邪不可胜者也。故受禄之家，食禄而已，不与民争业，然后利可均布，而民可家足。此上天之理，而亦太古之道，天子之所宜法以为制，大夫之所当循以为行也。故公仪子相鲁,之其家见织帛,怒而出其妻,食于舍而茹葵,愠而拔其葵,曰:"吾已食禄,又夺园夫红女利乎!"古之贤人君子在列位者皆如是,是故下高其行而从其教,民化其廉而不贪鄙。及至周室之衰,其卿大夫缓于谊而急于利,亡推让之风,而有争田之讼。故诗人疾而刺之,曰:"节彼南山,惟石岩岩,赫赫师尹,民具尔瞻。"尔好谊,则民乡仁而俗善;尔好利,则民好邪而俗败。由是观之,天子大夫者,下民之所视效,远方之所四面而内望也。近者视而放之,远者望而效之,岂可以居贤人之位而为庶人行哉!夫皇皇求财利常恐乏匮者,庶人之意也;皇皇求仁义常恐不能化民者,大夫之意也。《易》曰:"负且乘,致寇至。"乘车者君子之位也,负担着小人之事也,此言居君子之位而为庶人之行者,其患祸必至也。若居君子之位,当君子之行,则舍公仪休之相鲁,亡可为者矣。

《春秋》大一统者,天地之常经,古今之通谊也。今师异道,人异论,百家殊方,指意不同,是以上亡以持一统;法制数变,下不知所守。臣愚以为诸不在六艺之科孔子之术者,皆绝其道,勿使并进。邪辟之说灭息,然后统纪可一而法度可明,民知所从矣。

对既毕,天子以仲舒为江都相,事易王。易王,帝兄,素骄,好勇。仲舒以礼谊匡正,王敬重焉。久之,王问仲舒曰:"粤王勾践与大夫泄庸、种、蠡谋伐吴,遂灭之。孔子称殷有三仁,寡人亦以为粤有三仁。桓公决疑于管仲,寡人决疑于君。"仲舒对曰:"臣愚不足以奉大对。闻昔者鲁君问柳下惠:'吾欲伐齐,何如?'柳下惠曰:'不可。'归而有忧色,曰:'吾闻伐国不问仁人,此言何为至于我哉！'徒见问耳，且犹羞之，况设诈以伐吴乎？繇此言之，粤本无一仁。夫仁人者，正其谊不谋其利，明其道不计其功。是以仲尼之门，五尺之童羞称五伯，为其先诈力而后仁谊也。苟为诈而已，故不足称于大君子之门也。五伯比于他诸侯为贤，其比三王，犹武夫之与美玉也。"王曰："善。"

仲舒治国，以《春秋》灾异之变推阴阳所以错行，故求雨，闭诸阳，纵诸阴，其止雨反是；行之一国，未尝不得所欲。中废为中大夫。先是辽东高庙、长陵高园殿灾，仲舒居家推说其意，草稿未上，主父偃候仲舒，私见，嫉之，窃其书而奏焉。上召视诸儒，仲舒弟子吕步舒不知其师书，以为大愚。于是下仲舒吏，当死，诏赦之，仲舒遂不敢复言灾异。

仲舒为人廉直。是时方外攘四夷，公孙弘治《春秋》不如仲舒，而弘希世用事，位至公卿。仲舒以弘为从谀，弘嫉之。胶西王亦上兄也，尤纵恣，数害吏二千石。弘乃言于上曰："独董仲舒可使相胶西王。"胶西王闻仲舒大儒，善待之。仲舒恐久获罪，病免。凡相两国，辄事骄王，正身以率下，数上疏谏争，教令国中，所居而治。及去位归居，终不问家产业，以修学著书为事。

仲舒在家，朝廷如有大议，使使者及廷尉张汤就其家而问之，其对皆有明法。自武帝初立，魏其、武安侯为相而隆儒矣。及仲舒对册，推明孔氏，抑黜百家。立学校之官，州郡举茂材孝廉，皆自仲舒发之。年老，以寿终于家。家徙茂陵，子及孙皆以学至大官。

仲舒所著，皆明经术之意，及上疏条教，凡百二十三篇。而说《春秋》事得失，《闻举》、《玉杯》、《蕃露》、《清明》、《竹林》之属，复数十篇，十余万言，皆传于后世。掇其切当世施朝廷者著于篇。

赞曰：刘向称"董仲舒有王佐之材，虽伊、吕亡以加，管、晏之属，伯者之佐，殆不及也"。至向子歆以为："伊、吕乃圣人之耦，王者不得则不兴。故颜渊死，孔子曰'噫！天丧余。'唯此一人为能当之，自宰我、子赣、子游、子夏不与焉。仲舒遭汉承秦灭学之后，《六经》离析，下帷发愤，潜心大业，令后学者有所统壹，为群儒首。然考其师友渊源所渐，犹未及乎游、夏，而曰管、晏弗及，伊、吕不加，过矣。"至向曾孙龚，笃论君子也，以歆之言为然。

钟伯敬评：仲舒儒者，其告君之言宽大舂容，不急急于切指一事，以说理为主，然理明而事情自见。无贾生之激，无晁错之峭，而气韵闳深，波澜纡回，自是汉人文字，所谓学问道德之气，郁郁芊芊，见于笔墨之间者也。

徐退山评：第一策对，推本于天而归功正心，正心者，教化之基也，尽道之源也，礼乐之权舆而符命所自应也。其始终不外勉强而已。董子从学问中见得天人相与处最分明，故其言之最亲切。

第二策对为人主每好逸而恶劳，故开口便论舜承尧所以逸，文承纣所以劳，以见汉承秦有不得不劳者，而其本在王之心诚，其推行之大端在兴太学、重守令，有实心实事而后有实效。教化之敦，刑罚之清，不外此。起处论求贤弃贤，即伏后太学养贤，择吏计功意，是通篇血脉流通处。

第三策对扼定天下古今为主，于唐虞、桀纣一段，则曰言行动天地；于三王之教一段，则曰道出于天，而前后皆推论天人古今之理，盖法古以变今，即是尽人以承天，故于末后特揭出重六艺、息邪说之旨，而其要领在乎识道之大原。

识道大原则损益质文，教民成俗，法尧蹈舜，一以贯之，安有与民争利之病哉？

　　三对经深醇而文奇肆，较之贾疏《治安》，虽峰势稍平，然肆口横说，总无蹊径可寻。盖奇在气，不在词，均推西汉文第一。班传首著其学术之本，次表其治行之实，亦最得体。《赞》不轻自下语，托之刘氏祖孙，与霍、卫赞同例，仿太史公体云。

公孙弘卜式儿宽传

（录赞）

　　赞曰：公孙弘、卜式、儿宽皆以鸿渐之翼困于燕爵，远迹羊豕之间，非遇其时，焉能致此位乎？是时，汉兴六十余载，海内艾安，府库充实，而四夷未宾，制度多阙。上方欲用文武，求之如弗及，始以蒲轮迎枚生，见主父而叹息。群士慕向，异人并出。卜式拔于刍牧，弘羊擢于贾竖，卫青奋于奴仆，日䃅出于降虏，斯亦曩时版筑饭牛之朋已。汉之得人，于兹为盛，儒雅则公孙弘、董仲舒、儿宽，笃行则石建、石庆，质直则汲黯、卜式，推贤则韩安国、郑当时，定令则赵禹、张汤，文章则司马迁、相如，滑稽则东方朔、枚皋，应对则严助、朱买臣，历数则唐都、洛下闳，协律则李延年，运筹则桑弘羊，奉使则张骞、苏武，将率则卫青、霍去病，受遗则霍光、金日䃅，其余不可胜纪。是以兴造功业，制度遗文，后世莫及。孝宣承统，纂修洪业，亦讲论六艺，招选茂异，而萧望之、梁丘贺、夏侯胜、韦玄成、严彭祖、尹更始以儒术进，刘向、王褒以文章显，将相则张安世、赵充国、魏相、丙吉、于定国、杜延年，治民则黄霸、王成、龚遂、郑弘、召信臣、韩延寿、尹翁归、赵广汉、严延年、张敞之属，皆有功迹见述于世。参其名臣，亦其次也。

　　徐退山评：三人赞，类牵至三十余人，错综分合，回复叠应，赞体之变也。盖侈陈汉得人之盛，故首以"非遇其时"振起，下接"是时"云云，一篇机杼独出，当得其纵横往复之神。○弘、宽专事阿谀，汤、禹多务严急，延年倡优，弘羊聚饮，助、骞启边衅，何足道哉而！而侈陈如此。

司马迁传

（节录）

　　昔在颛顼，命南正重司天，火正黎司地。唐虞之际，绍重黎之后，使复典之，至于夏、商，故重黎氏世序天地。其在周，程伯林甫其后也。当宣王时，官失其守而为司马氏。司马氏世典周史……

　　自司马氏去周适晋，分散，或在卫，或在赵，或在秦。其在卫者，相中山。在赵者，以传剑论显，蒯聩其后也。在秦者错，与张仪争论，于是惠王使错将兵伐蜀，遂拔……之。错孙蕲，……蕲与武安君坑赵长平军，还而与之俱赐死杜邮……。蕲孙昌，为秦王铁官……。昌生毋怿，……毋怿生喜，喜为五大夫……喜生谈，谈为太史公。

　　太史公学天官于唐都，受《易》于杨何，习道论于黄子……
…………

　　太史公既掌天官，不治民。有子曰迁。

　　迁生龙门，耕牧河山之阳。年十岁则诵古文。二十而南游江淮，上会稽，探禹穴，窥九疑，浮沅湘。北涉汶泗，讲业齐鲁之都，观夫子遗风，乡射邹峄；阸困蕃、薛、彭城，过梁、楚以归。于是迁仕为郎中，奉使西征巴蜀以南，略邛、笮、昆明，还报命。

　　是岁，天子始建汉家之封，而太史公留滞周南，不得与从事，发愤且卒。而子迁适反，见父于河雒之间。太史公执迁手而泣曰："予先，周室之太史也。自上世尝显功名虞夏，典天官事。后世中衰，绝于予乎，汝复为太史，则续吾祖矣。今天子接千岁之统，封泰山，而予不得从行，是命也夫！命也夫！予死，尔必为太史；为太史，毋忘吾所欲论著矣。且夫孝，始于事亲，中于事君，终于立身；扬名于后世，以显父母，此孝之大也。夫天下称周公，言其能论歌文武之德，宣周召之风，达大王、王季思虑，爰及公刘，以尊后稷也。幽厉之后，王道缺，礼乐衰，孔子修旧起废，论《诗》、《书》，作《春秋》，则学者至今则之。自获麟以来四百有余岁，而诸侯相兼，史记放绝。今汉兴，海内壹统，明主贤君，忠臣义士，予为太史而不论载，废天下之文，予甚惧焉，尔其念哉！"迁俯首流涕曰："小子不敏，请悉论先人所次旧闻，不敢阙。"卒三岁，而迁为太史令，䌷史记石室金鐀之书。五年而当太初元年，十一月甲子朔旦冬至，天历始改，建于明堂，诸神受记。

太史公曰："先人有言：'自周公卒，五百岁而有孔子，孔子至于今五百岁，有能绍而明之，正《易传》，继《春秋》，本《诗》、《书》、《礼》、《乐》之际。'意在斯乎！意在斯乎！小子何敢攘焉！"

上大夫壶遂曰："昔孔子为何作《春秋》哉？"太史公曰："余闻之董生：'周道废，孔子为鲁司寇，诸侯害之，大夫壅之。孔子知时之不用，道之不行也，是非二百四十二年之中，以为天下仪表，贬诸侯，讨大夫，以达王事而已矣。'子曰：'我欲载之空言，不如见之于行事之深切著明也。'夫《春秋》上明三王之道，下辨人事之经纪，别嫌疑，明是非，定犹与，善善恶恶，贤贤贱不肖，存亡国，继绝世，补弊起废，王道之大者也。《易》著天地、阴阳、四时、五行，故长于变；《礼》纲纪人伦，故长于行；《书》记先王之事，故长于政；《诗》记山川、溪谷、禽兽、草木、牝牡、雌雄，故长于风；《乐》乐所以立，故长于和；《春秋》辩是非，故长于治人。是故《礼》以节人，《乐》以发和，《书》以道事，《诗》以达意，《易》以道化，《春秋》以道义。拨乱世反之正，莫近于《春秋》。《春秋》文成数万，其指数千。万物之散聚皆在《春秋》。《春秋》之中，弑君三十六，亡国五十二，诸侯奔走不得保社稷者不可胜数。察其所以，皆失其本已。故……有国者不可以不知《春秋》，前有谗而不见，后有贼而不知。为人臣者不可以不知《春秋》，守经事而不知其宜，遭变事而不知其权。为人君父者而不通于《春秋》之义者，必蒙首恶之名；为人臣子不通于《春秋》之义者，必陷篡弑诛死之罪。其实皆为善为之，而不知其义，被之空言不敢辞。……故《春秋》者，礼义之大宗也。夫礼禁未然之前，法施已然之后；法之所为用者易见，而礼之所为禁者难知。"

壶遂曰："孔子之时，上无明君，下不得任用，故作《春秋》，垂空文以断礼义，当一王之法。今夫子上遇明天子，下得守职，万事既具，咸各序其宜，夫子所论，欲以何明？"太史公曰："唯唯，否否，不然。余闻之先人曰：'伏戏至纯厚，作《易》八卦。尧舜之盛，《尚书》载之，礼乐作焉。汤武之隆，诗人歌之。《春秋》……推三代之德，褒周室，非独刺讥而已也。'汉兴已来，至明天子，获符瑞，封禅，改正朔，易服色，受命于穆清，泽流罔极，海外殊俗重译款塞，……（请来献见者，不可胜道。）臣下百官力诵圣德，犹不能宣尽其意。且士贤能矣，而不用，有国者耻也；主上明圣，德不布闻，有司之过也。且余掌其官，废明圣盛德不载，灭功臣、贤大夫之业不述，堕先人所言，罪莫大焉。余所谓述故事，整齐其世传，非所谓作也，而君比之《春秋》，谬矣。"

于是论次其文。十年而遭李陵之祸，幽于累绁。乃喟然而叹曰："是余之罪夫！身亏不用矣。"退而深惟曰："夫《诗》、《书》隐约者，欲遂其志之思也。"卒述陶唐以来，至于麟止，自黄帝始。……迁之自叙云尔……

迁既被刑之后，为中书令，尊宠任职。故人益州刺史任安予迁书，责以古贤臣之义。迁报之曰：

　　少卿足下：曩者辱赐书，教以慎于接物，推贤进士为务，意气勤勤恳恳，若望仆不相师用，而流俗人之言。仆非敢如是也。虽罢驽，亦尝侧闻长者遗风矣。顾自以为身残处秽，动而见尤，欲益反损，是以抑郁而无谁语。谚曰："谁为为之，孰令听之？"盖钟子期死，伯牙终身不复鼓琴。何则？士为知己用，女为说己容。若仆大质已亏缺，虽材怀随和，行若由夷，终不可以为荣，适足以发笑而自点耳。

　　书辞宜答，会东从上来，又迫贱事，相见日浅，卒卒无须臾之间得竭指意。今少卿抱不测之罪，涉旬月，迫季冬，仆又薄从上上雍，恐卒然不可讳，是仆终已不得舒愤懑以晓左右，则长逝者魂魄私恨无穷。请略陈固陋。阙然不报，幸勿过。

　　仆闻之：修身者智之府也，爱施者仁之端也；取予者义之符也，耻辱者勇之决也，立名者行之极也。士有此五者，然后可以托于世，列于君子之林矣。故祸莫憯于欲利，悲莫痛于伤心，行莫丑于辱先，而诟莫大于宫刑。刑余之人，无所比数，非一世也，所从来远矣！昔卫灵公与雍渠载，孔子适陈；商鞅因景监见，赵良寒心；同子参乘，爰丝变色：自古而耻之。夫中材之人，事关于宦竖，莫不伤气，况慷慨之士乎！如今朝虽乏人，奈何令刀锯之余荐天下豪隽哉！仆赖先人绪业，得待罪辇毂下，二十余年矣。所以自惟：上之，不能纳忠效信，有奇策材力之誉，自结明主；次之，又不能拾遗补阙，招贤进能，显岩穴之士；外之，不能备行伍，攻城野战，有斩将搴旗之功；下之，不能累日积劳，取尊官厚禄，以为宗族交游光宠。四者无一遂，苟合取容，无所短长之效，可见于此矣。乡者，仆亦尝厕下大夫之列，陪外廷末议。不以此时引维纲，尽思虑，今已亏形为扫除之隶，在阘茸之中，乃欲印首信眉，论列是非，不亦轻朝廷，羞当世之士邪！嗟乎！嗟乎！如仆，尚何言哉！尚何言哉！

且事本末未易明也。仆少负不羁之才，长无乡曲之誉，主上幸以先人之故，使得奉薄技，出入周卫之中。仆以为戴盆何以望天，故绝宾客之知，忘室家之业，日夜思竭其不肖之材力，务壹心营职，以求亲媚于主上。而事乃有大谬不然者。夫仆与李陵俱居门下，素非相善也，趣舍异路，未尝衔杯酒接殷勤之欢。然仆观其为人自奇士，事亲孝，与士信，临财廉，取予义，分别有让，恭俭下人，常思奋不顾身以徇国家之急。其素所畜积也，仆以为有国士之风。夫人臣出万死不顾一生之计，赴公家之难，斯已奇矣。今举事壹不当，而全躯保妻子之臣随而媒孽其短，仆诚私心痛之。且李陵提步卒不满五千，深践戎马之地，足历王庭，垂饵虎口，横挑强胡，印亿万之师，与单于连战十余日，所杀过当。虏救死扶伤不给，旃裘之君长咸震怖，乃悉征左右贤王，举引弓之民，一国共攻而围之。转斗千里，矢尽道穷，救兵不至，士卒死伤如积。然李陵一呼劳军，士无不起，躬流涕，沫血饮泣，张空拳，冒白刃，北首争死敌。陵未没时，使有来报，汉公卿王侯皆奉觞上寿。后数日，陵败书闻，主上为之食不甘味，听朝不怡。大臣忧惧，不知所出。仆窃不自料其卑贱，见主上惨凄怛悼，诚欲效其款款之愚。以为李陵素与士大夫绝甘分少，能得人之死力，虽古名将不过也。身虽陷败，彼观其意，且欲得其当而报汉。事已无可奈何，其所摧败，功亦足以暴于天下。仆怀欲陈之，而未有路，适会召问，即以此指推言陵功，欲以广主上之意，塞睚眦之辞。未能尽明，明主不深晓，以为仆沮贰师，而为李陵游说，遂下于理。拳拳之忠，终不能自列。因为诬上，卒从吏议。家贫，财赂不足以自赎，交游莫救，左右亲近不为壹言。身非木石，独与法吏为伍，深幽囹圄之中，谁可告诉者！此正少卿所亲见，仆行事岂不然邪？李陵既生降，隤其家声，而仆又茸以蚕室，重为天下观笑。悲夫！悲夫！

事未易一二为俗人言也。仆之先人非有剖符丹书之功，文史星历，近乎卜祝之间，固主上所戏弄，倡优畜之，流俗之所轻也。假令仆伏法受诛，若九牛亡一毛，与蝼蚁何异？而世又不与能死节者比，特以为智穷罪极，不能自免，卒就死耳。何也？素所自树立使然。人固有一死，死有重于泰山，或轻于鸿毛，用之所趋异也。太上不辱先，其次不辱身，其次不辱理色，其次不辱辞令，其次诎体受辱，其次易服受辱，其次关木索被箠楚受辱，其次鬄毛发婴金铁受辱，其次毁肌肤断支体受辱，最下腐刑，极矣。《传》曰"刑不上大夫"，此言士节不可不厉也。猛虎处深山，百兽震恐，及其在阱槛之中，摇尾而求食，积威约之渐也。故士有画地为牢势不入，削木为吏议不对，定计于鲜也。今交手足，受木索，暴肌肤，受榜箠，幽于圜墙之中，当此之时，见狱吏则头枪地，视徒隶则心惕息。何者？积威约之势也。及已至此，言不辱者，所谓强颜耳，曷足贵乎！且西伯，伯也，拘羑里；李斯，相也，具五刑；淮阴，王也，受械于陈；彭越、张敖南乡称孤，系狱具罪；绛侯诛诸吕，权倾五伯，囚于请室；魏其，大将也，衣赭，关三木；季布为朱家钳奴；灌夫受辱居室。此人皆身至王侯将相，声闻邻国，及罪至罔加，不能引决自财，在尘埃之中，古今一体，安在其不辱也！由此言之，勇怯，势也；强弱，形也。审矣，曷足怪乎！且人不能蚤自财绳墨之外，已稍陵夷至于鞭箠之间，乃欲引节，斯不亦远乎！古人所以重施刑于大夫者，殆为此也。夫人情莫不贪生恶死，念亲戚，顾妻子，至激于义理者不然，乃有不得已也。今仆不幸，早失二亲，无兄弟之亲，独身孤立，少卿视仆于妻子何如哉？且勇者不必死节，怯夫慕义，何处不勉焉！仆虽怯耎欲苟活，亦颇识去就之分矣，何至自湛溺累绁之辱哉！且夫臧获婢妾犹能引决，况若仆之不得已乎！所以隐忍苟活，函粪土之中而不辞者，恨私心有所不尽，鄙没世而文采不表于后也。

古者富贵而名摩灭，不可胜记，唯倜傥非常之人称焉。盖西伯拘而演《周易》；仲尼厄而作《春秋》；屈原放逐，乃赋《离骚》；左丘失明，厥有《国语》；孙子膑脚，《兵法》修列；不韦迁蜀，世传《吕览》；韩非囚秦，《说难》、《孤愤》。《诗》三百篇，大抵贤圣发愤之所为作也。此人皆意有所郁结，不得通其道，故述往事，思来者。及如左丘明无目，孙子断足，终不可用，退论书策以舒其愤，思垂空文以自见。仆窃不逊，近自托于无能之辞，网罗天下放失旧闻，考之行事，稽其成败兴坏之理，凡百三十篇，亦欲以究天人之际，通古今之变，成一家之言。草创未就，适会此祸，惜其不成，是以就极刑而无愠色。仆诚已著此书，藏之名山，传之其人通邑大都，则仆偿前辱之责，虽万被戮，岂有悔哉！然此可为智者道，难为俗人言也。

且负下未易居，下流多谤议。仆以口语遇遭此祸，重为乡党戮笑，污辱先人，亦何面目复上父母之丘墓乎？虽累百世，垢弥甚耳！是以肠一日而九回，居则忽忽若有所亡，出则不知所如往。每念斯耻，汗未尝不发背沾衣也。身直为闺阁之臣，宁得自引深臧于岩穴邪！故且从俗浮湛，与时俯仰，以通其狂惑。今少卿乃教以推贤进士，无乃与仆之私指谬乎。今虽欲自雕琢，曼辞以自解，无益，于俗不信，祗取辱耳。要之死日，然后是非乃定。书不能尽意，故略陈固陋。

迁既死后，其书稍出。宣帝时，迁外孙平通侯杨恽祖述其书，遂宣布焉。至王莽时，求封迁后，为史通子。

严朱吾丘主父徐严终王贾传

（录朱买臣）

　　朱买臣字翁子，吴人也。家贫，好读书，不治产业，常艾薪樵，卖以给食，担束薪，行且诵书。其妻亦负戴相随，数止买臣毋歌呕道中。买臣愈益疾歌，妻羞之，求去。买臣笑曰："我年五十当富贵，今已四十余矣。女苦日久，待我富贵报女功。"妻恚怒曰："如公等，终饿死沟中耳，何能富贵！"买臣不能留，即听去。其后，买臣独行歌道中，负薪墓间。故妻与夫家俱上冢，见买臣饥寒，呼饭饮之。

　　后数岁，买臣随上计吏为卒，将重车至长安，诣阙上书，书久不报。待诏公车，粮用乏，上计吏卒更乞匄之。会邑子严助贵幸，荐买臣，召见，说《春秋》，言《楚词》，帝甚说之，拜买臣为中大夫，与严助俱侍中。是时，方筑朔方，公孙弘谏，以为罢敝中国。上使买臣难诎弘，语在《弘传》。后买臣坐事免，久之，召待诏。

　　是时，东越数反覆，买臣因言："故东越王居保泉山，一人守险，千人不得上。今闻东越王更徙处南行，去泉山五百里，居大泽中。今发兵浮海，直指泉山，陈舟列兵，席卷南行，可破灭也。"上拜买臣会稽太守。上谓买臣曰："富贵不归故乡，如衣绣夜行，今子何如？"买臣顿首辞谢。诏买臣到郡，治楼船，备粮食、水战具，须诏书到，军与俱进。

　　初，买臣免，待诏，常从会稽守邸者寄居饭食。拜为太守，买臣衣故衣，怀其印绶，步归郡邸。直上计时，会稽吏方相与群饮，不视买臣。买臣入室中，守邸与共食，食且饱，少见其绶，守邸怪之，前引其绶，视其印，会稽太守章也。守邸惊，出语上计掾吏。皆醉，大呼曰："妄诞耳！"守邸曰："试来视之。"其故人素轻买臣者入内视之，还走，疾呼曰："实然！"坐中惊骇，白守丞，相推排陈列中庭拜谒。买臣徐出户。有顷，长安厩吏乘驷马车来迎，买臣遂乘传去。会稽闻太守且至，发民除道，县吏并送迎，车百余乘。入吴界，见其故妻、妻夫治道。买臣驻车，呼令后车载其夫妻，到太守舍，置园中，给食之。居一月，妻自经死，买臣乞其夫钱，令葬。悉召见故人与饮食诸尝有恩者，皆报复焉。

居岁余，买臣受诏将兵，与横海将军韩说等俱击破东越，有功，征入为主爵都尉，列于九卿。

数年，坐法免官，复为丞相长史。张汤为御史大夫。始买臣与严助俱侍中，贵用事，汤尚为小吏，趋走买臣等前。后汤以延尉治淮南狱，排陷严助，买臣怨汤。及买臣为长史，汤数行丞相事，知买臣素贵，故陵折之。买臣见汤，坐床上弗为礼。买臣深怨，常欲死之。后遂告汤阴事，汤自杀，上亦诛买臣。买臣子山拊官至郡守，右扶风。

孙月峰评：传中无他行迹，止妻求去、给邸守二事，无要紧，后人必以为不足录，乃细记曲述，极摹写之工，遂为千古谈柄，乃知作文须别其一心眼，可详不在大，可略不在小。

阎鹤毚评：《史记·李广传》而文帝曰："惜乎，子不遇时"，引帝语用一"而"字转上起下。此《传》上谓买臣"夜绣衣行"，用"今子何如"字接前起下，是文章骨脉贯串处。

徐退山评：《传》末详张汤一段，买臣是天资刻鸷人，致其妻经死园中，下云"（在）[有]恩者皆报复焉"，语意在隐跃中。

霍光金日䃅传

（全录）

　　霍光字子孟，票骑将军去病弟也。父中孺，河东平阳人也，以县吏给事平阳侯家，与侍者卫少儿私通而生去病。中孺吏毕归家，娶妇生光，因绝不相闻。久之，少儿女弟子夫得幸于武帝，立为皇后，去病以皇后姊子贵幸。既壮大，乃自知父为霍中孺，未及求问。会为票骑将军击匈奴，道出河东，河东太守郊迎，负弩矢先驱，至平阳传舍，遣吏迎霍中孺。中孺趋入拜谒，将军迎拜，因跪曰："去病不早自知为大人遗体也。"中孺扶服叩头，曰："老臣得托命将军，此天力也。"去病大为中孺买田宅奴婢而去。还，复过焉，乃将光西至长安，时年十余岁，任光为郎，稍迁诸曹侍中。去病死后，光为奉车都尉光禄大夫，出则奉车，入侍左右，出入禁闼二十余年，小心谨慎，未尝有过，甚见亲信。

　　征和二年，卫太子为江充所败，而燕王旦、广陵王胥皆多过失。是时上年老，宠姬钩弋赵婕妤有男，上心欲以为嗣，命大臣辅之。察群臣唯光任大重，可属社稷。上乃使黄门画者画周公负成王朝诸侯以赐光。后元二年春，上游五柞宫，病笃，光涕泣问曰："如有不讳，谁当嗣者？"上曰："君未谕前画意邪？立少子，君行周公之事。"光顿首让曰："臣不如金日䃅。"日䃅亦曰："臣外国人，不如光。"上以光为大司马大将军，日䃅为车骑将军，及太仆上官桀为左将军，搜粟都尉桑弘羊为御史大夫，皆拜卧内床下，受遗诏辅少主。明日，武帝崩，太子袭尊号，是为孝昭皇帝。帝年八岁，政事壹决于光。

　　先是，后元年，侍中仆射莽何罗与弟重合侯通谋为逆，时光与金日磾、上官桀等共诛之，功未录。武帝病，封玺书曰："帝崩发书以从事。"遗诏封金日磾为秺侯，上官桀为安阳侯，光为博陆侯，皆以前捕反者功封。时卫尉王莽子男忽侍中，扬语曰："帝崩，忽常在左右，安得遗诏封三子事！群儿自相贵耳。"光闻之，切让王莽，莽鸩杀忽。

光为人沈静详审，长财七尺三寸，白皙，疏眉目，美须髯。每出入下殿门，止进有常处，郎仆射窃识视之，不失尺寸，其资性端正如此。初辅幼主，政自己出，天下想闻其风采。殿中尝有怪，一夜群臣相惊，光召尚符玺郎，郎不肯授光。光欲夺之，郎按剑曰："臣头可得，玺不可得也！"光甚谊之。明日，诏增此郎秩二等。众庶莫不多光。

光与左将军桀结婚相亲，光长女为桀子安妻，有女年与帝相配，桀因帝姊鄂邑盖主内安女后宫为倢伃，数月立为皇后。父安为票骑将军，封桑乐侯。光时休沐出，桀辄入代光决事。桀父子既尊盛，而德长公主，公主内行不修，近幸河间丁外人。桀、安欲为外人求封，幸依国家故事以列侯尚公主者，光不许。又为外人求光禄大夫，欲令得召见，又不许。长主大以是怨光。而桀、安数为外人求官爵弗能得，亦惭。自先帝时，桀已为九卿，位在光右。及父子并为将军，有椒房中宫之重，皇后亲安女，光乃其外祖，而顾专制朝事，繇是与光争权。

燕王旦自以昭帝兄，常怀怨望。及御史大夫桑弘羊建造酒榷盐铁，为国兴利，伐其功，欲为子弟得官，亦怨恨光。于是盖主、上官桀、安及弘羊皆与燕王旦通谋，诈令人为燕王上书，言："光出都肄郎羽林，道上称趣，太官先置。又引苏武前使匈奴，拘留二十年不降，还乃为典属国，而大将军长史敞亡功为搜粟都尉。又擅调益莫府校尉。光专权自恣，疑有非常。臣旦愿归符玺，入宿卫，察奸臣变。"候司光出沐日奏之。桀欲从中下其事，桑弘羊当与诸大臣共执退光。书奏，帝不肯下。

明旦，光闻之，止画室中不入。上问："大将军安在？"左将军桀对曰："以燕王告其罪，故不敢入。"有诏召大将军。光入，免冠顿首谢，上曰："将军冠。朕知是书诈也，将军亡罪。"光曰："陛下何以知之？"上曰："将军之广明，都郎属耳，调校尉以来未能十日，燕王何以得知之？且将军为非，不须校尉。"是时帝年十四，尚书左右皆惊，而上书者果亡，捕之甚急。桀等惧，白上小事不足遂，上不听。

后桀党与有谮光者，上辄怒曰："大将军忠臣，先帝所属以辅朕身，敢有毁者坐之。"自是桀等不敢复言，乃谋令长公主置酒请光，伏兵格杀之，因废帝，迎立燕王为天子。事发觉，光尽诛桀、安、弘羊、外人宗族。燕王、盖主皆自杀。光威震海内。昭帝既冠，遂委任光，讫十三年，百姓充实，四夷宾服。

元平元年，昭帝崩，亡嗣。武帝六男独有广陵王胥在，群臣议所立，咸持广陵王。王本以行失道，先帝所不用。光内不自安。郎有上书言："周太王废太伯立王季，文王舍伯邑考立武王，唯在所宜，虽废长立少可也。广陵王不可以承宗庙。"言合光意。光以其书视丞相敞等，擢郎为九江太守，即日承皇太后诏，遣行大鸿胪事少府乐成、宗正德、光禄大夫吉、中郎将利汉迎昌邑王贺。

贺者，武帝孙，昌邑哀王子也。既至，即位，行淫乱。光忧懑，独以问所亲故吏大司农田延年。延年曰："将军为国柱石，审此人不可，何不建白太后，更选贤而立之？"光曰："今欲如是，于古尝有此不？"延年曰："伊尹相殷，废太甲以安宗庙，后世称其忠。将军若能行此，亦汉之伊尹也。"光乃引延年给事中，阴与车骑将军张安世图计，遂召丞相、御史、将军、列侯、中二千石、大夫、博士会议未央宫。光曰:"昌邑王行昏乱,恐危社稷,如何?"群臣皆惊鄂失色,莫敢发言,但唯唯而已。田延年前,离席按剑,曰:"先帝属将军以幼孤,寄将军以天下,以将军忠贤能安刘氏也。今群下鼎沸,社稷将倾,且汉之传谥常为孝者,以长有天下,令宗庙血食也。如令汉家绝祀,将军虽死,何面目见先帝于地下乎?今日之议,不得旋踵。群臣后应者,臣请剑斩之。"光谢曰:"九卿责光是也。天下匈匈不安,光当受难。"于是议者皆叩头,曰:"万姓之命在于将军,唯大将军令。"

光即与群臣俱见白太后,具陈昌邑王不可以承宗庙状。皇太后乃车驾幸未央承明殿,诏诸禁门毋内昌邑群臣。王入朝太后,还,乘辇欲归温室,中黄门宦者各持门扇,王入,门闭,昌邑群臣不得入。王曰:"何为?"大将军跪曰:"有皇太后诏,毋内昌邑群臣。"王曰:"徐之,何乃惊人如是!"光使尽驱出昌邑群臣,置金马门外。车骑将军安世将羽林骑收缚二百余人,皆送廷尉诏狱。令故昭帝侍中中臣侍守王。光敕左右:"谨宿卫,卒有物故自裁,令我负天下,有杀主名。"王尚未自知当废,谓左右:"我故群臣从官安得罪,而大将军尽系之乎?"顷之,有太后诏召王,王闻召意恐,乃曰:"我安得罪而召我哉!"太后被珠襦,盛服坐武帐中,侍御数百人皆持兵,期门武士陛戟,陈列殿下。群臣以次上殿,召昌邑王伏前听诏。光与群臣连名奏王,尚书令读奏曰:

丞相臣敞、大司马大将军臣光、车骑将军臣安世、度辽将军臣明友、前将军臣增、后将军臣充国、御史大夫臣谊、宜春侯臣谭、当涂侯臣圣、随桃侯臣昌乐、杜侯臣屠耆堂、太仆臣延年、太常臣昌、大司农臣延年、宗正臣德、少府臣乐成、廷尉臣光、执金吾臣延寿、大鸿胪臣贤、左冯翊臣广明、右扶风臣德、长信少府臣嘉、典属国臣武、京辅都尉臣广汉、司隶校尉臣辟兵、诸吏文学光禄大夫臣迁、臣畸、臣吉、臣赐、臣管、臣胜、臣梁、臣长幸、臣夏侯胜、太中大夫臣德、臣卬昧死言皇太后陛下：臣敞等顿首死罪。天子所以永保宗庙总壹海内者，以慈孝礼谊赏罚为本。孝昭皇帝早弃天下，亡嗣，臣敞等议，礼曰"为人后者为之子也"，昌邑王宜嗣后，遣宗正、大鸿胪、光禄大夫奉节使征昌邑王典丧。服斩缞，亡悲哀之心，废礼谊，居道上不素食，使从官略女子载衣车，内所居传舍。始至谒见，立为皇太子，常私买鸡豚以食。受皇帝信玺、行玺大行前，就次发玺不封。从官更持节，引内昌邑从官驺宰官奴二百余人，常与居禁闼内敖戏。自之符玺取节十六，朝暮临，令从官更持节从。为书曰："皇帝问侍中君卿：使中御府令高昌奉黄金千斤，赐君卿取十妻。"大行在前殿，发乐府乐器，引内昌邑乐人，击鼓歌吹作俳倡。会下还，上前殿，击钟磬，召内泰壹宗庙乐人辇道牟首，鼓吹歌舞，悉奏众乐。发长安厨三太牢具祠阁室中，祀已，与从官饮啖。驾法驾，皮轩鸾旗，驱驰北宫、桂宫，弄彘斗虎。召皇太后御小马车，使官奴骑乘，游戏掖庭中。与孝昭皇帝宫人蒙等淫乱，诏掖庭令敢泄言要斩。

太后曰："止！为人臣子当悖乱如是邪！"王离席伏。尚书令复读曰：

取诸侯王、列侯、二千石绶及墨绶、黄绶以并佩昌邑郎官者免奴。变易节上黄旄以赤。发御府金钱刀剑玉器采缯，赏赐所与游戏者。与从官官奴夜饮，湛沔于酒。诏太官上乘舆食如故。食监奏未释服未可御故食,复诏太官趣具,无关食盐。太官不敢具,即使从官出买鸡豚,诏殿门内,以为常。独夜设九宾温室,延见姊夫昌邑关内侯。祖宗庙祠未举,为玺书使使者持节,以三太牢祠昌邑哀王园庙,称嗣子皇帝。受玺以来二十七日,使者旁午,持节诏诸官署征发,凡千一百二十七事。文学光禄大夫夏侯胜等及侍中傅嘉数进谏以过失,使人簿责胜,缚嘉系狱。荒淫迷惑,失帝王礼谊,乱汉制度。臣敞等数进谏,不变更,日以益甚,恐危社稷,天下不安。

臣敞等谨与博士臣霸、臣隽舍、臣德、臣虞舍、臣射、臣仓议,皆曰:"高皇帝建功业为汉太祖,孝文皇帝慈仁节俭为太宗,今陛下嗣孝昭皇帝后,行淫辟不轨。《诗》云:'籍曰未知,亦既抱子。'五辟之属,莫大不孝。周襄王不能事母,《春秋》曰'天王出居于郑',繇不孝出之,绝之于天下也。宗庙重于君,陛下未见命高庙,不可以承天序,奉祖宗庙,子万姓,当废。"臣请有司御史大夫臣谊、宗正臣德、太常臣昌与太祝以一太牢具,告祠高庙。臣敞等昧死以闻。

皇太后诏曰:"可。"光令王起拜受诏,王曰:"闻天子有争臣七人,虽亡道不失天下。"光曰:"皇太后诏废,安得天子!"乃即持其手,解脱其玺组,奉上太后,扶王下殿,出金马门,群臣随送。王西面拜,曰:"愚戆不任汉事。"起就乘舆副车。大将军光送至昌邑邸,光谢曰:"王行自绝于天,臣等驽怯,不能杀身报德。臣宁负王,不敢负社稷。愿王自爱,臣长不复见左右。"光涕泣而去。

群臣奏言:"古者废放之人屏于远方,不及以政,请徙王贺汉中房陵县。"太后诏归贺昌邑，赐汤沐邑二千户。昌邑群臣坐亡辅导之谊，陷王于恶，光悉诛杀二百余人。出死，号呼市中曰："当断不断，反受其乱。"

光坐庭中，会丞相以下议定所立。广陵王已前不用，及燕刺王反诛，其子不在议中。近亲唯有卫太子孙号皇曾孙在民间，咸称述焉。光遂复与丞相敞等上奏曰："《礼》曰：'人道亲亲故尊祖，尊祖故敬宗。'大宗亡嗣，择支子孙贤者为嗣。孝武皇帝曾孙病已，武帝时有诏掖庭养视，至今年十八，师受《诗》、《论语》、《孝经》，躬行节俭，慈仁爱人，可以嗣孝昭皇帝后，奉承祖宗庙，子万姓。臣昧死以闻。"皇太后诏曰："可。"光遣宗正刘德至曾孙家尚冠里，洗沐赐御衣，太仆以軨猎车迎曾孙就斋宗正府，入未央宫见皇太后，封为阳武侯。已而光奉上皇帝玺绶，谒于高庙，是为孝宣皇帝。明年，下诏曰："夫褒有德，赏元功，古今通谊也。大司马大将军光，宿卫忠正，宣德明恩，守节秉谊，以安宗庙。其以河北、东武阳益封光万七千户。"与故所食凡二万户。赏赐前后黄金七千斤，钱六千万，杂缯三万疋，奴婢百七十人，马二千疋，甲第一区。

自昭帝时，光子禹及兄孙云皆中郎将，云弟山奉车都尉侍中，领胡越兵。光两女婿为东西宫卫尉，昆弟诸婿外孙皆奉朝请，为诸曹大夫，骑都尉，给事中。党亲连体，根据于朝廷。光自后元秉持万机，及上即位，乃归政。上谦让不受，诸事皆先关白光，然后奏御天子。光每朝见，上虚己敛容，礼下之已甚。

光秉政前后二十年，地节二年春病笃，车驾自临问光病，上为之涕泣。光上书谢恩曰："愿分国邑三千户，以封兄孙奉车都尉山为列侯，奉兄票骑将军去病祀。"事下丞相御史，即日拜光子禹为右将军。

光薨，上及皇太后亲临光丧。太中大夫任宣与侍御史五人持节护丧事。中二千石治冢府冢上。赐金钱、缯絮，绣被百领，衣五十箧，璧珠玑玉衣，梓宫、便房、黄肠题凑各一具，枞木外臧椁十五具。东园温明，皆如乘舆制度。载光尸枢以辒辌车，黄屋左纛，发材官轻车北军五校士军陈至茂陵，以送其葬。谥曰宣成侯。发三河卒穿复土，起冢祠堂。置园邑三百家，长丞奉守如旧法。

既葬，封山为乐平侯，以奉车都尉领尚书事。天子思光功德，下诏曰："故大司马大将军博陆侯宿卫孝武皇帝三十有余年，辅孝昭皇帝十有余年，遭大难，躬秉谊，率三公九卿大夫定万世册以安社稷，天下蒸庶咸以康宁。功德茂盛，朕甚嘉之。复其后世，畴其爵邑，世世无有所与，功如萧相国。"明年夏，封太子外祖父许广汉为平恩侯。复下诏曰："宣成侯光宿卫忠正，勤劳国家，善善及后世，其封光兄孙中郎将云为冠阳侯。"

禹既嗣为博陆侯，太夫人显改光时所自造茔制而侈大之。起三出阙，筑神道，北临昭灵，南出承恩，盛饰祠室，辇阁通属永巷，而幽良人婢妾守之。广治第室，作乘舆辇，加画绣絪冯，黄金涂，韦絮荐轮，侍婢以五采丝挽显，游戏第中。初，光爱幸监奴冯子都，常与计事，及显寡居，与子都乱。而禹、山亦并缮治第宅，走马驰逐平乐馆。云当朝请，数称病私出，多从宾客，张围猎黄山苑中，使苍头奴上朝谒，莫敢谴者。而显及诸女，昼夜出入长信宫殿中，亡期度。

宣帝自在民间闻知霍氏尊盛日久，内不能善。光薨，上始躬亲朝政，御史大夫魏相给事中。显谓禹、云、山："女曹不务奉大将军余业，今大夫给事中，他人壹间，女能复自救邪？"后两家奴争道，霍氏奴入御史府，欲蹋大夫门，御史为叩头谢，乃去。人以谓霍氏，显等始知忧。会魏大夫为丞相，数燕见言事。平恩侯与侍中金安上等径出入省中。时霍山自若领尚书，上令吏民得奏封事，不关尚书，群臣进见独往来，于是霍氏甚恶之。

宣帝始立，立微时许妃为皇后。显爱小女成君，欲贵之，私使乳医淳于衍行毒药杀许后，因劝光内成君，代立为后，语在《外戚传》。始许后暴崩，吏捕诸医，劾衍侍疾亡状不道，下狱。吏簿问急，显恐事败，即具以实语光。光大惊，欲自发举，不忍，犹与。会奏上，因署衍勿论。光薨后，语稍泄。于是上始闻之而未察，乃徙光女婿度辽将军未央卫尉平陵侯范明友为光禄勋，次婿诸吏中郎将羽林监任胜出为安定太守。数月，复出光姊婿给事中光禄大夫张朔为蜀郡太守，群孙婿中郎将王汉为武威太守。顷之，复徙光长女婿长乐卫尉邓广汉为少府。更以禹为大司马，冠小冠，亡印绶，罢其右将军屯兵官属，特使禹官名与光俱大司马者。又收范明友度辽将军印绶，但为光禄勋。及光中女婿赵平为散骑骑都尉光禄大夫将屯兵，又收平骑都尉印绶。诸领胡越骑、羽林及两宫卫将屯兵，悉易以所亲信许、史子弟代之。

禹为大司马，称病。禹故长史任宣候问，禹曰："我何病？县官非我家将军不得至是，今将军坟墓未干，尽外我家，反任许、史，夺我印绶，令人不省死。"宣见禹恨望深，乃谓曰："大将军时何可复行！持国权柄，杀生在手中。廷尉李种、王平、左冯翊贾胜胡及车丞相女婿少府徐仁皆坐逆将军意，下狱死。使乐成小家子得幸将军，至九卿封侯。百官以下但事冯子都、王子方等，视丞相亡如也。各自有时，今许、史自天子骨肉，贵正宜耳。大司马欲用是怨恨，愚以为不可。"禹默然。数日，起视事。

显及禹、山、云自见日侵削，数相对啼泣，自怨。山曰："今丞相用事，县官信之，尽变易大将军时法令，以公田赋与贫民，发扬大将军过失。又诸儒生多窭人子，远客饥寒，喜妄说狂言，不避忌讳，大将军常仇之，今陛下好与诸儒生语，人人自使书对事，多言我家者。尝有上书言大将军时主弱臣强，专制擅权，今其子孙用事，昆弟益骄恣，恐危宗庙，灾异数见，尽为是也。其言绝痛，山屏不奏其书。后上书者益黠，尽奏封事，辄下中书令出取之，不关尚书，益不信人。"显曰："丞相数言我家，独无罪乎？"山曰："丞相廉正，安得罪？我家昆弟诸婿多不谨。又闻民间谨言霍氏毒杀许皇后，宁有是邪？"显恐急，即具以实告山、云、禹。山、云、禹惊曰："如是，何不早告禹等！县官离散斥逐诸婿，用是故也。此大事，诛罚不小，奈何？"于是始有邪谋矣。

初，赵平客石夏善为天官，语平曰："荧惑守御星，御星，太仆奉车都尉也，不黜则死。"平内忧山等。云舅李竟所善张赦见云家卒卒，谓竟曰："今丞相与平恩侯用事，可令太夫人言太后，先诛此两人。移徙陛下，在太后耳。"长安男子张章告之，事下廷尉。执金吾捕张赦、石夏等，后有诏止勿捕。山等愈恐，相谓曰："此县官重太后，故不竟也。然恶端已见，又有弑许后事，陛下虽宽仁，恐左右不听，久之犹发，发即族矣，不如先也。"遂令诸女各归报其夫，皆曰："安所相避？"

会李竟坐与诸侯王交通，辞语及霍氏，有诏云、山不宜宿卫，免就第。光诸女遇太后无礼，冯子都数犯法，上并以为让，山、禹等甚恐。显梦第中井水溢流庭下，灶居树上，又梦大将军谓显曰："知捕儿不？亟下捕之。"第中鼠暴多，与人相触，以尾画地。鸮数鸣殿前树上。第门自坏。云尚冠里宅中门亦坏。巷端人共见有人居云屋上，彻瓦投地，就视，亡有，大怪之。禹梦车骑声正讙来捕禹，举家忧愁。山曰："丞相擅减宗庙羔、菟、蛙，可以此罪也。"谋令太后为博平君置酒，召丞相、平恩侯以下，使范明友、邓广汉承太后制引斩之，因废天子而立禹。约定未发，云拜为玄菟太守，太中大夫任宣为代郡太守。山又坐写秘书，显为上书献城西第，入马千匹，以赎山罪。书报闻，会事发觉，云、山、明友自杀，显、禹、广汉等捕得。禹要斩，显及诸女昆弟皆弃市。唯独霍后废处昭台宫，与霍氏相连坐诛灭者数千家。

上乃下诏曰："乃者东织室令史张赦使魏郡豪李竟报冠阳侯云谋为大逆，朕以大将军故，抑而不扬，冀其自新。今大司马博陆侯禹，与母宣成侯夫人显，及从昆弟子冠阳侯云、乐平侯山、诸姊妹婿谋为大逆，欲诖误百姓。赖宗庙神灵，先发得，咸伏其辜，朕甚悼之。诸为霍氏所诖误，事在丙申前，未发觉在吏者，皆赦除之。男子张章先发觉，以语期门董忠，忠告在曹杨恽，恽告侍中金安上。恽召见对状，后章上书以闻。侍中史高与金安上建发其事，言无入霍氏禁闼，卒不得遂其谋，皆仇有功。封章为博成侯，忠高昌侯，恽平通侯，安上都成侯，高乐陵侯。"

初，霍氏奢侈，茂陵徐生曰："霍氏必亡。夫奢则不逊，不逊必侮上。侮上者，逆道也。在人之右，众必害之。霍氏秉权日久，害之者多矣。天下害之，而又行以逆道，不亡何待！"乃上疏言："霍氏泰盛，陛下即爱厚之，宜以时抑制，无使至亡。"书三上，辄报闻。其后霍氏诛灭，而告霍氏者皆封。人为徐生上书曰："臣闻客有过主人者，见其灶直突，傍有积薪，客谓主人，更为曲突，远徙其薪，不者且有火患。主人嘿然不应。俄而家果失火，邻里共救之，幸而得息。于是杀牛置酒，谢其邻人，灼烂者在于上行，余各以功次坐，而不录言曲突者。人谓主人曰：'乡使听客之言，不费牛酒，终亡火患。今论功而请宾，曲突徙薪亡恩泽，焦头烂额为上客耶？'主人乃寤而请之。今茂陵徐福数上书言霍氏且有变，宜防绝之。乡使福说得行，则国亡裂土出爵之费，臣亡逆乱诛灭之败。往事既已，而福独不蒙其功，唯陛下察之……"上乃赐福帛十疋，后以为郎。

宣帝始立，谒见高庙，大将军光从骖乘，上内严惮之，若有芒刺在背。后车骑将军张安世代光骖乘，天子从容肆体，甚安近焉。及光身死而宗族竟诛，故俗传之曰："威震主者不畜，霍氏之祸萌于骖乘。"至成帝时，为光置守冢百家，吏卒奉祠焉。元始二年，封光从父昆弟曾孙阳为博陆侯，千户。

金日磾，字翁叔，本匈奴休屠王太子也。武帝元狩中，票骑将军霍去病将兵击匈奴右地，多斩首，虏获休屠王祭天金人。其夏，票骑复西过居延，攻祁连山，大克获。于是单于怨昆邪、休屠居西方多为汉所破，召其王欲诛之。昆邪、休屠恐，谋降汉。休屠王后悔，昆邪王杀之，并将其众降汉。封昆邪王为列侯。日磾以父不降见杀，与母阏氏、弟伦俱没入官，输黄门养马，时年十四矣。

久之，武帝游宴见马，后宫满侧。日磾等数十人牵马过殿下，莫不窃视，至日磾独不敢。日磾长八尺二寸，容貌甚严，马又肥好，上异而问之，具以本状对。上奇焉，即日赐汤沐衣冠，拜为马监，迁侍中驸马都尉光禄大夫。日磾既亲近，未尝有过失，上甚信爱之，赏赐累千金，出则骖乘，入侍左右。贵戚多窃怨，曰："陛下妄得一胡儿，反贵重之！"上闻，愈厚焉。

日磾母教诲两子，甚有法度，上闻而嘉之。病死，诏图画于甘泉宫，署曰"休屠王阏氏"。日磾每见画常拜，乡之涕泣，然后乃去。日磾子二人皆爱，为帝弄儿，常在旁侧。弄儿或自后拥上项，日磾在前，见而目之。弄儿走且啼曰："翁怒。"上谓日磾"何怒吾儿为？"其后弄儿壮大，不谨，自殿下与宫人戏，日磾适见之，恶其淫乱，遂杀弄儿。弄儿即日磾长子也。上闻之大怒，日磾顿首谢，具言所以杀弄儿状。上甚哀，为之泣，已而心敬日磾。

　　初，莽何罗与江充相善，及充败卫太子，何罗弟通用诛太子时力战得封。后上知太子冤，乃夷灭充宗族党与。何罗兄弟惧及，遂谋为逆。日磾视其志意有非常，心疑之，阴独察其动静，与俱上下。何罗亦觉日磾意，以故久不得发。是时上行幸林光宫，日磾小疾卧庐。何罗与通及小弟安成矫制夜出，共杀使者，发兵。明旦，上未起，何罗亡何从外入。日磾奏厕心动，立入坐内户下。须臾，何罗袖白刃从东箱上，见日磾，色变，走趋卧内欲入，行触宝瑟，僵。日磾得抱何罗，因传曰："莽何罗反！"上惊起，左右拔刃欲格之，上恐并中日磾，止勿格。日磾捽胡投何罗殿下，得禽缚之，穷治皆伏辜。繇是著忠孝节。

　　日磾自在左右，目不忤视者数十年。赐出宫女，不敢近。上欲内其女后宫，不肯。其笃慎如此，上尤奇异之。及上病，属霍光以辅少主，光让日磾。日磾曰："臣外国人，且使匈奴轻汉。"于是遂为光副。光以女妻日磾嗣子赏。初，武帝遗诏以讨莽何罗功封日磾为秺侯，日磾以帝少不受封。辅政岁余，病困，大将军光白封日磾，卧授印绶。一日，薨，赐葬具冢地，送以轻车介士，军陈至茂陵，谥曰敬侯。

　　日磾两子，赏、建，俱侍中，与昭帝略同年，共卧起。赏为奉车，建驸马都尉。及赏嗣侯，佩两绶。上谓霍将军曰："金氏兄弟两人不可使俱两绶邪？"霍光对曰："赏自嗣父为侯耳。"上笑曰："侯不在我与将军乎？"光曰："先帝之约，有功乃得封侯。"时年俱八九岁。宣帝即位，赏为太仆，霍氏有事萌牙，上书去妻。上亦自哀之，独得不坐。元帝时为光禄勋，薨，亡子，国除。元始中继绝世，封建孙当为秺侯，奉日磾后。

　　初，日磾所将俱降弟伦，字少卿，为黄门郎，早卒。日磾两子贵，及孙则衰矣。而伦后嗣遂盛，子安上始贵显封侯。安上字子侯，少为侍中，惇笃有智，宣帝爱之。颇与发举楚王廷寿反谋，赐爵关内侯，食邑三百户。后霍氏反，安上传禁门闼，无内霍氏亲属，封为都成侯，至建章卫尉。薨，赐冢茔杜陵，谥曰敬侯。四子，常、敞、岑、明。

岑、明皆为诸曹、中郎将，常光禄大夫。元帝为太子时，敞为中庶子，幸有宠，帝即位，为骑都尉光禄大夫、中郎将侍中。元帝崩，故事，近臣皆随陵为园郎，敞以世名忠孝，太后诏留侍成帝，为奉车水衡都尉，至卫尉。敞为人正直，敢犯颜色，左右惮之，唯上亦难焉。病甚，上使使者问所欲，以弟岑为托。上召岑，拜为使主客。敞子涉本为左曹，上拜涉为侍中，使待幸绿车载送卫尉舍。须臾卒。

敞三子，涉、参、饶。

涉明经俭节，诸儒称之。成帝时为侍中骑都尉，领三辅胡越骑。哀帝即位，为奉车都尉，至长信少府。而参使匈奴，匈奴中郎将、越骑校尉、关内都尉，安定、东海太守。饶为越骑校尉。涉两子，汤、融，皆侍中诸曹将大夫。而涉之从父弟钦举明经，为太子门大夫，哀帝即位，为太中大夫给事中，钦从父弟迁为尚书令，兄弟用事。帝祖母傅太后崩，钦使护作，职办，擢为泰山、弘农太守，著威名。平帝即位，征为大司马司直、京兆尹。帝年幼，选置师友，大司徒孔光以明经高行为孔氏师，京兆尹金钦以家世忠孝为金氏友。徙光禄大夫侍中，秩中二千石，封都成侯。

王莽新诛平帝外家卫氏，召明礼少府宗伯凤入说为人后之谊，白令公卿、将军、侍中、朝臣并听，欲以内厉平帝而外塞百姓之议。钦与族昆弟秺侯当俱封。初，当曾祖父日磾传子节侯赏，而钦祖父安上传子夷侯常，皆亡子，国绝，故莽封钦、当奉其后。

当母南即莽母功显君同产弟也。当上南大行为太夫人。钦因缘谓当:"诏书陈日䃅功,亡有赏语。当名为以孙继祖也,自当为父、祖父立庙。赏故国君,使大夫主其祭。"时甄邯在旁,庭叱钦,因劾奏曰:"钦幸得以通经术,超擢侍帷幄,重蒙厚恩,封袭爵号,知圣朝以世有为人后之谊。前遭故定陶太后背本逆天,孝哀不获厥福,乃者吕宽、卫宝复造奸谋,至于返逆,咸伏厥辜。太皇太后惩艾悼惧,逆天之咎,非圣诬法,大乱之殃,诚欲奉承天心,遵明圣制,专壹为后之谊,以安天下之命,数临正殿,延见群臣,讲习《礼经》。孙继祖者,谓亡正统持重者也。赏见嗣日䃅,后成为君,持大宗重,则《礼》所谓'尊祖故敬宗',大宗不可以绝者也。钦自知与当俱拜同谊,即数扬言殿省中,教当云云。当即如其言,则钦亦欲为父明立庙而不入夷侯常庙矣。进退异言,颇惑众心,乱国大纲,开祸乱原,诬祖不孝,罪莫大焉。尤非大臣所宜,大不敬。秺侯当上母南为太夫人,失礼不敬。"莽白太后,下四辅、公卿、大夫、博士、议郎,皆曰:"钦宜以时即罪。"谒者召钦诣诏狱,钦自杀。邯以纲纪国体,亡所阿私,忠孝尤著,益封千户。更封长信少府涉子右曹汤为都成侯。汤受封日,不敢还归家,以明为人后之谊。益封之后,莽复用钦弟遵,封侯,历九卿位。

赞曰:霍光以结发内侍,起于阶闼之间,确然秉志,谊形于主。受襁褓之托,任汉室之寄,当庙堂,拥幼君,摧燕王,仆上官,因权制敌,以成其忠。处废置之际,临大节而不可夺,遂匡国家,安社稷。拥昭立宣,光为师保,虽周公、阿衡,何以加此!然光不学亡术,暗于大理,阴妻邪谋,立女为后,湛溺盈溢之欲,以增颠覆之祸,死财三年,宗族诛夷,哀哉!昔霍叔封于晋,晋即河东,光岂其苗裔乎?金日䃅夷狄亡国,羁虏汉庭,而以笃敬寤主，忠信自著，勒功上将，传国后嗣，世名忠孝，七世内侍，何其盛也！本以休屠作金人为祭天主，故国赐姓金氏云。

  茅鹿门评：荆川云"《光传》头绪最多"，予谓此传止本光之起家微，以小心被宠任之，故其秉政三十余年，所及点缀者，止诏增符玺郎秩，与沮丁外人求封一二事耳。中间废昌邑、立宣帝处，此其功案，而擅宠太过，卒招大祸，光之功过不相掩处，传中一一粉黛，何等苗画点缀，当是《汉书》第一传。

  阎鹤凫评："杀弄儿"与"不纳女"事以一类，乃分作两处叙，有如画工着色，政须淋漓恣态。而日䃅以外国人受顾命，政在此。

  徐退山评：《金日䃅传》与《霍光传》对照，"不肯纳女"对照"毒许后而纳成君"，"遂杀弄儿"对照欲举首而犹豫不忍，七世内侍对照三载诛灭，此两传中对照处也。而《光传》前半叙小心慎谨，获上信下，后半叙满盈僭溢，物怪人妖，又一传中自相对照，笔法紧严，篇章句字无不锻炼，小语细故形容入微，班史第一篇极工文字。

  又评：《废安邑王奏》千余言，不用虚字转折，统是实叙，罗列事状臣（巨）细毕陈，情态曲尽，极质朴中自饶资质，直是先秦汉初文字，后代人不能下笔。读《奏》中间忽然插入太后曰："止！为人臣子当悖乱如是邪？"又苗写一笔云"王离席伏"，然后叙尚书令复读云云，此段更是入神之笔。

萧望之传

（全录）

　　萧望之字长倩，东海兰陵人也，徙杜陵。家世以田为业，至望之，好学，治《齐诗》，事同县后仓且十年。以令诣太常受业，复事同学博士白奇，又从夏侯胜问《论语》、《礼服》。京师诸儒称述焉。

　　是时，大将军霍光秉政，长史丙吉荐儒生王仲翁与望之等数人，皆召见。先是左将军上官桀与盖主谋杀光，光既诛桀等，后出入自备。吏民当见者，露索去刀兵，两吏挟持。望之独不肯听，自引出阁曰："不愿见。"吏牵持匈匈。光闻之，告吏勿持。望之既至前，说光曰："将军以功德辅幼主，将以流大化，致于洽平，是以天下之士延颈企踵，争愿自效，以辅高明。今士见者皆先露索挟持，恐非周公相成王躬吐握之礼，致白屋之意。"于是光独不除用望之，而仲翁等皆补大将军史。三岁间，仲翁至光禄大夫给事中，望之以射策甲科为郎，署小苑东门候。仲翁出入从仓头庐儿，下车趋门，传呼甚宠，顾谓望之曰："不肯录录，反抱关为？"望之曰："各从其志。"

　　后数年，坐弟犯法，不得宿卫，免归为郡吏。御史大夫魏相除望之为属，察廉为大行治礼丞。

　　时大将军光薨，子禹复为大司马，兄子山领尚书，亲属皆宿卫内侍。地节三年夏，京师雨雹，望之因是上疏，愿赐清闲之宴，口陈灾异之意。宣帝自在民间闻望之名，曰："此东海萧生邪？下少府宋畸问状，无有所讳。"望之对，以为："《春秋》昭公三年大雨雹，是时季氏专权，卒逐昭公。乡使鲁君察于天变，宜无此害。今陛下以圣德居位，思政求贤，尧舜之用心也。然而善祥未臻，阴阳不和，是大臣任政，一姓擅势之所致也。附枝大者贼本心，私家盛者公室危。唯明主躬万机，选同姓，举贤材，以为腹心，与参政谋，令公卿大臣朝见奏事，明陈其职，以考功能。如是，则庶事理，公道立，奸邪塞，私权废矣。"对奏，天子拜望之为谒者。时上初即位，思进贤良，多上书言便宜，辄下望之问状，高者请丞相御史，次者中二千石试事，满岁以状闻，下者报闻，或罢归田里，所白处奏皆可。累迁谏大夫，丞相司直，岁中三迁，官至二千石。其后霍氏竟谋反诛，望之浸益任用。

是时选博士谏大夫通政事者补郡国守相，以望之为平原太守。望之雅意在本朝，远为郡守，内不自得，乃上疏曰："陛下哀愍百姓，恐德化之不究，悉出谏官以补郡吏，所谓忧其末而忘其本者也。朝无争臣则不知过，国无达士则不闻善。愿陛下选明经术，温故知新，通于几微谋虑之士以为内臣，与参政事。诸侯闻之，则知国家纳谏忧政，亡有阙遗。若此不怠，成康之道其庶几乎！外郡不治，岂足忧哉？"书闻，征入守少府。宣帝察望之经明持重，论议有余，材任宰相，欲详试其政事，复以为左冯翊。望之从少府出为左迁，恐有不合意，即移病。上闻之，使侍中成都侯金安上谕意曰："所用皆更治民以考功。君前为平原太守日浅，故复试之于三辅，非有所闻也。"望之即视事。

是岁西羌反，汉遣后将军征之。京兆尹张敞上书言："国兵在外，军以夏发，陇西以北，安定以西，吏民并给转输，田事颇废，素无余积，虽羌虏以破，来春民食必乏。穷辟之处，买亡所得，县官谷度不足以振之。愿令诸有罪，非盗受财杀人及犯法不得赦者，皆得以差入谷此八郡赎罪。务益致谷以豫备百姓之急。"事下有司，望之与少府李强议，以为："民函阴阳之气，有好义欲利之心，在教化之所助。尧在上，不能去民欲利之心，而能令其欲利不胜其好义也；虽桀在上，不能去民好义之心，而能令其好义不胜其欲利也。故尧、桀之分，在于义利而已，道民不可不慎也。今欲令民量粟以赎罪，如此则富者得生，贫者独死，是贫富异刑而法不壹也。人情，贫穷，父兄囚执，闻出财得以生活，为人子弟者将不顾死亡之患，败乱之行，以赴财利，求救亲戚。一人得生，十人以丧，如此，伯夷之行坏，公绰之名灭。政教壹倾，虽有周召之佐，恐不能复。古者臧于民，不足则取，有余则予。《诗》曰'爰及矜人，哀此鳏寡'，上惠下也。又曰'雨我公田，遂及我私'，下急上也。今有西边之役，民失作业，虽户赋口敛以赡其困乏，古之通义，百姓莫以为非。以死救生，恐未可也。陛下布德施教，教化既成，尧舜亡以加也。今议开利路以伤既成之化，臣窃痛之。"

于是天子复下其议两府，丞相、御史以难问张敞。敞曰："少府左冯翊所言，常人之所守耳。昔先帝征四夷，兵行三十余年，百姓犹不加赋，而军用给。今羌虏一隅小夷，跳梁于山谷间，汉但令罪人出财减罪以诛之，其名贤于烦扰良民横兴赋敛也。又诸盗及杀人犯不道者，百姓所疾苦也，皆不得赎；首匿、见知纵、所不当得为之属，议者或颇言其法可蠲除，今因此令赎，其便明甚，何化之所乱？《甫刑》之罚，小过赦，薄罪赎，有金选之品，所从来久矣，何贼之所生？敞备皂衣二十余年，尝闻罪人赎矣，未闻盗贼起也。窃怜凉州被寇，方秋饶时，民尚有饥乏，病死于道路，况至来春将大困乎！不早虑所以振救之策，而引常经以难，恐后为重责……"

望之、强复对曰："先帝圣德，贤良在位，作宪垂法，为无穷之规，永惟边竟之不赡，故《金布令甲》曰：'边郡数被兵，离饥寒，夭绝天年，父子相失，令天下共给其费'，固为军旅卒暴之事也。闻天汉四年，常使死罪人入五十万钱，减死罪一等，豪强吏民请夺假贳，至为盗贼以赎罪。其后奸邪横暴，群盗并起，至攻城邑，杀郡守，充满山谷，吏不能禁，明诏遣绣衣使者以兴兵击之，诛者过半，然后衰止。愚以为此使死罪赎之败也，故曰不便。"时丞相魏相、御史大夫丙吉亦以为羌虏且破，转输略足相给，遂不施敞议。望之为左冯翊三年，京师称之，迁大鸿胪。

先是乌孙昆弥翁归靡因长罗侯常惠上书，愿以汉外孙元贵靡为嗣，得复尚少主，结婚内附，畔去匈奴。诏下公卿议，望之以为乌孙绝域，信其美言，万里结婚，非长策也。天子不听。神爵二年，遣长罗侯惠使送公主配元贵靡。未出塞，翁归靡死，其兄子狂王背约自立。惠从塞下上书，愿留少主敦煌郡。惠至乌孙，责以负约，因立元贵靡，还迎少主。诏下公卿议，望之复以为："不可。乌孙持两端，亡坚约，其效可见。前少主在乌孙四十余年，恩爱不亲密，边境未以安，此已事之验也。今少主以元贵靡不得立而还，信无负于四夷，此中国之大福也。少主不止，繇役将兴，其原起此。"天子从其议，征少主还。后乌孙虽分国两立，以元贵靡为大昆弥，汉遂不复与结婚。

三年，代丙吉为御史大夫。五凤中匈奴大乱，议者多曰匈奴为害日久，可因其坏乱举兵灭之。诏遣中朝大司马车骑将军韩增、诸吏富平侯张延寿、光禄勋杨恽、太仆戴长乐问望之计策，望之对曰："《春秋》晋士匄帅师侵齐，闻齐侯卒，引师而还，君子大其不伐丧，以为恩足以服孝子，谊足以动诸侯。前单于慕化乡善称弟，遣使请求和亲，海内欣然，夷狄莫不闻。未终奉约，不幸为贼臣所杀，今而伐之，是乘乱而幸灾也，彼必奔走远遁。不以义动兵，恐劳而无功。宜遣使者吊问，辅其微弱，救其灾患，四夷闻之，咸贵中国之仁义。如遂蒙恩得复其位，必称臣服从，此德之盛也。"上从其议，后竟遣兵护辅呼韩邪单于定其国。

是时大司农中丞耿寿昌奏设常平仓，上善之，望之非寿昌。丞相丙吉年老，上重焉，望之又奏言："百姓或乏困，盗贼未止，二千石多材下不任职。三公非其人，则三光为之不明，今首岁日月少光，咎在臣等。"上以望之意轻丞相，乃下侍中建章卫尉金安上、光禄勋杨恽、御史中丞王忠，并诘问望之。望之免冠置对，天子繇是不说。

后丞相司直䌷延寿奏："侍中谒者良使承制诏望之，望之再拜已。良与望之言，望之不起，因故下手，而谓御史曰'良礼不备'。故事丞相病，明日御史大夫辄问病；朝奏事会庭中，差居丞相后，丞相谢，大夫少进，揖。今丞相数病，望之不问病；会庭中，与丞相钧礼。时议事不合意，望之曰：'侯年宁能父我邪！'知御史有令不得擅使，望之多使守史自给车马，之杜陵护视家事。少史冠法冠，为妻先引，又使卖买，私所附益凡十万三千。案望之大臣，通经术，居九卿之右，本朝所仰，至不奉法自修，踞慢不逊攘，受所监臧二百五十以上，请逮捕系治。"上于是策望之曰："有司奏君责使者礼，遇丞相亡礼，廉声不闻，敖慢不逊，亡以扶政，帅先百僚。君不深思，陷于兹秽，朕不忍致君于理，使光禄勋恽策诏，左迁君为太子太傅，授印。其上故印使者，便道之官。君其秉道明孝，正直是与，帅意亡訾，靡有后言。"

望之既左迁，而黄霸代为御史大夫。数月间，丙吉薨，霸为丞相。霸薨，于定国复代焉。望之遂见废，不得相。为太傅，以《论语》、《礼服》授皇太子。

初，匈奴呼韩邪单于来朝，诏公卿议其仪，丞相霸、御史大夫定国议曰："圣王之制，施德行礼，先京师而后诸夏，先诸夏而后夷狄。《诗》云:'率礼不越,遂视既发;相土烈烈,海外有截。'陛下圣德充塞天地,光被四表,匈奴单于乡风慕化,奉珍朝贺,自古未之有也。其礼仪宜如诸侯王,位次在下。"望之以为:"单于非正朔所加,故称敌国,宜待以不臣之礼,位在诸侯王上。外夷稽首称藩,中国让而不臣,此则羁縻之谊,谦亨之福也。《书》曰'戎狄荒服',言其来服,荒忽亡常。如使匈奴后嗣卒有鸟窜鼠伏,阙如朝享,不为畔臣。信让行乎蛮貊,福祚流于亡穷,万世之长策也。"天子采之,下诏曰:"盖闻五帝三王教化所不施,不及以政。今匈奴单于称北藩,朝正朔,朕之不逮,德不能弘覆。其以客礼待之,令单于位在诸侯王上,赞谒称臣而不名。"

及宣帝寝疾,选大臣可属者,引外属侍中乐陵侯史高、太子太傅望之、少傅周堪至禁中,拜高为大司马车骑将军,望之为前将军光禄勋,堪为光禄大夫,皆受遗诏辅政,领尚书事。宣帝崩,太子袭尊号,是为孝元帝。望之、堪本以师傅见尊重,上即位,数宴见,言治乱,陈王事。望之选白宗室明经达学散骑谏大夫刘更生给事中,与侍中金敞并拾遗左右。四人同心谋议,劝道上以古制,多所欲匡正,上甚乡纳之。

初,宣帝不甚从儒术,任用法律,而中书宦官用事。中书令弘恭、石显久典枢机,明习文法,亦与车骑将军高为表里,论议常独持故事,不从望之等。恭、显又时倾仄见诎。望之以为中书政本,宜以贤明之选,自武帝游宴后庭,故用宦者,非国旧制,又违古不近刑人之义,白欲更置士人,繇是大与高、恭、显忤。上初即位,谦让重改作,议久不定,出刘更生为宗正。

望之、堪数荐名儒茂才以备谏官。会稽郑朋阴欲附望之,上疏言车骑将军高遣客为奸利郡国,及言许、史子弟罪过。章视周堪,堪白令朋待诏金马门。朋奏记望之曰:"将军体周召之德,秉公绰之质，有下庄之威。至乎耳顺之年，履折冲之位，号至将军，诚士之高致也。窟穴黎庶莫不欢喜，咸曰将军其人也。今将军规橅云若管晏而休，遂行日仄至周召乃留乎？若管晏而休，则下走将归延陵之皋，修农圃之畴，畜鸡种黍，竢见二子，没齿而已矣。如将军昭然度行积思，塞邪枉之险蹊，宣中庸之常政，兴周、召之遗业，亲日仄之兼听，则下走其庶几愿竭区区，底厉锋锷，奉万分之一。"望之见纳朋，接待以意。朋数称述望之，短车骑将军，言许、史过失。

后朋行倾邪，望之绝不与通。朋与大司农史李宫俱待诏，堪独白宫为黄门郎。朋，楚士，怨恨，更求入许、史，推所言许、史事曰："皆周堪、刘更生教我，我关东人，何以知此？"于是侍中许章白见朋。朋出扬言曰："我见，言前将军小过五，大罪一。中书令在旁，知我言状。"望之闻之，以问弘恭、石显。显、恭恐望之自讼，下于它吏，即挟朋及待诏华龙。龙者，宣帝时与张子蟜等待诏，以行污嫩不进，欲入堪等，堪等不纳，故与朋相结。恭、显令二人告望之等谋欲罢车骑将军疏退许、史状，候望之出休日，令朋、龙上之。事下弘恭问状，望之对曰："外戚在位多奢淫，欲以匡正国家，非为邪也。"恭、显奏"望之、堪、更生朋党相称举，数谮诉大臣，毁离亲戚，欲以专擅权势，为臣不忠，诬上不道，请谒者召致廷尉"。时上初即位，不省"谒者召致廷尉"为下狱也，可其奏。后上召堪、更生，曰系狱。上大惊曰："非但廷尉问邪？"以责恭、显，皆叩头谢。上曰："令出视事。"恭、显因使高言："上新即位，未以德化闻于天下，而先验师傅，既下九卿大夫狱，宜因决免。"于是制诏丞相御史："前将军望之傅朕八年，亡它罪过，今事久远，识忘难明。其赦望之罪，收前将军光禄勋印绶，及堪、更生皆免为庶人。"而朋为黄门郎。

后数月，制诏御史："国之将兴，尊师而重傅。故前将军望之傅朕八年，道以经术，厥功茂焉。其赐望之爵关内侯，食邑六百户，给事中，朝朔望，坐次将军。"天子方倚欲以为丞相，会望之子散骑中郎伋上书讼望之前事，事下有司，复奏"望之前所坐明白，无谮诉者，而教子上书，称引亡辜之《诗》，失大臣体，不敬，请逮捕"。弘恭、石显等知望之素高节，不诎辱，建白"望之前为将军辅政，欲排退许、史，专权擅朝。幸得不坐，复赐爵邑，与闻政事，不悔过服罪，深怀怨望，教子上书，归非于上，自以托师傅，怀终不坐。非颇诎望之于牢狱，塞其怏怏心，则圣朝亡以施恩厚"。上曰："萧太傅素刚，安肯就吏？"显等曰："人命至重，望之所坐，语言薄罪，必亡所忧。"上乃可其奏。

显等封以付谒者，敕令召望之手付，因令太常急发执金吾车骑驰围其第。使者至，召望之。望之欲自杀，其夫人止之，以为非天子意。望之以问门下生朱云。云者好节士，劝望之自裁。于是望之仰天叹曰："吾尝备位将相，年逾六十矣，老入牢狱，苟求生活，不亦鄙乎！"字谓云曰："游，趣和药来，无久留我死！"竟饮鸩自杀。天子闻之惊，拊手曰："曩固疑其不就牢狱，果然杀吾贤傅！"是时，太官方上昼食，上乃却食，为之涕泣，哀恸左右。于是召显等责问以议不详。皆免冠谢，良久然后已。

望之有罪死，有司请绝其爵邑。有诏加恩，长子伋嗣为关内侯。天子追念望之不忘，每岁时遣使者祠祭望之冢，终元帝世。望之八子，至大官者育、咸、由。

....

赞曰：萧望之历位将相，籍师傅之恩，可谓亲昵亡间。及至谋泄隙开，谗邪构之，卒为便嬖宦竖所图，哀哉！不然，望之堂堂，折而不桡，身为儒宗，有辅佐之能，近古社稷臣也。

徐退山评：此传入元帝一曰"方欲倚为相"，又曰"杀吾贤傅"，又曰"却食流涕"，又曰"追念不忘，祠之终其世"，谓是极表望之之贤，不知正容形元帝之昏懦如是。惜望之而不能诛石显，又见望之为傅八九年，既不能发其蒙，又不能察其懦，而顾踈防小人以自杀其身，《易》曰"君子用罔"，望之有焉；又曰"从妇凶也"，元帝有焉。

宣元六王传

（录淮阳宪王钦）

淮阳宪王钦，元康三年立，母张婕伃有宠于宣帝。霍皇后废后，上欲立张婕伃为后。久之，惩艾霍氏欲害皇太子，乃更选后宫无子而谨慎者，乃立长陵王婕伃为后，令母养太子。后无宠，希御见，唯张婕伃最幸。

而宪王壮大，好经书法律，聪达有材，帝甚爱之。太子宽仁，喜儒术，上数嗟叹宪王曰："真我子也！"常有意欲立张婕妤与宪王，然用太子起于微细，上少依倚许氏，及即位而许后以杀死，太子蚤失母，故弗忍也。久之，上以故丞相韦贤子玄成阳狂让侯兄，经明行高，称于朝廷，乃召拜玄成为淮阳中尉，欲感谕宪王，辅以推让之臣，由是太子遂安。

宣帝崩，元帝即位，乃遣宪王之国。时张婕伃已卒，宪王有外祖母，舅张博兄弟三人岁至淮阳见亲，辄受王赐。后王上书：请徙外家张氏于国。博上书：愿留守坟墓，独不徙。王恨之。后博至淮阳，王赐之少。博言："负责数百万，愿王为偿。"王不许，博辞去，令弟光恐云王遇大人益解，博欲上书为大人乞骸骨去。王乃遣人持黄金五十斤送博。博喜，还书谢，为谄语盛称誉王，因言："当今朝廷无贤臣，灾变数见，足为寒心。万姓咸归望于大王，大王奈何恬然不求入朝见，辅助主上乎？"使弟光数说王宜听博计，令于京师说用事贵人为王求朝。王不纳其言。

后光欲至长安，辞王，复言："愿尽力与博共为王求朝。王即日至长安，可因平阳侯。"光得王欲求朝语，驰使人语博。博知王意动，复遗王书曰："博幸得肺腑，数进愚策，未见省察。北游燕赵，欲循行郡国求幽隐之士，闻齐有驷先生者，善为《司马兵法》，大将之材也，博得谒见，承间进问五帝三王究竟要道，卓尔非世俗之所知。今边境不安，天下骚动，微此人其莫能安也。又闻北海之濒有贤人焉，累世不可逮，然难致也。得此二人而荐之，功亦不细矣。博愿驰西以此赴助汉急，无财币以通显之。赵王使谒者持牛酒，黄金三十斤劳博，博不受；复使人愿尚女，聘金二百斤，博未许。会得光书云大王已遣光西，与博并力求朝。博自以弃捐，不意大王还意反义，结以朱颜，愿杀身报德。朝事何足言！大王诚赐咳唾，使得尽死，汤禹所以成大功也。驷先生蓄积道术，书无不有，愿知大王所好，请得辄上。"王得书喜说，报博书曰："子高乃幸左顾存恤，发心恻隐，显至诚，纳以嘉谋，语以至事，虽亦不敏，敢不谕意！今遣有司为子高偿责二百万。"

是时，博女婿京房以明《易》阴阳得幸于上，数召见言事。自谓为石显、五鹿充宗所排，谋不得用，数为博道之。博常欲诳耀淮阳王，即具记房诸所说灾异及召见密语，持予淮阳王以为信验，诈言："已见中书令石君求朝，许以金五百斤。贤圣制事，盖虑功而不计费。昔禹治鸿水，百姓罢劳，成功既立，万世赖之。今闻陛下春秋未满四十，发齿堕落，太子幼弱，佞人用事，阴阳不调，百姓疾疫饥馑死者且半，鸿水之害殆不过此。大王绪欲救世，将此功德，何可以忽？博已与大儒知道者为大王为便宜奏，陈安危，指灾异，大王朝见，先口陈其意而后奏之，上必大说。事成功立，大王即有周、邵之名，邪臣散亡，公卿变节，功德亡比，而梁、赵之宠必归大王，外家亦将富贵，何复望大王之金钱？"王喜说，报博书曰："乃者诏下，止诸侯朝者，寡人憯然不知所出。子高素有颜冉之资，臧武之智，子贡之辩，卞庄子之勇，兼此四者，世之所鲜。既开端绪，愿卒成之。求朝，义事也，奈何行金钱乎！"博报曰：

"已许石君,须以成事。"王以金五百斤予博。

会房出为郡守,离左右,显具得此事告之。房漏泄省中语,博兄弟诖误诸侯王,诽谤政治,狡猾不道,皆下狱。有司奏请逮捕钦,上不忍致法,遣谏大夫王骏赐钦玺书曰:"皇帝问淮阳王。有司奏王,王舅张博数遗王书,非毁政治,谤讪天子,褒举诸侯,称引周、汤,以诒惑王,所言尤恶,悖逆无道。王不举奏而多与金钱,报以好言,罪至不赦,朕恻焉不忍闻,为王伤之。推原厥本,不祥自博,惟王之心,匪同于凶。已诏有司勿治王事,遣谏大夫骏申谕朕意。《诗》不云乎?'靖恭尔位,正直是与。'王其勉之!"

骏谕指曰:"礼为诸侯制相朝聘之义,盖以考礼壹德,尊事天子也。且王不学《诗》乎?《诗》云:'俾侯于鲁,为周室辅。'今王舅博数遗王书,所言悖逆。王幸受诏策,通经术,知诸侯名誉不当出竟。天子普覆,德布于朝,而恬有博言,多予金钱,与相报应,不忠莫大焉。故事,诸侯王获罪京师,罪恶轻重,纵不伏诛,必蒙迁削贬黜之罪,未有但已者也。今圣主赦王之罪,又怜王失计忘本,为博所惑,加赐玺书,使谏大夫申谕至意,殷勤之恩,岂有量哉!博等所犯恶大,群下之所共攻,王法之所不赦也。自今以来,王毋复以博等累心,务与众弃之。《春秋》之义,大能变改。《易》曰'藉用白茅,无咎',言臣子之道,改过自新,絜己以承上,然后免于咎也。王其留意慎戒,惟思所以悔过易行,塞重责,称厚恩者。如此,则长有富贵,社稷安矣。"

于是淮阳王钦免冠稽首谢曰:"奉藩无状,过恶暴列,陛下不忍致法,加大恩,遣使者申谕道术守藩之义。伏念博罪恶尤深,当伏重诛。臣钦愿悉心自新,奉承诏策。顿首死罪。"

京房及博兄弟三人皆弃市,妻子徙边。

孙月峰评：淮阳宪王事已见《玄成传》，而此叙得更详，至写宣帝心事曲尽，惩霍、念许、拜韦，何其恩深而情苦也，穿插点注，妥帖无痕，最是笔力高处。

匡张孔马传

（录张禹）

张禹字子文，河内轵人也。至禹父徙家莲勺。禹为儿，数随家至市，喜观于卜相者前。久之，颇晓其别蓍布卦意，时从旁言。卜者爱之，又奇其面貌，谓禹父："是儿多知，可令学经。"及禹壮，至长安学，从沛郡施雠受《易》，琅邪王阳、胶东庸生问《论语》，既皆明习，有徒众，举为郡文学。甘露中，诸儒荐禹，有诏太子太傅萧望之问。禹对《易》及《论语》大义，望之善焉，奏禹经学精习，有师法，可试事。奏寝，罢归故官。久之，试为博士。初元中，立皇太子，而博士郑宽中以《尚书》授太子，荐言禹善《论语》。诏令禹授太子《论语》，由是迁光禄大夫。数岁，出为东平内史。

元帝崩，成帝即位，征禹、宽中，皆以师赐爵关内侯，宽中食邑八百户，禹六百户。拜为诸吏光禄大夫，秩中二千石，给事中，领尚书事。是时，帝舅阳平侯王凤为大将军，辅政专权。而上富于春秋，谦让，方乡经学，敬重师傅。而禹与凤并领尚书，内不自安，数病上书乞骸骨，欲退避凤。上报曰："朕以幼年执政，万机惧失其中，君以道德为师，故委国政。君何疑而数乞骸骨，忽忘雅素，欲避流言？朕无闻焉。君其固心致思，总秉诸事，推以孳孳，无违朕意。"加赐黄金百斤、养牛、上尊酒，太官致餐，侍医视疾，使者临问。禹惶恐，复起视事。

河平四年，代王商为丞相，封安昌侯。为相六岁，鸿嘉元年以老病乞骸骨，上加优再三，乃听许。赐安车驷马，黄金百斤，罢就第，以列侯朝朔望，位特进，见礼如丞相，置从事史五人，益封四百户。天子数加赏赐，前后数千万。

　　禹为人谨厚，内殖货财，家以田为业。及富贵，多买田至四百顷，皆泾、渭溉灌，极膏腴上贾。它财物称是。禹性习知音声，内奢淫，身居大第，后堂理丝竹管弦。

　　禹成就弟子尤著者，淮阳彭宣至大司空，沛郡戴崇至少府九卿。宣为人恭俭有法度，而崇恺弟多智，二人异行。禹心亲爱崇，敬宣而疏之。崇每候禹，常责师宜置酒设乐与弟子相娱，禹将崇入后堂饮食，妇女相对，优人莞弦铿锵极乐，昏夜乃罢。而宣之来也，禹见之于便坐，讲论经义，日晏赐食，不过一肉卮酒相对，宣未尝得至后堂。及两人皆闻知，各自得也。

　　禹年老，自治冢茔，起祠室，好平陵肥牛亭部处地，又近延陵，奏请求之，上以赐禹，诏令平陵徙亭它所。曲阳侯根闻而争之："此地当平陵寝庙衣冠所出游道，禹为师傅，不遵谦让，至求衣冠所游之道，又徙坏旧亭，重非所宜。孔子称'赐爱其羊，我爱其礼'，宜更赐禹它地。"根虽为舅，上敬重之不如禹，根言虽切，犹不见从，卒以肥牛亭地赐禹。根由是害禹宠，数毁恶之。天子愈益敬厚禹。禹每病，辄以起居闻，车驾自临问之。上亲拜禹床下，禹顿首谢恩，因归诚，言："老臣有四男一女，爱女其于男，远嫁为张掖太守萧咸妻，不胜父子私情，思与相近。"上即时徙咸为弘农太守。又禹小子未有官，上临候禹，禹数视其小子，上即禹床下拜为黄门郎，给事中。

　　禹虽家居，以特进为天子师，国家每有大政，必与定议。永始、元延之间，日蚀地震尤数，吏民多上书言灾异之应，讥切王氏专政所致。上惧变异数见，意颇然之，未有以明见，乃车驾至禹弟，辟左右，亲问禹以天变，因用吏民所言王氏事示禹。禹自见年老，子孙弱，又与曲阳侯不平，恐为所怨。禹则谓上曰："春秋二百四十二年间，日蚀三十余，地震五，或为诸侯相杀，或夷狄侵中国。灾变之异深远难见，故圣人罕言命，不语怪神。性与天道，自子赣之属不得闻，何况浅见鄙儒之所言！陛下宜修政事以善应之，与下同其福喜，此经义意也。新学小生，乱道误人，宜无信用，以经术断之。"<u>上雅信爱禹</u>，<u>由此不疑王氏</u>。后曲阳侯根及诸王子弟闻知禹言，皆喜说，遂亲就禹。禹见时有变异，若上体不安，择日絜斋露蓍，正衣冠立筮，得吉卦则献其占，如有不吉，禹为感动有忧色。

　　成帝崩，禹及事哀帝，建平二年薨，谥曰节侯。……初，禹为师，以上难数对己问经，为《论语章句》献之。始鲁扶卿及夏侯胜、王阳、萧望之、韦玄成皆说《论语》，篇第或异。禹先事王阳，后从庸生，采获所安，<u>最后出而尊贵</u>。诸儒为之语曰："欲为《论》，念张文。"由是学者多从张氏……

　　陈明卿评：成帝而后，有可以去王氏之机会者，独车驾至禹第一时。若禹以师尊之重，得君之专，一念计安社稷，去城社奸，若发蒙耳。乃以温饱子孙之心，易其社稷之心，孟坚所以详次其声色、宫室之盛，以著其亡汉之本。

王商史丹傅喜传

（录史丹）

　　史丹字君仲，鲁国人也，徙杜陵。祖父恭有女弟，武帝时为卫太子良娣，产悼皇考。皇考者，孝宣帝父也。宣帝微时依倚史氏。语在《史良娣传》。及宣帝即尊位，恭已死，三子，高、曾、玄。曾、玄皆以外属旧恩封，曾为将陵侯，玄平台侯。高侍中贵幸，以发举反者大司马霍禹功封乐陵侯。宣帝疾病，拜高为大司马车骑将军，领尚书事。帝崩，太子袭尊号，是为孝元帝。高辅政五年，乞骸骨，赐安车驷马黄金，罢就第。薨，谥曰安侯。

　　自元帝为太子时，丹以父高任为中庶子，侍从十余年。元帝即位，为附马都尉侍中，出常骖乘，甚有宠。上以丹旧臣，皇考外属，亲信之，诏丹护太子家。是时，傅昭仪子定陶共王有材艺，子母俱爱幸，而太子颇有酒色之失，母王皇后无宠。

　　建昭之间，元帝被疾，不亲政事，留好音乐。或置鼙鼓殿下，天子自临轩槛上，隤铜丸以摘鼓，声中严鼓之节。后宫及左右习知音者莫能为，而定陶王亦能之，上数称其材。丹进曰："凡所谓材者，敏而好学，温故知新，皇太子是也。若乃器人于丝竹鼓鼙之间，则是陈惠、李微高于匡衡，可相国也。"于是上嘿然而笑。其后，中山哀王薨，太子前吊。哀王者，帝之少弟，与太子游学相长大。上望见太子，感念哀王，悲不能自止。太子既至前，不哀。上大恨曰："安有人不慈仁而可奉宗庙为民父母者乎！"上以责谓丹。丹免冠谢上曰："臣诚见陛下哀痛中山王，至以感损。向者太子当进见，臣切戒属毋涕位，感伤陛下。罪乃在臣，当死。"上以为然，意乃解。丹之辅相，皆此类也。

竟宁元年，上寝疾，傅昭仪及定陶王常在左右，而皇后、太子希得进见。上疾稍侵，意忽忽不平，数问尚书以景帝时立胶东王故事。是时，太子长舅阳平侯王凤为卫尉、侍中，与皇后、太子皆忧，不知所出。丹以亲密臣得侍视疾，候上间独寝时，丹直入卧内，顿首伏青蒲上，涕泣言曰："皇太子以適长立，积十余年，名号系于百姓，天下莫不归心臣子。见定陶王雅素爱幸，今者道路流言，为国生意，以为太子有动摇之议。审若此，公卿以下必以死争，不奉诏。臣愿先赐死以示群臣！"天子素仁，不忍见丹涕泣，言又切至，上意大感，喟然太息曰："吾日困劣，而太子、两王幼少，意中恋恋，亦何不念乎！然无有此议。且皇后谨慎，先帝又爱太子，吾岂可违指！驸马都尉安所受此语？"丹即却，顿首曰："愚臣妄闻，罪当死！"上因纳，谓丹曰："吾病寖加，恐不能自还。善辅道太子，毋违我意！"丹嘘唏而起。太子由是遂为嗣矣。

元帝竟崩，成帝初即位，擢丹为长乐卫尉，迁右将军，赐爵关内侯，食邑三百户，给事中，后徙左将军、光禄大夫。鸿嘉元年，上遂下诏曰："夫褒有德，赏元功，古今通义也。左将军丹往时导朕以忠正，秉义醇壹，旧德茂焉。其封丹为武阳侯，国东海剡之武强聚，户千一百。"

丹为人足知，恺弟爱人，貌若傥荡不备，然心甚谨密，故尤得信于上。丹兄嗣父爵为侯，让不受分。丹尽得父财，身又食大国邑，重以旧恩，数见褒赏，赏赐累千金，僮奴以百数，后房妻妾数十人，内奢淫，好饮酒，极滋味声色之乐。为将军前后十六年，永始中病乞骸骨，上赐策曰："左将军寝病不衰，愿归治疾，朕愍以官职之事久留将军，使躬不瘳。使光禄勋赐将军黄金五十斤，安车驷马，其上将军印绶。宜专精神，务近医药，以辅不衰。"

丹归第数月薨，谥曰顷侯。

　　茅鹿门评：丹之不附定陶太后，卒以免官一节，乃其大节也，《汉书》何不以见之本传，而以附之《傅喜传》。

扬雄传

（传节录，录《解嘲》、《解难》，《赞》全录）

扬雄字子云，蜀郡成都人也。其先出自有周伯侨者，以支庶初食采于晋之扬，因氏焉，不知伯侨周何别也。扬在河、汾之间，周衰而扬氏或称侯，号曰扬侯。会晋六卿争权，韩、魏、赵兴，而范、中行、知伯弊。当是时，逼扬侯，扬侯逃于楚巫山，因家焉。楚汉之兴也，扬氏溯江上，处巴江州。而扬季官至庐江太守。汉元鼎间避仇复溯江上，处岷山之阳曰郫，有田一廛，有宅一区，世世以农桑为业。自季至雄，五世而传一子，故雄亡它扬于蜀。

雄少而好学，不为章句，训诂通而已，博览无所不见。为人简易佚荡，口吃不能剧谈，默而好深湛之思，清静亡为，少耆欲，不汲汲于富贵，不戚戚于贫贱，不修廉隅以徼名当世。家产不过十金，乏无儋石之储，晏如也。自有大度，非圣哲之书不好也；非其意，虽富贵不事也。顾尝好辞赋。

先是时，蜀有司马相如，作赋甚弘丽温雅，雄心壮之，每作赋，常拟之以为式。又怪屈原文过相如，至不容，作《离骚》，自投江而死，悲其文，读之未尝不流涕也。以为君子得时则大行，不得时则龙蛇，遇不遇命也，何必湛身哉！乃作书，往往摭《离骚》文而反之，自岷山投诸江流以吊屈原，名曰《反离骚》；又旁《离骚》作重一篇，名曰《广骚》；又旁《惜诵》以下至《怀沙》一卷，名曰《畔牢愁》。

....

孝成帝时，客有荐雄文似相如者，上方郊祠甘泉泰畤、汾阴后土，以求继嗣，召雄待诏承明之庭。正月，从上甘泉，还奏

《甘泉赋》以风。

....

甘泉本因秦离宫，既奢泰，而武帝复增通天、高光、迎风。宫外近则洪厓、旁皇、储胥、弩陆，远则石关、封峦、枝鹊、露寒、棠梨、师得，游观屈奇瑰玮，非木摩而不雕，墙涂而不画，周宣所考，般庚所迁，夏卑宫室，唐虞棌椽三等之制也。且其为已久矣，非成帝所造，欲谏则非时，欲默则不能已，故遂推而隆之，乃上比于帝室紫宫，若曰此非人力之所为，党鬼神可也。又是时赵昭仪方大幸，每上甘泉，常法从，在属车间豹尾中。故雄聊盛言车骑之众，参丽之驾，非所以感动天地，逆釐三神。又言"屏玉女，却虑妃"，以微戒齐肃之事。……奏之，天子异焉。

....

哀帝时，丁、傅、董贤用事，诸附离之者或起家至二千石。时雄方草《太玄》，有以自守，泊如也。或嘲雄以玄尚白，而雄解之，号曰《解嘲》。其辞曰：

客嘲扬子曰："吾闻上世之士，人纲人纪，不生则已，生则上尊人君，下荣父母。析人之圭，儋人之爵，怀人之符，分人之禄，纡青拖紫，朱丹其毂。今子幸得遭明盛之世，处不讳之朝，与群贤同行，历金门、上玉堂，有日矣，曾不能画一奇，出一策，上说人主，下谈公卿。目如耀星，舌如电光，壹从壹衡，论者莫当，顾而作《太玄》五千文，支叶扶疏，独说十余万言，深者入黄泉，高者出苍天，大者含元气，纤者入无伦，然而位不过侍郎，擢缥给事黄门。意者玄得毋尚白乎？何为官之拓落也？"

扬子笑而应之曰："客徒欲朱丹吾毂，不知一跌将赤吾之族也！往者周罔解结，群鹿争逸，离为十二，合为六七，四分五剖，并为战国。士无常君，国亡定臣，得士者富，失士者贫，矫翼厉翮，恣意所存，战士或自盛以橐，或凿坏以遁。是故驺衍以颉亢而取世资，孟轲虽连蹇，犹为万乘师。

"今大汉左东海，右渠搜，前番禺，后陶涂。东南一尉，西北一侯。徽以纠墨，制以质铁，散以礼乐，风以《诗》、《书》，旷以岁月，结以倚庐。天下之士，雷动云合，鱼鳞杂袭，咸营于八区，家家自以为稷契，人人自以为咎繇，戴继垂缨而谈者皆拟于阿衡，五尺童子羞比晏婴与夷吾，当涂者入青云，失路者委沟渠，旦握权则为卿相，夕失势则为匹夫；譬若江湖之雀，勃解之鸟，乘雁集不为之多，双凫飞不为之少。昔三仁去而殷虚，二老归而周炽，子胥死而吴亡，种、蠡存而粤伯，五羖入而秦喜，乐毅出而燕惧，范睢以折摺而危穰侯，蔡泽虽噤吟而笑唐举。故当其有事也，非萧、曹、子房、平、勃、樊、霍则不能安；当其亡事也，章句之徒相与坐而守之，亦亡所患。故世乱，则圣哲驰骛而不足；世治，则庸夫高枕而有余。

"夫上世之士，或解缚而相，或释褐而傅；或倚夷门而笑，或横江潭而渔；或七十说而不遇，或立谈间而封侯；或枉千乘于陋巷，或拥帚彗而先驱。是以士颇得信其舌而奋其笔，窒隙蹈瑕而无所诎也。当今县令不请士，郡守不迎师，群卿不揖客，将相不俯眉；言奇者见疑，行殊者得辟，是以欲谈者宛舌而固声，欲行者拟足而投迹。乡使上世之士处虖今，策非甲科，行非孝廉，举非方正，独可抗疏，时道是非，高得待诏，下触闻罢，又安得青紫？

"且吾闻之，炎炎者灭，隆隆者绝；观雷观火，为盈为实，天收其声，地藏其热。高明之家，鬼瞰其室。攫挐者亡，默默者存；位极者宗危，自守者身全。是故知玄知默，守道之极；爱清爱静，游神之廷；惟寂惟寞，守德之宅。世异事变，人道不殊，彼我易时，未知何如。今子乃以鸱枭而笑凤皇，执蝘蜓而嘲龟龙，不亦病乎！子徒笑我玄之尚白，吾亦笑子之病甚，不遭臾跗、扁鹊，悲夫！"

客曰："然则靡《玄》无所成名乎？范、蔡以下何必《玄》哉？"

扬子曰："范雎，魏之亡命也，折胁拉髂，免于徽索，翕肩蹈背，扶服入橐，激卬万乘之主，界泾阳抵穰侯而代之，当也。蔡泽，山东之匹夫也，颔颐折頞，涕洟流沫，西揖强秦之相，扼其咽，炕其气，附其背而夺其位，时也。天下已定，金革已平，都于雒阳，娄敬委辂脱挽，掉三寸之舌，建不拔之策，举中国徙之长安，适也。五帝垂典，三王传礼，百世不易，叔孙通起于枹鼓之间，解甲投戈，遂作君臣之仪，得也。《甫刑》靡敝，秦法酷烈，圣汉权制，而萧何造律，宜也。故有造萧何律于唐虞之世，则悖矣；有作叔孙通仪于夏殷之时，则惑矣；有建娄敬之策于成周之世，则缪矣；有谈范、蔡之说于金、张、许、史之间，则狂矣。夫萧规曹随，留侯画策，陈平出奇，功若泰山，向若阺隤，唯其人之赡知哉，亦会其时之可为也。故为可为于可为之时，则从；为不可为于不可为之时，则凶。夫蔺先生收功于章台，四皓采荣于南山，公孙创业于金马，票骑发迹于祁连，司马长卿窃訾于卓氏，东方朔割炙于细君。仆诚不能与此数公者并，故默然独守吾《太玄》。"

雄以为赋者，将以风之也，必推类而言，极丽靡之辞，闳侈钜衍，竞于使人不能加也，既乃归之于正，然览者已过矣。往时武帝好神仙，相如上《大人赋》，欲以风，帝反缥缥有陵云之志。繇是言之，赋劝而不止，明矣。又颇似俳优淳于髡、优孟之徒，非法度所存，贤人君子诗赋之正也，于是辍不复为。而大潭思浑天，参摹而四分之，极于八十一。旁则三摹九据，极之七百二十九赞，亦自然之道也。故观《易》者，见其卦而名之；观《玄》者，数其画而定之。《玄》首四重者，非卦也，数也。其用……与《泰初历》相应，亦有颛顼之历焉。撰之以三策，关之以休咎，绊之以象类，播之以人事，文之以五行，拟之以道德仁义礼知。无主无名，要合《五经》，苟非其事，文不虚生。为其泰曼漶而不可知，故有《首》、《冲》、《错》、《测》、《摛》、《莹》、《数》、《文》、《掜》、《图》、《告》十一篇，皆以解剥《玄》体，离散其文，章句尚不存焉……。客有难《玄》大深，众人之不好也，雄解之，号曰《解难》。其辞曰：

客难扬子曰："凡著书者，为众人之所好也，美味期乎合口，工声调于比耳。今吾子乃抗辞幽说，闳意眇指，独驰骋于有亡之际，而陶冶大炉，旁薄群生，历览者兹年矣，而殊不寤。亶费精神于此，而烦学者于彼，譬画者画于无形，弦者放于无声，殆不可乎？"

扬子曰："俞。若夫闳言崇议，幽微之涂，盖难与览者同也。昔人有观象于天，视度于地，察法于人者，天丽且弥，地普而深，昔人之辞，乃玉乃金。彼岂好为艰难哉？势不得已也。独不见夫翠虯绛螭之将登乎天，必耸身于仓梧之渊；不阶浮云，翼疾风，虚举而上升，则不能撠胶葛，腾九闳。

日月之经不千里，则不能烛六合，耀八纮；泰山之高不嶕峣，则不能浡滃云而散歊烝。是以宓犠氏之作《易》也，绵络天地，经以八卦，文王附六爻，孔子错其象而象其辞，然后发天地之臧，定万物之基。《典》、《谟》之篇，《雅》、《颂》之声，不温纯深润，则不足以扬鸿烈而章缉熙。盖胥靡为宰，寂寞为尸；大味必淡，大音必希；大语叫叫，大道低回。是以声之眇者不可同于众人之耳；形之美者，不可棍于世俗之目；辞之衍者不可齐于庸人之听。今夫弦者，高张急徽，追趋逐耆，则坐者不期而附矣；试为之施《咸池》，揄《六茎》，发《箫韶》，咏《九成》，则莫有和也。是故钟期死，伯牙绝弦破琴而不肯与众鼓；獿人亡，则匠石辍斤而不敢妄斫斲。师旷之调钟，俟知音者之在后也；孔子作《春秋》，几君子之前睹也。老聃有遗言，贵知我者希，此非其操与！"

雄见诸子各以其知舛驰，大氐诋訾圣人，即为怪迂。析辩诡辞，以挠世事，虽小辩，终破大道而或众，使溺于所闻而不自知其非也。及太史公记六国，历楚汉，讫麟止，不与圣人同，是非颇谬于经。故人时有问雄者，常用法应之，撰以为十三卷，象《论语》，号曰《法言》。

....

赞曰：雄之自序云尔。初，雄年四十余，自蜀来至游京师，大司马车骑将军王音奇其文雅，召以为门下史，荐雄待诏，岁余，奏《羽猎赋》，除为郎，给事黄门，与王莽、刘歆并。哀帝之初，又与董贤同官。当成、哀、平间，莽、贤皆为三公，权倾人主，所荐莫不拔擢，而雄三世不徙官。及莽篡位，谈说之士用符命称功德获封爵者甚众，雄复不侯，以耆老久次转为大夫，恬于势利乃如是。实好古而乐道，其意欲求文章成名于后世，以为经莫大于《易》，故作《太玄》；传莫大于《论语》，作《法言》；史篇莫善于《仓颉》，作《训纂》；箴莫善于《虞箴》，作《州箴》；赋莫深于《离骚》，反而广之；辞莫丽于相如，作四赋；皆斟酌其本，相与放依而驰骋云。用心于内，不求于外，于时人皆曶之；唯刘歆及范逡敬焉，而桓谭以为绝伦。

王莽时，刘歆、甄丰皆为上公，莽既以符命自立，即位之后欲绝其原以神前事，而丰子寻、歆子棻复献之。莽诛丰父子，投棻四裔，辞所连及，便收不请。时雄校书天禄阁上，治狱使者来，欲收雄，雄恐不能自免，乃从阁上自投下，几死。莽闻之曰："雄素不与事，何故在此？"间请问其故，乃刘棻尝从雄学作奇字，雄不知情。有诏勿问。然京师为之语曰："惟寂寞，自投阁；爰清静，作符命。"

雄以病免，复召为大夫。家素贫，耆酒，人希至其门。时有好事者载酒肴从游学，而钜鹿侯芭常从雄居，受其《太玄》、《法言》焉。刘歆亦尝观之，谓雄曰："空自苦！今学者有禄利，然向不能明《易》，又如《玄》何？吾恐后人用覆酱瓿也。"雄笑而不应。年七十一，天凤五年卒，侯芭为起坟，丧之三年。

时，大司空王邑、纳言严尤闻雄死，谓桓谭曰："子常称扬雄书，岂能传于后世乎？"谭曰："必传。顾君与谭不及见也。凡人贱近而贵远，亲见扬子云禄位容貌不能动人，故轻其书。昔老聃著虚无之言两篇，薄仁义，非礼学，然后世好之者尚以为过于《五经》，自汉文、景之君及司马迁皆有是言。今扬子之书文义至深，而论不诡于圣人，若使遭遇时君，更阅贤知，为所称善，则必度越诸子矣。"诸儒或讥以为雄非圣人而作经，犹春秋吴楚之君僭号称王，盖诛绝之罪也。自雄之没至今四十余年，其《法言》

大行，而《玄》终不显，然篇籍具存。

　　徐退山评：本传载文赋，而事迹乃详于《赞》，推本自序，错综诸儒之说，抑扬反复，皆沈郁顿挫之辞。盖雄淡泊而柔弱，富贵非所好，节义非所能，意在文章传世，故《赞》亦结重在此。其杂引褒讥，寄概良深，而痛呵俗眼，语愈毒而心愈苦矣。

　　"七十说而不遇"指孔子，"解缚而相"指管仲，"释褐而傅"指宁戚，"倚夷门"指侯嬴，"横江潭"指渔父，"立谈封侯"指薛公，"拥帚先骑"指邹衍，"枉千乘于陋巷"指稷桓。

循吏传

（录序全，文翁全，王成全，黄霸节略，朱邑全，龚遂全，召信臣全）

汉兴之初，反秦之敝，与民休息，凡事简易，禁罔疏阔。而相国萧、曹以宽厚清静为天下帅，民作"画一"之歌。孝惠垂拱，高后女主，不出房闼，而天下晏然，民务稼穑，衣食滋殖。至于文、景，遂移风易俗。是时循吏如河南守吴公、蜀守文翁之属，皆谨身帅先，居以廉平，不至于严，而民从化。

孝武之世，外攘四夷，内改法度，民用凋敝，奸轨不禁。时少能以化治称者，惟江都相董仲舒、内史公孙弘、兒宽，居官可纪。三人皆儒者，通于世务，明习文法，以经术润饰吏事，天子器之。仲舒数谢病去，弘、宽至三公。

孝昭幼冲，霍光秉政，承奢侈师旅之后，海内虚耗，光因循守职，无所改作。至于始元、元凤之间，匈奴乡化，百姓益富，举贤良文学，问民所疾苦，于是罢酒榷而议盐铁矣。

及至孝宣，繇仄陋而登至尊，兴于闾阎，知民事之艰难。自霍光薨后始躬万机，厉精为治，五日一听事，自丞相已下各奉职而进。及拜刺史守相，辄亲见问，观其所繇，退而考察所行以质其言，有名实不相应，必知其所以然。常称曰："庶民所以安其田里而亡叹息愁恨之心者，政平讼理也。与我共此者，其唯良二千石乎！"以为太守，吏民之本也。数变易则下不安，民知其将久，不可欺罔，乃服从其教化。故二千石有治理效，辄以玺书勉厉，增秩赐金，或爵至关内侯，公卿缺则选诸所表以次用之。是故汉世良吏，于是为盛，称中兴焉。若赵广汉、韩延寿、尹翁归、严延年、张敞之属，皆称其位，然任刑罚，或抵罪诛。王成、黄霸、朱邑、龚遂、郑弘、召信臣等，所居民富，所去见思，生有荣号，死见奉祀，此廪廪庶几德让君子之遗风矣。

文翁，庐江舒人也。少好学，通《春秋》，以郡县吏察举。景帝末，为蜀郡守，仁爱好教化。见蜀地辟陋有蛮夷风，文翁欲诱进之，乃选郡县小吏开敏有材者张叔等十余人亲自饬厉，遣诣京师，受业博士，或学律令。减省少府用度，买刀布蜀物，赍计吏以遗博士。数岁，蜀生皆成就还归，文翁以为右职，用次察举，官有至郡守刺史者。

又修起学官于成都市中，招下县子弟以为学官弟子，为除更繇，高者以补郡县吏，次为孝弟力田。常选学官僮子，使在便坐受事。每出行县，益从学官诸生明经饬行者与俱，使传教令，出入闺阁。县邑吏民见而荣之，数年，争欲为学官弟子，富人至出钱以求之。繇是大化，蜀地学于京师者比齐鲁焉。至武帝时，乃令天下郡国皆立学校官，自文翁为之始云。

文翁终于蜀，吏民为立祠堂，岁时祭祀不绝。至今巴蜀好文雅，文翁之化也。

王成，不知何郡人也。为胶东相，治甚有声。宣帝最先褒之，地节三年下诏曰："盖闻有功不赏，有罪不诛，虽唐、虞不能以化天下。今胶东相成，劳来不怠，流民自占八万余口，治有异等之效。其赐成爵关内侯，秩中二千石。"未及征用，会病卒官。后诏使丞相、御史问郡国上计长吏守丞以政令得失，或对言前胶东相成伪自增加，以蒙显赏，是后俗吏多为虚名云。

黄霸字次公，淮阳阳夏人也，以豪桀役使徙云陵。霸少学律令，喜为吏，武帝末以待诏入钱赏官，补侍郎谒者，坐同产有罪劾免。后复入谷沈黎郡，补左冯翊二百石卒史。冯翊以霸入财为官，不署右职，使领郡钱谷计。簿书正，以廉称，察补河东均输长，复察廉为河南太守丞。霸为人明察内敏，又习文法，然温良有让，足知，善御众。为丞，处议当于法，合人心，太守甚任之，吏民爱敬焉。

自武帝末，用法深。昭帝立，幼，大将军霍光秉政，大臣争权，上官桀等与燕王谋作乱，光既诛之，遂遵武帝法度，以刑罚痛绳群下，繇是俗吏上严酷以为能，而霸独用宽和为名。

会宣帝即位，在民间时知百姓苦吏急也，闻霸持法平，召以为廷尉正，数决疑狱，庭中称平。守丞相长史，坐公卿大议廷中知长信少府夏侯胜非议诏书大不敬，霸阿从不举劾，皆下廷尉，系狱当死。霸因从胜受《尚书》狱中，再隃冬，积三岁乃出，语在《胜传》。胜出，复为谏大夫，令左冯翊宋畸举霸贤良。胜又口荐霸于上，上擢霸为扬州刺史。三岁，宣帝下诏曰："制诏御史：其以贤良高第扬州刺史霸为颍川太守，秩比二千石，居官赐车盖，特高一丈，别驾主簿车，缇油屏泥于轼前，以章有德。"

时上垂意于治，数下恩泽诏书，吏不奉宣。太守霸为选择良吏，分部宣布诏令，令民咸知上意，使邮亭乡官皆畜鸡豚，以赡鳏寡贫穷者。然后为条教，置父老师帅伍长，班行之于民间，劝以为善防奸之意，及务耕桑，节用殖财，种树畜养，去食谷马。米盐靡密，初若烦碎，然霸精力能推行之。吏民见者，语次寻绎，问它阴伏，以相参考。尝欲有所司察，择长年廉吏遣行，属令周密。吏出，不敢舍邮亭，食于道旁，乌攫其肉。民有欲诣府口言事者适见之，霸与语，道此。后日吏还谒霸，霸见迎劳之，曰："甚苦！食于道旁乃为乌所盗肉。"吏大惊，以霸具知其起居，所问豪氂不敢有所隐。鳏寡孤独有死无以葬者，乡部书言，霸具为区处，某所大木可以为棺，某亭猪子可以祭，吏往皆如言。其识事聪明如此，吏民不知所出，咸称神明。奸人去入它郡，盗贼日少。

霸力行教化而后诛罚，务在成就全安长吏。许丞老，病聋，督邮白欲逐之，霸曰："许丞廉吏，虽老，尚能拜起送迎，正颇重听，何伤？且善助之，毋失贤者意。"或问其故，霸曰："数易长吏，送故迎新之费及奸吏缘绝簿书盗财物，公私费耗甚多，皆当出于民，所易新吏又未必贤，或不如其故，徒相益为乱。凡治道，去其泰甚者耳。"

霸以外宽内明得吏民心，户口岁增，治为天下第一。征守京兆尹，秩二千石。坐发民治驰道不先以闻，又发骑士诣北军马不适士，劾乏军兴，连贬秩。有诏归颍川太守官，以八百石居治如其前。前后八年，郡中愈治。是时凤皇神爵数集郡国，颍川尤多。天子以霸治行终长者，下诏称扬曰："颍川太守霸，宣布诏令，百姓向化，孝子、弟弟、贞妇、顺孙日以众多，田者让畔，道不拾遗，养视鳏寡，赡助贫穷，狱或八年亡重罪囚，吏民乡于教化，兴于行谊，可谓贤人君子矣。《书》不云乎？'股肱良哉！'"其赐爵关内侯，黄金百斤，秩中二千石。"而颍川孝弟、有行义民、三老、力田，皆以差赐爵及帛。后数月，征霸为太子太傅，迁御史大夫。

五凤三年，代丙吉为丞相，封建成侯，食邑六百户。霸材长于治民，及为丞相，总纲纪号令，风采不及丙、魏、于定国，功名损于治郡。时京兆尹张敞舍鹖雀飞集丞相府，霸以为神雀，议欲以闻。敞奏："……臣敞舍有鹖雀飞止丞相府屋上，丞相以下见者数百人。边吏多知鹖雀者，问之，皆阳不知。丞相图议上奏曰：'臣问上计长吏守丞以兴化条，皇天报下神雀。'后知从臣敞舍来，乃止。郡国吏窃笑丞相仁厚有知略，微信奇怪也……"霸甚惭。

又乐陵侯史高以外属旧恩侍中贵重，霸荐高可太尉。天子使尚书召问霸："太尉官罢久矣，丞相兼之，所以偃武兴文也。如国家不虞，边境有事，左右之臣皆将率也。夫宣明教化，通达幽隐，使狱无冤刑，邑无盗贼，君之职也。将相之官，朕之任焉。侍中乐陵侯高帷幄近臣，朕之所自亲，君何越职而举之？"……霸免冠谢罪，数日乃决。自是后不敢复有所请。然自汉兴，言治民吏，以霸为首。

为相五岁，甘露三年薨，谥曰定侯。霸死后，乐陵侯高竟为大司马……

始霸少为阳夏游徼，与善相人者共载出，见一妇人，相者言"此妇人当富贵，不然，相书不可用也。"霸推问之，乃其乡里巫家女也。霸即取为妻，与之终身。为丞相后徙杜陵。

朱邑字仲卿，庐江舒人也。少时为舒桐乡啬夫，廉平不苛，以爱利为行，未尝笞辱人，存问耆老孤寡，遇之有恩，所部吏民爱敬焉。迁补太守卒史，举贤良为大司农丞，迁北海太守，以治行第一入为大司农。为人淳厚，笃于故旧，然性公正，不可交以私。天子器之……

是时张敞为胶东相，与邑书曰："明主游心太古，广延茂士，此诚忠臣竭思之时也。直敞远守剧郡，驭于绳墨，匈臆约结，固亡奇也。虽有，亦安所施？足下以清明之德，掌周稷之业，犹饥者甘糟糠，穰岁余粱肉。何则？有亡之势异也。昔陈平虽贤，须魏倩而后进；韩信虽奇，赖萧公而后信。故事各达其时之英俊，若必伊尹、吕望而后荐之，则此人不因足下而进矣。"邑感敞言，贡荐贤士大夫，多得其助者。身为列卿，居处俭节，禄赐以共九族乡党，家亡余财。

神爵元年卒。天子闵惜，下诏称扬曰："大司农邑，廉洁守节，退食自公，亡强外之交，束修之馈，可谓淑人君子，遭离凶灾，朕甚闵之。其赐邑子黄金百斤，以奉其祭祀。"

初，邑病且死，属其子曰："我故为桐乡吏，其民爱我，必葬我桐乡。后世子孙奉尝我，不如桐乡民。"及死，其子葬之桐乡西郭外，民果共为邑起冢立祠，岁时祠祭，至今不绝。

龚遂字少卿，山阳南平阳人也。以明经为官，至昌邑郎中令，事王贺。贺动作多不正，遂为人忠厚，刚毅有大节，内谏争于王，外责傅相，引经义，陈祸福，至于涕泣，蹇蹇亡已。面刺王过，王至掩耳起走，曰："郎中令善愧人。"及国中皆畏惮焉。王尝久与驺奴宰人游戏饮食，赏赐亡度。遂入见王，涕泣郤行，左右侍御皆出涕。王曰："郎中令何为哭？"遂曰："臣痛社稷危也！愿赐清闲竭愚。"王辟左右，遂曰："大王知胶西王所以为无道亡乎？"王曰："不知也。"曰："臣闻胶西王有谀臣侯得，王所为誖于桀、纣也，得以为尧、舜也。王说其谄谀，尝与寝处，唯得所言，以至于是。今大王亲近群小，渐渍邪恶所习，存亡之机，不可不慎也。臣请选郎通经术有行义者与王起居，坐则诵《诗》、《书》，立则习礼容，宜有益。"王许之。遂乃选郎中张安等十人侍王。居数日，王皆逐去安等。久之，宫中数有妖怪，王以问遂，遂以为有大忧，宫室将空，语在《昌邑王传》。会昭帝崩，亡子，昌邑王贺嗣立，官属皆征入。王相安乐迁长乐卫尉，遂见安乐，流涕谓曰："王立为天子，日益骄溢，谏之不复听，今哀痛未尽，日与近臣饮食作乐，斗虎豹，召皮轩，车九流，驱驰东西，所为悖道。古制宽，大臣有隐退，今去不得，阳狂恐知，身死为世戮，奈何？君，陛下故相，宜极谏争。"王即位二十七日，卒以淫乱废。昌邑群臣坐陷王于恶不道，皆诛，死者二百余人，唯遂与中尉王阳以数谏争得减死，髡为城旦。

宣帝即位，久之，渤海左右郡岁饥，盗贼并起，二千石不能禽制。上选能治者，丞相御史举遂可用，上以为渤海太守。时，遂年七十余，召见，形貌短小，宣帝望见，不副所闻，心内轻焉，谓遂曰："渤海废乱，朕甚忧之。君欲何以息其盗贼，以称朕意？"遂对曰："海濒遐远，不沾圣化，其民困于饥寒而吏不恤，故使陛下赤子盗弄陛下之兵于潢池中耳。今欲使臣胜之邪？将安之也？"上闻遂对，甚说，答曰："选用贤良，固欲安之也。"遂曰："臣闻治乱民犹治乱绳，不可急也；唯缓之，然后可治。臣愿丞相御史且无拘臣以文法，得一切便宜从事。"上许焉，加赐黄金，赠遣乘传。至渤海界，郡闻新太守至，发兵以迎，遂皆遣还，移书敕属县悉罢逐捕盗贼吏。诸持鉏钩田器者皆为良民，吏无得问，持兵者乃为盗贼。遂单车独行至府，郡中翕然，盗贼亦皆罢。渤海又多劫略相随，闻遂教令，即时解散，弃其兵弩而持钩鉏。盗贼于是悉平，民安土乐业。遂乃开仓廪假贫民，选用良吏，尉安牧养焉。

遂见齐俗奢侈，好末技，不田作，乃躬率以俭约，劝民务农桑，令口种一树榆，百本薤、五十本葱、一畦韭，家二母彘、五鸡。民有带持刀剑者，使卖剑买牛，卖刀买犊，曰："何为带牛佩犊！"春夏不得不趋田亩，秋冬课收敛，益蓄果实菱芡。劳来循行，郡中皆有蓄积，吏民皆富实。狱讼止息。

数年，上遣使者征遂，议曹王生愿从。功曹以为王生素耆酒，亡节度，不可使。遂不忍逆，从至京师。王生日饮酒，不视太守。会遂引入宫，王生醉，从后呼，曰："明府且止，愿有所白。"遂还问其故，王生曰："天子即问君何以治渤海，君不可有所陈对，宜曰'皆圣主之德，非小臣之力也'。"遂受其言。既至前，上果问以治状，遂对如王生言。天子说其有让，笑曰："君安得长者之言而称之？"遂因前曰："臣非知此，乃臣议曹教戒臣也。"上以遂年老不任公卿，拜为水衡都尉，议曹王生为水衡丞，以褒显遂云。水衡典上林禁苑，共张宫馆，为宗庙取牲，官职亲近，上甚重之。以官寿卒。

召信臣字翁卿，九江寿春人也。以明经甲科为郎，出补谷阳长。举高第，迁上蔡长。其治视民如子，所居见称述，超为零陵太守，病归。复征为谏大夫，迁南阳太守，其治如上蔡。

信臣为人勤力有方略，好为民兴利，务在富之。躬劝耕农，出入阡陌，止舍离乡亭，稀有安居时。行视郡中水泉，开通沟渎，起水门提阏凡数十处，以广溉灌，岁岁增加，多至三万顷。民得其利，蓄积有余。信臣为民作均水约束，刻石立于田畔，以防分争。禁止嫁娶送终奢靡，务出于俭约。府县吏家子弟好游敖，不以田作为事，辄斥罢之，甚者案其不法，以视好恶。其化大行，郡中莫不耕稼力田，百姓归之，户口增倍，盗贼狱讼衰止。吏民亲爱信臣，号之曰召父。荆州刺史奏信臣为百姓兴利，郡以殷富，赐黄金四十斤。迁河南太守，治行常为第一，复数增秩赐金。

竟宁中，征为少府，列于九卿，奏请上林诸离远宫馆稀幸御者，勿复缮治共张，又奏省乐府黄门倡优诸戏，及宫馆兵弩什器减过泰半。太官园种冬生葱韭菜茹，覆以屋庑，昼夜爇蕴火，待温气乃生。信臣以为此皆不时之物，有伤于人，不宜以奉供养，乃它非法食物，悉奏罢，省费岁数千万。信臣年老以官卒。

元始四年，诏书祀百辟卿士有益于民者，蜀郡以文翁，九江以召父应诏书。岁时郡二千石率官属行礼，奉祠信臣冢，而南阳亦为立祠。

王凤洲评：读《汉宣帝纪》，称其综教名实，错周法理，而赵京兆广汉以锐精应之，一时声称赫赫冠天下，然不能深中帝心，而其所尊宠者，乃在龚渤海、王颍川，彼其敦本节啬，兴教礼义，意若欲缓收吏治之效，而不尽用其才，其民之应之顾不后于京兆，而思以心报二公，何也？亦可以深长思矣。

李子麟评：孝宣之世，承奢侈、师旅之后，霸为颍川，务耕桑，节用参考，阴伏奸人，去盗贼，少三老、力田、孝弟、行义，民皆向化，使天子得并力于边围，亦甚行其志也。即使霸为相，总纪纲号令，亦无以自见尔，岂得谓功名于治郡时损耶？

佞幸传

（录董贤）

汉兴，佞幸宠臣，高祖时则有籍孺，孝惠有闳孺，此两人非有材能，但以婉媚贵幸，与上卧起，公卿皆因关说。故孝惠时，郎侍中皆冠鵔鸃，贝带，傅脂粉，化闳、籍之属也。两人徙家安陵。其后宠臣，孝文时士人则邓通，宦者则赵谈、北宫伯子；孝武时士人则韩嫣，宦者则李延年；孝元时宦者则弘恭、石显；孝成时士人则张放、淳于长；孝哀时则有董贤。孝景、昭、宣时皆无宠臣。……

董贤字圣卿，云阳人也。父恭，为御史，任贤为太子舍人。哀帝立，贤随太子官为郎。二岁余，贤传漏在殿下，为人美丽自喜，哀帝望见，说其仪貌，识而问之，曰："是舍人董贤邪？"因引上与语，拜为黄门郎，繇是始幸。问及其父为云中侯，即日征为霸陵令，迁光禄大夫。贤宠爱日甚，为驸马都尉侍中，出则参乘，入御左右，旬月间赏赐累巨万，贵震朝廷。常与上卧起。尝昼寝，偏藉上袖，上欲起，贤未觉，不欲动贤，乃断袖而起。其恩爱至此。贤亦性柔和便辟，善为媚以自固。每赐洗沐，不肯出，常留中视医药。上以贤难归，诏令贤妻得通引籍殿中，止贤庐，若吏妻子居官寺舍。又召贤女弟以为昭仪，位次皇后，更名其舍为椒风，以配椒房云。昭仪及贤与妻旦夕上下，并侍左右。赏赐昭仪及贤妻亦各千万数。迁贤父为少府，赐爵关内侯，食邑，复徙为卫尉。又以贤妻父为将作大匠，弟为执金吾。诏将作大匠为贤起大第北阙下，重殿洞门，木土之功穷极技巧，柱槛衣以绨锦。

下至贤家僮仆皆受上赐，及武库禁兵，上方珍宝。其选物上第尽在董氏，而乘舆所服乃其副也。及至东园秘器，珠襦玉柙，豫以赐贤，无不备具。又令将作为贤起冢茔义陵旁，内为便房，刚柏题凑，外为徼道，周垣数里，门阙罘罳甚盛。

上欲侯贤而未有缘。会待诏孙宠、息夫躬等告东平王云后谒祠祀祝诅，下有司治，皆伏其辜。上于是令躬、宠为因贤告东平事者，乃以其功下诏封贤为高安侯，躬宜陵侯，宠方阳侯，食邑各千户。顷之，复益封贤二千户。丞相王嘉内疑东平事冤，甚恶躬等，数谏争，以贤为乱国制度，嘉竟坐言事下狱死。

上初即位，祖母傅太后、母丁太后皆在，两家先贵。傅太后从弟喜先为大司马辅政，数谏，失太后指，免官。上舅丁明代为大司马，亦任职，颇害贤宠，及丞相王嘉死，明甚怜之。上浸重贤，欲极其位，而恨明如此，遂册免明曰："前东平王云，贪欲上位，祠祭祝诅，云后舅伍宏以医待诏，与校秘书郎杨闳结谋反逆，祸甚迫切。赖宗庙神灵，董贤等以闻，咸伏其辜。将军从弟侍中奉车都尉吴、族父左曹屯骑校尉宣，皆知宏及栩丹诸侯王后亲，而宣除用丹为御属，吴与宏交通厚善，数称荐宏。宏以附吴得兴其恶心，因医技进，几危社稷，朕以恭皇后故，不忍有云。将军位尊任重，既不能明威立义，折消未萌，又不深疾云、宏之恶，而怀非君上，阿为宣、吴，反痛恨云等扬言为群下所冤，又亲见言伍宏善医，死可惜也，贤等获封极幸。嫉妒忠良，非毁有功，於戏伤哉！盖'君亲无将，将而诛之'。是以季友鸩叔牙，《春秋》贤之；赵盾不讨贼，谓之弑君。朕闵将军陷于重刑，故以书饬。将军遂非不改，复与丞相嘉相比，令嘉有依，得以罔上。有司致法将军请狱治，朕惟噬肤之恩未忍，其上票骑将军印绶，罢归就第。"遂以贤代明为大司马卫将军。册曰："朕承天序，惟稽古建尔于公，以为汉辅。往悉尔心，统辟元戎，折冲绥远，匡正庶事，允执其中。天下之众，受制于朕，以将为命，以兵为威，可不慎与！"是时，贤年二十二，虽为三公，常给事中，领尚书，百官因贤奏事。以父恭不宜在卿位，徙为光禄大夫，秩中二千石。弟宽信代贤为驸马都尉。董氏亲属皆侍中诸曹奉朝请，宠在丁、傅之右矣。

明年，匈奴单于来朝，宴见，群臣在前。单于怪贤年少，以问译，上令译报曰："大司马年少，以大贤居位。"单于乃起拜，贺汉得贤臣。

初，丞相孔光为御史大夫，时贤父恭为御史，事光。及贤为大司马，与光并为三公，上故令贤私过光。光雅恭谨，知上欲尊宠贤，及闻贤当来也，光警戒衣冠出门待，望见贤车乃却入。贤至中门，光入阁，既下车，乃出拜谒，送迎甚谨，不敢以宾客均敌之礼。贤归，上闻之喜，立拜光两兄子为谏大夫常侍。贤繇是权与人主侔矣。

是时，成帝外家王氏衰废，唯平阿侯谭子去疾，哀帝为太子时为庶子得幸。及即位，为侍中骑都尉。上以王氏亡在位者，遂用旧恩亲近去疾，复进其弟闳为中常侍。闳妻父萧咸，前将军望之子也，久为郡守，病免，为中郎将。兄弟并列，贤父恭慕之，欲与结婚姻。闳为贤弟驸马都尉宽信求咸女为妇，咸惶恐不敢当，私谓闳曰："董公为大司马，册文言'允执其中'，此乃尧禅舜之文，非三公故事，长老见者，莫不心惧。此岂家人子所能堪邪！"闳性有知略，闻咸言，心亦悟，乃还报恭，深达咸自谦薄之意。恭叹曰："我家何用负天下，而为人所畏如是！"意不说。后上置酒麒麟殿，贤父子亲属宴饮，王闳兄弟侍中中常侍皆在侧。上有酒所，从容视贤笑，曰："吾欲法尧禅舜，何如？"闳进曰："天下乃高皇帝天下,非陛下之有也。陛下承宗庙,当传子孙于亡穷。统业至重,天子亡戏言!"上默然不说,左右皆恐。于是遣闳出,后不得复侍宴。

贤第新成,功坚,其外大门无故自坏,贤心恶之。后数月,哀帝崩。太皇太后召大司马贤,引见东厢,问以丧事调度。贤内忧,不能对,免冠谢。太后曰:"新都侯莽前以大司马奉送先帝大行,晓习故事,吾令莽佐君。"贤顿首幸甚。太后遣使者召莽。既至,以太后指使尚书劾贤帝病不亲医药,禁止贤不得入出宫殿司马中。贤不知所为,诣阙免冠徒跣谢。莽使谒者以太后诏即阙下册贤曰:"间者以来,阴阳不调,菑害并臻,元元蒙辜。夫三公,鼎足之辅也,高安侯贤未更事理,为大司马不合众心,非所以折冲绥远也。其收大司马印绶,罢归第。"即日贤与妻皆自杀,家惶恐夜葬。莽疑其诈死,有司奏请发贤棺,至狱诊视。莽复风大司徒光奏:"贤质性巧佞,翼奸以获封侯,父子专朝,兄弟并宠,多受赏赐,治第宅,造冢圹,放效无极,不异王制,费以万万计,国家为空虚。父子骄蹇,至不为使者礼,受赐不拜,罪恶暴著。贤自杀伏辜,死后父恭等不悔过,乃复以沙画棺四时之色,左苍龙,右白虎,上著金银日月,玉衣珠璧以棺,至尊无以加。恭等幸得免于诛,不宜在中土。臣请收没入财物县官。诸以贤为官者皆免。"父恭、弟宽信与家属徙合浦,母别归故郡钜鹿。长安中小民讙哗,乡其弟哭,几获盗之。县官斥卖董氏财凡四十三万万。贤既见发,裸诊其尸,因埋狱中。

贤所厚吏沛朱诩自劾去大司马府,买棺衣收贤尸葬之。王莽闻之而大怒,以它罪击杀诩。诩子浮建武中贵显,至大司马,司空,封侯。而王闳王莽时为牧守,所居见纪,莽败乃去官。世祖下诏曰:"武王克殷,表商容之闾。闳修善谨敕,兵起,吏民独不争其头首。今以闳子补吏。"至墨绶卒官。萧咸外孙云。

  唐荆川评：贤之宠古今所无，而此传亦绝古今矣。
  陈白松评：汉帝失德，俱在《佞幸传》，此班氏父子发愤之笔。

元后传

（全录）

孝元皇后，王莽之姑也。莽自谓黄帝之后，其《自本》曰：黄帝姓姚氏，八世生虞舜……。至周武王封舜后妫满于陈，是为胡公，十三世生完。完字敬仲，犇齐，齐桓公以为卿，姓田氏。十一世，田和有齐国，二世称王，至王建为秦所灭。项羽起，封建孙安为济北王。至汉兴，安失国，齐人谓之"王家"，因以为氏。

文、景间，安孙遂字伯纪，处东平陵，生贺，字翁孺。为武帝绣衣御史，逐捕魏郡群盗坚卢等党与，及吏畏懦逗遛当坐者，翁孺皆纵不诛。它部御史暴胜之等奏杀二千石，诛千石以下，及通行饮食坐连及者，大部至斩万余人……。翁孺以奉使不称免，叹曰："吾闻活千人有封子孙，吾所活者万余人，后世其兴乎！"

翁孺既免，而与东平陵终氏为怨，乃徙魏郡元城委粟里，为三老，魏郡人德之。元城建公曰："昔春秋沙麓崩，晋史卜之，曰：'阴为阳雄，土火相乘，故有沙麓崩。后六百四十五年，宜有圣女兴。其齐田乎！'今王翁孺徙，正直其地，日月当之。元城郭东有五鹿之虚，即沙鹿地也。后八十年，当有贵女兴天下"云。

翁孺生禁，字稚君，少学法律长安，为廷尉史，本始三年，生女政君，即元后也。禁有大志，不修廉隅，好酒色，多取傍妻，凡有四女八男：长女君侠，次即元后政君，次君力，次君弟；长男凤孝卿，次曼元卿，谭子元，崇少子，商子夏，立子叔，根稚卿，逢时季卿，唯凤、崇与元后政君同母。母，適妻，魏郡李氏女也。……更嫁为河内苟宾妻。

初，李亲任政君在身，<u>梦月入其怀</u>。及壮大，婉顺得妇人道。尝许嫁未行，所许者死。后东平王聘政君为姬，未入，王薨。禁独怪之，使卜数者相政君，"<u>当大贵，不可言</u>。"禁心以为然，<u>乃教书，学鼓琴</u>。五凤中，献政君，<u>年十八矣</u>，入掖庭为家人子。

岁余，会皇太子所爱幸司马良娣病，且死，谓太子曰："妾死非天命，乃诸娣妾良人更祝诅杀我。"太子怜之，<u>且以为然</u>。及司马良娣死，太子悲恚发病，忽忽不乐，因以过怒诸娣妾，莫得进见者。久之，宣帝闻太子恨过诸娣妾，<u>欲顺适其意</u>，乃令皇后择后宫家人子<u>可以虞侍太子</u>者，政君与在其中。及太子朝，皇后乃见政君等五人，微令旁长御问知太子所欲。<u>太子殊无意于五人者，不得已于皇后</u>，强应曰："此中一人可。"是时政君坐近太子，<u>又独衣绛缘诸于</u>，长御即以为是。皇后使侍中杜辅、掖庭令浊贤交送政君太子宫，<u>见丙殿</u>。得御幸，有身。先是者，太子后宫娣妾<u>以十数，御幸久者七八年，莫有子</u>，及王妃壹幸而有身。甘露三年，生成帝于甲馆画堂，为世適皇孙。宣帝爱之，<u>自名曰骜，字太孙</u>，常置左右。

后三年，宣帝崩，太子即位，是为孝元帝。立太孙为太子，以母王妃为婕妤，封父禁为阳平侯。后三日，婕妤立为皇后，禁位特进，禁弟弘<u>至长乐卫尉</u>。永光二年，禁薨，谥曰顷侯。长子凤嗣侯，为卫尉侍中。皇后自有子后，希复进见。太子壮大，宽博恭慎，……语在《成纪》。其后幸酒，乐燕乐，<u>元帝不以为能</u>。而傅昭仪有宠于上，生定陶共王。王多材艺，<u>上甚爱之</u>，坐则侧席，行则同辇，常有意欲废太子而立共王。时凤在位，与皇后、太子同心忧惧，刺侍中史丹拥右太子……<u>上亦以皇后素谨慎，而太子先帝所常留意，故得不废</u>。

元帝崩，太子立，是为孝成帝。尊皇后为皇太后，<u>以凤为大</u>

司马大将军领尚书事，益封五千户。王氏之兴自凤始。又封太后同母弟崇为安成侯，食邑万户。凤庶弟谭等皆赐爵关内侯，食邑。

其夏，黄雾四塞终日。天子以问谏大夫杨兴、博士驷胜等，对皆以为："阴盛侵阳之气也。高祖之约也，非功臣不侯，今太后诸弟皆以无功为侯，非高祖之约，……故天为见异。"言事者多以为然。凤于是惧，上书……乞骸骨辞职。上报曰："朕承先帝圣绪，涉道未深，不明事情，是以阴阳错缪，日月无光，赤黄之气，充塞天下。咎在朕躬，……将军其专心固意，辅朕之不逮，毋有所疑。"

后五年，诸吏散骑安成侯崇薨，谥曰共侯。有遗腹子奉世嗣侯，太后甚哀之。明年，河平二年，上悉封舅谭为平阿侯，商成都侯，立红阳侯，根曲阳侯，逢时高平侯。五人同日封，故世谓之"五侯"。太后同产唯曼蚤卒，余毕侯矣。太后母李亲，苟氏妻，生一男名参，寡居。顷侯禁在时，太后令禁还李亲。太后怜参，欲以田蚡为比而封之。上曰："封田氏，非正也。"以参为侍中水衡都尉。王氏子弟皆卿大夫侍中诸曹，分据势官满朝廷。

大将军凤用事，上遂谦让无所颛。左右常荐光禄大夫刘向少子歆通达有异材。上召见歆，诵读诗赋，甚说之，欲以为中常侍，召取衣冠。临当拜，左右皆曰："未晓大将军。"上曰："此小事，何须关大将军？"左右叩头争之。上于是语凤，凤以为不可，乃止。其见惮如此。

上即位数年，无继嗣，体常不平。定陶共王来朝，太后与上承先帝意，遇共王甚厚，赏赐十倍于它王，不以往事为纤介。共王之来朝也，天子留，不遣归国。上谓共王："我未有子，人命不讳，一朝有它，且不复相见。尔长留侍我矣！"其后，天子疾益有瘳，共王因留国邸，旦夕侍上，上甚亲重。大将军凤心不便共王在京师，会日蚀，凤因言："日蚀阴盛之象，为非常异。定陶王虽亲，于礼当奉藩在国。今留侍京师，诡正非常，故天见戒。宜遣王之国。"上不得已于凤而许之。共王辞去，上与相对涕泣而决。

京兆尹王章素刚直敢言，以为凤建遣共王之国非是，乃奏封事言日蚀之咎矣。天子召见章，延问以事，章对曰："天道聪明，佑善而灾恶，以瑞异为符效。今陛下以未有继嗣，引近定陶王，所以承宗庙，重社稷，上顺天心，下安百姓。此正义善事，当有祥瑞，何故致灾异？灾异之发，为大臣颛政者也。今闻大将军猥归日蚀之咎于定陶王，建遣之国，苟欲使天子孤立于上，颛擅朝事以便其私，非忠臣也。且日蚀，阴侵阳，臣颛君之咎，今政事大小皆自凤出，天子曾不一举手，凤不内省责，反归咎善人，推远定陶王。且凤诬罔不忠，非一事也。前丞相乐昌侯商本以先帝外属，内行笃，有威重，位历将相，国家柱石臣也。其人守正，不肯诎节随凤委曲，卒用闺门之事为凤所罢，身以忧死，众庶愍之。又凤知其小妇弟张美人已尝适人，于礼不宜配御至尊，托以为宜子，内之后宫，苟以私其妻弟。闻张美人未尝任身就馆也。且羌胡尚杀首子以荡肠正世，况于天子而近已出之女也！此三者皆大事，陛下所自见，足以知其余，及它所不见者。凤不可令久典事，宜退使就第，选忠贤以代之。"

自凤之白罢商后遣定陶王也，上不能平。及闻章言，天子感寤，纳之，谓章曰："微京兆尹直言，吾不闻社稷计！且唯贤知贤，君试为朕求可以自辅者。"于是章奏封事，荐中山孝王舅琅邪太守冯野王"先帝时历二卿，忠信质直，知谋有余。野王以王舅出，以贤复入，明圣主乐进贤也"。上自为太子时数闻野王先帝名卿，声誉出凤远甚，方倚欲以代凤。

初，章每召见，上辄辟左右。时太后从弟长乐卫尉弘子侍中音独侧听，具知章言，以语凤。凤闻之，称病出就第，上疏乞骸骨，谢上曰："臣材驽愚戆，得以外属兄弟七人封为列侯，宗族蒙恩，赏赐无量。辅政出入七年，国家委任臣凤，所言辄听，荐士常用。无一功善，阴阳不调，灾异数见，咎在臣凤奉职无状，此臣一当退也。《五经》传记，师所诵说，咸以日蚀之咎在于大臣非其人，《易》曰'折其右肱'，此臣二当退也。河平以来，臣久病连年，数出在外，旷职素餐，此臣三当退也。陛下以皇太后故不忍诛废，臣犹自知当远流放，又重自念，兄弟宗族所蒙不测，当杀身靡骨死辇毂下，不当以无益之故有离寝门之心。诚岁余以来，所苦加侵，日日益甚，不胜大愿，愿乞骸骨，归自治养，冀赖陛下神灵，未埋发齿，期月之间，幸得瘳愈，复望帷幄，不然，必塡沟壑。臣以非材见私，天下知臣受恩深也；以病得全骸骨归，天下知臣被恩见哀，重巍巍也。进退于国为厚，万无纤介之议。唯陛下哀怜！"其辞指甚哀，太后闻之为垂涕，不御食。

上少而亲倚凤，弗忍废，乃报凤曰："朕秉事不明，政事多阙，故天变娄臻，咸在朕躬。将军乃深引过自予，欲乞骸骨而退，则朕将何向焉！《书》不云乎？'公毋困我'。务专精神，安心自持，期于瘳廖，称朕意焉。"于是凤起视事。上使尚书劾奏章"知野王前以王舅出补吏，而私荐之，欲令在朝阿附诸侯；又知张美人体御至尊，而妄称引羌胡杀子荡肠，非所宜言"。遂下章吏。廷尉致其大逆罪，以为"比上夷狄，欲绝继嗣之端；背畔天子，私为定陶王"。章死狱中，妻子徙合浦。

自是公卿见凤，侧目而视，郡国守相刺史皆出其门。又以侍中太仆音为御史大夫，列于三公。而五侯群弟，争为奢侈，赂遗珍宝，四面而至；后庭姬妾，各数十人，僮奴以千百数，罗钟磬，舞郑女，作倡优，狗马驰逐；大治第室，起土山渐台，洞门高廊阁道，连属弥望。百姓歌之曰："五侯初起，曲阳最怒，坏决高都，连竟外杜，土山渐台西白虎。"其奢僭如此。然皆通敏人事，好士养贤，倾财施予，以相高尚。

凤辅政凡十一岁。阳朔三年秋，凤病，天子数自临问，亲执其手，涕泣曰："将军病，如有不可言，平阿侯谭次将军矣。"凤顿首泣曰："谭等虽与臣至亲，行皆奢僭，无以率导百姓，不如御史大夫音谨敕，臣敢以死保之。"及凤且死，上疏谢上，复固荐音自代，言谭等五人必不可用。天子然之。

初，谭倨，不肯事凤，而音敬凤，卑恭如子，故荐之。凤薨，天子临吊赠宠，送以轻车介士，军陈自长安至渭陵，谥曰敬成侯。子襄嗣侯，为卫尉。御史大夫音竟代凤为大司马车骑将军，而平阿侯谭位特进，领城门兵。谷永说谭，令让不受城门职，由是与音不平……

音既以从舅越亲用事，小心亲职，岁余，上下诏曰："车骑将军音宿卫忠正，勤劳国家，前为御史大夫，以外亲宜典兵马，入为将军，不获宰相之封，朕甚慊焉！其封音为安阳侯，食邑与五侯等，俱三千户。"

初，成都侯商尝病，欲避暑，从上借明光宫。后又穿长安城，引内沣水注第中大陂以行船，立羽盖，张周帷，辑濯越歌。上幸商第，见穿城引水，意恨，内衔之，未言。后微行出，过曲阳侯第，又见园中土山渐台似类白虎殿。于是上怒，以让车骑将军音。商、根兄弟欲自黥、劓谢太后。上闻之大怒，乃使尚书责问司隶校尉、京兆尹"知成都侯商擅穿帝城，决引沣水；曲阳侯根骄奢僭上，赤墀青琐，红阳侯立父子臧匿奸猾亡命，宾客为群盗，司隶、京兆皆阿纵不举奏正法"。二人顿首省户下。又赐车骑将军音策书曰："外家何甘乐祸败,而欲自黥劓,相戮辱于太后前,伤慈母之心,以危乱国！外家宗族强,上一身寝弱日久,今将一施之。君其召诸侯,令待府舍。"是日,诏尚书奏文帝时诛将军薄昭故事。车骑将军音藉槁请罪,商、立、根皆负斧质谢。上不忍诛,然后得已。

久之,平阿侯谭薨,谥曰安侯,子仁嗣侯。太后怜弟曼蚤死,独不封,曼寡妇渠供养东宫,子莽幼孤不及等比,常以为语。平阿侯谭、成都侯商及在位多称莽者。久之,上复下诏追封曼为新都哀侯,而子莽嗣爵为新都侯。后又封太后姊子淳于长为定陵侯。王氏亲属,侯者凡十人。

上悔废平阿侯谭不辅政而薨也,乃复进成都侯商以特进,领城门兵,置幕府,得举吏如将军。杜邺说车骑将军音令亲附商……。王氏爵位日盛,唯音为修整,数谏正,有忠节,辅政八年,薨。吊赠如大将军,谥曰敬侯。子舜嗣侯,为太仆侍中。特进成都侯商代音为大司马卫将军,而红阳侯立位特进,领城门兵。商辅政四岁,病乞骸骨,天子悯之,更以为大将军,益封二千户,赐钱百万。商薨,吊赠如大将军故事,谥曰景成侯,子况嗣侯。红阳侯立次当辅政,有罪过……。上乃废立而用光禄勋曲阳侯根为大司马票骑将军,岁余益封千七百户。高平侯逢时无材能名称,是岁薨,谥曰戴侯,子买之嗣侯。

绥和元年,上即位二十余年无继嗣,而定陶共王已薨,子嗣立为王。王祖母定陶傅太后重赂票骑将军根,为王求汉嗣,根为言,上亦欲立之,遂征定陶王为太子。时根辅政五岁矣,乞骸骨,上乃益封根五千户,赐安车驷马,黄金五百斤,罢就第。

先是,定陵侯淳于长以外属能谋议,为卫尉侍中,在辅政之次。是岁,新都侯莽告长伏罪与红阳侯立相连,长下狱死,立就国……故曲阳侯根荐莽以自代，上亦以为莽有忠直节，遂擢莽从侍中骑都尉光禄大夫为大司马。

岁余，成帝崩，哀帝即位。太后诏莽就第，避帝外家。哀帝初优莽，不听。莽上书固乞骸骨而退。上乃下诏曰："曲阳侯根前在位，建社稷策。侍中太仆安阳侯舜往时护太子家，导朕，忠诚专壹，有旧恩。新都侯莽忧劳国家，执义坚固，庶几与为治，太皇太后诏休就第，朕甚闵焉。其益封根二千户，舜五百户，莽三百五十户。以莽为特进，朝朔望。"又还红阳侯立京师。哀帝少而闻知王氏骄盛，心不能善，以初立，故优之。

后月余，司隶校尉解光奏："曲阳侯根宗重身尊，三世据权，五将秉政，天下辐凑自效。根行贪邪，臧累钜万，纵横恣意，大治室第，第中起土山，立两市，殿上赤墀，户青琐；游观射猎，使奴从者被甲持弓弩，陈为步兵；止宿离宫，水衡共张，发民治道，百姓苦其役。内怀奸邪，欲莞朝政，推亲近吏主簿张业以为尚书，蔽上壅下，内塞王路，外交藩臣，骄奢僭上，坏乱制度。案根骨肉至亲，社稷大臣，先帝弃天下，根不悲哀思慕，山陵未成，公聘取故掖庭女乐五官殷严、王飞君等，置酒歌舞，捐忘先帝厚恩，背臣子义。及根兄子成都侯况幸得以外亲继父为列侯侍中，不思报厚恩，亦聘取故掖庭贵人以为妻，皆无人臣礼，大不敬不道。"于是天子曰："先帝遇根、况父子，至厚也，今乃背忘恩义！"以根尝建社稷之策，遣就国。免况为庶人，归故郡。根及况父商所荐举为官者，皆罢。

后二岁，傅太后、帝母丁姬皆称尊号。有司奏"新都侯莽前为大司马，贬抑尊号之议，亏损孝道，及平阿侯仁臧匿赵昭仪亲属，皆就国"。天下多冤王氏。

谏大夫杨宣上封事言："孝成皇帝深惟宗庙之重，称述陛下至德以承天序，圣策深远，恩德至厚。惟念先帝之意，岂不欲以陛下自代，奉承东宫哉！太皇太后春秋七十，数更忧伤，敕令亲属引领以避丁、傅。行道之人为之陨涕，况于陛下，时登高远望，独不惭于延陵乎！"哀帝深感其言，复封商中子邑为成都侯。

元寿元年，日蚀。贤良对策多讼新都侯莽者，上于是征莽及平阿侯仁还京师侍太后。曲阳侯根薨，国除。

明年，哀帝崩，无子，太皇太后以莽为大司马，与共征立中山王奉哀帝后，是为平帝。帝年九岁，当年被疾，太后临朝，委政于莽，莽颛威福。红阳侯立莽诸父，平阿侯仁素刚直，莽内惮之，令大臣以罪过奏遣立、仁就国。莽日诳耀太后，言辅政致太平，群臣奏请尊莽为安汉公。后遂遣使者迫守立、仁令自杀。赐立谥曰荒侯，子柱嗣；仁谥曰刺侯，子术嗣。是岁，元始三年也。明年，莽风群臣奏立莽女为皇后。又奏尊莽为宰衡，莽母及两子皆封为列侯，语在《莽传》。

莽既外壹群臣，令称己功德，又内媚事旁侧长御以下，赂遗以千万数。白尊太后姊妹君侠为广恩君，君力为广惠君，君弟为广施君，皆食汤沐邑，日夜共誉莽。莽又知太后妇人厌居深宫中，莽欲虞乐以市其权，乃令太后四时车驾巡狩四郊，存见孤寡贞妇。春幸茧馆，率皇后、列侯夫人桑，遵霸水而祓除；夏游御宿、鄠、杜之间；秋历东馆，望昆明，集黄山宫；冬飨饮飞羽，校猎上兰，登长平馆，临泾水而览焉。太后所至属县，辄施恩惠，赐民钱帛牛酒，岁以为常。太后从容言曰："我始入太子家时，见于丙殿，至今五六十岁尚颇识之。"莽因曰："太子宫幸近，可壹往游观，不足以为劳。"于是太后幸太子宫，甚说。太后旁弄儿病在外舍，莽自亲侯之。其欲得太后意如此。

平帝崩，无子，莽征宣帝玄孙选最少者广戚侯子刘婴，年二岁，托以卜相为最吉。乃风公卿奏请立婴为孺子，令宰衡安汉公莽践祚居摄，如周公傅成王故事。太后不以为可，力不能禁，于是莽遂为摄皇帝，改元称制焉。俄而宗室安众侯刘崇及东郡太守翟义等恶之，更举兵欲诛莽。太后闻之，曰："人心不相远也。我虽妇人，亦知莽必以是自危，不可。"其后，莽遂以符命自立为真皇帝，先奉诸符瑞以白太后，太后大惊。

初，汉高祖入咸阳至霸上，秦王子婴降于轵道，奉上始皇玺。及高祖诛项籍，即天子位，因御服其玺，世世传受，号曰汉传国玺。以孺子未立，玺臧长乐宫。及莽即位，请玺，太后不肯授莽。莽使安阳侯舜谕指。舜素谨敕，太后雅爱信之。舜既见，太后知其为莽求玺，怒骂之曰："而属父子宗族蒙汉家力，富贵累世，既无以报，受人孤寄，乘便利时，夺取其国，不复顾恩义。人如此者，狗猪不食其余，天下岂有而兄弟邪！且若自以金匮符命为新皇帝，变更正朔服制，亦当自更作玺，传之万世，何用此亡国不详玺为，而欲求之？我汉家老寡妇，旦暮且死，欲与此玺俱葬，终不可得！"太后因涕泣而言，旁侧长御以下皆垂涕。舜亦悲不能自止，良久乃仰谓太后："臣等已无可言者。莽必欲得传国玺，太后宁能终不与邪！"太后闻舜语切，恐莽欲胁之，乃出汉传国玺，投之地以授舜，曰："我老已死，如而兄弟，今族灭也！"舜既得传国玺，奏之，莽大说，乃为太后置酒未央宫渐台，大纵众乐。

莽又欲改太后汉家旧号，易其玺绶，恐不见听，而莽疏属王谏欲谄莽，上书言："皇天废去汉而命立新室，太皇太后不宜称尊号，当随汉废，以奉天命。"莽乃车驾至东宫，亲以其书白太后。太后曰："此言是也！"莽因曰："此悖德之臣也，罪当诛！"于是冠军张永献符命铜璧，文言"太皇太后当为新室文母太皇太后"。莽乃下诏曰:"予视群公,咸曰'休哉!其文字非刻非画,厥性自然'。予伏念皇天命予为子,更命太皇太后为'新室文母太皇太后',协于新故交代之际,信于汉氏。哀帝之代,世传行诏筹,为西王母共具之祥,当为历代母,昭然著明。于祇畏天命,敢不钦承!谨以令月吉日,亲率群公诸侯卿士,奉上皇太后玺绂,以当顺天心,光于四海焉。"太后听许。莽于是鸩杀王谏,而封张永为贡符子。

初,莽为安汉公时,又谄太后,奏尊元帝庙为高宗,太后晏驾后当以礼配食云。及莽改号太后为新室文母,绝之于汉,不令得体元帝。堕坏孝元庙,更为文母太后起庙,独置孝元庙故殿以为文母篹食堂,既成,名曰长寿宫。以太后在,故未谓之庙。莽以太后好出游观,乃车驾置酒长寿宫,请太后。既至,见孝元庙废彻涂地,太后惊,泣曰:"此汉家宗庙,皆有神灵,与何治而坏之!且使鬼神无知,又何用庙为!如令有知,我乃人之妃妾,岂宜辱帝之堂以陈馈食哉!"私谓左右曰:"此人嫚神多矣,能久得祐乎!"饮酒不乐而罢。

自莽篡位后,知太后怨恨,求所以媚太后无不为,然愈不说。莽更汉家黑貂,著黄貂,又改汉正朔伏腊日。太后令其官属黑貂,至汉家正腊日,独与其左右相对饮酒食。

太后年八十四,建国五年二月癸丑崩。三月乙酉,合葬渭陵。莽诏大夫扬雄作诔曰:"太阴之精,沙麓之灵,作合于汉,配元生成。"著其协于元城沙麓。太阴精者,谓梦月也。太后崩后十年,汉兵诛莽。

初,红阳侯立就国南阳,与诸刘结恩,立少子丹为中山太守。世祖初起,丹降为将军,战死。上闵之,封丹子泓为武桓侯,至今。

司徒掾班彪曰：三代以来，《春秋》所记，王公国君，与其失世，稀不以女宠。汉兴，后妃之家吕、霍、上官，几危国者数矣。及王莽之兴，由孝元后历汉四世为天下母，飨国六十余载，群弟世权，更持国柄，五将十侯，卒成新都。位号已移于天下，而元后卷卷犹握一玺，不欲以授莽，妇人之仁，悲夫！

茅鹿门评：汉高特以英雄使剑五年而定天下，然于纪纲制度疎阔不收，至于处中宫一节，尤属卤莽，繇君臣间并不学无术故也。《元后传》本不忍读，姑存之以为世戒。

徐退山评：《外戚传》已次列元后，特为王莽篡由元后，著西汉之所以亡，别立《元后传》。写到元后亦涕泣处，使人伤心惨目。然《王莽传》篡位时，中传将孺子下殿，莽亲执孺子手，流涕歔欷，是涕泣固王氏家法矣。

汉书叙传

（节录）

班氏之先，与楚同姓，令尹子文之后也。子文初生，弃于梦中，而虎乳之。楚人谓乳为"穀"，谓虎"于檡"，故名穀于檡，字子文。楚人谓虎"班"，其子以为号。秦之灭楚，迁晋、代之间，因氏焉。

始皇之末，班壹避地于楼烦，致马牛羊数千群。值汉初定，与民无禁，当孝惠、高后时，以财雄边，出入弋猎，旌旗鼓吹，年百余岁，以寿终，故北方多以"壹"为字者。

壹生孺。孺为任侠，州郡歌之。孺生长，官至上谷守。长生回，以茂材为长子令。回生况，举孝廉为郎，积功劳，至上河农都尉，大司农奏课连最，入为左曹越骑校尉。成帝之初，女为婕妤，致仕就第，赀累千金，徙昌陵。昌陵后罢，大臣名家皆占数于长安。

况生三子：伯、斿、穉。伯少受《诗》于师丹。大将军王凤荐伯宜劝学，召见宴昵殿，容貌甚丽，诵说有法，拜为中常侍。时上方乡学，郑宽中、张禹朝夕入说《尚书》、《论语》于金华殿中，诏伯受焉。既通大义，又讲异同于许商，迁奉车都尉。数年，金华之业绝，出与王、许子弟为群，在于绮襦纨绔之间，非其好也。

家本北边，志节慷慨，数求使匈奴。河平中，单于来朝，上使伯持节迎于塞下。会定襄大姓石、李群辈报怨，杀追捕吏，伯上状，因自请愿试守期月。上遣侍中中郎将王舜驰传代伯护单于，并奉玺书印绶，即拜伯为定襄太守。定襄闻伯素贵，年少，自请治剧，畏其下车作威，吏民竦息。伯至，请问耆老父祖故人有旧恩者，迎延满堂，日为供具，执子孙礼。郡中益弛。诸所宾礼皆名豪，怀恩醉酒，共谏伯宜颇摄录盗贼，具言本谋亡匿处。伯曰："是所望于父师矣。"乃召属县长吏，选精进掾吏，分部收捕，及它隐伏，旬日尽得。郡中震栗，咸称神明。岁余，上征伯。伯上书愿过故郡上父祖冢。有诏，太守都尉以下会。因召宗族，各以亲疏加恩施，散数百金。北州以为荣，长老纪焉。道病中风，既至，以侍中光禄大夫养病，赏赐甚厚，数年未能起。

会许皇后废，班婕妤供养东宫，进侍者李平为婕妤，而赵飞燕为皇后，伯遂称笃。久之，上出过临候伯，伯惶恐，起眡事。

自大将军薨后，富平、定陵侯张放、淳于长等始爱幸，出为微行，行则同舆执辔；入侍禁中，设宴饮之会，及赵、李诸侍中皆引满举白，谈笑大噱。时乘舆幄坐张画屏风，画纣醉踞妲己作长夜之乐。上以伯新起，数目礼之，因顾指画而问伯："纣为无道，至于是乎？"伯对曰："《书》云'乃用妇人之言'，何有踞肆于朝？所谓众恶归之，不如是之甚者也。"上曰："苟不若此，此图何戒？"伯曰："'沈湎于酒'，微子所以告去也；'式号式呼'，《大雅》所以流连也。《诗》《书》淫乱之戒，其原皆在于酒。"上乃喟然叹曰："吾久不见班生，今日复闻谠言！"放等不怿，稍自引起更衣，因罢出。

……伯病卒，年三十八，朝廷愍惜焉。

斿博学有俊材，左将军史丹举贤良方正，以对策为议郎，迁谏大夫、右曹中郎将，与刘向校秘书。每奏事，斿以选受诏进读群书。上器其能，赐以秘书之副。时书不布，自东平思王以叔父求《太史公》、诸子书，大将军白不许。语在《东平王传》。斿亦早卒，有子曰嗣，显名当世。

稚少为黄门郎中常侍，方直自守。成帝季年，立定陶王为太子，数遣中盾请问近臣，稚独不敢答。哀帝即位，出稚为西河属国都尉，迁广平相。

王莽少与稚兄弟同列友善，兄事斿而弟畜稚。斿之卒也，修缌麻，赗赠甚厚。平帝即位，太后临朝，莽秉政，方欲文致太平，使使者分行风俗，采颂声，而稚无所上。琅邪太守公孙闳言灾害于公府，大司空甄丰遣属驰至两郡讽吏民，而劾闳空造不祥，稚绝嘉应，嫉害圣政，皆不道。太后曰："不宜德美，宜与言灾害者异罚。且后宫贤家，我所哀也。"闳独下狱诛。稚惧，上书陈恩谢罪，愿归相印，入补延陵园郎，太后许焉。食故禄终身。由是班氏不显莽朝，亦不罹咎。

············

稚生彪。彪字叔皮，幼与从兄嗣共游学，家有赐书，内足于财，好古之士自远方至，父党扬子云以下莫不造门。

嗣虽修儒学，然贵老严之术。桓生欲借其书，嗣报曰："若夫严子者，绝圣弃智，修生保真，清虚澹泊，归之自然，独师友造化，而不为世俗所役者也。渔钓于一壑，则万物不奸其志；栖迟于一丘，则天下不易其乐。不絓圣人之罔，不嗅骄君之饵，荡然肆志，谈者不得而名焉，故可贵也。今吾子已贯仁谊之羁绊，系名声之缰锁，伏周、孔之轨躅，驰颜、闵之极挚，既系挛于世教矣。何用大道为自眩曜？昔有学步于邯郸者，曾未得其仿佛，又复失其故步，遂匍匐而归耳！恐似此类，故不进。"嗣之行己持论如此。

叔皮唯圣人之道然后尽心焉。年二十，遭王莽败，世祖即位于冀州。时隗嚣据垄拥众，招辑英俊，而公孙述称帝于蜀汉，天下云扰，大者连州郡，小者据县邑。嚣问彪曰："往者周亡，战国并争，天下分裂，数世然后乃定，其抑者从横之事复起于今乎？将承运迭兴在于一人也？愿先生论之。"对曰："周之废兴与汉异。昔周立爵五等，诸侯从政，本根既微，枝叶强大，故其末流有从横之事，其势然也。汉家承秦之制，并立郡县，主有专己之威，臣无百年之柄。至于成帝，假借外家，哀、平短祚，国嗣三绝，危自上起，伤不及下。故王氏之贵，倾擅朝廷，能窃号位，而不根于民。是以即真之后，天下莫不引领而叹，十余年间，外内骚扰，远近俱发，假号云合，咸称刘氏，不谋而同辞。方今雄桀带州城者，皆无七国世业之资。《诗》云：'皇矣上帝，临下有赫，鉴观四方，求民之莫。'今民皆讴吟思汉，乡仰刘氏，已可知矣。"嚣曰："先生言周、汉之势，可也，至于但见愚民习识刘氏姓号之故，而谓汉家复兴，疏矣！昔秦失其鹿，刘季逐而掎之，时民复知汉乎！"既感嚣言，又愍狂狡之不息，乃著《王命论》以救时难。其辞曰：

昔在帝尧之禅曰："咨尔舜，天之历数在尔躬。"舜亦以命禹。暨于稷契，咸佐唐虞，光济四海，奕世载德，至于汤武，而有天下。虽其遭遇异时，禅代不同，至于应天顺民，其揆一也。是故刘氏承尧之祚，氏族之世，著乎《春秋》。唐据火德，而汉绍之，始起沛泽，则神母夜号，以章赤帝之符。由是言之，帝王之祚，必有明圣显懿之德，丰功厚利积絫之业，然后精诚通于神明，流泽加于生民，故能为鬼神所福飨，天下所归往，未见运世无本，功德不纪，而得屈起在此位者也。世俗见高祖兴于布衣，不达其故，以为适遭暴乱，得奋其剑，游说之士至比天下于逐鹿，幸捷而得之，不知神器有命，不可以智力求也。悲夫！此世所以多乱臣贼子者也。若然者，岂徒暗于天道哉？又不睹之于人事矣！

夫饿馑流隶，饥寒道路，思有短褐之袭，儋石之畜，所愿不过一金，然终于转死沟壑。何则？贫穷亦有命也。况乎天子之贵，四海之富，神明之祚，可得而妄处哉？故虽遭罹厄会，窃其权柄，勇如信、布，强如梁、籍，成如王莽，然卒润镬伏质，亨醢分裂，又况幺麽，尚不及数子，而欲暗奸天位者乎！是故駑蹇之乘不骋千里之涂，燕雀之畴不奋六翮之用，桑枍之才不荷栋梁之任，斗筲之子不秉帝王之重。《易》曰"鼎折足，覆公餗"，不胜其任也。

当秦之末，豪桀共推陈婴而王之，婴母止之曰："自吾为子家妇，而世贫贱，卒富贵不祥，不如以兵属人，事成少受其利，不成祸有所归。"婴从其言，而陈氏以宁。王陵之母亦见项氏之必亡，而刘氏之将兴也。是时陵为汉将，而母获于楚，有汉使来，陵母见之，谓曰："愿告吾子，汉王长者，必得天下，子谨事之，无有二心。"遂对汉使伏剑而死，以固勉陵。其后果定于汉，陵为宰相封侯。夫以匹妇之明，犹能推事理之致，探祸福之机，而全宗祀于无穷，垂策书于春秋，而况大丈夫之事乎！是故穷达有命，吉凶由人，婴母知废，陵母知兴，审此四者，帝王之分决矣。

盖在高祖，其兴也有五：一曰帝尧之苗裔，二曰体貌多奇异，三曰神武有征应，四曰宽明而仁恕，五曰知人善任使。加之以信诚好谋，达于听受，见善如不及，用人如由己，从谏如顺流，趣时如向赴；当食吐哺，纳子房之策；拔足挥洗，揖郦生之说；寤戍卒之言，断怀土之情；高四皓之名，割肌肤之爱；举韩信于行陈，收陈平于亡命，英雄陈力，群策毕举；此高祖之大略，所以成帝业也。若乃灵瑞符应，又可略闻矣。初刘媪任高祖而梦与神遇，震电晦冥，有龙蛇之怪。及其长而多灵，有异于众，是以王、武感物而折券，吕公睹形而进女；秦皇东游以厌其气，吕后望云而知所处；<u>始受命则白蛇分，西入关则五星聚</u>。故淮阴、留侯谓之天授，非人力也。

<u>历古今之得失，验行事之成败，稽帝王之世运</u>，考五者之所谓，取舍不厌斯位，符瑞不同斯度，而苟昧于权利，越次妄据，外不量力，内不知命，则必丧保家之主，失天年之寿，遇折足之凶，伏鈇钺之诛。英雄诚知觉寤，畏若祸戒，超然远览，渊然深识，<u>收陵、婴之明分，绝信、布之觊觎，距逐鹿之瞽说，审神器之有授，毋贪不可几，为二母之所笑</u>，则福祚流于子孙，天禄其永终矣。

<u>知隗嚣终不寤，乃避墬于河西</u>。河西大将军窦融嘉其美德，访问焉。举茂材，为徐令，以病去官。后数应三公之召。<u>仕不为禄，所如不合；学不为人，博而不俗；言不为华，述而不作</u>。

有子<u>曰</u>固，弱冠而孤，作《幽通之赋》，以致命遂志。

⋯⋯⋯⋯⋯

永平中为郎，典校秘书，专笃志于博学，<u>以著述为业</u>。或讥以无功，又感东方朔、扬雄自谕以不遭苏、张、范、蔡之时，曾不折之以正道，明君子之所守，故聊复应焉。其辞曰：

宾戏主人曰："盖闻圣人有壹定之论，列士有不易之分，<u>亦云名而已矣</u>。故太上有立德，其次有立功。夫德不得后身而特盛，功不得背时而独章，是以圣哲之治，栖栖皇皇，孔席不㬉，墨突不黔。由此言之，取舍者昔人之上务，著作者前列之余事耳。今吾子幸游帝王之世，躬带冕之服，浮英华，湛道德，矕龙虎之文，旧矣。卒不能搚首尾、奋翼鳞，振拔洿涂，跨腾风云，使见之者景骇，闻之者向震。徒乐枕经藉书，纡体衡门，上无所蒂，下无所根。独摅意乎宇宙之外，锐思于豪芒之内，潜神默记，恒以年岁。然而器不贾于当己，用不效于一世，虽驰辩如涛波，摘藻如春华，犹无益于殿最。意者，且运朝夕之策，定合会之计，使存有显号，亡有美谥，不亦优乎？"

主人逌尔而笑曰："若宾之言，斯所谓见势利之华，暗道德之实，守突奥之荧烛，未卬天庭而睹白日也。曩者王涂芜秽，周失其御，侯伯方轨，战国横骛，于是七雄虓阚，分裂诸夏，龙战而虎争。游说之徒，风飐电激，并起而救之，其余猋飞景附，煜霅其间者，盖不可胜载。当此之时，搦朽摩钝，铅刀皆能壹断，是故鲁连飞一矢而蹶千金，虞卿以顾眄而捐相印也。夫啾发投曲，感耳之声，合之律度，淫蛙而不可听者，非《韶》、《夏》之乐也；因势合变，偶时之会，风移俗易，乖忤而不可通者，非君子之法也。及至从人合之，衡人散之，亡命漂说，羁旅骋辞，商鞅挟三术以钻孝公，李斯奋时务而要始皇，彼皆蹑风云之会，履颠沛之势，据徼乘邪以求一日之富贵，朝为荣华，夕而焦瘁，福不盈眦，祸溢于世，凶人且以自悔，况吉士而是赖乎！且功不可以虚成，名不可以伪立，韩设辩以徼君，吕行诈以贾国。《说难》既酋，其身乃囚；秦货既贵，厥宗亦隧。是故仲尼抗浮云之志，孟轲养浩然之气，彼岂乐为迂阔哉？道不可以贰也。方今大汉洒埽群秽，夷险芟荒，廓帝纮，恢皇纲，基隆于羲、农，规广于黄、唐；其君天下也，炎之如日，威之如神，函之如海，养之如春。是以六合之内，莫不同原共流，沐浴玄德，禀印太和，枝附叶著，譬犹草木之殖山林，鸟鱼之毓川泽，得气者蕃滋，失时者苓落，参天墬而施化，岂云人事之厚薄哉？今子处皇世而论战国，耀所闻而疑所觌，欲从旄敦而度高乎泰山，怀沈滥而测深乎重渊，亦未至也。"

宾曰："若夫鞅、斯之伦，衰周之凶人，既闻命矣。敢问上古之士，处身行道，辅世成名，可述于后者，默而已乎？"

主人曰："何为其然也！昔咎繇谟虞，箕子访周，言通帝王，谋合圣神；殷说梦发于傅岩，周望兆动于渭滨，齐宁激声于康衢，汉良受书于邳沂，皆俟命而神交，匪词言之所信，故能建必然之策，展无穷之勋也。近者陆子优繇，《新语》以兴；董生下帷，发藻儒林；刘向司籍，辨章旧闻；扬雄覃思，《法言》、《大玄》：皆及时君之门闱，究先圣之壶奥，婆娑乎术艺之场，休息乎篇籍之囿，以全其质而发其文，用纳乎圣听，列炳于后人，斯非其亚与！若乃夷抗行于首阳，惠降志于辱仕，颜耽乐于箪瓢，孔终篇于西狩，声盈塞于天渊，真吾徒之师表也。且吾闻之：壹阴壹阳，天墬之方；乃文乃质，王道之纲；有同有异，圣哲之常。故曰：慎修所志，守尔天符，委命共己，味道之腴，神之听之，名其舍诸！宾又不闻龢氏之璧韫于荆石，随侯之珠藏于蚌蛤乎？历世莫眠，不知其将含景耀，吐英精，旷千载而流夜光也。应龙潜于潢污，鱼鼋媟之，不睹其能奋灵德，合风云，超忽荒，而躆颢苍也。故夫泥蟠而天飞者，应龙之神也；先贱而后贵者，和、隋之珍也；时暗而久章者，君子之真也。若乃牙、旷清耳于管弦；离娄眇目于豪分；逢蒙绝技于弧矢，班输权巧于斧斤；良乐轶能于相驭，乌获抗力于千钧；和、鹊发精于针石，研、桑心计于无垠。<u>仆亦不任厕技于彼列，故密尔自娱于斯文。</u>"

固以为唐虞三代，《诗》《书》所及，世有典籍，<u>故虽尧舜之盛，必有典谟之篇，然后扬名于后世，冠德于百王</u>，……<u>汉绍尧运，以建帝业，至于六世，史臣乃追述功德，私作本纪，编于百王之末，厕于秦、项之列。太初以后，阙而不录，故探篡前记，缀辑所闻，以述《汉书》，起元高祖，终于孝平王莽之诛，十有二世，二百三十年，综其行事，旁贯《五经》，上下洽通，为春秋考纪、表、志、传，凡百篇。</u>

陈白松评：孟坚甚政司马氏，至于《叙传》，为仿司马氏。
孙月峰评：割裂古佳字，在西京间有之，至孟坚乃特擅长。
徐退山评：班氏点次所自为《汉书》之意，尽于答宾戏，故叙传引之。○《宾戏传》句雕字琢，周、秦浑朴之旨一变。然自是西汉文字，气自厚故也。

初学辨体　　　史部

昆山徐与乔扬贡辑评

古虞　潘椿尚木氏重订

侄煌辉远氏手录

后汉书

光武帝纪

世祖光武皇帝讳秀，字文叔，南阳蔡阳人，高祖九世之孙也，出自景帝生长沙定王发，发生春陵节侯买，买生郁林太守外，外生钜鹿都尉回，回生南顿令钦，钦生光武。光武年九岁而孤，养于叔父良。身长七尺三寸，美须眉，大口，隆准，日角。性勤于稼穑，而兄伯升好侠养士，常非笑光武事田业，比之高祖兄仲。王莽天凤中，乃之长安，受《尚书》，略通大义。

莽末，天下连岁灾蝗，寇盗锋起。地皇三年，南阳荒饥，诸家宾客多为小盗。光武避吏新野，因卖谷于宛。宛人李通等以图谶说光武云："刘氏复起，李氏为辅。"光武初不敢当，然独念兄伯升素结轻客，必举大事，且王莽败亡已兆，天下方乱，遂与定谋，于是乃市兵弩。十月，与李通从弟轶等起于宛，时年二十八。

十一月，有星孛于张，光武遂将宾客还春陵。时伯升已会众起兵。初，诸家子弟恐惧，皆亡逃自匿，曰"伯升杀我"。及见光武绛衣大冠，皆惊曰"谨厚者亦复为之"，乃稍自安。伯升于是招新市、平林兵，与其帅王凤、陈牧西击长聚。光武初骑牛，杀新野尉乃得马。进屠唐子乡，又杀湖阳尉。军中分财物不均，众患恨，欲反攻诸刘。光武敛宗人所得物，悉以与之，众乃悦。进拔棘阳，与王莽前队大夫甄阜、属正梁丘赐战于小长安，汉军大败，还保棘阳。

更始元年正月甲子朔，汉军复与甄阜、梁丘赐战于沘水西，大破之。斩阜、赐。伯升又破王莽纳言将军严尤、秩宗将军陈茂于淯阳，进围宛城。

二月辛巳，立刘圣公为天子，以伯升为大司徒，光武为太常偏将军。

　　三月，光武别与诸将徇昆阳、定陵、郾，皆下之。多得牛马财物，谷数十万斛，转以馈宛下。莽闻阜、赐死，汉帝立，大惧，遣大司徒王寻、大司空王邑将兵百万，其甲士四十二万人，五月，到颍川，复与严尤、陈茂合。初，光武为舂陵侯家讼逋租于尤，尤见而奇之。及是时，城中出降尤者言光武不取财物，但会兵计策。尤笑曰："是美须眉者邪？何为乃如是！"

　　初，王莽征天下能为兵法者六十三家数百人，并以为军吏；选练武卫，招募猛士，旌旗辎重，千里不绝。时有长人巨无霸，长一丈，大十围，以为垒尉；又驱诸猛兽，虎豹犀象之属，以助威武。自秦、汉出师之盛，未尝有也。光武将数千兵，徼之于阳关。诸将见寻、邑兵盛，反走，驰入昆阳，皆惶怖，忧念妻孥，欲散归诸城。光武议曰："今兵谷既少，而外寇强大，并力御之，功庶可立；如欲分散，势无俱全。且宛城未拔，不能相救，昆阳即破，一日之间，诸部亦灭矣。今不同心胆共举功名，反欲守妻子财物邪？"诸将怒曰："刘将军何敢如是！"光武笑而起。会候骑还，言大兵且至城北，军陈数百里，不见其后。诸将遽相谓曰："更请刘将军计之。"光武复为图画成败。诸将忧迫，皆曰："诺"。时城中唯有八九千人，光武乃使成国上公王凤、廷尉大将军王常留守，夜自与骠骑大将军宗佻、五威将军李轶等十三骑，出城南门，于外收兵。时莽军到城下者且十万，光武几不得出。既至郾、定陵，悉发诸营兵，而诸将贪惜财货，欲分留守之。光武曰："今若破敌，珍宝万倍，大功可成；如为所败，首领无余，何财物之有！"众乃从。

　　严尤说王邑曰："昆阳城小而坚，今假号者在宛，亟进大兵，彼必奔走；宛败，昆阳自服。"邑曰："吾昔以虎牙将军围翟义，坐不生得，以见责让。今将百万之众，遇城而不能下，何谓邪？"遂围之数十重，列营百数，云车十余丈，瞰临城中，旗帜蔽野，埃尘连天，钲鼓之声闻数百里。或为地道，冲輣橦城。积弩乱发，矢下如雨，城中负户而汲。王凤等乞降，不许。寻、邑自以为功在漏刻，意气甚逸。夜有流星坠营中，昼有云如坏山，当营而陨，不及地尺而散，吏士皆厌伏。

六月己卯，光武遂与营部俱进，自将步骑千余，前去大军四五里而陈。寻、邑亦遣兵数千合战。光武奔之，斩首数十级。诸部喜曰："刘将军平生见小敌怯，今见大敌勇，甚可怪也，且复居前。请助将军！"光武复进，寻、邑兵却，诸部共乘之，斩首数百千级。连胜，遂前。时，伯升拔宛已三日，而光武尚未知。乃伪使持书报城中，云"宛下兵到"，而阳堕其书。寻、邑得之，不憙。诸将既经累捷，胆气益壮，无不一当百。光武乃与敢死者三千人，从城西水上冲其中坚，寻、邑陈乱，乘锐崩之，遂杀王寻。城中亦鼓譟而出，中外合势，震呼动天地，莽兵大溃，走者相腾践，奔殪百余里间。会大雷风，屋瓦皆飞，雨下如注，滍川盛溢，虎豹皆股战，士卒争赴，溺死者以万数，水为不流。王邑、严尤、陈茂轻骑乘死人度水逃去。尽获其军实辎重、车甲珍宝，不可胜筭，举之连月不尽，或燔烧其余。

光武因复徇下颍阳。会伯升为更始所害，光武自父城驰诣宛谢。司徒官属迎吊光武，光武难交私语，深引过而已。未尝自伐昆阳之功，又不敢为伯升服丧，饮食言笑如平常。更始以是惭，拜光武为破虏大将军，封武信侯。

九月庚戌，三辅豪杰共诛王莽，传首诣宛。

更始将北都洛阳，以光武行司隶校尉，使前整修宫府。于是置僚属，作文移，从事司察，一如旧章。时三辅吏士东迎更始，见诸将过，皆冠帻，而服妇人衣，诸于绣镼，莫不笑之，或有畏而走者。及见司隶僚属，皆欢喜不自胜。老吏或垂涕曰："不图今日复见汉官威仪！"由是识者皆属心焉。

及更始至洛阳，乃遣光武以破虏将军行大司马事。十月，持节北度河，镇慰州郡。所到部县，辄见二千石、长吏、三老、官属，下至佐史，考察黜陟，如州牧行部事。辄平遣囚徒，除王莽苛政，复汉官名。吏人喜悦，争持牛酒迎劳。

进至邯郸，故赵缪王子林说光武曰："赤眉今在河东，但决水灌之，百万之众可使为鱼。"光武不答，去之真定。林于是乃诈以卜者王郎为成帝子子舆，十二月，立郎为天子，都邯郸，遂遣使者降下郡国。

二年正月，光武以王郎新盛，乃北徇蓟。王郎移檄购光武十万户，而故广阳王子刘接起兵蓟中以应郎，城内扰乱，转相惊恐，言邯郸使者方到，二千石以下皆出迎。于是光武趣驾南辕，晨夜不敢入城邑，舍食道傍。至饶阳，官属皆乏食。光武乃自称邯郸使者，入传舍。传吏方进食，从者饥，争夺之。传吏疑其伪，乃椎鼓数十通，绐言邯郸将军至，官属皆失色。光武升车欲驰，既而惧不免，徐还坐，曰："请邯郸将军入。"久乃驾去。传中人遥语门者闭之。门长曰："天下讵可知，而闭长者乎？"遂得南出。晨夜兼行，蒙犯霜雪，天时寒，面皆破裂。至呼沱河，无船，适遇冰合，得过，未毕数车而陷。进至下博城西，遑惑不知所之。有白衣老父在道旁，指曰："努力！信都郡为长安守，去此八十里。"光武即驰赴之，信都太守任光开门出迎。世祖因发旁县，得四千人，先击堂阳、贳县，皆降之。王莽和成卒正邳彤亦举郡降。又昌城人刘植，宋子人耿纯，各率宗亲子弟，据其县邑，以奉光武。于是北降下曲阳，众稍合，乐附者至有数万人。

复北击中山，拔卢奴。所过发奔命兵，移檄边部，共击邯郸，郡县还复响应。南击新市、真定、元氏、防子，皆下之，因入赵界。

时王郎大将李育屯柏人，汉兵不知而进，前部偏将朱浮、邓禹为育所破，亡失辎重。光武在后闻之，收浮、禹散卒，与育战于郭门，大破之，尽得其所获。育还保城，攻之不下，于是引兵拔广阿。会上谷大守耿况、渔阳太守彭宠各遣其将吴汉、寇恂等将突骑来助击王郎，更始亦遣尚书仆射谢躬讨郎，光武因大飨士卒，遂东围钜鹿。王郎守将王饶坚守，月余不下。郎遣将倪宏、刘奉率数万人救钜鹿，光武逆战于南䜌，斩首数千级。四月，进围邯郸，连战破之。五月甲辰，拔其城，诛王郎。收文书，得吏人与郎交关谤毁者数千章。光武不省，会诸将军烧之，曰："令反侧子自安。"

更始遣侍御史持节立光武为萧王，悉令罢兵诣行在所。光武辞以河北未平，不就征。自是始贰于更始。

是时长安政乱，四方背叛。梁王刘永擅命睢阳，公孙述称王巴蜀，李宪自立为淮南王，秦丰自号楚黎王，张步起琅邪，董宪起东海，延岑起汉中，田戎起夷陵，并置将帅，侵略郡县。又别号诸贼：铜马、大肜、高湖、重连、铁胫、大抢、尤来、上江、青犊、五校、檀乡、五幡、五楼、富平、获索等，各领部曲，众合数百万人，所在寇掠。

光武将击之，先遣吴汉北发十郡兵。幽州牧苗曾不从，汉遂斩曾而发其众。秋，光武击铜马于鄡，吴汉将突骑来会清阳。贼数挑战，光武坚营自守；有出卤掠者，辄击取之，绝其粮道。积月余日，贼食尽，夜遁去，追至馆陶，大破之。受降未尽，而高湖、重连从东南来，与铜马余众合，光武复与大战于蒲阳，悉破降之，封其渠帅为列侯。降者犹不自安，光武知其意，敕令各归营勒兵，乃自乘轻骑按行部陈。降者更相语曰："萧王推赤心置人腹中，安得不投死乎！"由是皆服。悉将降人分配诸将，众遂数十万，故关西号光武为"铜马帝"。赤眉别帅与大肜、青犊十余万众在射犬，光武进击，大破之，众皆散走。使吴汉、岑彭袭杀谢躬于邺。

青犊、赤眉贼入函谷关，攻更始。光武乃遣邓禹率六裨将引兵而西，以乘更始、赤眉之乱。时更始使大司马朱鲔、舞阴王李轶等屯洛阳，光武亦令冯异守孟津以拒之。

建武元年春正月，平陵人方望立前孺子刘婴为天子，更始遣丞相李松击斩之。

光武北击尤来、大抢、五幡于元氏，追至右北平，连破之。又战于顺水北，乘胜轻进，反为所败。贼追急，短兵接，光武自投高岸，遇突骑王丰，下马授光武，光武抚其肩而上，顾笑谓耿弇曰："几为虏嗤。"弇频射却贼，得免。士卒死者数千人，散兵归保范阳。军中不见光武，或云已殁，诸将不知所为。吴汉曰："卿曹努力！王兄子在南阳，何忧无主？"众恐惧，数日乃定。贼虽战胜，而素慑大威，客主不相知，夜遂引去。大军复进至安次，与战，破之，斩首三千余级。贼入渔阳，乃遣吴汉率耿弇、陈俊、马武等十二将军追战于潞东，及平谷，大破灭之。

朱鲔遣讨难将军苏茂攻温，冯异、寇恂与战，大破之，斩其将贾彊。

于是诸将议上尊号。马武先进曰："……且还蓟即尊位，乃议征伐。今此谁贼而驰骛击之乎？"光武惊曰："何将军出是言？可斩也！"武曰："诸将尽然。"光武使出晓之，乃引军还至蓟。

夏四月，公孙述自称天子。

光武从蓟还，过范阳，命收葬吏士。至中山，诸将复上奏曰："汉遭王莽，宗庙废绝，豪杰愤怒，……<u>王与伯升首举义兵</u>，更始因其资以据帝位，而……败乱纲纪，……<u>臣闻帝王不可以久旷，天命不可以谦拒，惟大王以社稷为计</u>……"光武<u>又不听</u>。

行到南平棘，<u>诸将复固请之。光武曰："寇贼未平，</u>……何遽欲正号位乎？诸将且出。"耿纯进曰："……士大夫捐亲戚，弃土壤，从大王于矢石之间者，其计固望其攀龙鳞，附凤翼，以成其所志耳。今功业即定，天人亦应，而大王留时逆众，不正号位，纯恐士大夫望绝计穷，则有去归之思……。<u>大众一散，难可复合。</u>……"纯言甚诚切，光武……曰："<u>吾将思之。</u>"

行至鄗，光武先在长安时<u>同舍生彊华自关中奉《赤伏符》，曰"刘秀发兵捕不道，四夷云集龙斗野，四七之际火为主"。群臣因复奏</u>，……光武于是命有司设坛场于鄗南千秋亭五成陌，<u>六月己未，即皇帝位。</u>

…………

论曰：皇考南顿君初为济阳令，以建平元年十二月甲子夜，生光武于县舍，<u>有赤光照室中</u>。钦异焉，使卜者王长占之。<u>长辟左右曰："此兆吉不可言。"是岁县界有嘉禾生，一茎九穗，因名光武曰秀</u>。明年，方士有夏贺良者，上言哀帝，云汉家历运中衰，<u>当再受命</u>。于是改号为太初元年，<u>称"陈圣刘太平皇帝"</u>，以厌胜之。及王莽篡位，忌恶刘氏，以钱文有金刀，故改为货泉。<u>或以货泉字文为"白水真人"。后望气者苏伯阿为王莽使，至南阳，遥望见舂陵郭，唶曰："气佳哉！郁郁葱葱然。"及始起兵，还舂陵，远望舍南，火光赫然属天，有顷不见。初，道士西门君惠、李守等亦云刘秀当为天子。其王者受命，信有符乎？不然，何以能乘时龙而御天哉！</u>

赞曰：炎正中微，大盗移国。九县飙回，三精雾塞。人厌淫诈，神思反德。光武诞命，灵贶自甄。沈几先物，深略纬文。寻、邑百万，貔虎为群。长毂雷野，高锋彗云。英威既振，新都自焚。虔刘庸、代，纷纭梁、赵。三河未澄，四关重扰。神旌乃顾，递行天讨。金汤失险，车书共道。灵庆既启，人谋咸赞。明明庙谟，赳赳雄断。于赫有命，系隆我汉。

孙月峰评：叙昆阳一战，备有曲折，精神发越不待言，乃更雅密有致，第奇陗之气，不及左氏、班、马。

又评：此赞《昭明》所取，果精腴可诵。

徐退山评：叙即位前事，精神飞动，昆阳一战尤为奇快。中间用"初"字、"时"字、"于是"字作贯串。

章帝纪

....

[建初四年]十一月壬戌，诏曰："盖三代导人，教学为本。汉承暴秦，褒显儒术，建立《五经》，为置博士。其后学者精进，虽曰承师，亦别名家。孝宣皇帝以为去圣久远，学不厌博，故遂立大、小夏侯《尚书》，后又立京氏《易》。至建武中，复置颜氏、严氏《春秋》，大、小戴《礼》博士。此皆所以扶进微学，尊广道艺也。中元元年诏书，《五经》章句烦多，议欲减省。至永平元年，长水校尉儵奏言，先帝大业，当以时施行。欲使诸儒共正经义，颇令学者得以自助。孔子曰：'学之不讲，是吾忧也。'又曰：'博学而笃志，切问而近思，仁在其中矣。'於戏，其勉之哉！"于是下太常，将、大夫、博士、议郎、郎官及诸生、诸儒会白虎观，讲议《五经》同异，使五官中郎将魏应承制问，侍中淳于恭奏，帝亲称制临决，如孝宣甘露石渠故事，作《白虎议奏》。

是岁，甘露降泉陵、洮阳二县。

....

[七年秋]八月，饮酎高庙，禘祭光武皇帝、孝明皇帝。甲辰，诏曰："《书》云：'祖考来假'，明哲之祀。予末小子，质又菲薄，仰惟先帝烝烝之情，前修禘祭，以尽孝敬。朕得识昭穆之序，寄远祖之思。今年大礼复举，加以先帝之坐，悲伤感怀。乐以迎来，哀以送往，虽祭亡如在，而空虚不知所裁，庶或飨之。岂亡克慎肃雍之臣，辟公之相，皆助朕之依依。今赐公钱四十万，卿半之，及百官执事各有差。"

....

［元和］二年春正月乙酉，诏曰："《令》云'人有产子者复，勿算三岁'。今诸怀妊者，赐胎养谷人三斛，复其夫，勿算一岁，著以为令。"又诏三公曰："方春生养，万物莩甲，宜助萌阳，以育时物。其令有司，罪非殊死且勿案验，及吏人条书相告不得听受，冀以息事宁人，敬奉天气。立秋如故。夫俗吏矫饰外貌，似是而非，揆之人事则悦耳，论之阴阳则伤化，朕甚魇之，甚苦之。安静之吏，悃愊无华，日计不足，月计有余。如襄城令刘方，吏人同声谓之不烦，虽未有它异，斯亦殆近之矣。间敕二千石各尚宽明，而今富奸行赂于下，贪吏枉法于上，使有罪不论而无过被刑，甚大逆也。夫以苛为察，以刻为明，以轻为德，以重为威，四者或兴，则下有怨心。吾诏书数下，冠盖接道，而吏不加理，人或失职，其咎安在？勉思旧令，称朕意焉。"

徐退山评：汉宣、章之间，褒显儒术，碣石宫、白虎观遂为千古经学之宗。诏书铺陈，亦彬彬可诵。

刘玄刘盆子传

....

论曰:周武王观兵孟津,退而还师,以为纣未可伐,斯时有未至者也。汉起,驱轻黠乌合之众,不当天下万分之一,而旌旄之所摀及,书文之所通被,莫不折戈顿颡,争受职命。非惟汉人余思,固亦几运之会也。夫为权首,鲜或不及。陈、项且犹未兴,况庸庸者乎!

刘盆子者,太山式人,城阳景王章之后也。祖父宪,元帝时封为式侯,父萌嗣。王莽篡位,国除……

天凤元年,琅邪海曲有吕母者,子为县吏,犯小罪,宰论杀之。吕母怨宰,密聚客,规以报仇。母家素丰,资产数百万,乃益酿醇酒,买刀剑衣服。少年来酤者,皆赊与之,视其乏者,辄假衣裳,不问多少。数年,财用稍尽,少年欲相与偿之。吕母垂泣曰:"所以厚诸君者,非欲求利,徒以县宰不道,枉杀吾子,欲为报怨耳。诸君宁肯哀之乎!"少年壮其意,又素受恩,皆许诺。其中勇士自号猛虎,遂相聚得数十百人,因与吕母入海中,招合亡命,众至数千。吕母自称将军,引兵还攻破海曲,执县宰,……遂斩之,以其首祭子冢,复还海中。

后数岁,琅邪人樊崇起兵于莒,众百余人,转入太山,自号三老。时青、徐大饥,寇贼蜂起,众盗以崇勇猛,皆附之,一岁间至万余人。崇同郡人逄安,东海人徐宣、谢禄、杨音,各起兵,合数万人,复引从崇。共还攻莒,不能下,转掠至姑幕,因击王莽探汤侯田况,大破之,杀万余人,遂北入青州,所过虏掠。还至太山,留屯南城。初,崇等以困穷为寇,无攻城徇地之计。众既浸盛,乃相与为约：杀人者死，伤人者偿创。以言辞为约束，无文书、旌旗、部曲、号令。其中最尊者号三老，次从事，次卒史，泛相称曰巨人。王莽遣平均公廉丹、太师王匡击之。崇等欲战，恐其众与莽兵乱，乃皆朱其眉以相识别，由是号曰赤眉。赤眉遂大破丹、匡军，杀万余人，追至无盐，廉丹战死，王匡走。崇又引其兵十余万，复还围莒，数月。或说崇曰："莒，父母之国，奈何攻之？"乃解去。时吕母病死，其众分入赤眉、青犊、铜马中。赤眉遂寇东海，与王莽沂平大尹战，败，死者数千人，乃引去，掠楚、沛、汝南、颍川，还入陈留，攻拔鲁城，转至濮阳。

会更始都洛阳，遣使降崇。崇等闻汉室复兴，即留其兵，自将渠帅二十余人，随使者至洛阳降更始，皆封为列侯。崇等既未有国邑，而留众稍有离叛，乃遂亡归其营，将兵入颍川，分其众为二部，崇与逢安为一部，徐宣、谢禄、杨音为一部。崇、安攻拔长社，南击宛，斩县令；而宣、禄等亦拔阳翟，引之梁，击杀河南太守。赤眉众虽数战胜，而疲敝厌兵，皆日夜愁泣，思欲东归。崇等计议，虑众东向必散，不如西攻长安。更始二年冬，崇、安自武关，宣等从陆浑关，两道俱入。三年正月，俱至弘农，与更始诸将连战克胜，众遂大集。乃分万人为一营，凡三十营，营置三老、从事各一人。进至华阴。

军中常有齐巫鼓舞祠城阳景王，以求福助。巫狂言景王大怒，曰："当为县官，何故为贼？"有笑巫者辄病，军中惊动。时方望弟阳怨更始杀其兄，乃逆说崇等曰："更始荒乱，政令不行，故使将军得至于此。今将军拥百万之众，西向帝城，而无称号，名为群贼，不可以久。不如立宗室，挟义诛伐。以此号令，谁敢不服？"崇等以为然，而巫言益甚。前及郑，乃相与议曰："今迫近长安，而鬼神如此，当求刘氏共尊立之。"六月，遂立盆子为帝，自号建世元年。

初,赤眉过式,掠盆子及二兄恭、茂,皆在军中。恭少习《尚书》,略通大义。及随崇等降更始,即封为式侯。以明经数言事,拜侍中,从更始在长安。盆子与茂留军中,属右校卒史刘侠卿,主刍牧牛,号曰牛吏。及崇等欲立帝,求军中景王后者,得七十余人,唯盆子与茂,及前西安侯刘孝最为近属。崇等议曰:"闻古天子将兵,称上将军。"乃书札为符曰"上将军",又以两空札置筒中,遂于郑北设坛场,祠城阳景王。诸三老、从事皆大会陛下,列盆子等三人居中立,以年次探札。盆子最幼,后探得符,诸将乃皆称臣拜。盆子时年十五,被发徒跣,敝衣赭汗,见众拜,恐畏欲啼。茂谓曰:"善藏符。"盆子即啮折弃之,复还依侠卿。侠卿为制绛单衣、半头赤帻、直綦履,乘轩车大马,赤屏泥,绛襜络,而犹从牧儿遨。

崇虽起勇力而为众所宗,然不知书数。徐宣故县狱吏,能通《易经》。遂共推宣为丞相,崇御史大夫,逄安左大司马,谢禄右大司马,自杨音以下皆为列卿。

军及高陵,与更始叛将张卬等连和,遂攻东都门,入长安城,更始来降。

盆子居长东宫,诸将日会论功,争言欢呼,拔剑击柱,不能相一。三辅郡县营长遣使贡献,兵士辄剽夺之。又数虏暴吏民,百姓保壁,由是皆复固守。至腊日,崇等乃设乐大会,盆子坐正殿,中黄门持兵在后,公卿皆列坐殿上。酒未行,其中一人出刀笔书谒欲贺,其余不知书者起请之,各各屯聚,更相背向。大司农杨音按剑骂曰:"诸卿皆老佣也!今日设君臣之礼,反更淆乱,儿戏尚不如此,皆可格杀!"更相辩斗,而兵众遂各逾宫斩关,入掠酒肉,互相杀伤。卫尉诸葛稚闻之,勒兵入,格杀百余人,乃定。盆子惶恐，日夜啼泣，独与中黄门共卧起，唯得上观阁而不闻外事。

时掖庭中宫女犹有数百千人，自更始败后，幽闭殿内，掘庭中芦菔根，捕池鱼而食之，死者因相埋于宫中。有故祠甘泉，乐人尚共击鼓歌舞，衣服鲜明，见盆子叩头言饥。盆子使中黄门禀之米，人数斗。后盆子去，皆饿死不出。

刘恭见赤眉众乱，知其必败，自恐兄弟俱祸，密教盆子归玺绶，习为辞让之言。建武二年正月朔，崇等大会，刘恭先曰："诸君共立恭弟为帝，德诚深厚。立且一年，肴乱日甚，诚不足以相成。恐死而无所益，愿得退为庶人，更求贤知，唯诸君省察。"崇等谢曰："此皆崇等罪也。"恭复固请。或曰："此宁式侯事邪？"恭惶恐起去。盆子乃下床解玺绶，叩头曰："今设置县官，而为贼如故。吏人贡献，辄见剽劫，流闻四方，莫不怨恨，不复信向。此皆立非其人所致，愿乞骸骨，避贤圣。必欲杀盆子以塞责者，无所离死。诚冀诸君肯哀怜之耳！"因涕泣嘘唏。崇等及会者数百人，莫不哀怜之，乃皆避席顿首曰："臣无状，负陛下。请自今已后，不敢复放纵。"因共抱持盆子，带以玺绶。盆子号呼不得已。既罢出，各闭营自守，三辅翕然，称天子聪明。百姓争还长安，市里且满。

后二十余日，赤眉贪财物，复出大掠。城中粮食尽，遂收载珍宝，因大纵火烧宫室，引兵而西。过祠南郊，车甲兵马最为猛盛，众号百万。盆子乘王车，驾三马，从数百骑。乃自南山转掠城邑，与更始将军严春战于郿，破春，杀之，遂入安定、北地。至阳城、番须中，逢大雪，坑谷皆满，士多冻死，乃复还，发掘诸陵，取其宝货，遂污辱吕后尸。凡贼所发，有玉匣殓者率皆如生，故赤眉得多行淫秽。大司徒邓禹时在长安，遣兵击之于郁夷，反为所败，禹乃出之云阳。九月，赤眉复入长安，止桂宫。

时汉中贼延岑出散关，屯杜陵，逢安将十余万人击之。邓禹以逢安精兵在外，唯盆子与羸弱居城中，乃自往攻之。会谢禄救至，夜战藁街中，禹兵败走。延岑及更始将军李宝合兵数万人，与逢安战于杜陵。岑等大败，死者万余人，宝遂降安，而延岑收散卒走。宝乃密使人谓岑曰："子努力还战，吾当于内反之，表里合势，可大破也。"岑即还挑战，安等空营击之，宝从后悉拔赤眉旌帜，更立己幡旗。安等战疲还营，见旗帜皆白，大惊乱走，自投川谷，死者十余万，逢安与数千人脱归长安。时三辅大饥，人相食，城郭皆空，白骨蔽野，遗人往往聚为营保，各坚守不下。赤眉虏掠无所得，十二月，乃引而东归，众尚二十余万，随道复散。

光武乃遣破奸将军侯进等屯新安，建威大将军耿弇等屯宜阳，分为二道，以要其还路。敕诸将曰："贼若东走，可引宜阳兵会新安；贼若南走，可引新安兵会宜阳。"明年正月，邓禹自河北度，击赤眉于湖，禹复败走，赤眉遂出关南向。征西大将军冯异破之于崤底。帝闻，乃自将幸宜阳，盛兵以邀其走路。

赤眉忽遇大军，惊震不知所为，乃遣刘恭乞降，曰："盆子将百万众降，陛下何以待之？"帝曰："待汝以不死耳。"樊崇乃将盆子及丞相徐宣以下三十余人肉袒降。上所得传国玺绶，更始七尺宝剑及玉璧各一。积兵甲宜阳城西，与熊耳山齐。帝令县厨赐食，众积困馁，十余万人皆得饱饫。明旦，大陈兵马临洛水，令盆子君臣列而观之。谓盆子曰："自知当死不？"对曰："罪当应死，犹幸上怜赦之耳。"帝笑曰："儿大黠，宗室无蚩者。"又谓崇等曰："得无悔降乎？朕今遣卿归营勒兵，鸣鼓相攻，决其胜负，不欲强相服也。"徐宣等叩头曰："臣等出长安东都门，君臣计议，归命圣德。百姓可与乐成，难与图始，故不告众耳。今日得降，犹去虎口归慈母，诚欢诚喜，无所恨也。"帝曰："卿所谓铁中铮铮，庸中佼佼者也。"又曰："诸卿大为无道，所过皆夷灭老弱，溺社稷，污井灶。然犹有三善：攻破城邑，周遍天下，本故妻妇无所改易，是一善也；立君能用宗室，是二善也；余贼立君，迫急皆持其首降，自以为功，诸卿独完全以付朕，是三善也。"乃令各与妻子居洛阳，赐宅人一区，田二顷。

其夏，樊崇、逄安谋反，诛死。杨音在长安时，遇赵王良有恩，赐爵关内侯，与徐宣俱归乡里，卒于家。刘恭为更始报杀谢禄，自系狱，赦不诛。

帝怜盆子，赏赐甚厚，以为赵王郎中。后病失明，赐荥阳均输官地，以为列肆，使食其税终身。

  孙月峰评：头绪多而综括有法，仿佛似《陈涉世家》，然彼奇峭有锋，此则平平，且笔力稍弱，第典炼无剩语，味态亦自不乏，总是完洁文字，后世亦鲜匹。

邓寇传

（录寇恂）

寇恂字子翼，上谷昌平人也，世为著姓。恂初为郡功曹，太守耿况甚重之。

王莽败，更始立。使使者徇郡国，曰"先降者复爵位"。恂从耿况迎使者于界上，况上印绶，使者纳之，一宿无还意。恂勒兵入见使者，就请之。使者不与，曰："天王使者，功曹欲胁之邪？"恂曰："非敢胁使君，窃伤计之不详也。今天下初定，国信未宣，使君建节衔命，以临四方，郡国莫不延颈倾耳，望风归命。今始至上谷而先堕大信，沮向化之心，生离畔之隙，将复何以号令它郡乎？且耿府君在上谷，久为吏人所亲，今易之，得贤则造次未安，不贤则只更生乱。为使君计，莫若复之以安百姓。"使者不应，恂叱左右以使者命召况。况至，恂进取印绶带况。使者不得已，乃承制诏之，况受而归。

及王郎起，遣将徇上谷，急况发兵。恂与门下掾闵业共说况曰："邯郸拔起，难可信向。昔王莽时，所难独有刘伯升耳。今闻大司马刘公，伯升母弟，尊贤下士，士多归之，可攀附也。"况曰："邯郸方盛，力不能独拒，如何？"恂对曰："今上谷完实，控弦万骑，举大郡之资，可以详择去就。恂请东约渔阳，齐心合众，邯郸不足图也。"况然之，乃遣恂到渔阳，结谋彭宠。恂还，至昌平，袭击邯郸使者，杀之，夺其军，遂与况子弇等俱南及光武于广阿。拜恂为偏将军，号承义侯，从破群贼。数与邓禹谋议，禹奇之，因奉牛酒共交欢。

光武南定河内，而更始大司马朱鲔等盛兵据洛阳。又并州未安，光武难其守，问于邓禹曰："诸将谁可使守河内者？"禹曰："昔高祖任萧何于关中，无复西顾之忧，所以得专精山东，终成大业。今河内带河为固，户口殷实，北通上党，南迫洛阳。寇恂文武备足，有牧人御众之才，非此子莫可使也。"乃拜恂河内太守，行大将军事。光武谓恂曰："河内完富，吾将因是而起。昔高祖留萧何镇关中，吾今委公以河内，坚守转运，给足军粮，率厉士马，防遏它兵，勿令北度而已。"光武于是复北征燕、代。恂移书属县，讲兵肄射，伐淇园之竹，为矢百余万，养马二千匹，收租四百万斛，转以给军。

朱鲔闻光武北而河内孤，使讨难将军苏茂、副将贾彊将兵三万余人，度巩𫐄河攻温。檄书至，恂即勒军驰出，并移告属县，发兵会于温下。军吏皆谏曰："今洛阳兵渡河，前后不绝，宜待众军毕集，乃可出也。"恂曰："温，郡之藩蔽，失温则郡不可守。"遂驰赴之。旦日合战，而偏将军冯异遣救及诸县兵适至，士马四集，幡旗蔽野。恂乃令士卒乘城鼓噪，大呼言曰："刘公兵到！"苏茂军闻之，陈动，恂因奔击，大破之，追至洛阳，遂斩贾强。茂兵自投河死者数千，生获万余人。恂与冯异过河而还。自是洛阳震恐，城门昼闭。时光武传闻朱鲔破河内，有顷恂檄至，大喜曰："吾知寇子翼可任也！"诸将军贺，因上尊号，于是即位。

时军食急乏，恂以辇车骊驾转输，前后不绝，尚书升斗以禀百官。帝数策书劳问恂，同门生茂陵董崇说恂曰："上新即位，四方未定，而郡侯以此时据大郡，内得人心，外破苏茂，威震邻敌，功名发闻，此逸人侧目怨祸之时也。昔萧何守关中，悟鲍生之言而高祖悦。今君所将，皆宗族昆弟也，无乃当以前人为镜戒。"恂然其言，称疾不视事。帝将攻洛阳，先至河内，恂求从军。帝曰："河内未可离也。"数固请，不听，乃遣兄子寇张、姊子谷崇将突骑愿为军锋。帝善之，皆以为偏将军。

建武二年，恂坐系考上书者免。是时颍川人严终、赵敦聚众万余，与密人贾期连兵为寇。恂免数月，复拜颍川太守，与破奸将军侯进俱击之。数月，斩期首，郡中悉平定。封恂雍奴侯，邑万户。

执金吾贾复在汝南，部将杀人于颍川，恂捕得系狱。时尚草创，军营犯法，率多相容，恂乃戮之于市。复以为耻，叹。还过颍川，谓左右曰："吾与寇恂并列将帅，而今为其所陷，大丈夫岂有怀侵怨而不决之者乎？今见恂，必手剑之！"恂知其谋，不欲与相见。谷崇曰："崇，将也，得带剑侍侧。卒有变，足以相当。"恂曰："不然。昔蔺相如不畏秦王而屈于廉颇者，为国也。区区之赵，尚有此义，吾安可以忘之乎？"乃敕属县盛供具，储酒醪，执金吾军入界，一人皆兼二人之馈。恂乃出迎于道，称疾而还。贾复勒兵欲追之，而吏士皆醉，遂过去。恂遣谷崇以状闻，帝乃征恂。恂至引见，时复先在坐，欲起相避。帝曰："天下未定，两虎安得私斗？今日朕分之。"于是并坐极欢，遂共车同出，结友而去。

恂归颍川。三年，遣使者即拜为汝南太守，又使骠骑将军杜茂将兵助恂讨盗贼。盗贼清静，郡中无事。恂素好学，乃修乡校，教生徒，聘能为《左氏春秋》者，亲受学焉。七年，代朱浮为执金吾。明年，从车驾击隗嚣，而颍川盗贼群起，帝乃引军还，谓恂曰："颍川迫近京师，当以时定。惟念独卿能平之耳，从九卿复出，以忧国可也。"恂对曰："颍川剽轻，闻陛下远逾阻险，有事陇、蜀，故狂狡乘间相诖误耳。如闻乘舆南向，贼必惶怖归死。臣愿执锐前驱。"即日车驾南征，恂从至颍川，盗贼悉降，而竟不拜郡。百姓遮道曰："愿从陛下复借寇君一年。"乃留恂长社，镇抚吏人，受纳余降。

初，隗嚣将安定高峻，拥兵万人，据高平第一，帝使待诏马援招降峻，由是河西道开。中郎将来歙承制拜峻通路将军，封关内侯，后属大司马吴汉，共围嚣于冀。及汉军退，峻亡归故营，复助嚣拒陇阺。及嚣死，峻据高平，畏诛坚守。建威大将军耿弇率太中大夫窦士、武威太守梁统等围之，一岁不拔。十年，帝入关，将自征之，恂时从驾，谏曰："长安道里居中，应接近便，安定、陇西必怀震惧，此从容一处可以制四方也。今士马疲倦，方履险阻，非万乘之固，前年颍川，可为至戒。"帝不从。进军及汧，峻犹不下，帝议遣使降之，乃谓恂曰："卿前止吾此举，今为吾行也。若峻不即降，引耿弇等五营击之。"恂奉玺书至第一，峻遣军师皇甫文出谒，辞礼不屈。<u>恂怒，将诛文。诸将谏曰："高峻精兵万人，率多强弩，西遮陇道，连年不下。今欲降之而反戮其使，无乃不可乎？"恂不应，遂斩之。</u>遣其副归告峻曰："军师无礼，已戮之矣。欲降，急降；不欲，固守。"峻惶恐，即日开城门降。诸将皆贺，因曰："敢问杀其使而降其城，何也？"恂曰："皇甫文，峻之腹心，其所取计者也。今来，辞意不屈，必无降心。全之则文得其计，杀之则峻亡其胆，是以降耳。"诸将皆曰："非所及也。"遂传峻还洛阳。

恂经明行修，名重朝廷，所得秩奉，厚施朋友、故人及从吏士。<u>常曰："吾因士大夫以致此，其可独享之乎！"</u>时人归其长者，以为有宰相器。

十二年卒，谥曰威侯。子损嗣。恂同产弟及兄子、姊子以军功封列侯者凡八人，终其身，不传于后。

初所与谋闵业者，恂数为帝言其忠，赐爵关内侯，官至辽西太守。

　　徐退山评：威侯之守河内，比踪酇侯之守关中。而范史笔力亦欲与龙门相上下。

耿弇传

（附录耿恭）

耿弇字伯昭，扶风茂陵人也。其先武帝时，以吏二千石自钜鹿徙焉。父况，字侠游，以明经为郎，与王莽从弟伋共学《老子》于安丘先生，后为朔调连率。弇少好学，习父业。常见郡尉试骑士，建旗鼓，肄驰射，由是好将帅之事。

及王莽败，更始立，诸将略地者，前后多擅威权，辄改易守、令。况自以莽之所置，怀不自安。时，弇年二十一，乃辞况奉奏诣更始，因赍贡献，以求自固之宜。及至宋子，会王郎诈称成帝子子舆，起兵邯郸，弇从吏孙仓、卫包于道共谋曰："刘子舆成帝正统，舍此不归，远行安之？"弇按剑曰："子舆弊贼，卒为降虏耳。我至长安，与国家陈渔阳、上谷兵马之用，还出太原、代郡，反复数十日，归发突骑以辚乌合之众，如摧枯折腐耳。观公等不识去就，族灭不久也！"仓、包不从，遂亡降王郎。

弇道闻光武在卢奴，乃驰北上谒，光武留署门下吏。弇因说护军朱祐，求归发兵，以定邯郸。光武笑曰："小儿曹乃有大意哉！"因数召见加恩慰。弇因从光武北至蓟。闻邯郸兵方到，光武将欲南归，召官属计议。弇曰："今兵从南来，不可南行。渔阳太守彭宠，公之邑人；上谷太守，即弇父也。发此两郡，控弦万骑，邯郸不足虑也。"光武官属腹心皆不肯，曰："死尚南首，奈何北行入囊中？"光武指弇曰："是我北道主人也。"会蓟中乱，光武遂南驰，官属各分散。弇走昌平就况，因说况使寇恂东约彭宠，各发突骑二千匹，步兵千人。弇与景丹、寇恂及渔阳兵合军而南，所过击斩王郎大将、九卿、校尉以下四百余级，得印绶百二十五，节二，斩首三万级，定涿郡、中山、钜鹿、清河、河间凡二十二县，遂及光武于广阿。是时，光武方攻王郎，传言二郡兵为邯郸来，众皆恐。既而悉诣营上谒。光武见弇等，说，曰："当与渔阳、上谷士大夫共此大功。"乃皆以为偏将军，使还领其兵。加况大将军、兴义侯，得自置偏裨。弇等遂从拔邯郸。

　　时更始征代郡太守赵永，而况劝永不应召，令诣于光武。光武遣永复郡。永北还，而代令张晔据城反畔，乃招迎匈奴、乌桓以为援助。光武以弇弟舒为复胡将军，使击晔，破之，永乃得复郡。时五校贼二十余万北寇上谷，况与舒连击破之，贼皆退走。

　　更始见光武威声日盛，君臣疑虑，乃遣使立光武为萧王，令罢兵与诸将有功者还长安；遣苗曾为幽州牧，韦顺为上谷太守，蔡充为渔阳太守，并北之部。时，光武居邯郸宫，昼卧温明殿。弇入造床下请间，因说曰："今更始失政，君臣淫乱，诸将擅命于畿内，贵戚纵横于都内。天子之命，不出城门，所在牧守，辄自迁易，百姓不知所从，士人莫敢自安。房掠财物，劫掠妇女，怀金玉者，至不生归。元元叩心，更思莽朝。又铜马、赤眉之属数十辈，辈数十百万，圣公不能办也。其败不久。公首事南阳，破百万之军；今定河北，据天府之地。以义征伐，发号响应，天下可传檄而定。天下至重，不可令它姓得之。闻使者从西方来，欲罢兵，不可从也。今吏士死亡者多，弇愿归幽州，益发精兵，以集大计。"光武大说，乃拜弇为大将军，与吴汉北发幽州十郡兵。弇到上谷，收韦顺、蔡充斩之；汉亦诛苗曾。于是悉发幽州兵，引而南，从光武击破铜马、高湖、赤眉、青犊，又追尤来、大枪、五幡于元氏，弇常将精骑为军锋，辄破走之。光武乘胜战顺水上，虏危急，殊死战。时军士疲弊，遂大败奔还，壁范阳，数日乃振，贼亦退去，从追至容城、小广阳、安次，连战破之。光武还蓟，复遣弇与吴汉、景丹、盖延、朱祐、邳彤、耿纯、刘植、岑彭、祭遵、坚镡、王霸、陈俊、马武十三将军，追贼至潞东，及平谷，再战，斩首万三千余级，遂穷追于右北平无终、土垠之间，至俊靡而还。贼散入辽西、辽东，或为乌桓、貊人所抄击，略尽。

光武即位，拜弇为建威大将军。与骠骑大将军景丹、强弩将军陈俊攻厌新贼于敖仓，皆破降之。建武二年，更封好畤侯，食好畤、美阳二县。三年，延岑自武关出攻南阳，下数城。穰人杜弘率其众以从岑。弇与岑等战于穰，大破之，斩首三千余级，生获其将士五千余人，得印绶三百。杜弘降，岑与数骑遁走东阳。

弇从幸春陵，因见自请北收上谷兵未发者，定彭宠于渔阳，取张丰于涿郡，还收富平、获索，东攻张步，以平齐地。帝壮其意，乃许之。四年，诏弇进攻渔阳。弇以父据上谷，本与彭宠同功，又兄弟无在京师者，自疑，不敢独进，上书求诣洛阳。诏报曰："将军出身举宗为国，所向陷敌，功效尤著，何嫌何疑，而欲求征？且与王常共屯涿郡，勉思方略。"况闻弇求征，亦不自安，遣舒弟国入侍。帝善之，进封况为隃糜侯。乃命弇与建义大将军朱祐、汉忠将军王常等击望都、故安、西山贼十余营，皆破之。时，征虏将军祭遵屯良乡，骁骑将军刘喜屯阳乡，以拒彭宠。宠遣弟纯将匈奴二千余骑，宠自引兵数万，分为两道以击遵、喜。胡骑经军都，舒袭破其众，斩匈奴两王，宠乃退走。况复与舒攻宠，取军都。五年，宠死，天子嘉况功，使光禄大夫持节迎况，赐甲第，奉朝请。封舒为牟平侯。遣弇与吴汉击富平、获索贼于平原，大破之，降者四万余人。

因诏弇进讨张步。弇悉收集降卒，结部曲，置将吏，率骑都尉刘歆、太山太守陈俊引兵而东，从朝阳桥济河以度。张步闻之，乃使其大将军费邑军历下，又分兵屯祝阿，别于太山钟城列营数十以待弇。弇度河先击祝阿，自旦攻城，日未中而拔之，故开围一角，令其众得奔归钟城。钟城人闻祝阿已溃，大恐惧，遂空壁亡去。费邑分遣弟敢守巨里。弇进兵先胁巨里，使多伐树木，扬言以填塞坑堑。数日，有降者言邑闻弇欲攻巨里，谋来救之。弇乃严令军中趣修攻具，宣敕诸部，后三日当悉力攻巨里城。阴缓生口，令得亡归。归者以弇期告邑，邑至日果自将精兵三万余人来救之。弇喜，谓诸将曰："吾所以修攻具者，欲诱致邑耳。今来，适其所求也。"即分三千人守巨里，自引精兵上冈阪，乘高合战，大破之，临陈斩邑。既而收首级以示巨里城中，城中凶惧，费敢悉众亡归张步。弇复收其积聚，纵兵击诸未下者，平四十余营，遂定济南。

时张步都剧，使其弟蓝将精兵二万守西安，诸郡太守合万余人守临淄，相去四十里。弇进军画中，居二城之间。弇视西安城小而坚，且蓝兵又精，临淄名虽大而实易攻，乃敕诸校会，后五日攻西安。蓝闻之，晨夜儆守。至期，夜半，弇敕诸将皆蓐食，会明至临淄城。护军荀梁等争之，以为宜速攻西安。弇曰："不然。西安闻吾欲攻之，日夜为备；临淄出不意而至，必惊扰，吾攻之一日必拔。拔临淄即西安孤，张蓝与步隔绝，必复亡去，所谓击一而得二者也。若先攻西安，不卒下，顿兵坚城，死伤必多。纵能拔之，蓝引军还奔临淄，并兵合势，观人虚实，吾深入敌地，后无转输，旬日之间，不战而困。诸君之言，未见其宜。"遂攻临淄，半日拔之，入据其城。张蓝闻之大惧，遂将其众亡归剧。

弇乃令军中无得妄掠剧下，须张步至乃取之，以激怒步。步闻大笑曰："以尤来、大肜十余万众，吾皆即其营而破之。今大耿兵少于彼，又皆疲劳，何足惧乎！"乃与三弟蓝、弘、寿及故大彤渠帅重异等，兵号二十万，至临淄大城东，将攻弇。弇先出兵淄水上，与重异遇，突骑欲纵，弇恐挫其锋，令步不敢进，故示弱以盛其气，乃引归小城，陈兵于内。步气盛，直攻弇营，与刘歆等合战，弇升王宫坏台望之，视歆等锋交，乃自引精兵以横突步陈于东城下，大破之。飞矢中弇股，以佩刀截之，左右无知者。至暮罢。弇明旦复勒兵出。是时帝在鲁，闻弇为步所攻，自往救之，未至。陈俊谓弇曰："剧虏兵盛，可且闭营休士，以须上来。"弇曰："乘舆且到，臣子当击牛醨酒以待百官，反欲以贼虏遗君父邪？"乃出兵大战，自旦及昏，复大破之，杀伤无数，城中沟堑皆满。弇知步困将退，豫置左右翼为伏以待之。人定时，步果引去，伏兵起纵击，追至钜昧水上，八九十里僵尸相属，收得辎重二千余两。步还剧，兄弟各分兵散去。

后数日，车驾至临淄自劳军，群臣大会。帝谓弇曰："昔韩信破历下以开基，今将军攻祝阿以发迹，此皆齐之西界，功足相方。而韩信袭击已降，将军独拔勍敌，其功乃难于信也。又田横亨郦生，及田横降，高帝诏卫尉不听为仇。张步前亦杀伏隆，若步来归命，吾当诏大司徒释其怨，又事尤相类也。将军前在南阳建此大策，常以为落落难合，有志者事竟成也！"弇因复追步，步奔平寿，乃肉袒负斧锧于军门。弇传步诣行在所，而勒兵入据其城。树十二郡旗鼓，令步兵各以郡人诣旗下，众尚十余万，辎重七千余两，皆罢遣归乡里。弇复引兵至城阳，降五校余党，齐地悉平。振旅还京师。

六年，西拒隗嚣，屯兵于漆。八年，从上陇。明年，与中郎将来歙分部徇安定、北地诸营保，皆下之。

弇凡所平郡四十六，屠城三百，未尝挫折。

十二年，况疾病，乘舆数自临幸。复以国弟广、举并为中郎将。弇兄弟六人皆垂青紫，省侍医药，当代以为荣。及况卒，谥烈侯，少子霸袭况爵。

十三年，增弇户邑，上大将军印绶，罢，以列侯奉朝请。每有四方异议，辄召入问筹策。年五十六，永平元年卒，谥曰愍侯。子忠嗣。

....

论曰：淮阴延论项王，审料成势，则知高祖之庙胜矣。耿弇决策河北，定计南阳，亦见光武之业成矣。然弇自克拔全齐，而无复尺寸功。夫岂不怀？将时之度数，不足以相容乎？三世为将，道家所忌，而耿氏累叶以功名自终。将其用兵欲以杀止杀乎？何其独能隆也！

....

恭字伯宗，国弟广之子也。少孤。慷慨多大略，有将帅才。永平十七年冬，骑都尉刘张出击车师，请恭为司马，与奉车都尉窦固，及从弟驸马都尉秉破降之。始置西域都护、戊己校尉，乃以恭为戊己校尉，屯后王部金蒲城，谒者关宠为戊己校尉，屯前王柳中城，屯各置数百人。恭至部，移檄乌孙，示汉威德，大昆弥以下皆欢喜，遣使献名马，及奉宣帝时所赐公主博具，愿遣子入侍。恭乃发使赍金帛，迎其侍子。

明年三月，北单于遣左鹿蠡王二万骑击车师。恭遣司马将兵三百人救之，道逢匈奴骑多，皆为所殁。匈奴遂破杀后王安得，而攻金蒲城。恭乘城搏战，以毒药傅矢。传语匈奴曰："汉家箭神，其中疮者必有异。"因发强弩射之。虏中矢者，视创皆沸，遂大惊。会天暴风雨，随雨击之，杀伤甚众。匈奴震怖，相谓曰："汉兵神，真可畏也！"遂解去。恭以疏勒城傍有涧水可固，五月，乃引兵据之。七月，匈奴复来攻恭，恭募先登数千人直驰之，胡骑散走，匈奴遂于城下拥绝涧水。恭于城中穿井十五丈不得水，吏士渴乏，笮马粪汁而饮之。恭仰叹曰："闻昔贰师将军拔佩刀刺山，飞泉涌出；今汉德神明，岂有穷哉。"乃整衣服向井再拜，为吏士祷。有顷，水泉奔出，众皆称万岁。乃令吏士扬水以示虏。虏出不意，以为神明，遂引去。

时焉耆、龟兹攻殁都护陈睦，北虏亦围关宠于柳中。会显宗崩，救兵不至，车师复畔，与匈奴共攻恭。恭厉士众击走之。后王夫人先世汉人，常私以虏情告恭，又给以粮饷。数月，食尽穷困，乃煮铠弩，食其筋革。恭与士推诚同死生，故皆无二心，而稍稍死亡，余数十人。单于知恭已困，欲必降之。复遣使招恭曰："若降者，当封为白屋王，妻以女子。"恭乃诱其使上城，手击杀之，炙诸城上。虏官属望见，号哭而去。单于大怒，更益兵围恭，不能下。

初，关宠上书求救，时肃宗新即位，乃诏公卿会议。司空第五伦以为不宜救。司徒鲍昱议曰："今使人于危难之地，急而弃之，外则纵蛮夷之暴，内则伤死难之臣。诚令权时后无边事可也，匈奴如复犯塞为寇，陛下将何以使将？又二部兵人裁各数十，匈奴围之，历旬不下，是其寡弱尽力之效也。可令敦煌、酒泉太守各将精骑二千，多其幡帜，倍道兼行，以赴其急。匈奴疲极之兵，必不敢当，四十日间，足还入塞。"帝然之。乃遣征西将军耿秉屯酒泉，行太守事；遣秦彭与谒者王蒙、皇甫援发张掖、酒泉、敦煌三郡及鄯善兵，合七千余人，建初元年正月，会柳中击车师，攻交河城，斩首三千八百级，获生口三千余人，驼驴马牛羊三万七千头，北虏惊走，车师复降。

会关宠已殁，蒙等闻之，便欲引兵还。先是，恭遣军吏范羌至敦煌迎兵士寒服，羌因随王蒙军俱出塞。羌固请迎恭，诸将不敢前，乃分兵二千人与羌，从山北迎恭，遇大雪丈余，军仅能至。城中夜闻兵马声，以为虏来，大惊。羌乃遥呼曰："我范羌也。汉遣军迎校尉耳。"城中皆称万岁。开门，共相持涕泣。明日，遂相随俱归。虏兵追之，且战且行。吏士素饥困，发疏勒时尚有二十六人，随路死没，三月至玉门，唯余十三人。衣屦穿决，形容枯槁。中郎将郑众为恭已下洗沐易衣冠。上疏曰："耿恭以单兵固守孤城，当匈奴之衝，对数万之众，连月逾年，心力困尽。凿山为井，煮弩为粮，出于万死无一生之望。前后杀伤丑虏数千百计，卒全忠勇，不为大汉耻。恭之节义，古今未有，宜蒙显爵，以厉将帅。"及恭至洛阳，鲍昱奏恭节过苏武，宜蒙爵赏。于是拜为骑都尉，以恭、司马石修为洛阳市丞，张封为雍营司马，军吏范羌为共丞，余九人皆补羽林。恭母先卒，及还，追行丧制，有诏使五官中郎将赍牛酒释服。

明年，迁长水校尉。其秋，金城、陇西羌反。恭上疏言方略，诏召入问状。乃遣恭将五校士三千人，副车骑将军马防讨西羌。恭屯枹罕，数与羌接战。明年秋，烧当羌降，防还京师，恭留击诸未服者，首虏千余人，获牛、羊四万余头，勒姐、烧何羌等十三种数万人，皆诣恭降。初，恭出陇西，上言："故安丰侯窦融昔在西州，甚得羌胡腹心。今大鸿胪固，即其子孙。前击白山，功冠三军。宜奉大使，镇抚凉部。令车骑将军防屯军汉阳，以为威重。"由是大忤于防。及防还，监营谒者李谭承旨奏恭不忧军事，被诏怨望。坐征下狱，免官归本郡，卒于家。

....

论曰：余初读《苏武传》，感其茹毛穷海，不为大汉羞。后览耿恭疏勒之事，喟然不觉涕之无从。嗟哉，义重于生，以至是乎！昔曹子抗质于柯盟，相如申威于河表，盖以决一旦之负，异乎百死之地也。以为二汉当疏高爵,宥十世。而苏君恩不及嗣,恭亦终填牢户。追诵龙蛇之章,以为叹息。

徐退山评:本传耿弇,而以父况事错纵互序,每段提挈照应,皆得子长、孟坚遗法。后序恭勇节,一赞尤极凄婉。

卓鲁魏刘传

（录卓茂稍节）

卓茂字子康，南阳宛人也。父祖皆至郡守。茂，元帝时学于长安，事博士江生，习《诗》、《礼》及历算。究极师法，称为通儒。性宽仁恭爱。乡党故旧，虽行能与茂不同，而皆爱慕欣欣焉。

初辟丞相府史，事孔光，光称为长者。时尝出行，有人认其马。茂问曰："子亡马几何时？"对曰："月余日矣。"茂有马数年，心知其谬，嘿解与之，挽车而去，顾曰："若非公马，幸至丞相府归我。"他日，马主别得亡者，乃诣府送马，叩头谢之。茂性不好争如此。

后以儒术举为侍郎，给事黄门，迁密令。劳心谆谆，视人如子，举善而教，口无恶言，吏人亲爱而不忍欺之。人尝有言部亭长受其米肉遗者，茂辟左右问之曰："亭长为从汝求乎？为汝有事嘱之而受乎？将平居自以恩意遗之乎？"人曰："往遗之耳。"茂曰："遗之而受，何故言邪？"人曰："窃闻贤明之君，使人不畏吏，吏不取人。今我畏吏，是以遗之，吏既卒受，故来言耳。"茂曰："汝为敝人矣。……邻里长老尚致馈遗，……况吏与民乎？吏顾不当乘威力强请求耳。凡人之生，群居杂处，故有经纪礼义以相交接。汝独不欲修之，宁能高飞远走，不在人间邪？亭长素善吏，岁时遗之，礼也。"人曰："苟如此，律何故禁之？"茂笑曰："律设大法，礼顺人情。今我以礼教汝，汝必无怨恶；以律治汝，何所措其手足乎？一门之内，小者可论，大者可杀也。且归念之！"……初，茂到县，有所废置，吏人笑之，邻城闻者皆蚩其不能。河南郡为置守令，茂不为嫌，理事自若。数年，教化大行，道不拾遗。平帝时，天下大蝗，河南二十余县皆被其灾，<u>独不入密县界</u>。督邮言之，太守不信，<u>自出案行，见乃服焉</u>。

是时王莽秉政，置大司农六部丞，劝课农桑。迁茂为京部丞，密人老少皆涕泣随送。<u>及莽居摄，以病免归郡，常为门下掾祭酒，不肯作职吏</u>。

更始立，以茂为侍中祭酒，从至长安，<u>知更始政乱，以年老乞骸骨归</u>。

<u>时光武初即位，先访求茂</u>，茂诣河阳谒见。乃下诏曰："前密令卓茂，束身自修，执节淳固，<u>诚能为人所不能为。夫名冠天下，当受天下重赏</u>。故武王诛纣，封比干之墓，表商容之闾。今以茂为太傅，封褒德侯，食邑二千户，赐几杖、车马、衣一袭，絮五百斤。"复以茂长子戎为太中大夫，次子崇为中郎，给事黄门。

建武四年，薨，赐棺椁冢地，车驾素服亲临送葬。

子崇嗣，徙封汎乡侯，官至大司农。<u>崇卒</u>，子棽嗣。棽卒，子䜣嗣。䜣卒，子隆嗣。永元十五年，隆卒，无子，国除。

<u>初，茂与同县孔休、陈留蔡勋、安众刘宣、楚国龚胜、上党鲍宣六人同志，不仕王莽时，并名重当时</u>。休字子泉，哀帝初，守新都令。后王莽秉权，休去官归家。及莽篡位，遣使赍玄纁、束帛，请为国师，<u>遂欧血托病，杜门自绝</u>。光武即位，求休、勋子孙，<u>赐谷以旌显之</u>。刘宣字子高，安众侯崇之从弟，知王莽当篡，<u>乃变名姓，抱经书隐避林薮</u>。建武初乃出，光武以宣袭封安众侯。擢龚胜子赐为上谷太守。胜、鲍宣事在《前书》。勋事在玄孙邕传。

论曰：建武之初，雄豪方扰，虓呼者连响，婴城者相望，<u>斯固倥偬不暇给之日。卓茂断断小宰，无它庸能，时已七十余矣，而首加聘命，优辞重礼，其与周、燕之君表闾立馆何异哉</u>？于是

蕴愤归道之宾，越关阻，捐宗族，以排金门者众矣。夫厚性宽中近于仁，犯而不校邻于恕，率斯道也，怨悔曷其至乎！

　　司马温公评：光武即为之初，群雄竞逐，四海鼎沸，彼摧坚陷敌之人，权略诡辩之士，方见重于世。而褒封卓茂，独能取忠厚之臣，旌循良之吏，拔于草芥之中，寘诸群公之首，宜其光复旧物，享祚久长。盖繄知所先务而得其本原故也。

周黄徐姜申屠传

（录申屠蟠全）

申屠蟠，字子龙，陈留外黄人也。九岁丧父，哀毁过礼。服除，不进酒肉十余年。每忌日，辄三日不食。

同郡缑氏女玉为父报仇，杀夫氏之党，吏执玉以告外黄令梁配，配欲论杀玉。蟠时年十五，为诸生，进谏曰："玉之节义，足以感无耻之孙，激忍辱之子。不遭明时，尚当表旌庐墓，况在清听，而不加哀矜！"配善其言，乃为谳得减死论。乡人称美之。

家贫，佣为漆工。郭林宗见而奇之。同郡蔡邕深重蟠，及被州辟，乃辞让之曰："申屠蟠禀气玄妙，性敏心通，丧亲尽礼，几于毁灭。至行美义，人所鲜能。安贫乐潜，味道守真，不为燥湿轻重，不为穷达易节。方之于邕，以齿则长，以德则贤。"

后郡召为主簿，不行。遂隐居精学，博贯《五经》，兼明图纬。始与济阴王子居同在太学，子居临殁，以身托蟠，蟠乃躬推辇车，送丧归乡里。遇司隶从事于河、巩之间，从事义之，为封传护送，蟠不肯受，投传于地而去。事毕还学。

太尉黄琼辟，不就。及琼卒，归葬江夏，四方名豪会帐下者六七千人，互相谈论，莫有及蟠者。唯南郡一生与相酬对，既别，执蟠手曰："君非聘则征，如是相见于上京矣。"蟠勃然作色曰："始吾以子为可与言也，何意乃相拘教乐贵之徒邪？"因振手而去，不复与言。再举有道，不就。

先是京师游士汝南范滂等非讦朝政，自公卿以下皆折节下之。太学生争慕其风，以为文学将兴，处士复用。蟠独叹曰："昔战国之世，处士横议，列国之王，至为拥篲先驱，卒有坑儒烧书之祸，今之谓矣。"乃绝迹于梁砀之间，<u>因树为屋</u>，自同佣人。居二年，滂等果罹党锢，<u>或死或刑者数百人，蟠确然免于疑论</u>。后蟠友人陈郡冯雍坐事系狱，豫州牧黄琬欲杀之。或劝蟠救雍，蟠不肯行，曰："黄子琰为吾故邪，未必合罪。如不用吾言，虽往何益！"琬闻之，<u>遂免雍罪</u>。

　　大将军何进连征不诣，进必欲致之，使蟠同郡黄忠书劝曰："前莫府初开，至如先生，特加殊礼，优而不名，申以手笔，设几杖之坐。经过二载，而先生抗志弥高，所尚益固。窃论先生高节有余，于时则未也。今颍川荀爽载病在道，北海郑玄北面受署。彼岂乐羁牵哉？知时不可逸豫也。昔人之隐，遭时则放声灭迹，巢栖茹薇。其不遇也，则裸身大笑，被发狂歌。今先生处平壤，游人间，吟典籍，袭衣裳，事异昔人，而欲远蹈其迹，不亦难乎！孔氏可师，何必首阳。"<u>蟠不荅</u>。

　　中平五年，复与爽、玄及颍川韩融、陈纪等十四人并博士征，不至。明年，董卓废立，蟠及爽、融、纪等复俱公车征，<u>惟蟠不到</u>。众人咸劝之，<u>蟠笑而不应</u>。居无几，爽等为卓所胁迫，西都长安，京师扰乱。及大驾西迁，公卿多遇兵饥，室家流散，融等仅以身脱。<u>唯蟠处乱末，终全高志。年七十四，终于家</u>。

　　　　徐退山评：因树为屋，想见幽人居址，其前后征辟文书，悉挂于树，初不顾眄。《易》之所谓潜龙者欤？

杨震传

（略节）

　　杨震字伯起，弘农华阴人也。八世祖喜，高祖时有功，封赤泉侯。高祖敞，昭帝时为丞相，封安平侯。父宝，习《欧阳尚书》。哀、平之世，隐居教授。居摄二年，与两龚、蒋诩俱征，遂遁逃，不知所处。光武高其节。建武中，公车特征，老病不到，卒于家。

　　震少好学，受《欧阳尚书》于太常桓郁，明经博览，无不穷究。诸儒为之语曰："关西孔子杨伯起。"常客居于湖，不答州郡礼命数十年，众人谓之晚暮，而震志愈笃。后有冠雀衔三鳣鱼，飞集讲堂前，都讲取鱼进曰："蛇鳣者，卿大夫服之象也。数三者，法三台也。先生自此升矣。"年五十，乃始仕州郡。

　　大将军邓骘闻其贤而辟之，举茂才，四迁荆州刺史、东莱太守。当之郡，道经昌邑，故所举荆州茂才王密为昌邑令，谒见，至夜，怀金十斤以遗震。震曰："故人知君，君不知故人，何也？"密曰："暮夜无知者。"震曰："天知，神知，我知，子知。何谓无知！"密愧而出。后转涿郡太守。性公廉，不受私谒。子孙常蔬食步行，故旧长者或欲令为开产业，震不肯，曰："使后世称为清白吏子孙，以此遗之，不亦厚乎！"

　　元初四年，征入为太仆，迁太常。先是博士选举多不以实，震举荐明经名士陈留、杨伦等，显传学业，诸儒称之。

　　永宁元年，代刘恺为司徒。明年，邓太后崩，内宠始横。安帝乳母王圣，因保养之勤，缘恩放恣；圣子女伯荣出入宫掖，传通奸赂。震上疏曰："臣闻政以得贤为本，理以去秽为务。是以唐虞俊乂在官，四凶流放，天下咸服，以致雍熙。方今九德未事，劈佞充庭。阿母王圣出自贱微，得遭千载，奉养圣躬，虽有推燥居湿之勤，前后赏惠，过报劳苦，而无厌之心，不知纪极，外交属讬，扰乱天下，损辱清朝，尘点日月。《书》诫牝鸡牡鸣，《诗》刺哲妇丧国。昔郑严公从母氏之欲，恣骄弟之情，几至危国，然后加讨，《春秋》贬之，以为失教。夫女子小人，近之喜，远之怨，实为难养。《易》曰：'无攸遂，在中馈。'言妇人不得与于政事也。宜速出阿母，令居外舍，断绝伯荣，莫使往来，令恩德两隆，上下俱美。惟陛下绝婉娈之私，割不忍之心，留神万机，诚慎拜爵，减省献御，损节征发。令野无《鹤鸣》之叹，朝无《小明》之悔，《大东》不兴于今，劳止不怨于下。拟踪往古，比德哲王，岂不休哉！"奏御，帝以示阿母等，内倖皆怀忿恚。而伯荣骄淫尤甚，与故朝阳侯刘护从兄瑰交通，瑰遂以为妻，得袭护爵，位至侍中。震深疾之，复诣阙上疏曰："臣闻高祖与群臣约，非功臣不得封，故经制父死子继，兄亡弟及，以防篡也。伏见诏书封故朝阳侯刘护再从兄瑰袭护爵为侯。护同产弟威，今犹见在。臣闻天子专封封有功，诸侯专爵爵有德。今瑰无佗功行，但以配阿母女，一时之间，既位侍中，又至封侯，不稽旧制，不合经义，行人喧哗，百姓不安。陛下宜览镜既往，顺帝之则。"书奏不省。

延光二年，代刘恺为太尉。帝舅大鸿胪耿宝荐中常侍李闰兄于震，震不从。宝乃自往候震曰："李常侍国家所重，欲令公辟其兄，宝唯传上意耳。"震曰："如朝廷欲令三府辟召，故宜有尚书敕。"遂拒不许，宝大恨而去。皇后兄执金吾阎显亦荐所亲厚于震，震又不从。司空刘授闻之，即辟此二人，旬日中皆见拔擢。由是震益见怨。

使时诏遣使者大为阿母修第，中常侍樊丰及侍中周广、谢恽等更相扇动，倾摇朝廷。震复上疏曰："臣闻古者九年耕必有三年之储，故尧遭洪水，人无菜色。臣伏念方今灾害发起，弥弥滋甚，百姓空虚，不能自赡。重以螟蝗，羌虏钞掠，三边震扰，战斗之役至今未息，兵甲军粮不能复给。大司农帑藏匮乏，殆非社稷安宁之时。伏见诏书为阿母兴起津城门内第舍，合两为一，连里竟街，雕修缮饰，穷极巧伎。今盛夏土王，而攻山采石，其大匠左校别部将作合数十处，转相迫促，为费巨亿。周广、谢恽兄弟，与国无肺腑枝叶之属，依倚近倖奸佞之人，与樊丰、王永等分威共权，属讬州郡，倾动大臣。宰司辟召，承望旨意，招来海内贪污之人，受其货赂，至有臧锢弃世之徒复得显用。白黑混淆，清浊同源，天下喧哗，咸曰财货上流，为朝结讥。臣闻师言：'上之所取，财尽则怨，力尽则叛。'怨叛之人，不可复使，故曰：'百姓不足，君谁与足？'惟陛下度之。"丰、恽等见震连切谏不从，无所顾忌，遂诈作诏书，调发司农钱谷、大匠见徒材木，各起家舍、园池、庐观，役费无数。

震因地震，复上疏曰："臣蒙恩备台辅，不能奉宣政化，调和阴阳，去年十二月四日，京师地动。臣闻师言：'地者阴精，当安静承阳。'而今动摇者，阴道盛也。其日戊辰，三者皆土，位在中宫，此中臣近官盛于持权用事之象也。臣伏惟陛下以边境未宁，躬自菲薄，宫殿垣屋倾倚，枝柱而已，无所兴造，欲令远近咸知政化之清流，商邑之翼翼也。而亲近倖臣，未崇断金，骄溢逾法，多请徒士，盛修第舍，卖弄威福。道路喧哗，众所闻见。地动之变，近在城郭，殆为此发。又冬无宿雪，春节未雨，百僚燋心，而缮修不止，诚致旱之征也。《书》曰：'僭恒阳若，臣无作威作福玉食。'唯陛下奋乾刚之德，弃骄奢之臣，以掩訞言之口，奉承皇天之戒，无令威福久移于下。"

震前后所上，转有切至，帝既不平之，而樊丰等皆侧目愤怨，俱以其名儒，未敢加害。寻有河间男子赵腾诣阙上书，指陈得失。帝发怒，遂收考诏狱，结以罔上不道。震复上疏救之曰："臣闻尧、舜之世，谏鼓谤木，立之于朝；殷、周哲王，小人怨詈，则还自敬德。所以达聪明，开不讳，博采负薪，尽极下情也。今赵腾所坐激讦谤语为罪，与手刃犯法有差。乞为亏除，全腾之命，以诱刍荛舆人之言。"帝不省，腾竟伏尸都市。

会三年春，东巡岱宗，樊丰等因乘舆在外，竞修第宅，震部掾高舒，召大匠令史考校之，得丰等所诈下诏书，具奏，须行还上之。丰等闻，惶怖，会太史言星变逆行，遂共谮震云："自赵腾死后，深用怨怼；且邓氏故吏，有恚恨之心。"及车驾行还，便时太学，夜遣使者策收震太尉印绶，于是柴门绝宾客。丰等复恶之，乃请大将军耿宝奏震"大臣不服罪，怀恚望"，有诏遣归本郡。震行至城西几阳亭，乃慷慨谓其诸子门人曰："死者士之常分。吾蒙恩居上司，疾奸臣狡猾而不能诛，恶嬖女倾乱而不能禁，何面目复见日月！身死之日，以杂木为棺，布单被裁足盖形，勿归冢次，勿设祭祠。"因饮酖而卒，时年七十余。弘农太守移良承樊丰等旨，遣吏于陕县留停震丧，露棺道侧，谪震诸子代邮行书，道路皆为陨涕。

岁余，顺帝即位，樊丰、周广等诛死，震门生虞放、陈翼诣阙追讼震事。朝廷咸称其忠，乃下诏除二子为郎，赠钱百万，以礼改葬于华阴潼亭，远近毕至。先葬十余日，有大鸟高丈余，集震丧前，俯仰悲鸣，泪下沾地，葬毕，乃飞去。郡以状上。时连有灾异，帝感震之枉，乃下诏策曰："故太尉震，正直是与，俾匡时政，而青蝇点素，同兹在藩。上天降威，灾眚屡作，尔卜尔筮，惟震之故。朕之不德，用彰厥咎，山崩栋折，我其危哉！今使太守丞以中牢具祠，魂而有灵，倘其歆享。"于是时人立石鸟象于其墓所。

震之被谮也，高舒亦得罪，以减死论。及震事显，舒拜侍御史，至荆州刺史。

震五子。长子牧，富波相。牧孙奇，灵帝时为侍中，帝尝从容问奇曰："朕何如桓帝？"对曰："陛下之于桓帝，亦犹虞舜比德唐尧。"帝不悦曰："卿强项，真杨震子孙，死后必复致大鸟矣。"出为汝南太守。帝崩后，复入为侍中卫尉，从献帝西迁，有功勤。及李傕胁帝归其营，奇与黄门侍郎钟繇诱傕部曲将宋晔、杨昂令反傕，傕由此孤弱，帝乃得东。后徙都许，追封奇子亮为阳成亭侯。

震少子奉，奉子敷，笃志博闻，议者以为能世其家。敷早卒，子众，亦传先业，以谒者仆射从献帝入关，累迁御史中丞。及帝东还，夜走渡河，众率诸官属步从至太阳，拜侍中。建安二年，追前功封蓩亭侯。

震中子秉，秉字叔节，少传父业，兼明《京氏易》，博通书传，常隐居教授。年四十余，乃应司空辟，拜侍御史，频出为豫、荆、徐、兖四州刺史，迁任城相。自为刺史、二千石，计日受奉，余禄不入私门。故吏赍钱百万遗之，闭门不受。以廉洁称。

桓帝即位，以明《尚书》征入劝讲，拜太中大夫、左中郎将，迁侍中、尚书。帝时微行，私过幸河南尹梁胤府舍。是日大风拔树，昼昏，秉因上疏谏曰："臣闻瑞由德至，灾应事生。……王者至尊，出入有常，警跸而行，静室而止，自非郊庙之事，则銮旗不驾。……诸侯如臣之家，《春秋》尚列其诫，况以先王法服而私出槃游！降乱尊卑，等威无序，侍卫守空宫，绂玺委女妾，设有非常之变，任章之谋，上负先帝，下悔靡及。臣奕世受恩，得备纳言，又以薄学，充在讲劝，特蒙哀识，见照日月，恩重命轻，义使士死，敢惮摧折，略陈其愚。"帝不纳。秉以病乞退，出为右扶风。太尉黄琼惜其去朝廷，上秉劝讲帷幄，不宜外迁，留拜光禄大夫。是时大将军梁冀用权，秉称病。六年，冀诛后，乃拜太仆，迁太常。

延熹三年，白马令李云以谏受罪，秉争之不能得，坐免官，归田里。其年冬，复征拜河南尹。先是中常侍单超弟匡为济阴太守，以赃罪为刺史第五种所劾，窘急，乃赂客任方刺兖州从事卫羽。事已见《种传》。及捕得方，囚系洛阳，匡虑秉当穷竟其事，密令方等得突狱亡走。尚书召秉诘责，秉对曰："《春秋》不诛黎比而鲁多盗，方等无状，衅由单匡。刺执法之吏，害奉公之臣，复令逃窜，宽纵罪身，元恶大憝，终为国害。乞槛车征匡考核其事，则奸慝踪绪，必可立得。"而秉竟坐输作左校，以久旱赦出。

会日食，太山太守皇甫规等讼秉忠正，不宜久抑不用。有诏公车征秉及处士韦著，二人各称疾不至。有司并劾秉、著大不敬，请下所属正其罪。尚书令周景与尚书边韶议奏："秉儒学侍讲，常在谦虚；著隐居行义，以退让为节。俱征不至，诚违侧席之望，然逶迤退食，足抑苟进之风。夫明王之世，必有不召之臣，圣朝弘养，宜用优游之礼。可告在所属，喻以朝庭恩意。如遂不至，详议其罚。"于是重征，乃到，拜太常。

五年冬，代刘矩为太尉。是时宦官方炽，任人及子弟为官，布满天下，竞为贪淫，朝野嗟怨。秉与司空周景上言："内外吏职，多非其人，自顷所征，皆特拜不试，致盗窃纵恣，怨讼纷错。旧典，中臣子弟不得居位秉势，而今枝叶宾客布列职署，或年少庸人，典据守宰，上下忿患，四方愁毒。可遵用旧章，退贪残，塞灾谤。请下司隶校尉、中二千石、二千石、城门五营校尉、北军中候，各实核所部，应当斥罢，自以状言，三府廉察有遗漏，续上。"帝从之。于是秉条奏牧守以下匈奴中郎将燕瑗、青州刺史羊亮、辽东太守孙喧等五十余人，或死或免，天下莫不肃然。

时郡国计吏多留拜为郎，秉上言三署见郎七百余人，帑臧空虚，浮食者众，而不良守相，欲因国为池，浇灌岬秽。宜绝横拜，以塞觊觎之端。自此终桓帝世，计吏无复留拜者。

七年，南巡园陵，特诏秉从。南阳太守张彪与帝微时有旧恩，以车驾当至，因傍发调，多以入私。秉闻之，下书责让荆州刺史，以状副言公府。及行至南阳，左右并通奸利，诏书多所除拜。秉复上疏谏曰："臣闻先王建国，顺天制官。太微积星，名为郎位，入奉宿卫，出牧百姓。皋陶诫虞，在于官人。顷者道路拜除，恩加竖隶，爵以货成，化由此败，所以俗夫巷议，白驹远逝，穆穆清朝，远近莫观。宜割不忍之恩，以断求欲之路。"于是诏除乃止。

时中常侍侯览弟参为益州刺史，累有臧罪，暴虐一州。明年，秉劾奏参，槛车征诣廷尉。参惶恐，道自杀。秉因奏览及中常侍具瑗曰："臣案国旧典，宦竖之官，本在给使省闼，司昏守夜，而今猥受过宠，执政操权。其阿谀取容者，则因公褒举，以报私惠；有忤逆于心者，必求事中伤，肆其凶忿。居法王公，富拟国家，饮食极肴膳，仆妾盈纨素，虽季氏专鲁，穰侯擅秦，何以尚兹！案中常侍侯览弟参，贪残元恶，自取祸灭，览顾知岬重，必有自疑之意，臣愚以为不宜复见亲近。昔懿公刑邴歜之父，夺阎职之妻，而使二人参乘，卒有竹中之难，《春秋》书之，以为至戒。盖郑詹来而国乱，四佞放而众服。以此观之，容可近乎？览宜急屏斥，投畀豺虎。若斯之人，非恩所宥，请免官送归本郡。"书奏，尚书召对秉掾属曰："公府外职，而奏劾近官，经典汉制有故事乎？"秉使对曰："《春秋》赵鞅以晋阳之甲，逐君侧之恶。传曰：'除君之恶，唯力是视。'邓通慢，申屠嘉召通诘责，文帝从而请之。汉世故事，三公之职无所不统。"尚书不能诘。帝不得已，竟免览官，而削瑗国。每朝廷有得失，辄尽忠规谏，多见纳用。

秉性不饮酒，又早丧夫人，遂不复娶，所在以淳白称。尝从容言曰："我有三不惑：酒、色、财也。"八年薨，时年七十四，赐茔陪陵。子赐。

赐字伯献。少传家学，笃志博闻。常退居隐约，教授门徒，不答州郡礼命。后辟大将军梁冀府，非其好也。出除陈仓令，因病不行。公车征，不至，连辞三公之命。后以司空高第，再迁侍中、越骑校尉。

建宁初，灵帝当受学，诏太傅、三公选通《尚书》桓君章句宿有重名者，三公举赐，乃侍讲于华光殿中。迁少府、光禄勋。

熹平元年，青虵见御坐，帝以问赐，赐上封事曰："臣闻……休征则五福应，咎征则六极至。夫善不妄来，灾不空发。王者心有所惟，意有所想，虽未形颜色，而五星以之推移，阴阳为其变度。以此而观，天之与人，岂不符哉？……夫皇极不建，则有蛇龙之孽。《诗》云：'惟虺惟蛇，女子之祥。'故《春秋》两蛇斗于郑门，昭公殆以女败；……夫女谒行则谗夫昌，谗夫昌则苞苴通，故殷汤以之自戒，终济亢旱之灾。惟陛下思乾刚之道，别内外之宜，崇帝乙之制，受元吉之祉，抑皇甫之权，割艳妻之爱，则蛇变可消……"

二年，代唐珍为司空，以灾异免。复拜光禄大夫，秩中二千石。五年，代袁隗为司徒。是时朝廷爵授，多不以次，而帝好微行，游幸外苑。赐复上疏："……宜绝慢傲之戏，念官人之重，割用板之恩,慎贯鱼之次,无令丑女有四殆之叹,遐迩有愤怨之声。臣受恩偏特,忝任师傅,不敢自同凡臣,括囊避咎,谨自手书密上。"

后坐辟党人免。复拜光禄大夫。光和元年,有虹蜺昼降于嘉德殿前,……引赐及议郎蔡邕等入金商门崇德署,使中常侍曹节、王甫问以祥异祸福所在。赐仰天而叹,谓节等曰:"吾每读《张禹传》,未尝不愤恚叹息,既不能竭忠尽情,极言其要,而反留意少子,乞还女婿。朱游欲得尚方斩马剑以理之,固其宜也。吾以微薄之学,充先师之末,累世见宠,无以报国。猥当大问,死而后已。"乃书对曰:"臣闻之经传,或得神以昌,或得神以亡。国家休明,则鉴其德;邪辟昏乱,则视其祸。今殿前之气,应为虹蜺,皆妖邪所生,不正之象,诗人所谓蝃蝀者也。于《中孚经》曰:'蜺之比,无德以色亲。'方今内多嬖倖,外任小臣,上下并怨,喧哗盈路,是以灾异屡见,前后丁宁。今复投蜺,可谓孰矣。案《春秋谶》曰:'天投蜺,天下怨,海内乱。'加四百之期,亦复垂及。昔虹贯牛山,管仲谏桓公无近妃宫。……今妾媵嬖人阉尹之徒,共专国朝,欺罔日月,又鸿都门下,招会群小,造作赋说,以虫篆小技见宠于时,……旬月之间,并各拔擢,乐松处常伯,任芝居纳言。郄俭、梁鹄俱以便辟之性,佞辩之心,各受丰爵不次之宠,而令搢绅之徒委伏田畎亩,口诵尧、舜之言,身蹈绝俗之行,弃捐沟壑,不见逮及。冠履倒易,陵谷代处,从小人之邪意,顺无知之私欲,不念《板》、《荡》之作,虺蜴之诫。殆哉之危,莫过于今。幸赖皇天垂象谴告。《周书》曰:'天子见怪则修德,诸侯见怪则修政……'惟陛下慎经典之诫,图变复之道,斥远佞巧之臣,速征鹤鸣之士,内亲张仲,外任山甫,断绝尺一,抑止槃游,留思庶政,无敢怠遑。冀上天还威,众变可弭。

老臣过受师傅之任，数蒙宠异之恩，岂敢爱惜垂没之年，而不尽其慊慊之心哉！"书奏，甚忤曹节等。蔡邕坐直对抵罪，徙朔方。赐以师傅之恩，故得免咎。

其冬，行辟雍礼，引赐为三老。复拜少府、光禄勋，代刘郃为司徒。帝欲造毕圭灵琨苑，赐复上疏谏。曰："窃闻使者并出，规度城南人田，欲以为苑。昔先王造囿，裁足以修三驱之礼，薪莱刍牧，皆悉往焉。先帝之制，左开鸿池，右作上林，不奢不约，以合礼中。今猥规郊城之地，以为苑囿，坏沃衍，废田园，驱居人，畜禽兽，殆非所谓'若保赤子'之义。今城外之苑已有五六，可以逞情意，顺四节也，宜惟夏禹卑宫，太宗露台之意，以尉下民之劳。"书奏，帝欲止，以问侍中任芝、中常侍乐松。松等曰："昔文王之囿百里，人以为小；齐宣五里，人以为大。今与百姓共之，无害于政也。"帝悦，遂令筑苑。

四年，赐以病罢。居无何，拜太常，诏赐御府衣一袭，自所服冠帻绶，玉壶革带，金错钩佩。

五年冬，复拜太尉。中平元年，黄巾贼起，赐被召会议诣省阁，切谏忤旨，因以寇贼免。

先是，黄巾帅张角等执左道，称大贤，以诳燿百姓，天下缊负归之。赐时在司徒，召掾刘陶告曰："张角等遭赦不悔，而稍益滋蔓，今若下州郡捕讨，恐更骚扰，速成其患。且欲切敕刺史、二千石，简别流人，各护归本郡，以孤弱其党，然后诛其渠帅，可不劳而定，何如？"陶对曰："此孙子所谓不战而屈人之兵，庙胜之术也。"赐遂上书言之。会去位，事留中。后帝徙南宫，阅录故事，得赐所上张角奏及前侍讲注籍，乃感悟，下诏封赐临晋侯，邑千五百户。初，赐与太尉刘宽、司空张济并入侍讲，自以不宜独受封赏，上书愿分户邑于宽、济。帝嘉叹，复封宽及济子，拜赐尚书令。数日出为廷尉，赐自以代非法家，言曰："三后成功，惟殷于民，皋陶不与焉，盖吝之也。"遂固辞，以特进就第。

二年九月，复代张温为司空。其月薨。天子素服，三日不临朝，赠东园梓器襚服，赐钱三百万，布五百匹。策曰："故司空临晋侯赐，华岳所挺，九德纯备，三叶宰相，辅国以忠。朕昔初载，授道帷幄，遂阶成勋，以陟大猷。师范之功，昭于内外，庶官之务，劳亦勤止。七在卿校，殊位特进，五登衮职，弼难乂宁。虽受茅土，未答厥勋，哲人其萎，将谁咨度！朕甚惧焉。礼设殊等，物有服章。今使左中郎将郭仪持节追位特进，赠司空骠骑将军印绶。"及葬，又使侍御史持节送丧，兰台令史十人发羽林骑轻车介士，前后部鼓吹，又敕骠骑将军官属司空法驾，送至旧茔。公卿已下会葬。谥文烈侯。及小祥，又会焉。子彪嗣。

彪字文先，少传家学。初举孝廉，州举茂才，辟公府，皆不应。熹平中，以博习旧闻，公车征拜议郎，迁侍中、京兆尹。光和中，黄门令王甫使门生于郡界辜榷官财物七千余万，彪发其奸，言之司隶。司隶校尉阳球因此奏诛甫，天下莫不惬心。征还为侍中、五官中郎将，迁颍川、南阳太守，复拜侍中，三迁永乐少府、太仆、卫尉。

中平六年，代董卓为司空，其冬，代黄琬为司徒。明年，关东兵起，董卓惧，欲迁都以违其难。乃大会公卿议曰："高祖都关中十有一世，光武宫洛阳，于今亦十世矣。案《石包谶》，宜徙都长安，以应天人之意。"百官无敢言者。彪曰："移都改制，天下大事，故盘庚五迁，殷民胥怨。昔关中遭王莽变乱，宫室焚荡，民庶涂炭，百不一在。光武受命，更都洛邑。今天下无虞，百姓乐安，明公建立圣主，光隆汉祚，无故捐宗庙，弃园陵，恐百姓惊动，必有糜沸之乱。《石包室谶》，妖邪之书，岂可信用？"卓曰："关中肥饶，故秦得并吞六国。且陇右材木自出，致之甚易。又杜陵南山下有武帝故瓦陶灶数千所，并功营之，可使一朝而辨。百姓何足与议！若有前却，我以大兵驱之，可令诣沧海。"彪曰："天下动之至易，安之甚难，惟明公虑焉。"卓作色曰："公欲沮国计邪？"太尉黄琬曰："此国之大事，杨公之言得无可思？"卓不答。司空荀爽见卓意壮，恐害彪等，因从容言曰："相国岂乐此邪？山东兵起，非一日可禁，故当迁以图之，此秦、汉之势也。"卓意小解。爽私谓彪曰："诸君坚争不止，祸必有归，故吾不为也。"议罢，卓使司隶校尉宣播以灾异奏免琬、彪等，诣阙谢，即拜光禄大夫。十余日，迁大鸿胪。从入关，转少府、太常，以病免。复为京兆尹、光禄勋，再迁光禄大夫。三年秋，代淳于嘉为司空，以地震免。复拜太常。兴平元年，代朱［儁］（俊）为太尉，录尚书事。及李傕、郭汜之乱，彪尽节卫主，崎岖危难之间，几不免于害。语在《董卓传》。及车驾还洛阳，复守尚书令。

建安元年，从东都许。时天子新迁，大会公卿，兖州刺史曹操上殿，见彪色不悦，恐于此图之，未得谯设，托疾如厕，因出还营。彪以疾罢。时袁术僭乱，操诬彪与术婚姻，诬以欲图废置，奏收下狱，劾以大逆。将作大匠孔融闻之，不及朝服，往见操曰："杨公四世清德，海内所瞻。《周书》父子兄弟，罪不相及，况以袁氏归罪杨公。《易》称'积善余庆'，徒欺人耳。"操曰："此国家之意。"融曰："假使成王杀邵公，周公可得言不知邪？今天下缨緌搢绅，所以瞻仰明公者，以公聪明仁智，辅相汉朝，举直厝枉，致之雍熙也。今横杀无辜，则海内观听，谁不解体！孔融鲁国男子，明日便当拂衣而去，不复朝矣。"操不得已，遂理出彪。

四年，复拜太常，十年免。十一年，诸以恩泽为侯者皆夺封。彪见汉祚将终，遂称脚挛不复行，积十年。后子修为曹操所杀，操见彪问曰:"公何瘦之甚?"对曰:"愧无日䃅先见之明,犹怀老牛舐犊之爱。"操为之改容。

修字德祖,好学,有俊才,为丞相曹操主簿,用事曹氏。及操自平汉中,欲因讨刘备而不得进,欲守之又难为功,护军不知进止何依。操于是出教,唯曰:"鸡肋"而已。外曹莫能晓,修独曰:"夫鸡肋,食之则无所得,弃之则如可惜,公归计决矣。"乃令外白稍严,操于此回师。修之几决,多有此类。修又尝出行,筹操有问外事,乃逆为答记,敕守舍儿:"若有令出,依次通之。"既而果然。如是者三,操怪其速,使廉之,知状,于此忌修。且以袁术之甥,虑为后患,遂因事杀之。

修所著赋、颂、碑、赞、诗、哀辞、表、记、书凡十五篇。

及魏文帝受禅,欲以彪为太尉,先遣使示旨。彪辞曰:"彪备汉三公,遭世倾乱,不能有所补益。耄年被病,岂可赞惟新之朝?"遂固辞。乃授光禄大夫,赐几杖衣袍,因朝会引见,令彪著布单衣,鹿皮冠,杖而入,待以宾客之礼。年八十四,黄初六年卒于家。自震至彪,四世太尉,德业相继,与袁氏俱为东京名族云。

············

赞曰:"杨氏载德,仍世柱国。震畏四知,秉去三惑。赐亦无讳,彪诚匪忒。修虽才子,渝我淳则。"

唐荆川评:伯起诸疏,皆雅炼有风骨。

孙月峰评:伯起疏浑劲有锋,然与西京全别,叔节疏亦袭学伯起风调。○文先传比前笔力更胜,描画意态甚浓,煞有风度。

张王种陈传

（录张晧、张纲，稍节）

　　张晧字叔明，犍为武阳人也。六世祖良，高帝时为太子少傅，封留侯。晧少游学京师，永元中，归仕州郡，辟大将军邓骘府，五迁尚书仆射，职事八年，出为彭城相。

　　永宁元年，征拜廷尉。<u>晧虽非法家，而留心刑断，数与尚书辩正疑狱，多以详当见从</u>。时安帝废皇太子为济阴王，晧与太常桓焉、太仆来历廷争之，不能得……。退而上疏曰："昔贼臣江充，造构谗逆，至令戾园兴兵，终及祸难。后壶关三老一言，上乃觉悟，虽追前失，悔之何逮！今皇太子春秋方始十岁，未见保傅九德之义，宜简贤辅，就成圣质。"书奏不省。

　　及顺帝即位，拜晧司空，在事多所荐达，天下称其推士。时清河赵腾上言灾变，讥刺朝政，章下有司，收腾系考，所引党辈八十余人，皆以诽谤当伏重法。晧上疏谏……，帝乃悟，减腾死罪一等……。四年，……策免。

　　阳嘉元年，复为廷尉。其年卒官，时年八十三。遣使者吊祭，赐葬地于河南县。子纲。

　　纲字文纪。少明经学。<u>虽为公子，而厉布衣之节</u>。举孝廉不就，司徒辟高第为侍御史。时顺帝委纵宦官，有识危心。<u>纲常感激</u>，慨然叹曰："秽恶满朝，不能奋身出命，扫国家之难，<u>虽生吾不愿也</u>。"退而上书曰："《诗》曰：'不愆不忘，率由旧章。'寻大汉初隆，……文、明二帝，德化尤盛。……恭俭守节，约身尚德……。中官常侍<u>不过两人</u>，近倖赏赐裁满数金，惜费重人……任信道德，所以奸谋自消而和气感应。……顷者以来，不遵旧典，无功小人皆有官爵，富之骄之而复害之，非爱人重器，承天顺道者也。伏愿陛下少留圣思，割损左右，以奉天心。"书奏不省。

汉安元年，选遣八使徇行风俗，皆耆儒知名，多历显位，唯纲年少，官次最微。余人受命之部，而纲独埋其车轮于洛阳都亭，曰："豺狼当路，安问狐狸！"遂奏曰："大将军冀，河南尹不疑，蒙外戚之援，荷国厚恩，以芟荛之资，居阿衡之任，不能敷扬五教，翼赞日月，而专为封豕长蛇，肆其贪叨，甘心好货，纵恣无底，多树谄谀，以害忠良。诚天威所不赦，大辟所宜加也。谨条其无君之心十五事，斯皆臣子所切齿者也。"书御，京师震竦。时冀妹为皇后，内宠方盛，诸梁姻族满朝，帝虽知纲言直，终不忍用。

时广陵贼张婴等众数万人，杀刺史、二千石，寇乱扬、徐间，积十余年，朝廷不能讨。冀乃讽尚书，以纲为广陵太守，因欲以事中之。前遣郡守，率多求兵马，纲独请单车之职。既到，乃将吏卒十余人，径造婴垒，以慰安之，求得与长老相见，申示国恩。婴初大惊，既见纲诚信，乃出拜谒。纲延置上坐，问所疾苦。乃譬之曰："前后二千石多肆贪暴，故致公等怀愤相聚。二千石信有罪矣，然为之者又非义也。今主上仁圣，欲以文德服叛，故遣太守，思以爵禄相荣，不愿以刑罚相加，今诚转祸为福之时也。若闻义不服，天子赫然震怒，荆、扬、兖、豫大兵云合，岂不危乎？……"婴闻，泣下，曰："荒裔愚人，不能自通朝廷，不堪侵枉，遂复相聚偷生，若鱼游釜中，喘息须臾间耳。今闻明府之言，乃婴等更生之辰也。既陷不义，实恐投兵之日，不免孥戮。"纲约之以天地，誓之以日月，婴深感悟，乃辞还营。明日，将所部万余人与妻子面缚归降。纲乃单车入婴垒，大会，置酒为乐，散遣部众,任从所之;亲为卜居宅,相田畴;子弟欲为吏者,皆引召之。人情悦服,南州晏然。朝廷论功当封,梁冀遏绝,乃止。天子嘉美,征欲擢用纲,而婴等上书乞留,乃许之。

纲在郡一年,年四十六卒。百姓老幼相携,诣府赴哀者不可胜数。纲自被疾,吏人咸为祠祀祈福,皆言"千秋万岁,何时复见此君"。张婴等五百余人制服行丧,送到犍为,负土成坟。

徐退山评:形容点缀得之马迁者十之三,得之左氏者十之一。

虞傅盖臧传

（录虞诩传全）

虞诩字升卿，陈国武平人也。祖父经，为郡县狱吏，案法平允，务存宽恕，每冬月上其状，恒流涕随之。尝称曰："东海于公高为里门，而其子定国卒至丞相。吾决狱六十年矣，虽不及于公，其庶几乎！子孙何必不为九卿邪？"故字诩曰升卿。

诩年十二，能通《尚书》。早孤，孝养祖母。县举顺孙，国相奇之，欲以为吏。诩辞曰："祖母九十，非诩不养。"相乃止。后祖母终，服阕，辟太尉李修府，拜郎中。

永初四年，羌胡反乱，残破并、凉，大将军邓骘以军役方费，事不相赡，欲弃凉州，并力北边，乃会公卿集议。骘曰："譬若衣败，坏一以相补，犹有所完。若不如此，将两无所保。"议者咸同。诩闻之，乃说李修曰："窃闻公卿定策当弃凉州，求之愚心，未见其便。先帝开拓土宇，劬劳后定，而今惮小费，举而弃之。凉州既弃，即以三辅为塞；三辅为塞，则园陵单外。此不可之甚者也。谚曰：'关西出将，关东出相。'观其习兵壮勇，实过余州。今羌胡所以不敢入据三辅，为心腹之害者，以凉州在后故也。其土人所以推锋执锐，无反顾之心者，为臣属于汉故也。若弃其境域，徙其人庶，安土重迁，必生异志。如使豪雄相聚，席卷而东，虽贲、育为卒，太公为将，犹恐不足当御。议者喻以补衣犹有所完，诩恐其疽食侵淫而无限极。弃之非计。"修曰："吾意不及此。微子之言，几败国事。然则计当安出？"诩曰："今凉土扰动，人情不安，窃忧卒然有非常之变。诚宜令四府九卿，各辟彼州数人，其牧守令长子弟皆除为冗官，外以劝厉，答其功勤，内以拘致，防其邪计。"修善其言，更集四府，皆从诩议。于是辟西州豪桀为掾属，拜牧守长吏子弟为郎，以安慰之。

邓骘兄弟以诩异其议，因此不平，欲以吏法中伤诩。后朝歌贼宁季等数千人攻杀长吏，屯聚连年，州郡不能禁，乃以诩为朝歌长。故旧皆吊诩曰："得朝歌何衰！"诩笑曰："志不求易，事不避难，臣之职也。不遇槃根错节，何以别利器乎？"始到，谒河内太守马棱。棱勉之曰："君儒者，当谋谟庙堂，反在朝歌邪？"诩曰："初除之日，士大夫皆见吊勉。以诩虑之，知其无能为也。朝歌者，韩、魏之郊，背太行，临黄河，去敖仓百里，而青、冀之人流亡万数。贼不知开仓招众，劫库兵，守城皋，断天下右臂，此不足忧也。今其众新盛，难与争锋。兵不厌权，愿宽假辔策，勿令有所拘阂而已。"及到官，设令三科以募求壮士，自掾史以下各举所知，其攻劫者为上，伤人偷盗者次之，带丧服而不事家业为下，收得百余人。诩为飨会，悉贳其罪，使入贼中，诱令劫掠，乃伏兵以待之，遂杀贼数百人。又潜遣贫人能缝者，佣作贼衣，以采綖缝其裾为帜，有出市里者，吏辄禽之。贼由是骇散，咸称神明。迁怀令。

后羌寇武都，邓太后以诩有将帅之略，迁武都太守，引见嘉德殿，厚加赏赐。羌乃率众数千，遮诩于陈仓、崤谷，诩即停军不进，而宣言上书请兵，须到当发。羌闻之，乃分钞傍县，诩因其兵散，日夜进道，兼行百余里。令吏士各作两灶，日增倍之，羌不敢逼。或问曰："孙膑减灶，而君增之。兵法日行不过三十里，以戒不虞，而今日且二百里。何也？"诩曰："虏众多，吾兵少。徐行则易为所及，速进则彼所不测。虏见吾灶日增，必谓郡兵来迎。众多行速，必惮追我。孙膑见弱，吾今示强，势有不同故也。"

既到郡，兵不满三千，而羌众万余，攻围赤亭数十日。诩乃令军中，使强弩勿发，而潜发小弩。羌以为矢力弱，不能至，并兵急攻。诩于是使二十强弩共射一人，发无不中，羌大震，退。诩因出城奋击，多所伤杀。明日，悉陈其兵众，令从东郭门出，北郭门入，贸易衣服，回转数周。羌不知其数，更相恐动。诩计贼当退，乃潜遣五百余人，于浅水设伏，候其走路。虏果大奔，因掩击，大破之，斩获甚众，贼由是败散，南入益州。诩乃占相地势，筑营壁百八十所，招还流亡，假赈贫人，郡遂以安。

先是运道艰险，舟车不通，驴马负载，僦五致一。诩乃自将吏士，案行川谷，自沮至下辩，数十里中，皆烧石剪木，开漕船道，以人僦直雇借佣者，于是水运通利，岁省四千余万。诩始到郡，户裁盈万。及绥聚荒余，招还流散，二三年间，遂增至四万余户。盐米丰贱，十倍于前。坐法免。

永建元年，代陈禅为司隶校尉。数月间，奏太傅冯石，太尉刘熹，中常侍程璜、陈秉、孟生、李闰等，百官侧目，号为苛刻。三公劾奏诩盛夏多拘系无辜，为吏人患。诩上书自讼曰："法禁者俗之堤防，刑罚者人之衔辔。今州曰任郡，郡曰任县，更相委远，百姓怨穷，以苟容为贤，尽节为愚。臣所发举，臧罪非一，二府恐为臣所奏，遂加诬罪。臣将从史鱼死，即以尸谏耳。"顺帝省其章，乃为免司空陶敦。

时中常侍张防特用权势，每请托受取，诩辄案之，而屡寝不报。诩不胜其愤，乃自系廷尉，奏言曰："昔孝安皇帝任用樊丰，遂交乱嫡统，几亡社稷。今者张防复弄威柄，国家之祸将重至矣。臣不忍与防同朝，谨自系以闻，无令臣袭杨震之迹。"书奏，防流涕诉帝，诩坐论输左校。防必欲害之，二日之中，传考四狱。狱吏劝诩自引，诩曰："宁伏欧刀以示远近。"宦者孙程、张贤等知诩以忠获罪，乃相率奏乞见。程曰："陛下始与臣等造事之时，常疾奸臣，知其倾国。今者即位，而复自为，何以非先帝乎？司隶校尉虞诩为陛下尽忠，而更被拘系；常侍张防臧罪明正，反构忠良。今客星守羽林，其占宫中有奸臣。宜急收防送狱，以塞天变。下诏出诩，还假印绶。"时防立在帝后，程乃叱防曰："奸臣张防，何不下殿！"防不得已，趋就东箱。程曰："陛下急收防，无令从阿母求请。"帝问诸尚书，尚书贾朗素与防善，证诩之罪。帝疑焉，谓程曰："且出，吾方思之。"于是诩子颛，与门生百余人，举幡候中常侍高梵车，叩头流血，诉言枉状。梵乃入言之，防坐徙边，贾朗等六人或死或黜，即日赦出诩。程复上书陈诩有大功，语甚切激。帝感悟，复征拜议郎。数日，迁尚书仆射。

是时，长吏、二千石听百姓嫡罚者输赎，号为"义钱"，托为贫人储，而守令因以聚敛。诩上疏曰："元年以来，贫百姓章言长吏受取百万以上者，匈匈不绝，谪罚吏人至数千万，而三公、刺史少所举奏。寻永平、章和中，州郡以走卒钱给贷贫人，司空劾案，州及郡县皆坐免黜。今宜遵前典，蠲除权制。"于是诏书下诩章，切责州郡。谪罚输赎自此而止。

先是宁阳主簿诣阙，诉其县令之枉，积六七岁不省。主簿乃上书曰："臣为陛下子，陛下为臣父。臣章百上，终不见省，臣岂可北诣单于以告怨乎？"帝大怒，持章示尚书，尚书遂劾以大逆。诩驳之曰："主簿所讼，乃君父之怨；百上不达，是有司之过。愚蠢之人，不足多诛。"帝纳诩言，笞之而已。诩因谓诸尚书曰："小人有怨，不远千里，断发刻肌，诣阙告诉，而不为理，岂臣下之义？君与浊长吏何亲，而与怨人何仇乎？"闻者皆惭。诩又上言："台郎显职，仕之通阶。今或一郡七八，或一州无人。宜令均平，以厌天下之望。"及诸奏议，多见从用。

讦好刺举，无所回容，数以此忤权戚，遂九见谴考，三遭刑罚，而刚正之性，终老不屈。永和初，迁尚书令，以公事去官。朝廷思其忠，复征之，会卒。临终，谓其子恭曰："吾事君直道，行己无愧，所悔者，为朝歌长时，杀贼数百人，其中何能不有冤者。自此二十余年，家门不增一口，斯获罪于天也。"

恭有俊才，官至上党太守。

孙月峰评：虞公饶将略，却不失正，抗直又得大体，此传为写曲尽笔力，驱遣词意，亦高出他传上。

又评：蔚宗文近刻，少天然之趣，此却神色飞动，有马、班遗意。虽四字句多，而能以气驱之，不觉其拘板，大是高作。

党锢传

（录序）

孔子曰："性相近也，习相远也。"言嗜恶之本同，而迁染之涂异也。夫刻意则行不肆，牵物则其志流。是以圣人导人理性，裁抑宕佚，慎其所与，节其所偏，虽情品万区，质文异数，至于陶物振俗，其道一也。叔末浇讹，王道陵缺，而犹假仁以效己，凭义以济功。举中于理，则强梁褫气；片言违正，则厮台解情。盖前哲之遗尘，有足求者。

霸德既衰，狙诈萌起。强者以决胜为雄，弱者以诈劣受屈。至有画半策而绾万金，开一说而锡琛瑞。或起徒步而仕执圭，解草衣以升卿相。士之饰巧驰辩，以要能钓利者，不期而景从矣。自是爱尚相夺，与时回变，其风不可留，其敝不能反。

及汉祖杖剑，武夫勃兴，宪令宽赊，文礼简阔，绪余四豪之烈，人怀陵上之心，轻死重气，怨惠必雠，令行私庭，权移匹庶，任侠之方，成其俗矣。自武帝以后，崇尚儒学，怀经协术，所在雾会，至有石渠分争之论，党同伐异之说，守文之徒，盛于时矣。至王莽专伪，终于篡国，忠义之流，耻见缨绂，遂乃荣华丘壑，甘足枯槁。虽中兴在运，汉德重开，而保身怀方，弥相慕袭，去就之节，重于时矣。逮桓灵之间，主荒政缪，国命委于阉寺，士子羞与为伍，故匹夫抗愤，处士横议，遂乃激扬名声，互相题拂，品核公卿，裁量执政，婞直之风，于斯行矣。

夫上好则下必甚，矫枉故直必过，其理然矣。若范滂、张俭之徒，清心忌恶，终陷党议，不其然乎？

初，桓帝为蠡吾侯，受学于甘陵周福，及即帝位，擢福为尚书。时同郡河南尹房植有名当朝，乡人为之谣曰："天下规矩房伯武，因师获印周仲进。"二家宾客，互相讥揣，遂各树朋徒，渐成尤隙，由是甘陵有南北部，党人之议，自此始矣。后汝南太守宗资任功曹范滂，南阳太守成瑨亦委功曹岑晊，二郡又为谣曰："汝南太守范孟博，南阳宗资主画诺。南阳太守岑公孝，弘农成瑨但坐啸。"因此流言转入太学，诸生三万余人，郭林宗、贾伟节为其冠，并与李膺、陈蕃、王畅更相褒重。学中语曰："天下模楷李元礼，不畏强御陈仲举，天下俊秀王叔茂。"又渤海公族进阶、扶风魏齐卿，并危言深论，不隐豪强。自公卿以下，莫不畏其贬议，屣履到门。

时河内张成善说风角，推占当赦，遂教子杀人。李膺为河南尹，督促收捕，既而逢宥获免，膺愈怀愤疾，竟案杀之。初，成以方伎交通宦官，帝亦颇谇其占。成弟子牢修因上书诬告膺等养太学游士，交结诸郡生徒，更相驱驰，共为部党，诽讪朝廷，疑乱风俗。于是天子震怒，班下郡国，逮捕党人，布告天下，使同忿疾，遂收执膺等。其辞所连及陈寔之徒二百余人，或有逃遁不获，皆悬金购募。使者四出，相望于道。明年，尚书霍谞、城门校尉窦武并表为请，帝意稍解，乃皆赦归田里，禁锢终身。而党人之名，犹书王府。

自是正直废放，邪枉炽结，海内希风之流，遂共相摽搒，指天下名士，为之称号。上曰"三君"，次曰"八俊"，次曰"八顾"，次曰"八及"，次曰"八厨"，犹古之"八元"、"八凯"也。窦武、刘淑、陈蕃为"三君"。君者，言一世之所宗也。李膺、荀翌、杜密、王畅、刘佑、魏朗、赵典、朱㝢为"八俊"。俊者，言人之英也。郭林宗、宗慈、巴肃、夏馥、范滂、尹勋、蔡衍、羊陟为"八顾"。顾者，言能以德行引人者也。张俭、岑晊、刘表、陈翔、孔昱、苑康、檀敷（敫）、翟超为"八及"。及者，言其能导人追宗者也。度尚、张邈、王考、刘儒、胡母班、秦周、蕃向、王章为"八厨"。厨者，言能以财救人者也。

又张俭乡人朱并，承望中常侍侯览意旨，上书告俭与同乡二十四人别相署号，共为部党，图危社稷。以俭及檀彬、褚凤、张肃、薛兰、冯禧、魏玄、徐乾为"八俊"，田林、张隐、刘表、薛郁、王访、刘祇、宣靖、公绪恭为"八顾"，朱楷、田槃、疏耽、薛敦、宋布、唐龙、嬴咨、宣褒为"八及"，刻石立墠，共为部党，而俭为之魁。灵帝诏刊章捕俭等。大长秋曹节因此讽有司奏捕前党故司空虞放、太仆杜密、长乐少府李膺、司隶校尉朱寓、颍川太守巴肃、沛相荀翌、河内太守魏朗、山阳太守翟超、任城相刘儒、太尉掾范滂等<u>百馀人，皆死狱中</u>。余或先殁不及，或亡命获免。<u>自此诸为怨隙者，因相陷害，睚眦之忿，滥入党中。又州郡承旨，或有未尝交关，亦离祸毒。其死徙废禁者，六七百人</u>。

熹平五年，永昌太守曹鸾上书大讼党人，言甚方切。帝省奏大怒，即诏司隶、益州槛车收鸾，送槐里狱掠杀之。于是又诏州郡更考党人门生故吏父子兄弟，其在位者，免官禁锢，爰及五属。

光和二年，上禄长和海上言："礼，从祖兄弟别居异财，恩义已轻，服属疏末。<u>而今党人锢及五族，既乖典训之文，有谬经常之法</u>。"帝览而悟之，党锢自从祖以下，皆得解释。

中平元年，<u>黄巾贼起</u>，中常侍吕强言于帝曰："党锢久积，人情多怨。若久不赦宥，轻与张角合谋，为变滋大，悔之无救。"帝惧其言，乃大赦党人，诛徙之家皆归故郡。其后黄巾遂盛，朝野崩离，纲纪文章荡然矣。

<u>凡党事始自甘陵、汝南，成于李膺、张俭，海内涂炭，二十</u>

余年，诸所蔓衍，皆天下善士。三君、八俊等三十五人，其名迹存者，并载乎篇。

  孙月峰评：平平铺去，亦颇有藻饰，辞腴而气畅。综括党时始末，更有笔力。
  顾隣初评：论党锢得其曲折，此最蔚宗得意之文。
  徐退山评：体排矣而事道，词丽矣而骨劲。西汉之变魏晋六朝自此滥觞也。而《昭明文选》不载，何也？

窦何列传

（全录）

　　窦武字游平，扶风平陵人，安丰戴侯融之玄孙也。父奉，定襄太守。<u>武少以经行著称</u>，常教授于大泽中，<u>不交时事，名显关西</u>。

　　延熹八年，长女选入掖庭，桓帝以为贵人，拜武郎中。其冬，贵人立为皇后，武迁越骑校尉，封槐里侯，五千户。明年冬，拜城门校尉。在位多辟名士，<u>清身疾恶，礼赂不通，妻子衣食裁充足而已</u>。是时，羌蛮寇难，岁俭民饥，武得两宫赏赐，<u>悉散与太学诸生，及载肴粮于路，丐施贫民</u>。兄子绍，为虎贲中郎将，性疏简奢侈。武每数切厉相戒，犹不觉悟，乃上书求退绍位，<u>又自责不能训导，当先受罪</u>。由是绍更遵节，大小莫敢违犯。

　　时国政多失，内官专宠，李膺、杜密等为党事考逮。永康元年，上疏谏曰："臣闻明主不讳讥刺之言，<u>以探幽暗之实</u>；忠臣不恤谏争之患，<u>以畅万端之事</u>。是以君臣并熙，名奋百世。臣幸得遭盛明之世，逢文武之化，岂敢怀禄逃罪，不竭其诚！陛下初从籓国，爰登圣祚，天下逸豫，谓当中兴。<u>自即位以来，未闻善政</u>。梁、孙、寇、邓虽或诛灭，而常侍黄门<u>续为祸虐</u>，欺罔陛下，竞行谲诈，<u>自造制度，妄爵非人</u>，朝政日衰，奸臣日强。伏寻西京放恣王氏，佞臣执政，终丧天下。<u>今不虑前事之失，复循覆车之轨，臣恐二世之难，必将复及，赵高之变，不朝则夕</u>。近者奸臣牢修，造设党议，遂收前司隶校尉李膺、太仆杜密、御史中丞陈翔、太尉掾范滂等逮考，连及数百人，旷年拘录，事无效验。臣惟膺等建忠抗节，志经王室，此诚陛下稷、卨、伊、吕之佐，而<u>虚为奸臣贼子之所诬枉</u>，天下寒心，海内失望。惟陛下留神澄省，时见理出，以厌人鬼喁喁之心。臣闻古之明君，必须贤佐，以成政道。今台阁近臣，尚书令陈蕃，仆射胡广，尚书朱寓、荀绲、刘祐、魏朗、刘矩、尹勋等，皆国之贞士，朝之良佐。尚书郎张陵、妫皓、苑康、杨乔、边韶、戴恢等，文质彬彬，明达国典。内外之职，群才并列。而陛下委任近习，专树饕餮，外典州郡，内干心膂。宜以次贬黜，案罪纠罚，抑夺宦官欺国之封，案其无状诬罔之罪，信任忠良，平决臧否，使邪正毁誉，各得其所，宝爱天官，唯善是授。如此，咎征可消，天应可待。间者有嘉禾、芝草、黄龙之见。夫瑞生必于嘉士，福至实由善人，在德为瑞，无德为灾。陛下所行，不合天意，不宜称庆。"书奏，因以病上还城门校尉、槐里侯印绶。帝不许，有诏原李膺、杜密等，自黄门北寺、若卢、都内诸狱，系囚罪轻者皆出之。

其冬帝崩，无嗣。武召侍御史河间刘儵，参问其国中王子侯之贤者，儵称解渎亭侯宏。武入白太后，遂征立之，是为灵帝。拜武为大将军，常居禁中。帝既立，论定策功，更封武为闻喜侯；子机渭阳侯，拜侍中；兄子绍鄠侯，迁步兵校尉；绍弟靖西乡侯，为侍中，监羽林左骑。

武既辅朝政，常有诛剪宦官之意，太傅陈蕃亦素有谋。时共会朝堂，蕃私谓武曰："中常侍曹节、王甫等，自先帝时操弄国权，浊乱海内，百姓匈匈，归咎于此。今不诛节等，后必难图。"武深然之。蕃大喜，以手推席而起。武于是引同志尹勋为尚书令，刘瑜为侍中，冯述为屯骑校尉；又征天下名士废黜者前司隶李膺、宗正刘猛、太仆杜密、庐江太守朱寓等，列于朝廷，请前越巂太守荀翌为从事中郎，辟颍川陈寔为属；共定计策。于是天下雄俊，知其风旨，莫不延颈企踵，思奋其智力。

会五月日食，蕃复说武曰："昔萧望之困一石显，近者李、杜诸公祸及妻子，况今石显数十辈乎！蕃以八十之年，欲为将军除害，今可且因日食，斥罢宦官，以塞天变。又赵夫人及女尚书，旦夕乱太后，急宜退绝。惟将军虑焉。"武乃白太后曰："故事，黄门、常侍但当给事省内，典门户，主近署财物耳。今乃使与政事而任权重，子弟布列，专为贪暴。天下匈匈，正以此故。宜悉诛废，以清朝廷。"太后曰："汉来故事世有，但当诛其有罪，岂可尽废邪？"时中常侍管霸颇有才略，专制省内。武先白诛霸及中常侍苏康等，竟死。武复数白诛曹节等，太后尤豫未忍，故事久不发。

　　至八月，太白出西方。刘瑜素善天官，恶之，上书皇太后曰："太白犯房左骖，上将星入太微，其占宫门当闭，将相不利，奸人在主傍。愿急防之。"又与武、蕃书，以星辰错缪，不利大臣，宜速断大计。武、蕃得书将发，于是以朱寓为司隶校尉，刘祐为河南尹，虞祁为洛阳令。武乃奏免黄门令魏彪，以所亲小黄门山冰代之。使冰奏素狡猾尤无状者长乐尚书郑飒，送北寺狱。蕃谓武曰："此曹子便当收杀，何复考为！"武不从，令冰与尹勋、侍御史祝瑨杂考飒，辞连及曹节、王甫。勋、冰即奏收节等，使刘瑜内奏。

　　时武出宿归府，典中书者先以告长乐五官史朱瑀。瑀盗发武奏，骂曰："中官放纵者，自可诛耳。我曹何罪，而当尽见族灭！"因大呼曰："陈蕃、窦武奏白太后废帝，为大逆！"乃夜召素所亲壮健者长乐从官史共普、张亮等十七人，歃血共盟诛武等。曹节闻之，惊起，白帝曰："外间切切，请出御德阳前殿。"令帝拔剑踊跃，使乳母赵娆等拥卫左右，取棨信，闭诸禁门。召尚书官属，胁以白刃，使作诏板。拜王甫为黄门令，持节至北寺狱收尹勋、山冰。冰疑，不受诏，甫格杀之。遂害勋，出郑飒。

还共劫太后，夺玺书。令中谒者守南宫，闭门，绝复道。使郑飒等持节，及侍御使、谒者捕收武等。武不受诏，驰入步兵营，与绍共射杀使者。召会北军五校士数千人屯都亭下，令军士曰："黄门常待反，尽力者封侯重赏。"诏以少府周靖行车骑将军，加节，与护匈奴中郎将张奂率五营士讨武。夜漏尽，王甫将虎贲、羽林、厩驺、都候、剑戟士，合千余人，出屯朱雀掖门，与奂等合。明旦悉军阙下，与武对阵。甫兵渐盛，使其士大呼武军曰："窦武反，汝皆禁兵，当宿卫宫省，何故随反者乎？先降有赏！"营府素畏服中官，于是武军稍稍归甫。自旦至食时，兵降略尽。武、绍走，诸军追围之，皆自杀，枭首洛阳都亭。收捕宗亲、宾客、姻属，悉诛之，及刘瑜、冯述，皆夷其族。徙徙家属日南，迁太后于云台。

当是时，凶竖得志，士大夫皆丧其气矣。武府掾桂阳胡腾，少师事武，独殡敛行丧，坐以禁锢。

武孙辅，时年二岁，逃窜得全。事觉，节等捕之急。胡腾及令史南阳张敞共逃辅于零陵界，诈云已死，腾以为己子，而使聘娶焉。后举桂阳孝廉。至建安中，荆州牧刘表闻而辟焉，以为从事，使还窦姓，以事列上。会表卒，曹操定荆州，辅与宗人徙居于邺，辟丞相府。从征马超，为流矢所中死。

初，武母产武而并产一蛇，送之林中。后母卒，及葬未窆，有大蛇自榛草而出，径至丧所，以头击柩，涕血皆流，俯仰蜿屈，若哀泣之容，有顷而去。时人知为窦氏之祥。

腾字子升，初，桓帝巡狩南阳，以腾为护驾从事。公卿贵戚车骑万计，征求费役，不可胜极。腾上言："天子无外，乘舆所幸，即为京师。臣请以荆州刺史比司隶校尉，臣自同都官从事。"帝从之。自是肃然，莫敢妄有干欲，腾以此显名。党锢解，官至尚书。

<u>张敞者，太尉温之弟也。</u>

何进，字遂高，南阳宛人也。异母女弟选入掖庭为贵人，有宠于灵帝，拜进郎中，再迁虎贲中郎将，出为颍川太守。光和三年，贵人立为皇后，征进入，拜侍中、将作大匠、河南尹。

中平元年，黄巾贼张角等起，以进为大将军，率左右羽林五营士屯都亭，修理器械，以镇京师。张角别党马元义谋起洛阳，进发其奸，以功封慎侯。

四年，荥阳贼数千人群起，攻烧郡县，杀中牟县令，诏使进弟河南尹苗出击之。苗攻破群贼，平定而还。诏遣使者迎于成皋，拜苗为车骑将军，封济阳侯。

五年，天下滋乱，<u>望气者以为京师当有大兵，两宫流血</u>。大将军司马许凉、假司马伍宕说进曰："《太公六韬》有天子将兵事，可以威厌四方"。进以为然，入言之于帝。于是乃诏进大发四方兵，讲武于平乐观下。起大坛，<u>上建十二重五采华盖，高十丈</u>，坛东北为小坛，<u>复建九重华盖，高九丈</u>，列步兵、骑士数万人，结营为陈。天子亲出临军，<u>驻大华盖下，进驻小华盖</u>。礼毕，帝躬擐甲介马，称"无上将军"，行陈三匝而还。诏使进悉领兵屯于观下。<u>是时置西园八校尉</u>，以小黄门蹇硕为上军校尉，虎贲中郎将袁绍为中军校尉，屯骑都尉鲍鸿为下军校尉，议郎曹操为典军校尉，赵融为助军校尉，淳于琼为佐军校尉，又有左右校尉。<u>帝以蹇硕壮健而有武略，特亲任之，以为元帅</u>，督司隶校尉以下，虽大将军亦领属焉。

硕虽擅兵于中，而犹畏忌于进，乃与诸常侍共说帝，<u>遣进西击边章、韩遂</u>。帝从之，赐兵车百乘，虎贲斧钺。<u>进阴知其谋</u>，乃上遣袁绍东击徐、兖州二州兵，须绍还，即戎事，<u>以稽行期</u>。

初，何皇后生皇子辩，王贵人生皇子协。群臣请立太子，帝以辩轻佻无威仪，不可为人主，然皇后有宠，且进又居重权，故久不决。

六年，帝疾笃，属协于蹇硕。硕既受遣诏，且素轻忌于进兄弟，及帝崩，硕时在内，欲先诛进而立协。及进从外入，硕司马潘隐与进早旧，迎而目之。进惊，驰从儳道归营，引兵入屯百郡邸，因称疾不入。硕谋不行，皇子辩乃即位，何太后临朝，进与太傅袁隗辅政，录尚书事。

进素知中官天下所疾，兼忿蹇硕图己，及秉朝政，阴规诛之。袁绍亦素有谋，因进亲客张津劝之曰："黄门常侍权重日久，又与长乐太后专通奸利，将军宜更清选贤良，整齐天下，为国家除患。"进然其言。又以袁氏累世宠贵，海内所归，而绍素善养士，能得豪杰用，其从弟虎贲中郎将术亦尚气侠，故并厚待之。因复博征智谋之士逄纪、何颙、荀攸等，与同腹心。

蹇硕疑不自安，与中常侍赵忠等书曰："大将军兄弟秉国专朝，今与天下党人谋诛先帝左右，埽灭我曹。但以硕典禁兵，故且沈吟。今宜共闭上阁，急捕诛之。"中常侍郭胜，进同郡人也。太后及进之贵幸，胜有力焉。故胜亲信何氏，遂共赵忠等议，不从硕计，而以其书示进。进乃使黄门令收硕，诛之，因领其屯兵。

袁绍复说进："前窦武欲诛内宠而反为所害者，以其言语漏泄，而五营百官服畏中人故也。今将军既有元舅之重，而兄弟并领劲兵，部曲将吏皆英俊名士，乐尽力命，事在掌握，此天赞之时也。将军宜一为天下除患，名垂后世。虽周之申伯，何足道哉！今大行在前殿，将军受诏领禁兵，不宜轻出入宫省。"进甚然之，乃称疾不入陪丧，又不送山陵。遂与绍定筹策，而以其计白太后。太后不听，曰："中官统领禁省，自古及今，汉家故事，不可废也。且先帝新弃天下,我奈何楚楚与士人对共事乎?"进难违太后意,且欲诛其放纵者。绍以为中官亲近至尊,出入号令,今不悉废,后必为患。而太后母舞阳君及苗数受诸宦官赂遗,知进欲诛之,数白太后,为其障蔽。又言:"大将军专杀左右,擅权以弱社稷。"太后疑以为然。中官在省闼者或数十年,封侯贵宠,胶固内外。进新当重任,素敬惮之,虽外收大名而内不能断,故事久不决。

绍等又为画策,多召四方猛将及诸豪杰,使并引兵向京城,以胁太后。进然之。主簿陈琳入谏曰:"《易》称'即鹿无虞',谚有'掩目捕雀'。夫微物尚不可欺以得志,况国之大事,其可以诈立乎?今将军总皇威,握兵要,龙骧虎步,高下在心,此犹鼓洪炉燎毛发耳。夫违经合道,无人所顺,而反委释利器,更征外助。大兵聚会,强者为雄,所谓倒持干戈,授人以柄,功必不成,只为乱阶。"进不听。遂西召前将军董卓屯关中上林苑,又使府掾太山王匡东发其郡强弩,并召东郡太守桥瑁屯城皋,使武猛都尉丁原烧孟津,火照城中,皆以诛宦官为言。太后犹不从。

苗谓进曰:"始共从南阳来,俱以贫贱,依省内以致贵富。国家之事,亦何容易!覆水不可收。宜深思之,且与省内和也。"进意更狐疑。绍惧进变计,乃胁之曰:"交构已成,形势已露,事留变生,将军复欲何待,而不早决之乎?"进于是以绍为司隶校尉,假节,专命击断;从事中郎王允为河南尹。绍使洛阳方略武吏司察宦者,而促董卓等使驰驿上,欲进兵平乐观。太后乃恐,悉罢中常侍小黄门,使还里舍,唯留进素所私人,以守省中。诸常侍小黄门皆诣进谢罪,唯所措置。进谓曰:"天下匈匈,正患诸君耳。今董卓垂至,诸君何不早各就国?"袁绍劝进便于此决之,至于再三。进不许。绍又为书告诸州郡,诈宣进意,使捕案中官亲属。

进谋积日，颇泄，中官惧而思变。张让子妇，太后之妹也。让向子妇叩头曰："老臣得罪，当与新妇俱归私门。惟受恩累世，今当远离宫殿，情怀恋恋，愿复一入直，得暂奉望太后、陛下颜色，然后退就沟壑，死不恨矣。"子妇言于舞阳君，入白太后，乃诏诸常侍皆复入直。

八月，进入长乐白太后，请尽诛诸常侍以下，选三署郎入守宦官庐。诸宦官相谓曰："大将军称疾不临丧，不送葬，今郄入省，此意何为？窦氏事竟复起邪？"又张让等使人潜听，具闻其语，乃率常侍段珪、毕岚等数十人，持兵窃自侧闼入，伏省中。及进出，因诈以太后诏召进。入坐省闼，让等诘进曰："天下愦愦，亦非独我曹罪也。先帝尝与太后不快，几至成败，我曹涕泣救解，各出家财千万为礼，和悦上意，但欲托卿门户耳。今乃欲灭我曹种族，不亦太甚乎？卿言省内秽浊，公卿以下忠清者为谁？"于是尚方监渠穆拔剑斩进于嘉德殿前。让、珪等为诏，以故太尉樊陵为司隶校尉，少府许相为河南尹。尚书得诏板，疑之，曰："请大将军出共议。"中黄门以进头掷与尚书，曰："何进谋反，已伏诛矣。"

进部曲将吴匡、张璋，素所亲幸，在外闻进被害，欲将兵入宫，宫阁闭。袁术与匡共斫攻之。中黄门持兵守阁。会日暮，术因烧南宫九龙门及东西宫，欲以胁出让等。让等入白太后，言大将军兵反，烧宫，攻尚书闼，因将太后、天子及陈留王，又劫省内官属，从复道走北宫。尚书卢植执戈于阁道窗下，仰数段珪。段珪等惧，乃释太后。太后投阁得免。

袁绍与叔父隗矫诏召樊陵、许相，斩之。苗、绍乃引兵屯朱雀阙下，捕得赵忠等，斩之。吴匡等素怨苗不与进同心，而又疑其与宦官同谋,乃令军中曰:"杀大将军者即车骑也,士吏能为报仇乎?"进素有仁恩,士卒皆流涕曰:"愿致死!"匡遂引兵,与董卓弟奉车都尉旻攻杀苗,弃其尸于苑中。绍遂闭北宫门,勒兵捕宦者,无少长皆杀之。或有无须而误死者,至自发露然后得免。死者二千余人。绍因进兵排宫,或上端门屋,以攻省内。

张让、段珪等困迫,遂将帝与陈留王数十人步出穀门,奔小平津。公卿并出平乐观,无得从者,唯尚书卢植夜驰河上,王允遣河南中部掾闵贡随植后。贡至,手剑斩数人,余皆投河而死。明日,公卿百官乃奉迎天子还宫,以贡为郎中,封都亭侯。

董卓遂废帝,又迫杀太后,杀舞阳君,何氏遂亡,而汉室亦自此败乱。

论曰:窦武、何进,借元舅之资,据辅政之权,内倚太后临朝之威,外迎群英乘风之势,卒而事败阉竖,身死功颓,为世所悲,岂智不足而权有余乎?《传》曰:"天之废商久矣,君将兴之。"斯宋襄公所以败于泓也。

  孙月峰评:序何进诛宦官事,比窦氏之传更飞动有精神。

  又评:大将军、二袁等是一派,车骑舞阳、太后是一派,宦官是一派。三项情事攒合,层层节节,如许曲折,写得意状宛然,而读去浑然不觉,绝似《左传》。

  徐退山评:事久不决,何进与窦武同病。而进才不及武,又益以袁绍迂疎之谋,宜其败也。叙事清劲腴丽,亦得简法,自是马、班后一人。